NOVAS MUTAÇÕES JUSPOLÍTICAS

EM MEMÓRIA DE
EDUARDO GARCÍA DE ENTERRÍA
JURISTA DE DOIS MUNDOS

DIOGO DE FIGUEIREDO MOREIRA NETO

NOVAS MUTAÇÕES JUSPOLÍTICAS

EM MEMÓRIA DE
EDUARDO GARCÍA DE ENTERRÍA
JURISTA DE DOIS MUNDOS

Belo Horizonte

EDITORA Fórum

2016

© 2016 Editora Fórum Ltda.

É proibida a reprodução total ou parcial desta obra, por qualquer meio eletrônico, inclusive por processos xerográficos, sem autorização expressa do Editor.

Conselho Editorial

Adilson Abreu Dallari
Alécia Paolucci Nogueira Bicalho
Alexandre Coutinho Pagliarini
André Ramos Tavares
Carlos Ayres Britto
Carlos Mário da Silva Velloso
Cármen Lúcia Antunes Rocha
Cesar Augusto Guimarães Pereira
Clovis Beznos
Cristiana Fortini
Dinorá Adelaide Musetti Grotti
Diogo de Figueiredo Moreira Neto
Egon Bockmann Moreira
Emerson Gabardo
Fabrício Motta
Fernando Rossi

Flávio Henrique Unes Pereira
Floriano de Azevedo Marques Neto
Gustavo Justino de Oliveira
Inês Virgínia Prado Soares
Jorge Ulisses Jacoby Fernandes
Juarez Freitas
Luciano Ferraz
Lúcio Delfino
Marcia Carla Pereira Ribeiro
Márcio Cammarosano
Marcos Ehrhardt Jr.
Maria Sylvia Zanella Di Pietro
Ney José de Freitas
Oswaldo Othon de Pontes Saraiva Filho
Paulo Modesto
Romeu Felipe Bacellar Filho
Sérgio Guerra

Luís Cláudio Rodrigues Ferreira
Presidente e Editor

Coordenação editorial: Leonardo Eustáquio Siqueira Araújo

Av. Afonso Pena, 2770 – 15º andar – Savassi – CEP 30130-012
Belo Horizonte – Minas Gerais – Tel.: (31) 2121.4900 / 2121.4949
www.editoraforum.com.br – editoraforum@editoraforum.com.br

M835n   Moreira Neto, Diogo de Figueiredo

Novas mutações juspolíticas: em memória de Eduardo García de Enterría, jurista de dois mundos / Diogo de Figueiredo Moreira Neto. Belo Horizonte: Fórum, 2016.

396 p.
ISBN 978-85-450-0114-0

1. Direito público. 2. Sociologia. 3. Economia. 4. Política. I. Título.

CDD: 341
CDU: 342

Informação bibliográfica deste livro, conforme a NBR 6023:2002 da Associação Brasileira de Normas Técnicas (ABNT):

MOREIRA NETO, Diogo de Figueiredo. *Novas mutações juspolíticas*: em memória de Eduardo García de Enterría, jurista de dois mundos. Belo Horizonte: Fórum, 2016. 396 p. ISBN 978-85-450-0114-0.

É um fato, que as obras clássicas dos grandes juristas mantêm um valor permanente, por cima das mudanças legislativas, inclusive, ainda mais, por cima dos respectivos direitos nacionais; o que não é senão uma consequência de que essas obras iluminam ou explicitam princípios institucionais permanentes, não caducáveis com a mudança das normas escritas que ocasionalmente os reflitam, diretamente ou, ainda, por via de contrariedade e contradição.

(ENTERRÍA, Eduardo García de; FERNÁNDEZ, Tomás-Ramón. *Curso de Direito Administrativo.* Madri: v. I, 5. ed., p. 75. [tradução e destaque nossos]).

SUMÁRIO

1ª ABERTURA – EDUARDO GARCÍA DE ENTERRÍA – MESTRE DE DOIS MUNDOS 19

2ª ABERTURA – INTRODUÇÃO 25

3ª ABERTURA – ENSAIO *IN MEMORIAM* – O PAPEL DOS PRINCÍPIOS NA RECONSTRUÇÃO DO DIREITO ADMINISTRATIVO PÓS-MODERNO – DA VISÃO METODOLÓGICA DE KARL LARENZ À PLENITUDE DA TUTELA JUDICIAL DA DIGNIDADE DAS PESSOAS NA ÚLTIMA OBRA DE EDUARDO GARCÍA DE ENTERRÍA: MEIO SÉCULO DE SURPREENDENTES MUDANÇAS DE PARADIGMAS 27

1   Introdução 27
       Uma singular experiência pessoal 27
       O percurso 30

2   Os princípios 32
       O conceito 32
       A função 33
       Conteúdo essencial dos princípios e seus desdobramentos ...34
       O princípio matriz do respeito recíproco 35

3   Consequências da nova principiologia sobre o Direito Pós-Moderno, em particular, no Direito Administrativo 36

4   Uma breve conclusão 39

CAPÍTULO 1

GOVERNO – *OS NECESSÁRIOS E ONÍMODOS CONTROLES DE JURIDICIDADE* 41

1º ENSAIO
DEMOCRACIA E CONTRAPODERES 43

1   Sociedade, Poder e Estado 43

2   Emergem os contrapoderes 47

3   Os contrapoderes nas sociedades pós-modernas 49

4   Os contrapoderes e o direito contemporâneo 55

5   Juridicizando os contrapoderes 59

6   A importância das funções neutrais como canais contemporâneos de expressão da democracia 66

7   Conclusão 71
       Referências 72

2º ENSAIO
CIDADANIA E ADMINISTRAÇÃO DE RESULTADOS – DIREITO ADMINISTRATIVO E O CONTROLE PROSPECTIVO NO PLANEJAMENTO E NAS AÇÕES DO ESTADO 75
1   Introdução: dois conceitos para entender a democracia......................76
2   A economia pós-moderna 77
3   Neoconstitucionalismo e racionalização das atividades de governo ...78
4   A administração de resultados...79
5   Amplia-se o controle..81
6   O benefício do controle ampliado nas sociedades de risco..................82
      Referências 84

3º ENSAIO
APONTAMENTOS SOBRE O CONTROLE JUDICIAL DE POLÍTICAS PÚBLICAS..85
1   Dois prólogos necessários...85
1.1 Um breve prólogo antropológico 85
1.2 Um breve prólogo histórico 85
2   A epopeia do controle do poder...86
2.1 Do controle religioso ao controle laico 86
2.2 Dividir para controlar 86
2.3 O último baluarte do arbítrio...87
3   A mutação dos paradigmas do direito público 88
3.1 A democracia material..88
3.2 Os direitos fundamentais 89
4   A judicialização das políticas públicas..90
4.1 Constitucionalização da ação estatal 90
4.2 Do controle objetivo ao controle subjetivo 91
4.3 Do ato administrativo à política pública 91
4.4 Do controle da vontade ao controle do resultado 92
5   Um epílogo ainda em construção 92
5.1 A luta contra o arbítrio 92
5.2 As consequentes mazelas do arbítrio: desperdício, malversação, corrupção, ineficiência e omissão do estado gestor..............................93
5.3 A ascensão da cidadania ativa: participação, parceria e diversificação dos controles..95
5.4 A crescente preocupação dos juristas com o controle das políticas públicas 97
      Referências 97

4º ENSAIO
O CONTROLE DAS POLÍTICAS PÚBLICAS E A LUTA CONTRA AS INEFICIÊNCIAS DO PODER – OS HORIZONTES DO CONTROLE DO PODER NO ESTADO DEMOCRÁTICO DE DIREITO 99
1   Introdução 99
2   O tema 101
3   Seis premissas..102

4	Os modos de controle	103
5	Conclusão: os novos campos de batalha na luta milenar pela doma do poder	104
	Referências	104

5º ENSAIO
REGULAÇÃO, PODER ESTATAL E CONTROLE SOCIAL SOB A PERSPECTIVA DA NOVA HERMENÊUTICA 105

1	Introdução	105
2	As perplexidades do conceito de regulação	108
3	A evolução contemporânea de quatro conceitos-chave para compreender e controlar a atividade regulatória do Estado	109
	- O conceito de setor crítico	109
	- A ascensão histórica da regulação	110
	- O conceito de finalidade	112
	- O conceito de funcionalidade	112
	- O conceito de administração por resultado	113
	- Características híbridas e polivalentes da regulação	113
4	A expressão soberana do poder estatal na função regulatória	113
	- O requisito de imperatividade	113
	- O requisito de impessoalidade	114
	- O requisito da legitimidade	115
	- O requisito da formalidade	115
5	O falso discurso do déficit democrático da regulação	116
	- O déficit democrático dos órgãos e agentes	116
	- O déficit democrático no procedimento	117
6	As modalidades de controle e, particularmente, a importância do *controle social* na regulação	118
6.1	Controle interno	118
6.1.1	O controle administrativo pleno	118
6.1.2	O controle jurídico	118
6.2	Controle externo	118
6.2.1	O controle político pelo congresso	118
6.2.2	O controle político pelo poder executivo	119
6.2.3	O controle administrativo pelo poder executivo	119
6.2.4	O controle jurídico de fiscalização e de promoção afeto ao Ministério Público	119
6.2.5	O controle contábil, financeiro, orçamentário, operacional e patrimonial de legalidade, legitimidade, economicidade e de resultados exercido pelos tribunais de contas	119
6.2.6	O controle jurídico pelo poder judiciário	119
6.2.7	O controle social	120
6.2.8	A problemática do direito regulatório participativo posto	121
6.2.9	A problemática do direito regulatório participativo aplicado	121
7	À guisa de conclusão geral	122
7.1	A mentalidade regulatória	122

7.2 Esgotando as possibilidades da negociação 123
8 Para encerrar, uma conclusão auspiciosa quanto ao controle social: é preciso confiar nas inesgotáveis potencialidades da sociedade democrática...123
Referências 124

CAPÍTULO 2
DIREITO – *SEMPRE O CIMENTO DAS CIVILIZAÇÕES...* 125

6º ENSAIO – DIREITOS FUNDAMENTAIS – BREVES CONSIDERAÇÕES PARA UMA ETIOLOGIA DA LEGALIDADE E DA LEGITIMIDADE.......127
1 Introdução 127
2 A gênese das instituições..127
3 O consenso e a instituição 128
4 Os dois tipos de legitimidade..129
5 Direitos fundamentais e constituição...131
6 Funcionalidade e controle: onde entram a cidadania e a participação132
Referências 133

7º ENSAIO
DIREITOS HUMANOS, LEGITIMIDADE E CONSTITUCIONALISMO – UMA BREVE APRECIAÇÃO...135
1 A sociologia da era da comunicação: da pirâmide à rede 135
Ética, poder e consenso...138
2 O novo humanismo e a legitimidade do poder 140
2.1 Globalização 140
- A referência legitimatória no conceito do poder...............................143
- A referência legitimatória do direito...145
3 Os fatores de mudança e o novo discurso juspolítico 146
3.1 Fatores de mudança 146
- O novo constitucionalismo e o novo estado de direito...................148
- A acomodação metodológica do novo direito 150
- O deslocamento do eixo juspolítico..152
- O coletivo estatal 153
- O público estatal 153
- O primado do estado 153
- O coletivo social...154
- O público não estatal..154
- O primado da pessoa 154
4 Conclusões e perspectivas – os debates...154
- Fundamentação 154
- Universalidade 155
- Utilidade 155
- O futuro..156
Referências 157

8º ENSAIO
ALGUMAS NOTAS SOBRE O PROGRESSO DA CONSENSUALIDADE

PARTE I

AS BASES 159

1 Consenso e civilização – As excelências da ação consensual no
   desenvolvimento das sociedades e a justa medida da coerção...........159

1.1 O papel do consenso na evolução das culturas....................................159

1.2 O papel do consenso no desenvolvimento 160

1.3 O monopólio da coerção e o modelo de convivência que levou a
     caracterizar o Estado-Nação...161

2 Um pequeno histórico da administração imperativa à administração
   consensual – A democracia chega à administração pública com:
   1º – Os direitos fundamentais; 2º – A subsidiariedade;
   3º – Participação e 4º – A constituição como norma de aplicação
   direta..162

2.1 Surgimento do conceito liberal de função administrativa do Estado,
     ao lado das funções legislativa e judicial...162

2.2 Evolução assimétrica das três funções estatais, evidenciando-se uma
     remanência das características autoritárias do *ancien régime* no ramo
     administrativo, causadora de um desequilíbrio nas relações
     sociedade-Estado 162

2.3 A recuperação dos valores humanísticos e liberais com o surto
     democrático iniciado no Segundo Pós-Guerra e os quatro vetores
     resultantes dessa mudança: 1º – Os direitos fundamentais;
     2º – A subsidiariedade; 3º – A participação e 4º – A Constituição
     como norma de aplicação direta...163

2.4 Os direitos fundamentais como fatores determinantes na promoção
     do reequilíbrio das relações entre sociedade e Estado na política e
     no direito contemporâneos..164

2.5 A subsidiariedade e a redistribuição dos papéis do indivíduo,
     dos grupos sociais secundários e das instituições políticas 164

2.6 A participação se adensa em consequência das novas relações
     entre sociedade e Estado..165

2.7 A contribuição do conceito de Constituição como ordem de valores
     e a estrutura jurídica das novas relações entre sociedade e Estado 166

3 A redefinição teórica do interesse público no estado democrático
   de direito 168

3.1 O conceito de interesse público passa de obstáculo a aspecto
     essencial da administração pública por consenso..................................168

3.2 Histórico da redefinição: o conceito de interesse público antes do
     Estado de Direito, no Estado de Direito e no Estado Democrático de
     Direito. Graus de comprometimento da ação do Estado com a
     vontade da sociedade..169

3.3 O interesse público no contitucionalismo de resultado: da eficácia
     à efetividade 171

3.4 Reavaliação das relações sob os critérios postos pelos direitos fundamentais e pelos instrumentos da participação processualizada. Da relação de supremacia à relação de ponderação 173

4 A participação pública no Estado Democrático de Direito: a eficiência como fim e o processo como meio 173

4.1 Ainda a participação, atuação impulsionadora da ação do Estado (escolha democrática de opções políticas) maximizadora da ação do Estado (exigência democrática finalística da eficiência) 173

4.2 A participação e a processualidade como seu inafastável instrumento democrático 175

PARTE II
ECLODE A ADMINISTRAÇÃO CONSENSUAL 176

1 Expansão da admissibilidade do consenso na administração pública – das modalidades contratuais às não contratuais 176

1.1 O consenso como instrumento de ação estatal. Uma classificação das modalidades pela natureza jurídica das prestações: o contrato e o acordo 176

1.2 A reduzida admissibilidade histórica do contrato e a expansão de sua admissibilidade como instrumento de ação administrativa pública 177

1.3 A expansão do pacto no Direito Administrativo contemporâneo com a admissão de vários tipos de acordo como modalidades não contratuais 178

2 Os três gêneros da administração pública consensual: a decisão consensual, a execução consensual e a solução de conflitos consensual 179

2.1 Uma classificação das modalidades consensuais da administração concertada segundo a natureza da função e o resultado administrativo visado, face aos interesses públicos a serem promovidos, satisfeitos ou recuperados 179

2.2 Intensidade da atuação consensual: o consenso como coadjuvante e como determinante da ação administrativa 179

PARTE III
GENEROS E ESPÉCIES DE ADMINISTRAÇÃO CONSENSUAL 180

1 O consenso na tomada de decisão administrativa – exemplos de espécies: plebiscito, referendo, coleta de opinião, debate público, audiência pública, assessoria externa, cogestão e delegação atípica...180

1.1 O consenso como elemento coadjuvante da formação da vontade administrativa. Exemplos de espécies: coleta de opinião, debate público, audiência pública e assessoria externa 180

1.2 O consenso como elemento *determinante* da formação da vontade administrativa. Exemplos de espécies: plebiscito, referendo, audiência pública, cogestão e delegação atípica 181

2   O consenso na execução administrativa – exemplos de espécies: contratos administrativos de parceria e acordos administrativos de coordenação 183

2.1   A execução associada com sua característica sinérgico-sociopolítica de potenciar a capacidade de ação do Estado pela composição e pela soma de esforços 183

2.2   A execução associada por *contrato* e a sinergia da *parceria*. Espécies de contratos administrativos........184

2.3   A execução associada não contratual por *coordenação* e sua sinergia. Modalidades: a cooperação e a colaboração. Execução mista: por cooperação e por colaboração. Exemplos de espécies de acordos administrativos: convênios, acordos de programa, *joint ventures* públicas e conferências de serviços........185

3   O consenso na prevenção de conflitos administrativos – exemplos de espécies: comissões de conflito e acordos substitutivos 186

3.1   A prevenção consensual de conflitos e suas características e excelências sóciopolíticas. Extensibilidade das soluções........186

3.2   Espécies: as comissões de conflito e seu papel antecipatório e regulatório; os acordos substitutivos e sua natureza jurídica. 187

4   O consenso na composição de conflitos administrativos – exemplos de espécies: conciliação, mediação, arbitragem, ajustes de conduta e similares 188

4.1   A composição administrativa consensual de conflitos e suas características e excelências sociopolíticas. Extensibilidade das soluções........188

4.2   Espécies: a conciliação, a mediação, a arbitragem, os acordos substitutivos, os ajustes de conduta, etc........189

PARTE IV
CONCLUSÕES........190

1   A consensualidade enquanto princípio e suas possibilidades 190

1.1   A consensualidade enquanto princípio e sua inferência constitucional 190

1.2   Fomento público, subsidiariedade da coerção e a construção de um Estado de Justiça 191

    Referências........192

9º ENSAIO
DA ECOLOGIA À ECOIDEOLOGIA DA PREVENÇÃO
À PRECAUÇÃO........193

1   Introdução 193

2   A ecologia 194

3   O direito ecológico........195

4   A prevenção 196

5   Sobrevém o risco........196

6   A Ecoideologia 197

7	Entra a precaução	198
8	Novos riscos ditados pela precaução emocional	199
9	Síntese, depuração de excessos e conclusão	200
	Referências	202

10º ENSAIO

DIREITO ADMINISTRATIVO E REPTOS À DEMOCRACIA 203

	Preâmbulo	203
1	Poderes, mas em que sentido? Desafios políticos da pós-modernidade	204
2	Os movimentos sociais da atualidade	207
3	Quatro grandes instituições tradicionais em vias de aperfeiçoamento e superação: a democracia formal, a representação política, a clássica separação de poderes e os partidos políticos	209
4	As crises e os contrapontos trazidos pela pós-modernidade: o surgimento dos contrapoderes, a força politização eletrônica, a multiplicação das reivindicações e das demonstrações públicas	211
5	As respostas pós-modernas à crise das instituições tradicionais herdadas da modernidade	214
5.1	A ascensão da democracia material como resposta aos abusos de maiorias, em superação da *democracia formal*	214
5.2	A ampliação participativa como resposta às crises representativas e dos partidos políticos	219
5.3	A separação de funções como resposta evolutiva ao superado conceito clásico da tripartição de poderes	223
5.3.1	Origem do conceito da divisão tripartite de poderes	223
5.3.2	A releitura contemporânea do conceito de separação e independência de poderes, com o real sentido da separação e da independência de funções	225
5.4	O desenvolvimento das funções neutrais como resposta democrática às crescentes demandas transpartidárias e à exigência de uma rigorosa tutela dos direitos fundamentais	227
6	A policracia institucional como implícita cláusula de plenitude do sistema de garantias constitucionais	229
6.1	A multiplicação democrática dos controles da sociedade sobre o Estado	229
6.2	Essencialidade do novo conceito dos controles independentes, formais e informais, exercidos pela sociedade à plenitude da democracia na pós-modernidade	230
7	O direito administativo e seu papel ante os reptos contemporâneos à democracia	233
8	Em conclusão	237
	Referências	238

11º ENSAIO
NOVAS FRONTEIRAS CONSTITUCIONAIS NO ESTADO
DEMOCRÁTICO DE DIREITO – UM ESTUDO DE CASO NO BRASIL 241
1 Introdução 241
1.1 Apresentação do tema..241
1.2 Uma nova compreensão das funções estatais.......................................242
1.3 Necessidade de uma revisão de funções estatais no
neoconstitucionalismo 245
2 Três tempos da evolução dos conceitos de poder e de funções
do Estado...247
2.1 Funções do Estado pré-constitucional 247
2.2 As funções do Estado no constitucionalismo clássico.........................247
2.3 Funções do Estado no neoconstitucionalismo......................................248
3 Uma nova configuração constitucional das funções que exercitam
o poder estatal nos Estados democráticos de direito 251
3.1 São propostas três categorias de funções estatais constitucionais......251
3.2 A categoria de funções finalísticas do Estado.......................................252
4 As funções neutrais do Estado e no Estado 253
5 Funções estatais neutrais 254
6 As funções de zeladoria, de controle e de promoção de justiça 259
7 Observações finais..261
7.1 Uma digressão sobre a utilidade da sistematização proposta sobre
a constitucionalização de novas funções sob o signo da cidadania 261
8 Conclusão 264
Referências...265

12º ENSAIO
DIREITO ADMINISTRATIVO E POLICENTRISMO DE SUAS FONTES –
INSERÇÃO NO ORDENAMENTO JURÍDICO PÓS-MODERNO..............267
Apresentação...267
1 Introdução 269
2 A globalização..269
3 A era dos direitos fundamentais 270
4 As transformações do ordenamento jurídico 272
4.1 Seis características do ordenamento jurídico positivista 272
4.1.1 A estatalidade do ordenamento jurídico..273
4.1.2 A exclusividade do ordenamento jurídico...273
4.1.3 A unidade do ordenamento jurídico 274
4.1.4 A plenitude do ordenamento jurídico..274
4.1.5 A suficiência do ordenamento jurídico 274
4.2 As novas seis características do ordenamento jurídico
pós-positivista 275
4.2.1 A extraestatalidade do ordenamento jurídico..275
4.2.2 O compartilhamento do ordenamento jurídico 276
4.2.3 A pluralidade do ordenamento jurídico 277
4.2.4 A abertura do ordenamento jurídico 277

4.2.5 A integração do ordenamento jurídico 278
5   As transformações do constitucionalismo 279
5.1   As novas conquistas transformadoras do neoconstitucionalismo 280
5.1.1 Supremacia constitucional...280
5.1.2 Efetividade constitucional 281
5.1.3 Abertura constitucional 281
5.1.4 Democratização constitucional 282
5.2   As consequências reformadoras 283
5.2.1 O esvaziamento das razões de Estado...283
5.2.2 Insuficiência das Constituições nacionais...284
5.2.3 Reposicionamento do constitucionalismo no mundo globalizado 286
6   As transformações do Estado..288
6.1   Algumas mudanças a serem consideradas...288
6.1.1 Esvaziamento do Estado 288
6.1.2 Enfraquecimento do Estado 289
6.1.3 Reposicionamento do Estado..292
6.2   As consequências reformadoras..293
6.2.1 O Estado instrumental 293
6.2.2 O Estado democrático...294
6.2.3 O Estado do diálogo..295
6.2.4 O Estado da argumentação 295
6.2.5 O Estado consensual 296
6.2.6 O Estado da motivação..296
7   Transformações do direito administrativo...297
7.1   Transformação do objetivo do controle..298
7.2   Transformação do âmbito do controle 299
7.3   Transformação da sujeição positiva ao controle 299
7.4   Transformação do conteúdo normativo..300
7.5   Os novos métodos de atuação do Direito Administrativo 300
7.5.1 A regulação..301
7.5.2 A negociação..302
7.5.3 A motivação...302
7.5.4 A exclusão...303
8   A exploração prospectiva da nova dimensão transnacional do
     direito administrativo, como condição de atuação eficiente ante o
     policentrismo das fontes normativas 303
8.1   A dimensão prospectiva 303
8.2   Um estudo de caso exemplificativo: as da autorregulação regulada
     para possibilidades de controle das crises financeiras globais 304
8.3   Em conclusão...308
     Referências 309

13º ENSAIO
DISCRICIONARIEDADE E SANÇÕES REGULATÓRIAS 313
     Explicações introdutórias 313

PARTE I
A DISCRICIONARIEDADE ADMINISTRATIVA COMO TÉCNICA DE
JURIDICIZAÇÃO DA ESCOLHA ADMINISTRATIVA..................................314
1   As escolhas administrativas como espécie do gênero das escolhas
    públicas 314
2   Uma breve resenha dos fundamentos da teoria da escolha
    administrativa 315
3   A evolução das escolhas administrativas e suas três aberturas:
    um percurso da exclusiva vinculação à lei à plena vinculação ao
    Direito...315

PARTE II
A REGULAÇÃO COMO FUNÇÃO COMPLEXA QUE SE LEGITIMA
PELOS RESULTADOS...320
1   A regulação: função complexa e legítima 320
2   Uma aplicação da técnica regulatória apreciada na sucessão das
aberturas históricas de escolha administrativa 320

PARTE III
DOS LIMITES À APLICAÇÃO DE NORMAS PUNITIVAS NA
FUNÇÃO REGULATÓRIA...321
1   Aplicação de normas punitivas na regulação.................................321
2   As definições principiológicas de limites à aplicação de normas
    punitivas na regulação..323
    Uma breve conclusão...325
    Referências..326

14º ENSAIO
INTRODUÇÃO AO TRANSADMINISTRATIVISMO 329

PARTE I
DEFININDO A NOMENCLATURA: DIREITO ADMINISTRATIVO
GLOBAL, DIREITO ADMINISTRATIVO MUNDIAL OU DIREITO
ADMINISTRATIVO TRANSNACIONAL?..329

PARTE II
ASSIMETRIAS CRATOLÓGICAS COMO CRITÉRIO PARA CONCEITUAR
O TRANSADMINISTRATIVISMO..333
1   A transestatalidade..333
2   O tema central das assimetrias cratológicas como instrumento das
    civilizações...334
3   O universo do poder e suas respectivas leis 336

PARTE III
O CONCEITO DE TRANSADMINISTRATIVISMO....................................338

PARTE IV
EM CONCLUSÃO 340
    Referências 342

CAPÍTULO 3
ADVOCACIA PÚBLICA DE ESTADO – *A ASCENSÃO DA
PARTICIPAÇÃO SEMIDIRETA DA SOCIEDADE* *345*

15º ENSAIO
A RESPONSABILIDADE DO ADVOGADO PÚBLICO 347
1   Introdução 347
    1ª parte: Os fundamentos teóricos 353
    2ª parte: Fundamentos positivos 356
    3ª parte: Os pareceres jurídicos como *atos próprios de consultoria de
    Estado* e a competência para exercer o controle sobre seus
    prolatores 361
    1º Equívoco 374
    2º Equívoco 375
    3º Equívoco 375
    4º Equívoco 376
    5º Equívoco 376
    6º Equívoco 377
    Conclusões 378
    Referências 380

16º ENSAIO
ADVOCACIA PÚBLICA DE ESTADO – A CONSCIÊNCIA JURÍDICA
DA SOCIEDADE NA GOVERNANÇA PÓS-MODERNA 383
1   Apresentação 383
2   As funções de governança e as de seus controles públicos 383
3   Os percursos da pós-modernidade 387
4   A consequente especificidade funcional da advocacia pública
    neste novo quadro 388
5   Uma notável ascensão qualitativa do sistema de controle de
    juridicidade 390
    Referências 392

EPÍLOGO – MENSAGEM AOS ADVOGADOS DA UNIÃO 393

1ª ABERTURA

EDUARDO GARCÍA DE ENTERRÍA
MESTRE DE DOIS MUNDOS

Por ocasião do lançamento, no Brasil, da versão em língua portuguesa, da derradeira obra da bibliografia do homenageado — *As transformações da justiça administrativa: da sindicabilidade restrita à plenitude jurisdicional. Uma mudança de paradigma?* (Belo Horizonte: Editora Fórum, 2010) — coube-me oferecer uma pequena apresentação da obra, em que sublinhava alguns dados biográficos deste, que, sem dúvida, foi um dos juristas mais brilhantes e influentes de seu tempo.

Quem quer que faça referência aos brilhantes pensadores do século XX, que lançaram as bases da Pós-Modernidade no Direito contemporâneo, necessariamente destacará o nome de Eduardo García de Enterría, evocando uma extensa e relevante relação de títulos, de obras e de honrarias em quaisquer meios acadêmicos, do Antigo e do Novo Mundo.

Guardo uma justa e afortunada memória de mais de trinta anos de amizade, nos quais me afeiçoei profundamente, não apenas à suave pessoa do Mestre, mas também à Amparo, sua amantíssima esposa, assim como a seus inúmeros e admiráveis discípulos, todos grandes jusadministrativistas da Espanha, com os quais tive a ventura de conviver em encontros anuais da sua fiel *Escuela de Catedráticos*, que se reunia regularmente para homenageá-lo, assim como de manter, por muitos anos, com muitos deles, um enriquecedor diálogo semanal, no famoso *Seminario de Derecho Administrativo de los Miércoles* de sua querida Universidade Complutense Universidade Complutense de Madri, sua criação, que se tornou uma tradição de seu Departamento de Direito Administrativo, de que tive a ventura de participar e, em inúmeras vezes, de ter a honra de ser o expositor visitante, bem como de inúmeros

Congressos de Direito Administrativo, espanhóis e ítalo-espanhóis, eventos que me foi dado frequentar com a assiduidade possível.

Em alguns desses famosos seminários, tive a satisfação e o orgulho de ter a companhia de brilhantes discípulos como, com merecido destaque, Fábio Medina Osório, o último orientando de doutorado da extensa carreira acadêmica do grande *Maestro*, um honroso encargo do qual generosamente ele se incumbiu, mesmo depois de haver cessado, por muitos anos, suas atividades regulares na cátedra que tanto ilustrou e que fez de sua Universidade a meca de administrativistas de todo o mundo.

Não obstante a singeleza deste preito, com ele cumpro um dever de profunda gratidão, pelo muito que me enriqueceu a sua amizade, os seus ensinamentos e o seu ameno convívio, bem como o de sua querida Amparo, abrindo esta coletânea de escritos, com a pretensão de, merecendo a qualificação que evoca a *Pós-Modernidade*, reverenciar a memória de um de seus mais eminentes próceres, e poder aqui reavivar alguns apontamentos, que já tive ocasião de levar ao leitor brasileiro, quando da publicação brasileira dessa pequena obra-prima das letras jurídicas a que já me referi — no original: *Las Transformaciones de la Justicia Administrativa: de excepción singular a la plenitud jurisdiccional. ¿Un cambio de paradigma?* (2007) — publicação com a qual, a Editora Fórum, por iniciativa de meu amigo Luis Cláudio Rodrigues Ferreira, um entusiasmado empresário do saber jurídico, inseriu o Brasil no rol dos países que multiplicaram as traduções dessa obra.

Mais uma vez, nesse trabalho, com que encerrou sua notável bibliografia, ficou-se ainda a dever à genialidade de Enterría, o balizamento de importantes rumos na História recente do Direito, vocacionando as suas contribuições à Espanha, à Europa, à América Ibérica e ao mundo.

A impressionante trajetória de Enterría, que recebeu da pena de Germán Fernández Farreres, um de seus mais próximos e queridos discípulos, atualmente o Diretor do Departamento de Direito Administrativo da Universidade Complutense de Madri, o cuidadoso levantamento biobibliográfico de que me vali, revela que na Espanha, desde cedo, ele ganhou notoriedade e respeito, não apenas por suas lições, ministradas em duas cátedras, sucessivamente conquistadas, em Valladolid e em Madrid, e divulgadas em suas publicações, como em razão das vigorosas iniciativas para o aperfeiçoamento do Direito Administrativo, que desenvolveu desde tempos muito críticos para este ramo jurídico, tanto na Espanha, quanto no mundo, podendo mencionar-se, como exemplo, a criação, há mais de meio século, da prestigiosa *Revista de Administración Pública*, do *Centro de Estudios Políticos y Constitucionales*, a mais antiga publicação do gênero na Europa e da qual sempre esteve à frente, bem como a participação na criação da *Revista Española de Derecho Administrativo*, da casa Editorial Civitas, periódico do qual também foi diretor.

Também, em seu País, marcou pioneirismo com a publicação do *Código de las Leyes Administrativas*, inicialmente em colaboração com José Antonio Escudero e, depois, com Santiago Muñoz Machado, que, na expressão de seu discípulo direto e dos mais próximos, Lorenzo Martín-Retortillo Baquer, trata-se de obra que *"marcou uma época e era garantia indiscutível de qualidade e de segurança para mover-se no proceloso mundo das leis, e que continua a ser atualizado"*.

Porém, coroando e perenizando sua importância doutrinária na Espanha, são inúmeros os preceitos da sua celebrada Constituição democrática de 1978, que se beneficiaram das lições do Mestre, cabendo mencionar, a título de exemplo, os seus artigos 82 e seguintes, sobre a *delegação legislativa*, que adotaram com literalidade as ideias que deixou seminal e magistralmente expostas no discurso de posse em sua cadeira de membro de número da Real Academia de Jurisprudência e Legislação, sob o título *Legislación delegada y control judicial*, galardão acadêmico a que se somou o de sua outra cadeira, na Real Academia Espanhola, a prestigiosa *Academia de la Lengua*, não esquecendo que a Mãe-Pátria ainda o agraciou, entre muitas outras honrarias, com o importante *Prêmio Príncipe de Asturias* em Ciências Sociais.

Também no âmbito da Europa, os seus méritos, desde há muitas décadas, são amplamente reconhecidos; desde logo pela difusão de seu famoso *Curso de Derecho Administrativo*, em colaboração com Tomás-Ramón Fernández Rodríguez, outro seu brilhante, próximo e devotado discípulo e amigo, publicado também em francês, italiano e português, como, igualmente, atestado pelo agraciamento de numerosos prêmios, medalhas, condecorações e mais de duas dezenas de doutorados *honoris causae* em diversas Universidades do Velho e do Novo Mundo, sobressaindo os das famosíssimas Universidades de Bolonha e de Paris, e, não menos importante, a sua escolha como membro da prestigiosa e exclusivíssima *"Academia dos Linces"* da Itália.

Recorde-se, ainda, que quando a Espanha se incorporou ao *Conselho da Europa* e lhe coube designar um Juiz para o *Tribunal Europeu de Direitos Humanos*, Enterría foi, então, o seu jurista escolhido, projetando, ainda mais, a partir de então, a sua influência no Continente por sua decisiva participação em memoráveis decisões, em que seu invulgar talento prodigalizou contribuições transcendentais à sedimentação do que é hoje a tão admirada jurisprudência comunitária daquela Corte, esmeradamente desenvolvida em torno dos valores fundamentais das pessoas.

Mas, a essa resenha da influência de Enterría, procurando embora mantê-la sucinta, não poderia faltar, ainda no âmbito da União Europeia, a menção à sua participação em importantes comissões comunitárias, das quais dimanaram documentos transcendentes para o seu aprimoramento institucional, como na ilustre *"Comissão de sábios"*, que redigiria o famoso *"Informe Pintassilgo"*, como passo decisivo para a constitucionalização da União, que logo se daria com o *Projeto de Constituição Europeia* e, mais tarde, se incorporaria no *Tratado de Lisboa*.

Finalmente, a sua expressão mundial consolidou-se destacadamente também no Continente americano, desde logo, pela impressionante repercussão de seu celebrado e já mencionado *Curso de Derecho Administrativo*, em colaboração com seu brilhante discípulo Tomás-Ramón Fernández Rodríguez, obra essencial para os administrativistas, editada e reeditada numerosas vezes em países do Continente — como na Colômbia, na Argentina e no Peru e, em tradução, no Brasil — uma das razões de haver alcançado uma proeminente e duradoura penetração intelectual entre os juristas ibero-americanos.

Porém, não apenas ao Direito, durante essa profícua vida, dedicou a sua infatigável atenção, estendendo-a a diversos campos do conhecimento e das artes, destacando-se no mundo ibérico como um grande conhecedor de sua literatura, tendo se tornado correspondente e amigo pessoal de muitos poetas e escritores, dentre os quais, tinha especial admiração pela obra de Jorge Luís Borges, tornando-se dela um profundo estudioso, sobre a qual publicou diversos livros.

Quem com ele privou, encontrou-o sempre atencioso e, como sábio, sabendo ouvir e ter sempre uma palavra de estímulo, revelando sempre uma inteligência aberta ao diálogo e interessada por problemas da cultura, da sociedade e da natureza, tendo sido muitos e frequentes os seus artigos, publicados pela imprensa, sobre temas os mais variados.

Mas não ficam apenas na sobressalente importância do autor e de sua obra os motivos de especial destaque com relação a nós, no Brasil: eis que, honrosamente para nosso País, que tantas vezes visitou e em tantas ocasiões participou de Congressos e recebeu láureas, como, destacadamente, o de Doutor *Honoris Causa* da Universidade Federal do Rio Grande do Sul, o tema central das *Transformações da Justiça*

Administrativa, a sua última e vibrante obra, recebeu a sua primeira exposição pública na abertura solene, a cargo do querido Mestre, do *I Congresso Internacional de Direito Administrativo da Cidade do Rio de Janeiro*, realizado sob os auspícios da *Procuradoria Geral do Município do Rio de Janeiro*, esse mesmo tema que, posteriormente, viria a se consolidar no pequeno grande livro, acima mencionado, que tive a honra de prefaciar em sua edição em língua portuguesa.

Na ocasião, associando-se a uma imerecida homenagem, que a *Procuradoria Geral do Município do Rio de Janeiro* prestava então a este modesto prefaciador, ao dedicar-lhe o certame, Don Eduardo, como carinhosamente lhe chamavam os seus mais próximos discípulos, alguns deles aqui lembrados, deu largas à sua generosidade, ao recordar uma iniciativa acadêmica, da qual tocou-me participar como, então, Procurador-Geral do Estado da Guanabara, de trazê-lo ao Brasil, ainda nos inícios dos anos setenta, estendendo esse seu gesto afetivo a todos os presentes, ao País e a todos os seus leitores de muitas gerações.

Com este inesquecível toque de seu carisma, aquela inolvidável conferência de abertura proferida na ocasião, ante um auditório de mais de seiscentos congressistas, logo viria a se converter em sua derradeira grande obra, fruto sazonado de uma longa e meditada experiência, que, segundo Cícero, é *dádiva da sabedoria serena alcançada na senectude*.

Essa obra, partindo de uma primorosa apreciação da culminância do processo evolutivo da justiça administrativa na França — e, por isso mesmo, reiterado similarmente nos países que seguiram a tradição gaulesa, de um sistema autônomo de jurisdição contencioso-administrativa destacado do contencioso comum civil e criminal — ao atingir as características de independência, acessibilidade universal, resposta cautelar e outras peculiaridades processuais indispensáveis a qualquer sistema jurisdicional seguro, indicava a importância e o sentido dessa apontada *mudança de paradigma* que trazia, no concerto das grandes conquistas do Direito na Pós-Modernidade e que tanto contribuíra para consolidar em toda sua maravilhosa trajetória de vida.

E o fez, com uma síntese perfeita e lapidar, como só poderia expressá-la este querido jurista e literato de duas Academias, Mestre de Dois Mundos, do justo, da elegância e da clareza, que aqui, ainda mais uma vez, reproduzo, como por tantas vezes o fiz, para encerrar com chave de ouro esta Introdução:

"A subjetivação definitiva da justiça administrativa, que rompeu o mito histórico de sua suposta objetividade, com a qual se mascarava uma superioridade formal da Administração sobre o cidadão, considerado ainda como súdito, que devia ceder ante a suposta superioridade dos 'interesses gerais' geridos pela Administração, já é um ganho definitivo — e por isso, definitivamente irrenunciável — de nosso tempo".

Teresópolis, inverno de 2015.

INTRODUÇÃO

Este trabalho segue o mesmo modelo empregado originalmente em três de minhas obras: nas *Mutações do Direito Administrativo*, lançada em 2000 e com uma terceira edição revista e ampliada em 2007, reunindo 18 ensaios; nas *Mutações do Direito Público*, publicada em 2006, contendo 15 ensaios; e na mais recente, *Poder, Direito e Estado — O Direito Administrativo em Tempos de Globalização*, de 2011, apresentando 7 ensaios. Entre as duas últimas veio à luz uma monografia fora desse modelo, mas com a mesma orientação doutrinária, os *Quatro Paradigmas do Direito Administrativo Pós-Moderno*, editada em 2008.

O que todas essas obras mencionadas têm em comum é o candente tema das mutações no Direito, que, sob diversos enfoques, totalizou 40 ensaios, cobrindo cerca de 20 anos de intensas transformações na sociedade, na governança e no Direito Público, notadamente no ramo Administrativo, assinalando esse intenso período de transformações, que teve com a pioneira publicação no Brasil de *O Direito Administrativo em Evolução*, da brilhante jurista Odete Medauar, em 1992, o seu marco inicial e vigorosa fonte inspiradora de sua geração, bem como das que prosseguem no caminho da atualização, sem desvios e sem retornos, que o Direito Público brasileiro tem trilhado desde então, explorando as valiosas aberturas proporcionadas pela promulgação da Constituição democrática de 1988.

Juntam-se agora, àqueles 40 ensaios, mais 16 outros que compõem este livro, entre recentes e atualizados, aos quais fiz preceder um epicédio a Eduardo García de Enterría, não apenas para honrar a memória de meu querido amigo e mestre, por mais de trinta anos, como para, com justiça, celebrar a sua extraordinária contribuição para a renovação do Direito Público, notadamente o Administrativo, em sua longa e profícua vida, dedicada às transformações jusdemocráticas, de que hoje tantos povos se beneficiam.

Os ensaios selecionados se distribuem, além do Ensaio em Homenagem, que se segue nesta Abertura, em três capítulos sobre temas de *Governo, Direito* e *Advocacia Pública de Estado*, versados em conferências proferidas ou em artigos publicados em revistas desde 2008, a maior parte deles revistos e atualizados.

Integra-se, assim, a presente obra, às quatro anteriores, acima mencionadas, pois que vieram todas à luz com a mesma preocupação de abordar importantes institutos em mutação e com a mesma intenção, pretendendo proporcionar o que mais se aproxime de uma visão geral, embora pessoal e fragmentária, do que se passou e se está passando na evolução juspolítica do mundo e do País, em três décadas trepidantes da História recente.

ENSAIO *IN MEMORIAM*

O PAPEL DOS PRINCÍPIOS NA RECONSTRUÇÃO DO DIREITO ADMINISTRATIVO PÓS-MODERNO

DA VISÃO METODOLÓGICA DE KARL LARENZ À PLENITUDE DA TUTELA JUDICIAL DA DIGNIDADE DAS PESSOAS NA ÚLTIMA OBRA DE EDUARDO GARCÍA DE ENTERRÍA: MEIO SÉCULO DE SURPREENDENTES MUDANÇAS DE PARADIGMAS

1 Introdução

Uma singular experiência pessoal

Escolhi um Congresso, que seguramente reuniu a vibrante plêiade dos administrativistas do *Instituto de Direito Administrativo do Estado do Rio de Janeiro- IDAERJ*, além de muitos estudiosos deste Estado, mas, sobretudo, contou com a preciosa intervenção de grandes mestres convidados: os queridos amigos Germán Fernández Farreres, Juan Carlos Cassagne, Odete Medauar e Carlos Ari Sundfeld, tudo propiciando um ambiente que me fez sentir absolutamente confortável e até optar pelo uso da primeira pessoa, o que não me é comum, para dar início aos trabalhos com uma breve e, quero crer, oportuna rememoração de algumas felizes coincidências acadêmicas pessoais, que entrelaçaram gratas experiências, que me vieram à lembrança a propósito do tema central que me tocou versar.

O trepidante período, aqui objeto de rememoração, em que se deram alguns desses extraordinários acasos, que tanto influiriam sobre minha vida e modesta obra, teve início no final da década de sessenta, coincidente com a surpreendente e enriquecedora arrancada da mutação filosófica do Direito, que sobreviria à publicação da *Metodologia da Ciência do Direito*, de Karl Larenz, em 1960, revisitando o papel dos *princípios* na Ciência jurídica, e, para mim, se fecharia em 2006, quando do *I Congresso Internacional de Direito Administrativo da Cidade do Rio de Janeiro*, promovido pela *Procuradoria Geral do Município do Rio de Janeiro*, com a notável conferência inaugural proferida por Eduardo García de Enterría, que estaria destinada a ser um marco da afirmação plena dos mais elevados valores jurídicos, brilhantemente sustentados por ambos esses grandes Mestres, bem como da vigorosa afirmação dos marcos científicos da Pós-Modernidade no Direito.

O tema central da exposição de Enterría fora desenvolvido a partir de um trabalho original, que ele deveria ter apresentado, quando da solenidade da entrega do *Prêmio Internacional Menéndez Pelayo*, que lhe havia sido outorgado, mas, por circunstâncias protocolares, não chegou a ser lido na ocasião, de modo que, nas próprias palavras do Mestre, *"a realização da primeira exposição pública deste trabalho ocorreu no Rio de Janeiro, na abertura do Congresso Internacional de Direito Administrativo organizado pelo Município"*, conforme ele próprio viria a registrar na *Apresentação* que preparou para a edição brasileira de *"As transformações da justiça administrativa: da sindicabilidade restrita à plenitude jurisdicional"*, publicada pela Editora Fórum em 2010, com tradução de Fabio Medina Osório e por mim prefaciada.[1]

Este período, de 37 anos, que medeou entre as duas apontadas coincidências acadêmicas, se iniciava, para mim, após toda uma formação, que durara 19 anos, exclusivamente sob a visão *positivista* do Direito, até então incontestável, ou seja: recebida desde o curso de bacharelado ao de doutorado e, ainda neste, consolidada nos dois anos de estudos fascinantes de *Filosofia de Direito*, ministrados por Francisco Campos, dono de invulgar cultura jurídica, e, posteriormente, ainda reforçada, na Universidade de Lisboa, com os magistrais ensinamentos de Marcello Caetano.

---

[1] GARCÍA DE ENTERRÍA, Eduardo. *As transformações da justiça administrativa: da sindicabilidade restrita à plenitude jurisdicional – uma mudança de paradigma?* Tradução de Fábio Medina Osório. Belo Horizonte: Editora Fórum, 2010, p. xiii.

Portanto, com esta formação, rigidamente racionalista e positivista, comum à época, é que me vi surpreso e desorientado em Munique, no ano de 1969, na Universidade Ludwig-Maximilians, com as lições de Karl Larenz, que desconstruíam, pedra por pedra, a dominante convicção novecentista que me fora doutrinada: a de que apenas o Direito posto pelo legislador seria o suficiente fundamento metodológico para que se alcançasse, na Ciência Jurídica, o que de mais próximo se poderia chegar em precisão à de uma ciência exata e, nada mais, que operando com o instrumental lógico dos silogismos e das subsunções, na linha do mais radical racionalismo, tido, à época, como o único método capaz de ultimadamente garantir a *segurança jurídica*.

Pela primeira vez, acudia-me que, uma revolucionária reconstrução da Ciência Jurídica mais além do racionalismo, ali se prenunciava, na Alemanha, o berço de tantas glórias do Direito, sob o impulso de uma profunda *mutação metodológica*, motivada, em grande parte, pela obsolescência do envelhecido positivismo, pois que, já tendo perdido no tempo o seu prístino *fundamento ético*, se houvera transformado em instrumento de puro mando autoritário, que o tornaria, afinal, o responsável por haver legalizado — embora jamais legitimado — a ascensão ao poder de ditaduras e ideologias radicais que levaram o mundo a padecer as agruras de três devastadoras Guerras Mundiais, que horrorizaram e ensanguentaram o século passado.

Pois bem, essa importantíssima etapa da evolução do Direito e, em particular, do Direito Público, coincidiu com a imprevista e maravilhosa exposição intelectual, que me coube vivenciar por um breve tempo, às ideias e aos argumentos desse Mestre singular, Karl Larenz, que, então, se afirmava como um dos extraordinários pensadores dentre os responsáveis por haverem assentado as bases dessa impressionante virada filosófica e metodológica da disciplina jurídica no último quartel do século XX.

Apenas nove anos antes dessa experiência pessoal, isso, em 1960, o Professor Larenz, que havia desenvolvido o seu pensamento filosófico durante o magistério na Universidade de Kiel, se havia transferido para a Universidade de Munique, para lecionar a disciplina de *Metodologia da Ciência do Direito*, o fez de modo totalmente novo à época, desde logo, publicando, neste mesmo ano, a sua obra seminal com esse título, que estaria destinada a revolucionar, não apenas a compreensão do Direito, como, sobretudo, a sua aplicação, ao ter elegido os *valores* — um produto da sociedade — e não a *lei formal* — um produto do Estado — como o seu fundamento.

Assim foi, muito em razão dessa imprevista, surpreendente e riquíssima exposição à genialidade do grande Mestre de Munique, então com 66 anos, que eu, ainda nos meus 36, ao retornar ao Brasil, e sinceramente entusiasmado pelo estímulo de outro seu leitor e admirador na minha querida Procuradoria Geral do Estado, o colega e Procurador do Estado Raymundo Faoro, atrevi-me a assumir à época — em companhia do que conformaria uma diminuta minoria e, portanto, na contramão da dominante doutrina positivista, até então raramente contestada no País — a sua pregação acadêmica, passando a lecionar estusiasmadamente esses novos ensinamentos, em aulas e conferências que viriam a se corporificar em mais de vinte livros e em inúmeros artigos, desde então e até hoje, publicados no País e no exterior, que eram, de início, um acanhado aporte a esse movimento de ideias, mas hoje plenamente vitorioso, do *Pós-Modernismo* no Direito brasileiro.

Eis, exposta nesse reconto, a razão da escolha do *VII Congresso de Direito Administrativo do Estado do Rio de Janeiro*, para transmitir essa experiência, coincidentemente, um evento que teve seu endereçamento maior ao legado de Eduardo García de Enterría — recentemente falecido, a quem me caberia a ventura de vir a conhecer apenas três anos depois daquela experiência larenziana — já então um celebrado Mestre espanhol, na Cátedra da famosa Universidade Complutense de Madri — para, desde essa ocasião, tornar-me seu seguidor e amigo por mais de trinta anos, durante os quais, em seu convívio e na sua obra, aprofundaria e aperfeiçoaria, com as sábias lições dele recebidas, de tantos e distintos modos e em diferentes ocasiões, a renovada e belíssima visão desse Direito refundado em valores e rejuvenescido em seus prístinos fundamentos, que, tão profundamente, revolucionaria todos os seus ramos públicos — nas lições que transmitia, sempre com a surpreendente combinação de profundidade e de simplicidade, própria dos grandes Mestres.

O percurso

Todas essas ideias amadureceram, como soe ocorrer, em vários centros do pensamento ocidental, mas, a meu ver, destacadamente, lampejaram no ensinamento seminal de Larenz,[2] convergindo para

---

[2] LARENZ, Karl. *Metodologia da Ciência do Direito*. Lisboa: Fundação Calouste Gulbenkian, 3. ed., 1997, tradução de José Lamego da 6ª edição reformulada do original alemão *Methodenlehre der Rechtswissenschaft*, Berlin - Heidelberg: Springer-Verlag, 1991, p. 45.

superar o positivismo, *"movimento de ideias geral (europeu)"*, que *"abarcou na Alemanha, no decurso do segundo terço do século XIX, mais ou menos todas as ciências do espírito"*, que trouxera essa tão disseminada e nefasta confusão entre lei e Direito, verdade que logo se revelaria, como atestado pela própria História europeia do "curto" século XX.

Em essência, Larenz partira do neokantismo e, mais proximamente, da intuição científica diretamente recebida de Rudolf Stammler, entre outros expoentes do início do século vinte, como, ainda e destacadamente, se pode mencionar a Jhering, cujos impulsos viriam a abalar a chamada escola da *jurisprudência dos conceitos*, para substituí-la pela da *jurisprudência dos interesses*, que contaria, ainda, com o talento de Phillipp Heck, entre seus principais expositores, a marcar essa passagem metodológica da simples *subsunção* à letra da lei, à da sua *interpretação*, voltada à satisfação das cambiantes necessidades da vida em sociedade.

Esse foi o caminho trilhado por Larenz para propor o que logo viria a se tornar o estado da arte da metodologia jurídica — a *jurisprudência dos valores* — na qual a essência do trabalho interpretativo reside em complementar e em adaptar as valorações legais com uma sobreposta valoração autônoma produzida por intérpretes habilitados, até alcançar-se a derradeira valoração do intérprete final, a do juiz, tudo sempre buscando uma aplicação, *"independentemente da lei, daquilo que é justo"*.[3]

O Mestre de Munique tocava, então, a essência da questão: *o conceito de um Direito não apenas legal, mas justo*: essa brilhante criação que se integraria e se aperfeiçoaria, 25 anos mais tarde, em sua segunda obra capital: o *Direito Justo — Fundamentos de ética jurídica*,[4] na qual, claramente, identificaria os *princípios jurídicos* como *"os pensamentos diretores de uma regulação jurídica existente ou possível"*,[5] ou seja, neles apontando a *função de indicar um rumo*, ou, respeitando os seus próprios termos: *"a direção em que está situada a regra que se há de encontrar"*[6] para aplicá-la aos casos concretos.

Assim apresentada essa importante visão quanto à genética do conceito jurídico contemporâneo dos *princípios*, não há necessidade de seguir pontualmente os passos de sua grande obra de remate, na qual a maior preocupação se concentraria em desdobrar o papel dos

---

[3] LARENZ, Karl. *Op. cit.*, p. 168.

[4] LARENZ, Karl. *Derecho Justo. Fundamentos de Ética Jurídica*. Madrid: Civitas, 2001, tradução do original *Richtiges Recht Grundzüge einer Rechtsethik*. Munique: C. H. Beck, 1985

[5] LARENZ, Karl. *Op. cit.*, supra, p. 32.

[6] LARENZ, Karl. *Op. cit.*, supra, p. 33.

princípios, em cada uma das suas grandes esferas aplicativas, razão pela qual, basta deter-se aqui apenas no exame de seu pensamento germinal sobre o conceito de maior impacto: o *princípio geral do respeito recíproco.*

2 Os princípios

O conceito

Princípio procede da voz latina *principium,* tradução do grego arkhé (ἀρχή), que significa *origem, começo* e *fator essencial* que sustenta a existência de algo, tal como originalmente empregada pelos présocráticos para debater o *componente original* das coisas e dos fenômenos; uma raiz encontrada em várias palavras cognatas de idiomas europeus, em que sobressai a ideia de *origem.*

Essa questão — das origens das coisas — surgiu com os présocráticos da Escola de Mileto, destacadamente, Tales, Anaximandro e Anaxímenes, ao procurarem explicar, racionalmente, o universo, em substituição da visão cosmogônica mítica, que partia da existência de um poder divino, que havia retirado do vazio, o Caos, então muito comum nas religiões à época.

Esse, basicamente, o conceito que, com poucas alterações, persistiu, e que permearia o Direito até a reformulação proposta por Larenz, a que se seguiriam contribuições enriquecedoras de vários autores contemporâneos de expressão, como, para lembrar outro importante nome, o de Ronald Dworkin, que inovaria um modelo normativo tripartite, com distinções lógicas entre *regras, princípios* e *políticas,*[7] que aqui menciono por me haver servido, em meus recentes escritos sobre *políticas públicas,* para categorizá-las juridicamente como um *complexo normativo* diferenciado, um *fenômeno juspolítico híbrido,* pois que coparticipa das duas naturezas: tanto a do *ato administrativo,* quanto a do *ato legislativo.*

Prosseguindo essa linha, em meu *Curso,* na 16ª edição, assim expus, como uma opção didática que tem sido mantida por 45 anos, sobre a *problemática dos princípios* em sede doutrinária: "Segue-se à fonte *positiva,* expressada na *norma jurídica,* a fonte *doutrinária.* É na elaboração da *doutrina* que se desenvolve a *matriz principiológica da Ciência do Direito,* partindo da reflexão científica ordenada e sistemática dos juristas sobre os *fenômenos normativos* e sobre as suas relações com os

---

[7] DWORKIN, Ronald. *Uma questão de princípio.* São Paulo: Martins Fontes, 2000, ps. 105-152.

fatos normatizados, bem como com os demais ramos do conhecimento. É o que os alemães denominam de *jurisprudência científica*, inconfundível com a *jurisprudência prática*, produto dos tribunais judiciários".

A função

Cabe, portanto, à *doutrina*, descobrir e sistematizar os *princípios científicos* do Direito Administrativo e relacioná-los com os das demais Disciplinas, produzindo subsídios interpretativos, tanto para a aplicação das normas existentes, quanto para a formulação de novas; basicamente, consistindo em duas operações lógicas, que se complementam: a *análise normativa*, para descobrir os *princípios imanentes*, e a *síntese normativa*, para a construção de um *corpo de teoria*.

Além de sua indispensável *função científica* — que conduz à construção de uma *dogmática jurídica* — a doutrina é a mais importante *fonte crítica do ordenamento jurídico*, contribuindo com os fundamentos teóricos para a correta elaboração das leis, para a formação coerente da jurisprudência dos tribunais judiciários e para a estruturação de uma praxe aplicativa organizada e harmônica pela Administração.

Cabe a essa ampliada missão de cunho prático, buscar nos princípios a solução casuística otimizada, em termos de *valores ponderados*, nas questões que se apresentam às decisões demandadas, pois é a partir do método de pensamento orientado a *valores*, que se faz possível complementar e atualizar o que foi a prístina intenção dos legisladores e, assim, aplicar não apenas uma *norma legal*, mas um *direito justo*.

Eis porque Larenz inicia o seu famoso *Direito Justo* explicando, logo de início, que o produto normativo final — a *norma aplicada* — não é algo que se encontre fora do Direito estabelecido (ou mesmo do Direito positivo, pois para Stammler seriam entendidas como expressões sinônimas), senão, que é *"um Direito que possui uma vigência normativa e fática em um determinado âmbito espacial em um determinado momento histórico"*.[8]

Curioso é que, afinal, de certo modo, a escola larenziana construída sobre *valores* não discrepa, senão que até abona, no particular, uma clássica afirmação da famosa escola histórica *"cujo representante mais ilustre, Friedrich Carl von Savigny, proclamou a ideia de que o Direito (positivo) está sempre em uma relação histórica de causa e efeito com os*

---

[8]   LARENZ, Karl. *Derecho Justo. Fundamentos de Ética Jurídica. Op. cit.*, p. 21 (n/t).

dados sociais e políticos e outros muitos fatores. Há uma relação recíproca de causalidade".[9]

Ora, esta relação histórica só se integra, se confirma e afinal se efetiva, justamente graças a esse elemento principiológico, elaborado, definido e integrado no processo interpretativo, *"cujo conteúdo volitivo possui a característica da justiça".*[10] Também por esse mesmo motivo é que o conceito de *validade*, que para o positivismo decorria apenas da mera vigência da lei, com Larenz vai bem mais além: exigindo exatamente essa *integração valorativa*, que torna a norma *justa*.

Conteúdo essencial dos princípios e seus desdobramentos

A estas considerações preliminares sobre os princípios, deve-se acrescentar alguma precisão sobre o seu conteúdo, que faz da norma aplicada ser a *justa*; ou, dito sob outro enfoque, nas próprias palavras de Larenz: *"o que faz que um princípio seja um princípio do Direito justo".*[11]

Depois de examinar a densa herança filosófica ocidental do *conceito de justiça*, a sua conclusão acaba se concentrando sobre dois pontos de vista recorrentes, que são, afinal, as *duas condições essenciais para a convivência social*: a *paz jurídica* e a *justiça*, como qualificativas de um *Direito justo*, e que seriam, em sua dicção, necessariamente, *"o ponto de referência unitário dos princípios"*.

São elas, de um lado, a *paz jurídica*, pois *"o Direito traz a paz e a paz é o pressuposto do desenvolvimento do Direito"*[12] e, de outro lado, a *justiça*, um valor que transcende o *Direito*, por isso recebendo inúmeras conceituações, de modo que, a esta altura, se faz necessário definir um elemento comum que particularmente a caracterize.

Para Larenz, esse elemento se encontraria na síntese de John Rawls, para quem as instituições seriam justas se, *"ao atribuir direitos e deveres fundamentais não se estabelece qualquer diferença arbitrária entre os homens e se as regras produzem um equilíbrio significativo entre as pretensões concorrentes para o bem da vida social".*[13] Não obstante, observa ser necessário que esses dois elementos estejam relacionados

---

[9] LARENZ, Karl. *Derecho Justo. Fundamentos de Ética Jurídica. Op. cit.*, p. 24 (n/t).

[10] STAMMLER, Rudolf. *Derecho Justo, apud* LARENZ, Karl, *Op. cit.* p. 21 (n/t).

[11] LARENZ, Karl. *Derecho Justo. Fundamentos de Ética Jurídica. Op. cit.*, p. 38 (n/t).

[12] LARENZ, Karl. *Derecho Justo. Fundamentos de Ética Jurídica. Op. cit.* p. 43 (n/t).

[13] *Apud* LARENZ, Karl. *Derecho Justo. Fundamentos de Ética Jurídica. Op. cit.*, p. 48 (n/t).

dialeticamente, ou seja: que *se condicionem reciprocamente*, pois não há paz sem justiça e não há possibilidade de realizar-se a justiça, quando se a pretenda impor pela violência.

O princípio matriz do respeito recíproco

Ora, se ninguém impõe a outrem a sua vontade e se todos decidem regular as suas relações sobre o fundamento da *igualdade* e do *reconhecimento recíproco* do outro, temos aí formulado o que Kant denominou de relação jurídica fundamental — o imperativo categórico que reconhece a *dignidade essencial de cada pessoa*.

Por isso, se todo homem tem pretensão de que se lhe respeite a dignidade, e, reciprocamente, a sua obrigação é de respeitar do mesmo modo a dos demais, concluiu Kant que então se tem mais do que um *dever moral*, mas um *dever jurídico*, por isso, averba Larenz que:

> O princípio fundamental do Direito, do qual procede toda regulação, é o respeito recíproco, o reconhecimento da dignidade pessoal do outro e, por consequência, da indenidade da pessoa do outro em tudo que concerne à sua existência exterior no mundo visível (vida, integridade física, salubridade) e em sua existência como pessoa (liberdade, prestígio pessoal). Desde este ponto se projeta uma nova luz sobre a 'paz jurídica': é aquele estado no qual as relações entre os homens não se regem pelo direito do mais forte, mas pelo princípio do respeito recíproco, cujo cumprimento fica assegurado.[14]

Sob a invocação deste *princípio matriz*, todos os demais são desdobramentos, direta ou indiretamente dele derivados, começando com os *direitos fundamentais*, que dantes eram considerados apenas como meios de defesa contra o arbítrio do Estado, mas hoje, estão arvorados a elementos indispensáveis ao Estado Democrático de Direito, garantidores de todas as expressões da liberdade.

Do mesmo modo, o caráter fundamental deste *princípio do respeito recíproco* se desdobra em três subcategorias: na *esfera individual*, na *esfera*

---

[14] LARENZ, Karl. *Derecho Justo. Fundamentos de Ética Jurídica*. *Op. cit.*, p. 57 (n/t). O autor lembra que a Constituição da Alemanha Federal assim positiva este princípio em seu artigo 1.1: "*a dignidade do homem é intangível*" (e a Constituição brasileira o repete quase simetricamente no seu art. 1º, III: "*a dignidade da pessoa humana*"), embora coincida com Heinrich Henkel, que este princípio matriz prescinde de positivação, ou seja, de atribuição humana, pois se trata de "*um direito de caráter prévio, pré-determinado, 'natural', que corresponde do mesmo modo a todos os homens*".

comunitária e na esfera estatal. Na *esfera individual*, com os princípios da *autodeterminação* e da *autovinculação nos contratos*, da *equivalência nos contratos sinalagmáticos*, da *confiança* e *boa-fé* e da *responsabilidade civil e penal*. Na *esfera comunitária*, com os da *participação*, da *igualdade* e da *proporcionalidade*. E, na *esfera estatal*, para consolidar o Estado de Direito, com os da *limitação*, do *controle*, da *inadmissibilidade de leis retroativas*, da *vinculação ao Direito de todos os órgãos do Estado*, da *amplitude da tutela jurídica* e mais os processuais — da *imparcialidade do juiz*, da *defesa* e do *contraditório*.

A clara visão de Larenz, que nos legou um dos mais importantes aportes às aberturas ético-políticas sobrevindas com a Pós-Modernidade, se vai revelar, com toda intensidade e vocação de permanência, no sétimo e último Capítulo do seu *Direito Justo*, ao abordar o *modo de vigência dos princípios*.

Assim é que nele distingue: de um lado, o modo de vigência dos *princípios do Direito positivo* — que dependem do seu estabelecimento por algum tipo de autoridade — e, de outro, o modo de vigência dos *princípios do Direito justo* — que independem do estabelecimento por qualquer autoridade e, nem mesmo, resultariam de uma eventual convicção generalizada, mas se impõem, tão somente, pelo fato de serem *justos*, ou seja: por derivarem diretamente do *princípio fundamental do respeito recíproco*.[15]

3 Consequências da nova principiologia sobre o Direito Pós-Moderno, em particular, no Direito Administrativo

Cabe aqui expressar uma apreciação que irá suscitar, compreensivelmente, algum desassossego por parte dos que estão acostumados com algumas afirmações datadas, tais como: a suficiência jurídica do Direito positivo, a exclusividade dos legisladores para definir os valores jurídicos legalizados e o estrito papel de "boca da lei" atribuído aos juízes.

A nova principiologia, sucintamente recordada a partir das memoráveis lições, que, há quarenta e cinco anos me foi dado haurir de tão esplêndido Mestre — as quais, devo confessar, também à época muito me inquietaram, pelo inevitável abalo de convicões assentadas — veio a transformar profundamente o mundo do Direito, em sua substância e em sua dinâmica.

---

[15] LARENZ, Karl. *Derecho Justo. Fundamentos de Ética Jurídica. Op. cit.*, p. 191.

Primeiramente, em sua substância, quanto à visão que se tem do próprio *Direito*: não mais como mero sinônimo de legislação; e, em segundo lugar, em sua dinâmica, quanto à visão que se tem dos *operadores do Direito*, não mais como aplicadores mecânicos de normas legais, mas como seus intérpretes necessários para situá-las em seu contexto aplicativo e, por isso, como *coformuladores necessários da norma aplicável* e, em terceiro, ainda quanto à sua dinâmica, quanto à visão que se tem dos *juízes*, os aplicadores finais, postados no extremo conclusivo do processo interpretativo, aos quais cabe definir e firmar a versão última da *norma* jurídica aplicada.

Com efeito, a mutabilidade é inevitável: tempo e circunstâncias concorrem para que as *normas legais* sempre necessitem ser objeto de reinterpretação, tanto quanto à vigência, como quanto à importância dos próprios valores nela contidos. E ainda é Larenz que o reforça, com a afirmação de que *"a maior parte das regras contidas na lei não podem ser aplicadas a fatos concretos tal como literalmente rezam, sem a intermediação de alguma operação intelectual"*,[16] o que exigirá dos intérpretes autorizados, notadamente dos juízes, uma fina sintonia com o seu tempo e, em especial, com os *valores* de justiça da sociedade em que vivem, ambos indispensáveis à *legitimidade* das decisões.

Esta exigência ainda é mais severa, quando se trata de definir direitos e deveres para dirimir *conflitos de interesses entre entes assimétricos*, como são aqueles que se travam entre as pessoas e o Estado, próprios das *relações administrativas* de qualquer natureza, sejam estatais, interestatais, superestatais ou transestatais, e que se vão multiplicando exponencialmente nas sociedades contemporâneas.

Para ilustrar este ponto, exemplificando apenas no nível estatal, sem recorrer a Larenz, mas a autor brasileiro atual, entre os mais preocupados com o fenômeno explosivo das demandas contra o Estado — o Desembargador e doutrinador Jessé Torres Pereira Júnior — que de há muito vem dedicando o tempo que lhe permite sua intensa atividade judicante para estudá-lo.

Assim, ao considerar, *"entre dezenas de instituições que cumprem 'funções neutrais' acolhidas nas Constituições contemporâneas"* a realidade de que *"os tribunais judiciais constituem, hoje, o escoadouro da generalizada insatisfação dos titulares de direitos desatendidos pelo Estado, concessionárias e permissionárias de serviços públicos, e por empresas privadas que prestam serviços essenciais"*, Jessé chama a atenção para o fato de que esse

---

[16] LARENZ, Karl. *Derecho Justo. Fundamentos de Ética Jurídica. Op. cit.*, p. 196.

crescente recurso à Justiça, que deveria ser a derradeira solução, se tornou absurdamente trivial e corriqueiro, ao ponto de gerar uma grave deformação do sistema, quase banalizando o que deveria ser a *ultima ratio*.

E assim o explica Jessé: "*O atual estoque de demandas ao judiciário brasileiro está em torno de noventa milhões de processos em curso, 10% no Estado do Rio de Janeiro, segundo estatísticas compiladas pelo Conselho Nacional de Justiça*".[17]

De modo particular, prossegue esse Autor, essas ações se estão estendendo com vistas a compelir os entes públicos a darem cumprimento a políticas públicas na esfera administrativa, conforme os comandos do art. 6º da Constituição da República, que define os direitos sociais a todos garantidos — à educação, à saúde, ao trabalho, à moradia, ao lazer, à segurança, à previdência social, à proteção à maternidade, à infância e à assistência aos desamparados — imenso espaço de astronômica imprevisibilidade para esta sorte de demandas.

E aqui cabe uma consideração final, quanto ao *emprego indiscriminado dos princípios*, que se vai tornando comum em postulações desse gênero; um vício que, se não vier a ser contido, tem potencial para agravar ainda mais os problemas do acesso pletórico ao Judiciário, especificamente, se não se disseminar a clara compreensão sobre a diferença entre as duas *funções* — a *positiva* e a *negativa* — dos princípios.

Tenha-se em vista, pois, que a *função positiva* dos princípios jurídicos é a de conduzir a uma aplicação *justa* da lei, mas não de substituí-la — consistindo, portanto, em bem orientar o intérprete. É evidente que, em tais casos, não pode subsistir uma pretensão que se fundamente apenas sobre uma mera invocação direta de princípios. Distintamente, porém, em sua *função negativa*, os princípios jurídicos atuam diretamente, sempre que o seja para inibir a aplicação de uma lei *injusta*, pois, nestes casos, não poderá subsistir pretensão alguma que "*possa recuar e retroceder em relação ao princípio fundamental do respeito*".[18]

Mas há ainda mais um aspecto a considerar com relação a essa *função negativa*, que impõe a *vedação de retrocesso*,[19] é o fato de que, em casos tais, o princípio *transcende as aplicações judiciárias e se projeta no campo legislativo*, pois é a própria História da civilização, que, não

---

[17] PEREIRA JÚNIOR, Jessé Torres. In: *Prefácio* ao opúsculo *Relações entre poderes e democracia*, de Diogo de Figueiredo Moreira Neto. Belo Horizonte: Editora Fórum, 2014, p. 16-17.

[18] LARENZ, Karl. *Derecho Justo. Fundamentos de Ética Jurídica. Op. Cit.*, p. 201.

[19] DERBLI, Felipe. *O princípio da proibição de retrocesso na Constituição Federal de 1988*. Rio de Janeiro: Renovar, 2007.

obstante todos os percalços, *aponta para o aperfeiçoamento da convivência humana*, em todos os níveis, ainda que lento, graças ao Direito.[20]

Em suma, cada progresso, por mínimo que seja, na afirmação da *paz jurídica* e da *justiça*, ou seja, da evolução do *justo*, não deve ser estorvado por legislador algum e em nenhuma circunstância, pois seria inimaginável que um Direito, *"que se encontra no caminho do justo, possa recuar e retroceder em relação ao princípio fundamental do respeito"* pela incoerente incorporação de leis injustas, regressivas e abrogativas das penosas e demoradas conquistas da justiça, bem como, ainda mais inimaginável, que esse hipotético retrógrado legislador tivesse *legitimidade* para fazê-lo.

4 Uma breve conclusão

As páginas fascinantes do *Direito Justo*, com os frutos da luminosa senectude de Larenz (curiosamente escritas com a mesma idade que tem, nesta data, o distante e modesto discípulo, que oportunamente aqui o recorda), concluem com duas formidáveis afirmações, que bem transmitem a extraordinária percepção do Mestre renano, mas bávaro por eleição, tanto na sua *visão histórica*, quanto na sua *visão filosófica* do Direito.

Para apresentá-las, com a síntese possível para não as deixar incompletas, selecionou-se — assumindo todos os riscos nessa tarefa implicados, inclusive o de tradutor — duas passagens em que trazem como pano de fundo, o milenar enfrentamento entre a noção do *poder* e a do *justo*, cuidando de preservar ao máximo a beleza de sua mensagem.

Quanto à *visão histórica*, a seguinte afirmação:

> Assim vistas, a história do Direito e a história do pensamento jurídico seriam algo como a progressiva revelação dos critérios sobre o justo, ainda que nós não cheguemos a dominá-los por completo.[21]

E, quanto à *visão jurídica*, em que traz a referência ao *duplo redimensionamento* do Direito — como *técnica do poder*, como se firmou após milênios de autocracia, mas, também, como *técnica do justo*, como dele se espera na democracia — vai sintetizada neste parágrafo, perpassado de esperança na perfectibilidade humana:

---

[20] Para aprofundamento sobre o princípio, de Robert Alexy, o seu clássico, *Theorie der Grundrechte* (Frankfurt: Suhrkamp, 1994, 2ª edição).

[21] LARENZ, Karl. *Derecho Justo. Fundamentos de Ética Jurídica. Op. cit.,* p. 201.

Hoje não sabemos se a humanidade enfrenta o seu ocaso ou se alcançará, em novas fronteiras, renovadas e melhores formas de vida em comum com mais dimensões de amplitude mundial. Mas parece certo que só pode assegurar uma paz jurídica duradoura, um Direito que seja algo mais que uma técnica do poder; um Direito que se oriente para o justo, tal como o podemos conhecer, e que se situe sob a clara exigência, perpétua, para todos aqueles que o aplicam e o configuram, como um 'Direito Justo'.

Pois bem, exatamente no mesmo sentido — o da proteção de valores do *justo* em relações assimétricas de poder, que é campo do Direito Administrativo — apenas duas décadas depois, García de Enterría assim se expressaria sobre o triunfo do *justo* sobre a invocação retórica de *interesses gerais*, na desgastada e obsoleta fórmula de *poder*:[22]

A subjetivação definitiva da justiça administrativa, que rompeu o mito histórico de sua suposta objetividade, com a qual se mascarava uma superioridade formal da Administração sobre o cidadão, considerado ainda como súdito, que deveria ceder ante a suposta superioridade dos 'interesses gerais' geridos pela Administração, já é um ganho definitivo — e por isso, definitivamente irrenunciável — de nosso tempo.

A beleza do legado luminoso de Mestres desse porte de Titãs — como o são Larenz e Enterría —, homens que viveram, ambos, em seus respectivos países, ásperos tempos de ditadura, de arbítrio, de exercício de poder sem limites e parcos de justiça, mas que, não obstante, lograram se alçar acima de tantos desafios, está em nos deixar seu confortante testemunho da certeza de que o progresso do Direito em direção ao justo é inexorável e a esperança, sempre possível.

Teresópolis, primavera de 2014, revisto no inverno de 2015.

---

[22] GARCÍA DE ENTERRÍA, Eduardo. *As transformações da justiça administrativa: da sindicabilidade estrita à plenitude jurisdicional. Op. cit.*, p. 106-107.

CAPÍTULO 1

GOVERNO
OS NECESSÁRIOS E ONÍMODOS CONTROLES DE JURIDICIDADE

1º ENSAIO

DEMOCRACIA E CONTRAPODERES[1]

A mais avançada, sofisticada e requintada Ordem Jurídica que o gênio humano logre instituir para assegurar a distribuição de justiça a um povo, não será suficiente para prevenir desordens, surtos de violência e explosivas manifestações populares, se não estiver dotada dos adequados meios democráticos que assegurem a abertura de permanentes, eficientes e suficientes canais de comunicação institucionais de contrapoderes, aptos a conduzirem, pacificamente, interesses, insatisfações, indignações, reivindicações e revoltas, que eclodem nas sociedades, junto aos órgãos de Estado que lhes deem respostas sem armas.

O que há de comum entre os movimentos de massa neste século, registrados em vários países da Europa, da Ásia, do mundo islâmico e da América Latina e, particularmente, no Brasil, é a insuficiência desses, cada vez mais necessários, canais de comunicação e de institucionalização, que devem se qualificar como contramajoritários, substancialmente democráticos, neutrais e apartidários, cuja missão será justamente a de garantir ao povo a preciosa liberdade do acesso sempre aberto, acessível e dialógico a todos os órgãos de decisão de que disponha o Estado.

1 Sociedade, Poder e Estado

A *sociedade*, agregação dinâmica de indivíduos da mesma espécie, é um fenômeno natural e, como tal, uma derivação de instintos de todo

---

[1] Conferência proferida na Faculdade de Direito da Universidade Nova de Lisboa, em 20 de outubro de 2010.

ser vivo, associado ao da sobrevivência e ao da reprodução, o *instinto gregário*, que o ser humano compartilha com os demais seres vivos.

Nessa recíproca dependência, própria da agregação natural instintiva, o homem encontra não apenas o meio elementar para facilitar-lhe a satisfação de suas *necessidades primárias*, que são a de sobreviver como indivíduo e a de sobreviver como espécie, como, ainda nela, o meio propício para a satisfação de incontáveis *necessidades derivadas* – em diversificado rol que não cessa de ampliar-se em função da cultura e da civilização – aspecto este que marca sua dupla realização individual: como *pessoa* e como *membro da sociedade* a que pertence.

O *poder*, fenômeno social conatural ao homem,[2] está presente em todas as suas manifestações gregárias como o grande protagonista da História, construindo culturas e civilizações e as destruindo, atuando necessariamente como um instrumento, mas, por vezes, servindo perversamente como fim em si mesmo: em suma, a *energia que move a sociedade*.

No sentido sociológico, o poder é uma *relação social assimétrica*, na qual a vontade, de um indivíduo ou de um grupo, tem capacidade de influenciar ou de determinar o comportamento de outro indivíduo ou de outros grupos.

Como se pode deduzir desses conceitos, trata-se de *manifestação espontânea* em qualquer sociedade humana em que se travem *relações sociais assimétricas*, tanto entre indivíduos, quanto entre indivíduos e grupo e, mesmo, entre grupos; ou em outros termos, que surge quando o potencial de influência de uma parte sobre a outra se revele de tal modo suficiente para induzir-lhe efetivamente o comportamento.

Não obstante, o estudo do poder, embora se tratando de "um dos mais velhos fenômenos das emoções humanas",[3] mencionado em clássicos, como em Maquiavel, Hobbes, Locke e Montesquieu, só começou a ser trabalhado cientificamente a partir do século XIX, na obra seminal de Ludwig von Gumplowicz.[4]

Ainda assim, o foi com sua ênfase preferentemente focalizada sobre a *expressão política*, então a mais conhecida, por ser a específica modalidade a qual se imputam os efeitos das relações assimétricas

---

[2] Assim o consideram, entre seus mais renomados monografistas, Bertrand Russell, Nicolas Timasheff, Max Weber e Maurice Hauriou (*in* MOREIRA NETO, Diogo de Figueiredo. *Teoria do Poder*. São Paulo: Editora Revista dos Tribunais, 1992, p. 54, nota nº 143).

[3] Observação de Adolf A. Berle em seu estudo *Power* (New York: Ed. Harcourt, Brace & World Inc., 1969.).

[4] GUMPLOWICZ, Ludwig Von. *Die Sociologische Staatsidee*. Graz: Leuschner & Lubensky, 1892.

no que concerne à *direção da sociedade*,[5] pois o estudo do poder tem negligenciado o tratamento teórico de suas demais expressões, como, notadamente, a expressão social e a econômica, igualmente importantes, até mesmo por se projetarem também sobre o campo político.[6]

Com sua origem coletiva nas interações sociais, a percepção das relações de poder sobressaía nas suas manifestações concentradas na *direção do grupo*: de início, tribal e religiosa, para, com o tempo, institucionalizar-se como *modalidade política*, que se consolidaria, a partir de então, em *estruturas de poder organizadas*, evoluindo desde os primitivos patriarcados aos reinos da Antiguidade, passando pelas singularidades históricas da pólis ateniense, da República e, depois, do Império Romano e pelas organizações feudais, até se concentrar, com o Renascimento, na modalidade institucional moderna e difundida de *Estado*.

Mas, nem pelo fato de haver gerado, nessa longa evolução, tantas e específicas modalidades de organizações cratológicas, o conceito de poder, *por ser sempre um produto de toda a sociedade*, não se cingiu a essas históricas *expressões políticas*, de sorte que é necessário que a sua teoria geral se estenda ao estudo de quaisquer *expressões* em que este fenômeno se manifeste, tais como a *religiosa*, a *militar*, a *econômica*, etc., pois o poder político é gerado nas interações que se processam entre todas elas.

É a própria História a nos evidenciar que, até nas mais fechadas e absolutas modalidades tirânicas de concentração de poder político, sempre *remanesce um poder latente da sociedade*, que, mesmo oprimida e sufocada, lá estará, pronta a reverter qualquer dominação, aguardando apenas uma oportunidade de manifestar-se e de reflorescer.

Assim, mesmo dominadas e duramente reprimidas, sempre existirão, em quaisquer sociedades, manifestações deste poder latente, eventualmente externadas em demonstrações de insatisfação, de rebeldias e de revolta, que provavelmente eclodirão, sempre que indivíduos ou grupos se convencerem de que compensará o sacrifício de arrostar os aparelhos do poder dominante instituído, se for para reconquistar a liberdade perdida.

---

[5] MOREIRA NETO, Diogo de Figueiredo. *Op. cit.* (única monografia originalmente em língua portuguesa sobre o tema).

[6] "Todavia, não obstante quase um século transcorrido desde Gumplowicz, o estudo integral do poder continua a ser um desafio. Sua bibliografia não abarca todo o fenômeno em toda sua riqueza teórica, ressentindo-se da falta de um esforço de unidade sistemática..." (MOREIRA NETO, Diogo de Figueiredo. *Op. cit.*, publicada em 1992, p. 38).

Enfim, a semente da liberdade jamais morre no coração dos homens, senão que neles hiberna, aguardando sempre a sua primavera, de modo que o arbítrio do poder incontido só lograra subsistir, se houver um mínimo crítico de aceitação dos que a ele estão sujeitos, pois até a mais feroz das ditaduras só sobreviverá enquanto as sociedades forem complacentes com a tirania que lhes for imposta ou não despertarem de seu letargo.

Todavia, até o século XVIII, essas maravilhosas rebeldias, revoltas e levantes fatalmente se chocariam com velhos mitos arraigados, as barreiras milenares que protegiam certas instituições que, por tantas eras, sustentaram a *concentração absoluta* do poder político; o fenômeno que, mais tarde, Carl Schmitt viria a explicar como resíduos secularizados de conceitos teológicos, que impregnavam a dominação política de uma transcendente, como era então reputada, *sacralidade do poder*.[7]

Eram considerações brotadas na meditação, de índole religiosa, sobre qual deveria ser a missão fundamental do poder nas sociedades humanas, já que se o tinha como exclusivo atributo da Divindade, uma vez que somente ela possuiria, em sua essência (*omni potestas dei*), o poder absoluto sobre todas as coisas, do qual as manifestações humanas seriam nada mais que fugidios reflexos e, os cetros reais, suas meras outorgas transitórias (*omni potentatui dominans*).[8]

Assim, pioneiramente, caberia a Hobbes, no século XVII, produzir o primeiro sistema moderno de Filosofia Política,[9] no qual essas crenças passaram a ser revistas, de modo que, em seu pensamento, se fincaram os fundamentos da doutrina que prosperaria no século seguinte, produzindo as três grandes revoluções liberais, que passariam a ser as fontes conceptuais das manifestações do poder estatal moderno: a revolução inglesa, consolidando a independência do poder legislativo, atribuído aos Parlamentos; a revolução americana, consolidando a independência do poder judiciário, atribuído em sua cúpula às Cortes Supremas; e a revolução francesa, consolidando a independência do poder executivo, como atribuição das Administrações Públicas.

---

[7] *"Alle prähnanten Begriffe der modernen Staatslehre sind säkularisierte theologicche Begrieffe"*. (Todos os conceitos significantes da doutrina moderna do Estado são conceitos teológicos secularizados). SCHMITT, Carl. *Politische Theologie*. Berlim: Duncker & Humblot, 1996, p. 43. (N/T).

[8] Livro de *Ester*, XIV.

[9] HOBBES, Thomas. *The Leviathan* (*Leviathan or The Matter, Form and Power of a Common Wealth Ecclesiastical and Civil*) 1651.

Ao descaracterizar o mito da sacralidade do poder, Hobbes reafirmava a *sociedade* como a *fonte autônoma e natural do poder*, com isso, definindo a natureza derivada e artificial de sua expressão estatal organizada, e deduzindo que a *legitimidade do poder político* haveria de repousar no instituto da *representação*, como o instrumento que garantiria a presença, ainda que de modo indireto, da *vontade da sociedade* na estrutura decisória do Estado.[10]

Estavam abertas as portas para a expansão das ideias liberais no século XVIII, com seus grandes próceres, destacadamente, John Locke e Adam Smith, acrescentando um novo rol de valores a partir do *individualismo*, nova corrente de ideias que, incipientemente revivida no Renascimento, logo amadureceria com o reconhecimento das inatas liberdades do homem e, em consequência, de seus *direitos fundamentais*.

Desde então, esses valores seriam entronizados como necessários fundamentos de uma *ordem espontânea da sociedade* e, por este motivo, inviolável por uma *ordem artificial politicamente imposta*, daí derivando-se os conceitos políticos, hoje comezinhos, de *governo limitado*, de *Estado de Direito* e de *constitucionalismo*, que prosperaram em vários institutos liberais, que, difundidos, assentariam os *fundamentos juspolíticos do poder* a partir de então.[11]

2 Emergem os contrapoderes

Nas sociedades submetidas às modalidades fechadas, tirânicas e absolutas, de *concentração* de poder político, qualquer expressão de insatisfação em face do regime político a que estavam sujeitas era vista como insuportável rebeldia ou revolta, a ser justamente sufocada, antes que se disseminasse. Este, o modelo dominante na Antiguidade, com a áurea exceção da Atenas de Péricles, que permaneceria por todo o Medievo e, mesmo, nos primeiros séculos da modernidade, até que ganhassem plena expressão os valores do liberalismo.

Com efeito, não seriam suficientes as arbitrariedades, as intermináveis injustiças e o sofrimento de incontáveis vítimas dos regimes

---

[10] E esta função *no Estado*, própria dos parlamentares, distinguiriam estes como *agentes da sociedade na estrutura do Estado* e não como meros *agentes do Estado*, um tema que hoje ressurge, com grande atualidade, na atualíssima categorização funcional de *agentes neutrais no Estado*.

[11] Louis Dumont, em *O individualismo: uma perspectiva antropológica da sociedade moderna* (Tradução de Álvaro Cabral. Rio de Janeiro: Rocco, 1985. p. 38-39), desenvolve interessante afirmação de se tratar de um valor caracteristicamente ocidental e, por isso, fundante das sociedades modernas.

absolutistas para abalar o avelhantado sistema de classes, de estamentos e de privilégios do *ancien régime*. Seria necessário que a consciência da superioridade natural da pessoa humana e de seus valores, sobre quaisquer outras ideias e realizações artificialmente engendradas, inspirasse e produzisse *revoluções* que inovassem alternativas capazes de reverter o sistema piramidal dominante, de modo que as pessoas, ao retomar o gozo de suas liberdades inatas, passassem a deter e a exercer os poderes de *escolha política:* em suma, se transformassem de súditos em cidadãos.

Indubitavelmente, a mera insatisfação e, até mesmo, uma eventual oposição aberta tinham sido incapazes de operar mudanças no monolítico sistema de poder político tradicional, de arraigado corte autoritário, sem que se possibilitasse a mobilização suficiente de corações e mentes através do aperfeiçoamento da *comunicação social*, portanto, desde a imprensa de Guttemberg, com uma evolução cada vez mais acelerada, até abrir-se o acesso aos meios eletrônicos, proporcionando hoje informação sem limites e sem fronteiras, tudo afirmando a *consciência do coletivo* e a convicção de que, não obstante subsistam tantas diferenças entre os povos e entre os indivíduos, somos todos elementarmente *iguais* e igualmente *dignos:* qualidades que nos identificam como *pessoas*.

Esses valores – que eventualmente podem também mover a insatisfação e a revolta – geram um tipo de *poder espontâneo* na sociedade, obviamente de natureza distinta e, em regra, mais fraco do que o *poder institucionalizado* concentrado nos Estados, mas, ainda assim, dadas as circunstâncias, com a potencialidade de a este se opor e até de, eventualmente, sobre ele prevalecer.

É o que nos mostra a História e, mais recentemente, se tem repetido arrostando tiranias, como no Egito, com a derrubada da ditadura de Hosny Mubarak, e na Líbia, com a queda da prolongada tirania de Muammar Kadafi, exemplos deste poder anônimo e difuso, identificando a primavera islâmica, que continua a se propagar, alcançando outras autocracias de que está povoada sua vasta área de influência, do Magreb às fronteiras do subcontinente indiano.

É, portanto, essa espontânea percepção da maravilhosa peculiaridade de nossa própria natureza, capaz de gerar uma íntima certeza, de fácil difusão, de que a vida em sociedade e, nela, a plena realização individual se assenta sobre um binômio de valores aparentemente antagônicos, mas intimamente intercausais, que precisam ser absorvidos e vividos intensamente, não importando a que custo: a *liberdade* e a *solidariedade*. A *liberdade,* realçando a singularidade de sermos individualmente diferentes e aptos a escolher o que pretendemos para nossas vidas, enquanto que, com ela interagindo, a *solidariedade*, ressaltando nossa complexa dependência da sociedade para que efetivamente o logremos com plenitude.

Como fiel entre esses dois valores, oscilando historicamente entre ambos – mas presente onde quer que se agrupem seres humanos – situa-se o *Direito*, que, mesmo variando no espaço e no tempo sob inúmeros aspectos, apresenta um núcleo essencial e inalterável e que lhe é imanente e inviolável: os *direitos humanos*.

E é a História, ainda, a nos ensinar, que todo processo de progresso político, obtido tantas vezes com imenso sacrifício de vidas humanas, avança muito lentamente, de vitória em vitória, como comprovado na inesperada primavera islâmica, eclodida na região mais densamente dominada por autocracias de todo gênero, tudo a demonstrar que sempre é possível aluir as bases seculares de poder concentrado, a partir da *comunicação*, que tem a capacidade de se diversificar e de gerar espécies de poder próprios,[12] potenciando as insatisfações, disseminando valores e acenando com a inesperada e venturosa eventualidade de se ver resgatada para a democracia, mais da metade dos países do mundo, ainda no começo deste vigésimo primeiro século.

Cabe, como adequado encerramento e remate desta apresentação vestibular, confiar à pena de Manuel Castells, acima lembrado em nota, a síntese do que já foi exposto nesta tersa observação:

> Em última análise, só o poder da sociedade civil global, atuando sobre a mentalidade pública por via da mídia e das redes de comunicação, poderá, eventualmente, superar a inércia histórica dos Estados-nação e assim levá-los a aceitar a realidade de seu poder limitado em troca de incremento de sua legitimidade e eficiência.[13]

3 Os contrapoderes nas sociedades pós-modernas

Uma vez reconhecida a incontestе prelazia do *homem*, seja individual ou coletivamente considerado, sobre todas as suas criações

---

[12] Manuel Castells sustenta que, com as atuais redes digitais de comunicação, a análise das relações de poder requer uma nova abordagem das formas e dos processos da comunicação, hoje amplamente socializada, notadamente em razão das redes horizontais de participação, que produz o fenômeno que denomina de *autocomunicação de massa* (*mass self-communication*). *In Communication Power*. Oxford: Oxford University Press, 2009, p. 4).

[13] CASTELLS, Manuel. *Op. cit.*, p. 42.

– o que inclui todas as instituições estatais e legais por ele produzidas – tem-se, a partir daí, fundamentado o conceito de *Estado de Direito*, tal como desenvolvido na Modernidade, ou seja, entendido, o *Direito*, como uma exclusiva e soberana expressão da vontade estatal, ainda que dissociado da *legitimidade,* bastando, tão somente, ao Estado, observar a *legalidade,* ou seja, respeitar a própria *lei* que edita, sintetizada no brocardo *patere legem quam fecisti.*

A injustiça e o desacerto da aceitação desta onímoda e ilimitada sujeição, costumeiramente ignorada ou encoberta nos clássicos manuais teóricos, veio a se tornar patente no curso do século vinte, muito em razão dos holocaustos bélicos em escala mundial impostos pelos "Estados de Direito", sociedades pacíficas e inermes; um dramático processo que (*hélas!à quelque chose malheur est bon...*), afinal, concorreu para robustecer o conceito de *legitimidade democrática,* qualificando o próprio Direito como ideia força nascida das catástrofes então produzidas sob o signo do mito criado sobre a legalidade, que servia para acobertar tiranos e ditadores, e que logo, como esperançosa substituição, logo floresceria com a constitucionalização do *Estado Democrático de Direito,* justamente inaugurado na Alemanha, um dos países mais sacrificados pelos próprios regimes autocráticos que haviam conflagrado o mundo.

Implícita, portanto, nessa significativa evolução – que, partindo do poder estatal *sem sujeição,* passaria pelo poder estatal *sujeito não mais que à sua própria lei,* para chegar ao poder estatal *sujeito não só à lei, como também ao Direito* – se encontrava a emergência desta nova ideia-força: a de que as *sociedades humanas,* independentemente de estarem organizadas sob o tradicional modelo renascentista de *Estados nacionais* (ou até, em certos casos, plurinacionais), devem desfrutar de um *espaço público,* que lhes é próprio e inerente, sobre o qual as interferências estatais só serão legítimas se democraticamente consentidas.

É neste *espaço público não estatal* que apresenta extrema complexidade e surpreendente dimensão nas sociedades pós-modernas, que estão medrando várias modalidades espontâneas de *poder societal,* que passam a interagir com o *poder estatal,* exercendo crítica, influência e pressão, pondo-se em confronto com posições oficiais de seus órgãos, daí se lhe conferir a denominação genérica de *contrapoderes sociais* ou, mais sucintamente, de *contrapoderes,* como vem sendo empregada.

Este cenário de complexidade e de expansão da interação nas sociedades pós-modernas, assim como as intrigantes perplexidades que causam, leva a que conspícuas mentes acadêmicas constantemente a ele se refiram como uma *arena de desafios*, tal como na visão de Ulrich Beck[14] e de Patrick Lagadec,[15] ao denominá-las *sociedades* e *Estados de risco*, considerando particularmente, não apenas a multiplicação como o agravamento de *perigos* de toda sorte incessantemente gerados – como os ambientais, sanitários, econômicos, sociais e, por certo, mais agudamente, os políticos – ameaçando permanentemente as sempre frágeis conquistas da *paz* e da *democracia* e, não raramente, enfrentados em escala global.

É na complicada confluência de tantos e diversificados *riscos* que se potenciam quando acumulados – como é particularmente o caso dos riscos *sociais* e dos *econômicos*, ao agravarem os *políticos* e vice-versa – que as matérias veiculadas frequentemente pela imprensa, bem como os amiudados estudos continuamente produzidos nas áreas das ciências humanas, se debruçam sobre essas *manifestações públicas*, organizadas ou semiorganizadas, como as promovidas por *associações privadas* que se ocupam de interesses públicos, por *grupos de pressão*, por órgãos da *imprensa* escrita, falada, televisiva, por *grupos estruturados na internet*, ou por quaisquer modalidades de demonstrações ostensivas de *opinião pública* e, de modo destacado, pelas *manifestações* cada vez mais veementes dos *movimentos de massa em reivindicação e protesto*.

Enfim, está-se diante de um conjunto de fenômenos classificados genericamente como *expressões de contrapoderes sociais*, que eclodem, ganham força e se expandem impulsionados pela espantosa intensidade da *comunicação social* em nossos dias.

Note-se que algumas das mais antigas dessas manifestações, de *movimentos reivindicantes e de protesto*, já há muito foram contidas e disciplinadas sob padrões jurídicos aceitáveis, embora, por vezes, desconfortáveis para a sociedade, sendo um bom exemplo a *greve*, como uma bem sucedida canalização jurídica de manifestações coletivas de setores organizados de empregados, podendo igualmente ser mencionadas outras experiências de canalização jurídica exitosa de reivindicações e de protestos públicos, como as que se deram com o emprego de *ombudsmen*, de auditores, de centrais de reclamação obrigatórias e de outras instituições congêneres, cuja missão é, em

---

[14] BECK, Ulrich. *Risk Society: Towards a New Modernity* (*Sociedade do Risco*). Londres: Sage, 1992.

[15] LAGADEC, Patrick. *La Civilisation du risque: catastrophes technologiques et responsabilité sociale*. Paris: Seuil, collection "*Science ouverte*", 1981, e LAGADEC, Patrick e GUILHOU, Xavier. *La fin du risque zéro*. Paris: Eyrolles Société – Les Echos Éditions, 2002.

suma, de filtrá-los e encaminhá-los à decisão dos órgãos competentes da estrutura do Estado.

Esses *movimentos* populares, que, observadamente, vêm se amiudando nas sociedades contemporâneas, se forem *ordeiros* e *pacíficos*, podem ser úteis para ecoar construtivamente os *protestos* e as *reivindicações* de vários segmentos da sociedade, portanto, com grande importância para uma canalização direta de várias modalidades espontaneamente manifestadas de *controles sociais difusos*, que são aceitáveis, quando não desejáveis nas democracias.

Mas o que tristemente se observa é, ao revés, um paulatino incremento de *manifestações públicas de massa demonstrando contrariedade, insatisfação e indignação*, que, se desatendidas, ignoradas ou rechaçadas, acabam recorrendo à *violência* e, com isso, desservindo a seus propósitos originais e causando desordem, insegurança e, paradoxalmente, abalo da ordem democrática.

São fatos acabrunhantes e cada vez mais reiterados, que, indiferentemente, ocorrem tanto em países desenvolvidos, quanto em países em desenvolvimento, tanto nos ricos, quanto nos pobres, e, não raramente, acompanhados de tumultos, de agressões, de depredações e de vítimas, escancarando a ferocidade da turbamulta, que, se confrontada, em reposta à repressão policial empregada para contê-los, pode atingir inacreditáveis paroxismos de fúria.

É possível constatar a atualidade e a importância desse fenômeno nas recentes manifestações anarquistas que se têm propagado em alguns países da Europa, o que, para observadores acadêmicos, como Herfried Muskler, da Universidade Humboldt de Berlim, registraram um espantoso aumento de 43% no ano de 2010.[16]

A todas essas *manifestações públicas*, pacíficas ou não, constantemente estudadas em trabalhos sociológicos e políticos, agregam-se ainda novas modalidades, as que se valem dos meios de *comunicação digital de massa* e empregam uma grande variedade de *canais próprios de expressão*, operando através de *redes eletrônicas mundiais interligadas*, que, assim difundidos globalmente, *atuam independentemente dos meios tradicionais* – tanto os meios de comunicação da imprensa escrita, falada e televisionada, quanto os meios político-partidários institucionalizados – qualificando-se, portanto, como distintas variedades de *expressão de poder da sociedade*, por esta razão identificadas genericamente como *contrapoderes*.

---

[16] Estes dados encontram-se publicados na reportagem de *"O Globo"*, de 30 de dezembro de 2010, na página 30, sob o título *Anarquismo sobre fronteiras*.

Esta identificação já se prenunciava bem clara em 1945, ainda durante a Segunda Guerra Mundial, na obra de Bertrand de Jouvenel,[17] ao caracterizar como *contrapoderes* os *impedimentos ao poder com origem na convivência social,* que eram os provenientes da vontade, excluídos, portanto, os de ordem natural.[18]

No entanto, somente no Segundo Pós-Guerra, já no contexto da Pós-Modernidade, que se inicia uma bibliografia consistente sobre os contrapoderes, mesmo sem clara indicação desta expressão em seus respectivos títulos.[19]

Mas, indubitavelmente, com a globalização acelerou-se a percepção do fenômeno ensejando a sua definitiva inserção como novo tema das Ciências Sociais, destacando-se seis obras monográficas versando sobre os contrapoderes, em rol que se abre com a de John Holloway, uma das mais controvertidas e, por isso mesmo, provocadora de um renovado interesse sobre o assunto, por sustentar que o objetivo das revoluções não seria necessariamente empolgar o poder político institucionalizado, mas promover uma *resistência idealizada,* capaz de mudar a sua orientação, daí o título de sua obra aparecida em 2002: *Mudar o mundo sem tomar o poder.*[20]

A crítica a essa idealizada despolitização proposta por Holloway adviria logo no ano seguinte, com Miguel Benasayag e Diego Sztulwark, reconsiderando que reside no poder do próprio Estado, como gestor de interesses públicos, o real objeto da manifestação transformadora de contrapoderes sociais.[21]

É, todavia, nesse mesmo ano, de 2002, que o reputado sociólogo Ulrich Beck, da Universidade de Munique, se dedica a examinar

---

[17] JOUVENEL, Bertrand. *Le Pouvoir. Histoire naturelle de sa croissance.* Genebra: Éditions du Cheval Ailé, 1945, VI, Cap. XV.

[18] Ao apreciar esta classificação, no ano de 1992, embora registrando ser tecnicamente *exata,* deixei consignada uma divergência, por entender que, embora potencialmente adversativas, essas manifestações não se poderiam considerar ainda dotadas de poder, mas de uma potencialidade de sê-lo, conclusão que ora se corrige neste ensaio (*in* MOREIRA NETO, Diogo de Figueiredo, *Teoria do Poder. Op. cit.* p. 72 e Nota 27.)

[19] Como, por exemplo, nas seguintes obras surgidas no final do século XX: EVANS, P. *Globalización Contra-Hegemónica: Las Redes Transnacionales como Herramientas de Lucha contra la Marginalización. In* Contemporary Sociology, 1998. EVERS, T.; *Estatismo vs. Imediatismo: noções conflitantes de política na Alemanha Federal. In* Novos Estudos CEBRAP. São Paulo: volume 2,1, p. 25- 39, abr. 1983; PAOLI, M. C. *As Ciências Sociais, os Movimentos Sociais e a Questão do Gênero. In* Novos Estafdus CEBRAP. São Paulo: nº 31, outubro de 1991. Os 107-120 e PORTES A.Villagers: *The rise of transnational communities.* The American Prospect, nº 25. 1999.

[20] HOLLOWAY, John. *Change The World Without Taking Power.* London: Pluto Press, 2002.

[21] BENASAYAG, Miguel e SZTULWARK, Diego. *Du Contre-pouvoir.* Paris: La Découverte, 2003.

o fenômeno sob o prisma da globalização, com alentado estudo, o mais completo até então, enriquecido com uma impressionante bibliografia de cerca de 600 títulos, no qual o autor parte da premissa de se tratarem, os contrapoderes, de uma *normal reação das sociedades, cada vez mais esclarecidas, ao envelhecimento e* à *pouca prestabilidade das instituições dominantes,* que "foram criadas em um mundo onde as ideias de pleno emprego, do primado da economia governamental sobre a economia nacionais, de fronteiras em funcionamento, de soberania e de identidade territoriais claramente definidas tinham valor de pontos cardeais", suscitada por uma óptica que não mais pode ser concebida como nacional, "mas transnacional, no quadro de uma política interior global".[22]

Mais recentemente, já em 2009, a dupla Ludovic François e François-Bernard Huyghe, cunhando a expressão "democracia de influência", percebem nos contrapoderes uma *estratégia de ação* como produto de vários atores que se interconectam pela informação, e que se manifesta através de um sistema sócio-político voltado a convencer e a seduzir, de modo a "formatar as mentalidades para agir sobre os homens e a preparar o futuro coletivo", marcando, assim, a passagem de uma *sociedade de autoridade,* que girava em torno do conceito de chefia, para uma *sociedade de influência,* que depende da formação da adesão e do consenso.[23]

Ainda no ano de 2009, Manuel Castells, depois de reafirmar o poder como o processo fundamental da sociedade e de distinguir dois tipos de processos sociais – os processos que impõem a "dominação existente", e os processos *contrapostos,* de resistência à dominação, "em favor dos interesses, valores e projetos que são excluídos ou sub-representados" nos programas e composição da rede – conclui que "o poder nas sociedades em rede é o poder da comunicação" e que, por isso, "o poder governa e os contrapoderes lutam".[24]

Para encerrar esta resenha, mencione-se a mais recente obra de George Corm, autor de *O novo governo do mundo,* publicado em 2010, que, em seu subtítulo, se refere a *Ideologias, estruturas e contrapoderes,*

---

[22] BECK, Ulrich. *Macht und Gegenmacht im globalen Zeitalter.* Frankfurt am Mein: Suhrkamp Verlag, 2002. Citações acima, com n/tradução, retiradas da edição francesa *Pouvoir et contre-pouvoir.* À l'heure de la mondialisation. Paris: Éditions Flammarion, Champs essais, 2003, p. 7-8.

[23] FRANÇOIS, Ludovic ; HUYGHE François-Bernard.*Contre-pouvoirs, de la société d'autorité à la démocratie d'influence.* Paris: Ellipses, 2009, p. 3-10 e resumo na contracapa.

[24] CASTELLS, Manuel. *Communication Power.* Oxford: Oxford University Press, 2009, p. 47, 50 e 53.

mas nele não teoriza este último tema, senão que a ele se refere com vistas a refutar a "inelutabilidade da globalização" e se valha do conceito para defender os "movimentos antisistêmicos" que, a seu ver, deveriam dirigir-se a corrigir "o funcionamento perverso da economia globalizada", pondo em ação "mecanismos que travassem a globalização e permitissem, progressivamente, uma reorganização dos espaços socioeconômicos, assegurando mais coerência e estabilidade às diferentes sociedades".[25]

4 Os contrapoderes e o direito contemporâneo

O reconhecimento, em princípio, da *legitimidade* intrínseca dessa dinâmica espécie de interação democrática dos contrapoderes, ainda que compreendida a que envolva inconformismo ou confrontação de ideias – que, como já reconhecido, é socialmente construtiva – não afasta, porém, a possibilidade e, quiçá, a inelutabilidade do *agravamento de confrontos,* de modo a que, eventualmente, possam alcançar níveis de agressividade que exijam o emprego de meios repressivos, se chegarem à violação de valores essenciais para a convivência civilizada das próprias sociedades agredidas.

Assim, facilmente exasperados os possíveis conflitos, justifica-se a importância que assume o fenômeno dos contrapoderes para o Direito, com a consequente necessidade de que sejam reconhecidos, analisados e estudados, para que recebam um tratamento receptivo juspolítico adequado, condizente com os progressos jurídicos aportados pela pós-modernidade.

Trata-se, pois, de uma tarefa que exige não apenas uma percepção *multidisciplinar,* como a necessária criatividade, para – sem desfigurar as características democraticamente saudáveis que se expressem nos contrapoderes – encontrar para as suas manifestações populares, os adequados *canais disciplinadores, que são próprios do Direito,* escoimando os seus abusos, que possam representar desafios aos valores republicanos da ordem social, da paz e das liberdades públicas.

Trata-se, em suma, de um trabalho a ser desenvolvido simultaneamente no âmbito jurídico mundial *estatal,* dos mais de duzentos países independentes – portanto, interessando aos respectivos sistemas de direito constitucionalizados – e, também, em conjunto, no ecúmeno

---

[25] CORM, Georges. *Le nouveau gouvernement du monde. Ideologies, Structures, contre-pouvoirs.* Paris: La Découverte, 2010, p. 10 e resumo na contra-capa .

global *transestatal* – com seus milhares de organizações que, de algum modo, administram interesses públicos – portanto, alcançando o que se afirma como o novo patamar do direito globalizado.

Em ambos os casos, ter-se-á o mesmo objetivo: a criação de *instituições* – sejam elas nacionais, internacionais, supranacionais ou transnacionais – que, sempre respeitando a liberdade de expressão das pessoas, estejam aptas a *canalizar civilizadamente* as manifestações de contrapoderes, de qualquer espécie e intensidade, para, filtrando-os, *incorporá-los ao processo aberto de criação e aplicação do Direito,* de modo a que sirvam como *novos instrumentos da cidadania.*

Ao aludir à *criatividade,* pensa-se, com efeito, em um enfrentamento construtivo da *conflitualidade,* que espontaneamente sempre se desenvolverá, quanto mais extraordinária for a complexidade de interesses que apresentem as sociedades pós-modernas.

Em consequência, hoje, desaparecidas ou enfraquecidas inúmeras limitações físicas e sociais que se interpunham à livre *comunicação humana,* torna-se necessário instituir *novos padrões de ordem* para os recentes processos sociais, como, emblematicamente em nossos dias, são os contrapoderes; portanto, uma tarefa que exige concertação e ação ecumenicamente ampliadas, desde os quadros juspolíticos delimitados pelos Estados, a todo o campo globalizado transnacional, onde possa alcançar a natural espontaneidade das relações sociais.

Há, portanto, uma distinção importante a ser, desde logo, registrada relativamente a essas expressões da vitalidade gregária dos povos, muitas das quais, em suas manifestações tradicionais, já foram juridicamente institucionalizadas, como espécies históricas do gênero dos *contrapoderes sociais,* acrescidas ao rol das *modalidades institucionalizadas não estatais,* de longa data conhecidas e estudadas, tais como as associações dedicadas à arregimentação e à propagação de ideias, os *lobbies* parlamentares, a imprensa, as religiões e tantas outras manifestações da opinião pública organizada, porém que, em razão das dimensões transestatais que adquiriram, a Sociologia as tem, por isso, classificado como *expressões de uma nova sociedade civil global.*[26]

---

[26] O conceito de *sociedade civil global* tem aparecido muito a propósito das dificuldades de superação dos vazios institucionais causados pela globalização, como recurso, sempre possível, ao *processo espontâne,* através do qual a sociedade continua a gerar *instituições* independentemente das produzidas através dos canais juspolíticos tradicionais, como sugere Hobsbawn na seguinte passagem de sua conhecida obra: "Talvez a caracterrística mais marcante do fim do século XX seja a tensão entre este processo de globalização cada vez mais acelerado e a incapacidade conjunta das instituições públicas e do comportamento coletivo dos seres humanos de se acomodarem a ele" HOBSBAWN, E. J. *Era dos Extremos.*

Assim, o que predominantemente as tem caracterizado – a todas essas mais recentes manifestações sociais – é o fenômeno da *comunicação digital de massa,* que toma corpo e importância como expressão não estatal de concentração de *poder difuso* em escala global, já assinalando, por isso, para alguns observadores, o que se pode identificar, com Castells, como uma *Era Digital.*[27]

Este mega-fenômeno da comunicação, tratado como *uma específica manifestação de poder,*[28] pode ser constatado na repercussão pública dos grandes arquivos de dados e de opiniões abertos sem fronteiras políticas ou limites geográficos, postos à disposição de bilhões de pessoas nas redes sociais, do tipo *Facebook , WikiLeaks,* que procura desnudar e desmistificar o emprego do sigilo de Estado com a divulgação de correspondências oficiais reservadas em todo o mundo, e outros tantos sítios eletrônicos de convivência, todos aptos a formar, a partir das gigantescas cadeias de informações, que organizam e divulgam *grupos de ação em potencial.*

Embora, por sua própria natureza, essas manifestações públicas virtuais, que empregam a via digital e *concentrem poder,* em princípio *prescindam do emprego da força,* uma particularidade que as distinguem das manifestações públicas presenciais, a dos tradicionais *movimentos de massa,* é certo, por outro ângulo de percepção, que elas encurtam a distância, de um lado, entre a simples demonstração pública de ideias ou, mesmo, a da resistência passiva e, de outro lado, a explosão de ações coletivas de agressão e de vandalismo, ou, em outros termos: entre o emprego de um *lícito poder persuasivo* e de um *ilícito poder coercitivo.*

Assim é que os *movimentos de massa,* empregados como formas de expressão de protestos ou de reivindicações, poderão facilmente se prevalecer dos acrescidos meios de difusão e de arregimentação possibilitados pela *comunicação digital,* para facilmente se constituírem como espécies compósitas e particularmente agressivas do que seria, assim perigosamente ampliado, a espécie de risco dos *contrapoderes sociais.*

E tanto o é, que, mesmo sem que esse hibridismo de meios de propagação atinja todo o seu potencial, é possível observar-se que, até

O breve século XX: 1914-1991. Tradução de Marcos Santarrita. São Paulo: Companhia das Letras, 1995, p.24.

[27] Sobre este ponto, do recente livro de Manuel Castells, já citado – *in Communication Power –* no Capítulo *Communication in the Digital Age* (p. 54 e ss.).

[28] Na mesma obra acima referida, de Manuel Castells, a respeito dessa afirmação destacada em itálico, o seu Capítulo final: *Toward a Communication Theory of Power* (p. 416 e ss.).

em simples manifestações de massa em praça pública, indistintamente em países ricos ou pobres e em vários níveis de desenvolvimento, *já se vem registrando uma preocupante escalada de violência* remotamente induzida pela mobilização eletrônica.

É, pois, este imponderado potencial de *riscos*, que tem surgido com essas novas manifestações de contrapoderes, o objeto dos estudos sociológicos empreendidos quanto a suas causas, padrões e efeitos, suscitando, como seria de se esperar – enquanto processos espontâneos de mobilização da sociedade que são – tanto opiniões tolerantes, quanto opiniões intolerantes, embora seja geral, também como seria de se esperar, a reprovação dos abusos e das selvagerias que possam acompanhá-los.[29]

Portanto, são arrolados como *aspectos positivos* do fenômeno, para os que o consideram com tolerância, citando-os em incompleta síntese: a demonstração do *amadurecimento político-social das populações*, a intensificação da *participação cidadã ativa* e, particularmente, a sua plena *compatibilidade, se não, mesmo, a sua indispensabilidade como* útil *sinal de alarme social do aguçamento de riscos*.

Em confronto, levando em conta os *aspectos negativos* do fenômeno, para os que os temem, a ponto de não os tolerar, mencione-se: a possibilidade da *manipulação radical político-partidária* dos descontentamentos, ainda que legítimos; os abalos que causam à *segurança pública*, principalmente nos centros urbanos, e, não menos inquietantes, as graves *interferências de fato que acarretam sobre o normal exercício dos serviços públicos*, em prejuízo geral de seus usuários.

De qualquer forma, sintetizando os argumentos expostos, tais movimentos, *em seu estado bruto*, embora possam em tese ser úteis, constituem um *potencial de risco à ordem jurídica instituída*, pois, por sua própria natureza, podem incitar *agitações propensas ao emprego da força*, particularidade esta que as distinguem da mera *comunicação massiva*, que, embora, também, modalidade concentradora de poder, em geral não chega a expressá-lo pela violência.

Eis porque, sem alarmismo ou radicalismo, há que se reconhecer que existem sobejas razões para que os *Estados democráticos* considerem atentamente a necessidade de instituir instrumentos juspolíticos hábeis para uma *contenção preventiva e pacífica* sobre esses fenômenos, visando a *reduzir seu potencial de geração de riscos de agressão e desordem*.

---

[29] Da qual é exemplo a bibliografia especializada surgida ao fim do século passado, já referida em nota anterior, de EVANS, P., de EVERS, T., de PAOLI, M. C.e de PORTES. A.

Cabe assim, à ordem jurídica dos Estados, a missão de *canalizá-las institucionalmente*, ou seja, de *submetê-las a cânones jurídicos*, para, bem aproveitando o que há de positivo e de saudável nessas forças sociais, *levá-las a desempenhar um papel valioso e construtivo* para a manutenção da *paz social* e o exercício das *liberdades democráticas,* sempre em prestígio das legítimas expressões da *cidadania,* com soluções que não lhe sufoquem a espontaneidade criativa, mas, necessariamente, levem a minimizar e, se possível, a eliminar os aspectos negativos que possam oferecer *riscos.*

5 Juridicizando os contrapoderes

Ora, não é outra a imemorial missão institucional do Direito, que a de buscar a *disciplina das situações de fato conflitivas,* de modo a gerar as desejadas qualidades de *previsibilidade* e de *segurança na convivência civilizada,* um objetivo que, na escala das reivindicações aqui consideradas, desde logo, obrigatoriamente se inclui no contexto do direito interno dos países, como uma relevante *matéria constitucional* atinente à *segurança das instituições.*

Mas, tal como posto, com o adensamento das relações transestatais, tornou-se evidente que *o problema da juridicização dos contrapoderes* transcendeu as possibilidades oferecidas pelo desenho constitucional do *Estado moderno,* até recentemente limitado à instituição de apenas duas categorias de *funções públicas* – as *governativas,* preponderantemente majoritárias, de *legislar* e de *administrar,* e as *judicativas,* contramajoritárias, no quadro das quais – importante é observar – a solução para os excessos dos contrapoderes, em geral, não passava da adoção de típicas *medidas repressivas.*

Esta é, pois, a razão pela qual, hoje, distintamente, nos *Estados pós-modernos* se patenteia a necessidade de *instituir novas funções públicas* – em acréscimo às tradicionais – que se voltem especialmente à realização de *novas e diferenciadas funções,* com vistas ao atendimento de demandas sociais, tais como as aqui tratadas, surtidas a partir da emergência contemporânea dos contrapoderes.

Incluem-se neste rol, um conjunto de específicas *funções de intermediação e de controle* a serem cometidas a *instituições constitucionalizadas,* com vistas a atuarem como *expressões da democracia substantiva, apartidárias e independentes, de legítimos interesses da cidadania;* aptas, portanto, a canalizar e a filtrar os contrapoderes, em qualquer manifestação e nível e onde quer que despontem, *de modo que possam ser direta ou indiretamente exercidas no precípuo, ainda que não exclusivo, interesse da sociedade.*

Nessa linha, renovada versão da sempre insuficientemente versada saga do *permanente aprimoramento do controle do poder*, tem-se procedido à busca de soluções e institucionalizado as que possibilitem *imediatas respostas a esses desafios postos pela pós-modernidade*, uma vez que os riscos de delongas para serem superados, muitas vezes serão maiores do que os normalmente previsíveis; isso porque, as escaladas bárbaras e agressivas de manifestações incontidas das massas podem alcançar paroxismos de desobediência civil e de violência coletiva que carregarão, como consequência, o indesejável *desencanto popular* com as legítimas soluções democráticas tradicionais e o correlato perigo de ressuscitar o sombrio mito da *necessidade do Estado forte* – como se só fosse possível manter a segurança *retornando aos modelos de Estado orientados à imposição da ordem pública exclusivamente pela via autoritária.*

Este risco maior, do regresso à via política anacrônica e falida do *autoritarismo*, infelizmente está sempre acenado pelos inefáveis inimigos da liberdade, como resposta simplista e imediatista, tanto aos reais problemas enfrentados, quanto aos falsos, estes que são geralmente concebidos pelos autocratas como reforço à lógica falaciosa própria dessa equivocada opção política.

Ora, eis que essa enganosa resposta, não obstante sua falácia, já tantas vezes historicamente comprovada, é praga que novamente se difunde neste início de século em países que já a haviam superado, como uma sinistra escalada anacrônica de *neoautoritarismo*, que já atinge vizinhos da América Latina, com o acrescido risco de ressuscitar, entre suas sequelas, as malsinadas *razões de Estado*, prática que, além de vulnerar frontalmente o dever de transparência e de motivação prescritos pelas Constituições democráticas, desperdiçam as oportunidades abertas pelas crises para o aperfeiçoamento da república, da democracia e da cidadania.

Por isso, dando uma resposta *diametralmente oposta* a essa sinistra opção, que tanto fracassou no passado, repudiando a repressão e o autoritarismo, o permanente e efetivo exercício do *controle do poder* – qualquer que seja o órgão que se exceda – deve ser conduzido na linha civilizada da *racionalização*, permanente e institucionalizada, possibilitada por instrumentos que ampliem, genericamente, as atuações de *zeladoria, fiscalização, promoção e defesa dos interesses públicos*, o que se alcança com a abertura de *novos canais de expressão da sociedade*.

Desse modo, a *intermediação cidadã*, expressada na forma de canalização de *contrapoderes funcionalmente institucionalizados na estrutura do Estado,* a fim de tratar democraticamente as discordâncias e os conflitos para incorporá-los aos processos regulares voltados à sua apreciação, apresenta-se como uma dessas necessárias e possíveis *respostas do Direito à proliferação de riscos,* que, de outro modo, só viriam a ser agravados, se permitida fosse uma atuação incontida e desabrida dos *contrapoderes sociais relegados a seu estado bruto.*

Deve-se preferir uma *alternativa jurídica* para promover-se o *encaminhamento* e a *filtragem civilizados* dos inúmeros e constantes interesses e reivindicações emergentes da sociedade, que, de outra forma, engrossarão o inconformismo e irão às ruas, possibilitando-se que eles ingressem com segurança e venham até a atuar institucionalmente no sistema juspolítico, já na forma ativa, mas inofensiva, de *contrapoderes socioestatais juridicamente absorvidos e organizados.*

Desse modo, as sementes de conflitos, que proliferam nas complexas sociedades pós-modernas, em lugar de gerarem sempre renovados riscos, poderão, superiormente, servir como *instrumentos da democracia ativa,* uma vez adequadamente absorvidos institucionalmente, o que vale dizer: desde que *encaminhados, como expressão legítima de expressões do poder difuso na cidadania de provocar, as funções governativa e judicativa do Estado.*[30]

Para tanto, as novas funções a serem exercidas no interesse da sociedade devem ser híbridas – da sociedade e do Estado – pois também carecem de *autoridade para serem eficazmente exercidas,* uma vez que, como advertiu Montesquieu, somente "le pouvoir arrête le pouvoir".[31]

Abrem-se duas vias para a *judicialização dos contrapoderes sociais,* com vistas ao aperfeiçoamento dos Estados democráticos: ou instituí-los diretamente na estrutura eclética da *sociedade* – oficializando *escolhas*

---

[30] Recolhe-se, mais uma vez, neste texto, à lição de Miguel Seabra Fagundes, em seu clássico *O controle dos atos administrativos pelo poder judiciário* (Rio de Janeiro: Editora Forense, 2010, 7. ed.) em que, com notável *percepção antecipativa* do que hoje se tem como *policentrismo funcional,* expôs o correto entendimento, ainda rarefeito à época, de que o Estado desempenha *funções* e não *poderes* que lhes sejam próprios. E isso, primeiro, porque o poder estatal é, como hoje pacificamente reconhecido, *uno* e não fracionado e, segundo, com mais razão, porque, tal poder é inerente à *cidadania* – o que Seabra Fagundes sustenta logo nas primeiras páginas de sua obra prima (item nº 1, numeração mantida em todas as edições) e prossegue afirmando que *"o Estado uma vez constituído, realiza seus fins através de três funções em que se reparte a sua atividade"* (item nº 2) explicando, em nota correspondente, que Montesquieu jamais usou a expressão *"separação de poderes",* razão pela qual, acrescentava o Mestre, não merecia que se o recriminasse pelos defeitos decorrentes desta arraigada concepção, tipicamente estatocêntrica, em que se subentende um velado desprezo pela democracia (nota 2).

[31] Alusão à síntese da consagrada expressão de Montesquieu no *Espírito das Leis: "Pour qu'on ne puisse abuser du pouvoir, il faut que, par la disposition des choses, le pouvoir arrête le pouvoir".*

diretas do povo – ou instituí-los como órgãos híbridos na estrutura cratológica do *Estado* – oficializando *escolhas indiretas do povo*.

A ação direta da sociedade se realiza pela pluralização de canais para o *exercício da cidadania*, que conformam as *modalidades políticas de participação*, como o são o sufrágio eletivo de representantes e de chefes do executivo dos três graus federativos, o plebiscito, o *referendum* e a iniciativa de leis, bem como as *modalidades administrativas de participação*, tais como a coleta de opinião, a consulta ou o debate públicos, a audiência pública, o colegiado público, a cogestão de parestatal, a assessoria externa, a delegação atípica, a provocação de inquérito civil, a denúncia aos tribunais de contas, a reclamação relativa à prestação de serviços públicos e a reclamação contra membros ou órgãos do Poder Judiciário, inclusive contra seus serviços auxiliares, serventias e órgãos prestadores de serviços notariais e de registro que atuem por delegação do poder público ou oficializados, bem como contra membros do Ministério Público e seus servidores.[32]

Essa via de oficialização de escolhas diretas do povo – que vem a ser o método da *democracia direta*, não é novidade, pois alguns modelos podem ser lembrados, como a prática medieval remanescente, o sufrágio presencial em praça pública, ainda existente na Suíça e o *recall*, empregado para a revogação de mandatos de agentes eleitos e a rescisão de sentenças judiciais, vigente em alguns Estados norte-americanos e na Confederação Helvética.

Por outro lado, uma organização mista, tanto da *democracia semidireta*, quanto da *democracia indireta*, requer maior elaboração institucional, como a que pode provir da criação de órgãos híbridos: instituições que, embora se situem na estrutura organizativa do Estado e estejam dotadas de funções estatais, oficializam a *participação da sociedade* no desempenho de funções que não são *legislativas*, nem de *pública administração* e nem, tampouco, *judicativas*.

Esta solução se implementa com a criação e o desenvolvimento de *novas funções constitucionais independentes*, como novos meios de *canalização das expressões espontâneas da sociedade*, que, como inovação, tais instituições *híbridas* devem ser criadas e inseridas *no* próprio aparelho de Estado, de modo, desde logo, a coparticiparem de sua *autoridade* e, também, se articularem de vários modos com as tradicionais três funções constitucionais independentes *do* Estado, produzindo

---

[32] Para a participação administrativa, suas características e possibilidades, do autor, a obra *Direito da Participação Política* (MOREIRA NETO, Diogo de Figueiredo, Rio de Janeiro: Renovar, 1992, p. 123 a 142).

uma rica *diversificação funcional legitimatória,* atuando como autênticas e prestantes vias de expressão *democrática e civilizada dos interesses legítimos da sociedade,* assim como, necessárias e diversificadas vias complementares aos desgastados e insuficientes instrumentos tradicionais da *representação político-partidária.*

Assim, as reivindicações de toda natureza da sociedade ganham, *em acréscimo aos tradicionais meios de expressão político-partidários* – que são mais apropriados para gerar soluções pelas generalizações legislativas do que para produzir soluções pontuais a específicos conflitos – como um conjunto de novos e diversificados meios de atuação oferecidos através de instituições que, para tanto, já são criadas com as características de serem *juridicamente abertas* e fundamentalmente *neutrais,* que, como exposto, são assim entendidas por atuarem *fora dos canais político-partidários.*

Porém, a mais marcante novidade dessa diversificação de instrumentos sociais, que se prestam a tão distintas funções, como as de *filtragem, fiscalização, zeladoria, controle, promoção e defesa dos interesses da sociedade,* consiste, inegavelmente, no notável aperfeiçoamento que aportam à *democracia substantiva,* com a introdução das *novas vias de participação da cidadania,* abertas em seu *direto interesse e proveito,* constituindo-se em notável avanço, sobretudo pelo acréscimo de *legitimidade* que trazem à dinâmica interação sociedade-Estado, complementando, na pós-modernidade, as soluções políticas, que se demonstram insuficientes pela via da *representação.*[33]

---

[33] Daí porque Montesquieu só encontrava remédio para a tendência universal ao abuso de poder político na montagem institucional de um mecanismo de poderes e contrapoderes. "É preciso que, pela própria disposição das coisas, o poder freie o poder". Já não se trata, portanto, de confiar cegamente nos homens, mas de saber que qualquer um de nós, quando no poder, é facilmente levado ao desatino, se não for convenientemente enquadrado pelas instituições políticas. Acontece que o sábio francês raciocinava no quadro da ação política exercida por meio de representantes dos governados. Isso era, sem dúvida, um progresso em relação às práticas absolutistas do passado, mas revela-se hoje, em tempos de democracia participativa, algo de muito insuficiente. Sabemos todos que o 'Estado Democrático de Direito, mencionado na Constituição, não passa, em nossa triste realidade, de uma peça de ficção política. A democracia pressupõe a atribuição efetiva (e não apenas simbólica) da soberania ao povo, devendo os órgãos estatais atuar como meros executores da vontade popular. Entre nós, esse esquema funciona em sentido inverso. A soberania pertence de fato aos governantes, que vivem numa espécie de estratosfera ou círculo celeste, onde são admitidos, tão só, os que detêm algum poder econômico ou alguma influência junto ao eleitorado ou à opinião pública. Todos os demais cidadãos são confinados, cá embaixo, como simples espectadores, pois os governantes de há muito lograram transformar a representação política em representação teatral: eles encenam, perante o povo, a farsa do rigoroso cumprimento da vontade eleitoral. Em suma, temos todo um sistema de poder estatal, mas nenhuma forma organizada de contrapoder popular diante dele. COMPARATO, Fábio Konder. *Contrapoder Popular. In:*

Importantes exemplos atuais dessas instituições híbridas, de *expressão semidireta e indireta da cidadania*, podem ser apontadas na dos *Ombudsmen*,[34] nos países escandinavos; na das *Assembleias de Cidadãos*[35] – uma solução que, no Brasil, já recebeu expresso apoio de Fábio Konder Comparato, em 2004, em supracitado artigo pela imprensa, como se transcreve abaixo[36] – e na das *Funções Essenciais à Justiça*;[37] todas modalidades, que se reforçam e se completam mutuamente.

Realmente, como exposto, essas alternativas institucionais se implementam constitucionalmente pela criação e pelo desenvolvimento

---

'*Folha de S. Paulo*' edição de 22 de fevereiro de 2004) (respeitada a grafia original, com nossos destaques).

[34] Admirada institucionalização pioneira de um contrapoder no Estado, originado em países escandinavos, com denominação derivada de palavra com etimologia no norueguês arcaico – *umbŭŏsmann* – que significa, apropriadamente, *representante*: agente independente com funções de zeladoria, controle e promoção de interesses públicos manifestados por cidadãos.

[35] As *Assembleias de Cidadãos*, como as existentes em alguns países tão diversificados, como na Austrália, na Finlândia, no Canadá (Columbia Britânica e Ontario) e no Quênia, e que proliferam rapidamente, pelo efeito demonstração globalizante, alcançando outras entidades políticas que têm, como preocupação, o aperfeiçoamento da democracia substantiva.

[36] Assim expõe e justifica, o ilustre publicista, a sua proposta: "Em suma, temos todo um sistema de poder estatal, mas nenhuma forma organizada de contrapoder popular diante dele. Ora, numa democracia autêntica, a ação política não se desenvolve apenas no nível do poder estatal, com o objetivo de conquistá-lo ou de mantê-lo. Ela deve também exercer-se diretamente pelo próprio povo, perante todos os órgãos do Estado, não só para fiscalizá-los, denunciar os crimes, desvios, imoralidades e omissões, mas também para que o povo tome por si, e não por meio de representantes, as grandes decisões políticas, aquelas que empenham o futuro da coletividade em todos os níveis: local, regional e nacional. Na esfera do Estado, são incontestavelmente os partidos políticos os grandes instrumentos de representação popular. Mas ainda não conseguimos criar um sistema organizado de agentes políticos que atuem, com o povo, como instrumentos de contrapoder perante os órgãos do Estado. Vai, pois, aqui a ideia de criar um consórcio das organizações não governamentais dedicadas, exclusivamente, à tarefa de atuar como agentes desse contrapoder popular. O povo soberano teria assim, a seu serviço, um instrumento político capaz de promover protestos e campanhas de opinião pública, bem como de utilizar, da melhor maneira, os escassos mecanismos de denúncia e de responsabilização dos agentes públicos existentes em nosso sistema jurídico: ações populares, ações civis públicas, representação ao Ministério Público por improbidade administrativa ou práticas criminosas em geral, denúncias de crimes de responsabilidade visando ao impeachment". (COMPARATO, Fábio Konder. *Contrapoder Popular; In* 'Folha de S. Paulo', edição de 22 de fevereiro de 2004).

[37] Tema sobre o qual o autor deste ensaio tem publicado vários trabalhos desde 1988, ano em que essa modalidade veio a ser adotada constitucionalmente no Brasil, tendo sido, dos mais recentes, o artigo versando sobre as *Novas funções constitucionais no Estado Democrático de Direito – Um estudo de caso no Brasil*, obra em homenagem ao eminente publicista Professor Doutor Jorge Miranda, glória e orgulho das letras jurídicas portuguesas, por ocasião de sua jubilação, em 2011, como convidado para integrar a obra coletiva coordenada pelos Professores Doutores Marcelo Rebelo de Souza, Fausto de Quadros e Paulo Otero.

de *novas funções independentes canalizadoras da expressão da sociedade*, que, por serem híbridas, ou seja, instituídas *no* próprio Estado, *se articulam de vários modos* com as tradicionais e básicas três funções constitucionais independentes *do* Estado, produzindo uma rica pluralização funcional e legitimatória, suficiente para abrir as necessárias e autênticas vias de expressão democrática e civilizada dos interesses legítimos da sociedade, postas como alternativas aos insuficientes instrumentos da representação político-partidária.

As reivindicações da sociedade ganham, com o acréscimo dessa legitimação, além dos tradicionais meios de expressão político-partidários, mais próprios para as generalizações legislativas do que para ministrar soluções pontuais aos conflitos, novos e diversificados caminhos institucionais, *juridicamente abertos* e fundamentalmente *neutrais*, assim entendidos por atuarem fora dos canais político-partidários.

Porém, a mais marcante novidade dessa diversificação de instrumentos sociais de *zeladoria, controle, promoção e defesa dos interesses da sociedade* consiste, inegavelmente, no notável aperfeiçoamento que aportam à *democracia substantiva*, pela introdução de *novas vias de participação da cidadania*, abertas em seu *direto interesse e proveito*, constituindo-se em notável avanço, sobretudo pelo acréscimo de *legitimidade* que trazem à interação sociedade-Estado, complementando na Pós-Modernidade, as soluções que se apresentem mais demoradas ou insuficientes, da *representação política*.[38]

---

[38] Daí porque Montesquieu só encontrava remédio para a tendência universal ao abuso de poder político na montagem institucional de um mecanismo de poderes e contrapoderes. "É preciso que, pela própria disposição das coisas, o poder freie o poder". Já não se trata, portanto, de confiar cegamente nos homens, mas de saber que qualquer um de nós, quando no poder, é facilmente levado ao desatino, se não for convenientemente enquadrado pelas instituições políticas. Acontece que o sábio francês raciocinava *no quadro da ação política exercida por meio de representantes dos governados*. Isso era, sem dúvida, um progresso em relação às práticas absolutistas do passado, mas revela-se hoje, em tempos de democracia participativa, algo de muito insuficiente. Sabemos todos que o 'Estado Democrático de Direito, mencionado na Constituição, não passa, em nossa triste realidade, de uma peça de ficção política. *A democracia pressupõe a atribuição efetiva (e não apenas simbólica) da soberania ao povo, devendo os órgãos estatais atuar como meros executores da vontade popular*. Entre nós, esse esquema funciona em sentido inverso. A soberania pertence de fato aos governantes, que vivem numa espécie de estratosfera ou círculo celeste, onde são admitidos, tão só, os que detêm algum poder econômico ou alguma influência junto ao eleitorado ou à opinião pública. Todos os demais cidadãos são confinados, cá embaixo, como simples espectadores, pois os governantes de há muito lograram transformar a representação política em representação teatral: eles encenam, perante o povo, a farsa do rigoroso cumprimento da vontade eleitoral. Em suma, temos todo um sistema de poder estatal, mas nenhuma forma organizada de contrapoder popular diante dele. (COMPARATO, Fábio Konder. *Contrapoder Popular. In: 'Folha de S. Paulo'*, edição de 22 de fevereiro de 2004) (respeitada a grafia original, com nossos destaques).

Portanto, o notável aperfeiçoamento de que aqui se dá conta, trazido pelos novos instrumentos democráticos para a expressão da cidadania, não se sobrepõe, senão que se *acresce aos existentes,* de modo a poderem atuar paralela, mas independentemente dos *tradicionais canais partidários e eleitorais,* que, como exposto, se ressentem das limitações inerentes às instituições representativas, forjadas na Modernidade, para que possam prover, com individualização, presteza e qualidade, as diversificadíssimas prestações demandadas para o atendimento dos cada vez mais exigentes valores, necessidades, interesses e aspirações das sociedades contemporâneas.

6 A importância das funções neutrais como canais contemporâneos de expressão da democracia

Essas funções independentes, como se indicou, também necessitam ser desempenhadas por *agentes do Estado,* que se distinguirão dos demais pelo exercício de competências constitucionais *prioritariamente afetas a interesses diretos e imediatos da sociedade,* embora, *sempre que legitimamente com estes compatíveis, possam também cuidar dos interesses do próprio Estado,* em seus desdobramentos políticos e administrativos, constituindo-se, assim, tal como o é o Judiciário, como outro complexo orgânico constitucional de *funções estatais neutrais.*

A institucionalização desse novo bloco de funções constitucionais – que ostenta a característica distintiva de serem funções *político-partidariamente neutras* – é resultado de importantes mutações juspolíticas, incidentes, notadamente, na teoria dos *interesses públicos,* que dissiparam a antiga confusão categorial, gerada pela imprecisão da distinção entre os *interesses públicos originais,* ou *primários,* afetos às pessoas em sociedade, e os *interesses públicos derivados,* ou *secundários,* afetos às pessoas do Estado.

Com efeito, os sistemas de produção legislativa tradicional, através de grandes colegiados – *os aparelhos de Estado parlamentares* – criados para a produção do *direito-legalidade,* historicamente só funcionaram plenamente a contento, enquanto não haviam sido claramente diferenciadas as categorias específicas de *interesses públicos,* até então consideradas em bloco sob a designação de *interesses gerais.*

Observe-se, portanto, que, exatamente por este motivo, por fidelidade ao princípio da *representação* política (e apenas política), esses *interesses gerais* deveriam, consequentemente, ser definidos com exclusividade pelos órgãos investidos no mandato de manifestar essa presumida "vontade geral" da sociedade, ou seja: apenas pelas assembleias populares, tomando as decisões por seus grupos majoritários.

Com o crescimento e a diversificação das sociedades, notadamente a partir das Revoluções Industriais, que marcaram o fastígio e o começo do fim da modernidade, esses interesses se foram de tal modo multiplicando, fragmentando, setorializando e especializando, que o sistema legislativo de tipo parlamentar, *não tendo como acompanhar essa evolução* – o que demandaria diversificar-se também suficientemente, de modo a manter um justo equilíbrio na produção das leis – mergulhou em *crise de legitimidade.*[39]

Vale, portanto dizer, que por não mais poder definir e atender adequadamente, através de sua *função legislativa,* a complexa massa de reivindicações que conformariam em tese *interesses realmente gerais* – não houve como evitar que o clássico *processo legislativo* passasse a negligenciar sua precípua missão de cuidar dos *interesses primários* (os da *sociedade*), bem como a de zelar pelos *interesses secundários* (os do *Estado*), para se aplicar, cada vez mais, ao *jogo do poder político-partidário,* que se trava entre interesses de representantes, de acólitos e de suas respectivas agremiações partidárias – todos, geralmente, muito distantes das reais necessidades do povo.

Em suma, aqui aplicando e estendendo a conhecida classificação de *interesses públicos,* em primários, os do povo, e em secundários, os do Estado, que encontra seus expositores mais antigos em Marcello Caetano e Oreste Ranelletti e o seu enunciado mais divulgado em Renato Alessi, observa-se que os parlamentos, por se dedicarem a uma atuação cada vez mais voltada à satisfação do que seriam, nessa mesma linha, categorizados como *interesses terciários* (aqui entendidos como os dos próprios partidos políticos em sua atuação na busca de poder), vão, com isso, produzindo *resultados* que, não obstante *formalmente democráticos* – um aspecto que poderia até ser considerado então suficiente sob uma óptica juspositivista – em nada servem à sua

---

[39] Elio Chaves Flores e Joana D'arc de Souza Cavalcanti, citando Norberto Bobbio (*In: A Era dos Direitos*. Rio de Janeiro: Campus, 1992), dão três razões para este preocupante fenômeno: i) a representação política nos Estados democráticos está em crise, principalmente porque a instituição parlamentar na sociedade industrial avançada não é mais o centro do poder real, mas quase somente uma câmara de ressonância de decisões tomadas em outro lugar; ii) os mecanismos institucionais de escolha fazem com que a participação popular se limite a legitimar, em intervalos mais ou menos longos, uma classe política que tende à autopreservação e que é cada vez menos representativa; e iii) devido ao poder de manipulação por parte de poderosas organizações privadas e públicas. (*O fardo da legitimidade: a democracia para além dos parlamentos*. Prim@facie – ano 5, n. 9, jul./dez. 2006, p. 64-72).

clássica missão de conferir o que se possa qualificar como uma *autêntica legitimação democrática quanto à substância* – agora entendida sob a óptica ampliada e pós-positivista da *juridicidade.*

Porém, além dessas razões, os aparelhos parlamentares foram perdendo condições – em termos de *tempo* e de *técnica* – para exercerem suas importantes *funções de controle,* como por tradição sempre desempenhavam.

Condições de tempo, pois a pletora legislativa cresce além da possibilidade de um adequado seguimento fiscalizatório sobre o governo e sua administração através dos institutos usuais das comissões parlamentares de inquérito, de convocação de autoridades e dos demais instrumentos tradicionais.

Condições de técnica, pois a diversidade e a especialidade dos *interesses originais,* bem como as dos temas a serem a cada momento enfrentados, escapam aos conhecimentos generalistas, que normalmente são esperados dos parlamentares e que, por isso mesmo, tendem a considerar limitadamente esses problemas, meramente sob os aspectos *político-partidários,* escapando-lhes o manejo de critérios de outra natureza, como, por exemplo, os técnicos e os jurídicos, que seriam essenciais a uma autêntica legitimação democrática de suas decisões.

Portanto, a teoria dos *poderes neutrais* – que, mais apropriadamente, hoje assim não mais se definirão, mas como "funções neutrais",[40] em razão da própria *unicidade do poder estatal,* e entendida não como uma neutralidade genérica, mas como uma *neutralidade específica,* ou seja, tão somente restrita aos assuntos político-partidários – parte da constatação dessa paulatina erosão *da legitimidade* das assembleias políticas, as quais, muito embora formalmente eleitas, perdem *legitimidade,* quando se trata de aferir, com imparcialidade e independência, a pletora de valores em constante concorrência e conflito nas sociedades contemporâneas.

Por esta razão, o Direito pós-moderno, ao cometer, em dois níveis, o *político* e o *administrativo* – respectivamente, a órgãos constitucionalmente independentes e a órgãos administrativamente autônomos – o desempenho de *funções neutrais,* atendeu, com atualidade e eficiência, de modo a superar esse impasse de legitimação, *priorizando os interesses públicos primários sobre todos os demais* e, com isso, *garantir equidistância decisória na tarefa de ponderação concursal entre múltiplos valores,* logrando a plena legitimação, tanto em termos correntes, quanto

---

[40] Como o *poder do Estado* é uno e indivisível, é o seu *exercício* que se fraciona e se distribui em *funções,* devendo a expressão plural de usança histórica – "*Poderes do Estado*" – ser entendida apenas como um tropo de linguagem.

em termos finalísticos, e sem qualquer interferência sobre as atividades partidariamente orientadas, a cargo dos órgãos governamentais do Estado.

Se, no curso da Modernidade, sob o conceito de *legalidade*, então hegemônico, a *noção de direito subjetivo* – sempre *legalmente referida* – era dominante, diferentemente, com o advento da Pós-Modernidade e com a adoção do paradigma mais abrangente da *juridicidade*, em que prevalece a *noção de direitos fundamentais*, esta noção passou a ser *supralegalmente referida* aos *direitos humanos* constitucionalizados, desde logo, os atinentes à *liberdade*, seguindo-se os atinentes à *igualdade*, para, como último desdobramento, os atinentes à *cidadania*.

Assim é que, com o objetivo de maximizar a efetivação desses *direitos fundamentais da cidadania*, como auspicioso rebento que floresceu nos *Estados Democráticos de Direito*, conheceram extraordinário desenvolvimento contemporâneo as *funções neutrais*, sobrevindas para ampliar e processualizar os *canais participativos*, concorrendo para possibilitar uma, cada vez maior, *visibilidade e controle* sobre as *funções de governança*, com o que, atendem satisfatoriamente à sua primária *destinação societal*, registrando-se, assim, ampliados ganhos, além da legitimidade originária, em termos de *legitimidade corrente* – a que se aperfeiçoa no curso da *ação* – quanto em termos de *legitimidade finalística* – que se integra com o *resultado*: dois importantes aspectos que, com essas novas funções, lograram o devido destaque.

É razoável, portanto, afirmar que a renovação juspolítica sistemática proporcionada por esta expansão da *juridicidade*, ultrapassando o tradicional e concentrado, quando não autocrático e elitista *sistema estatal monopolista de produção da lei*, veio possibilitar o surgimento e a multiplicação de novos, variados e ampliados *sistemas híbridos, portanto, sócioestatais, de produção do Direito*, bem como de correspondente *controle policêntrico* desses acrescentados valores da sociedade.

Este fenômeno pós-moderno, do *policentrismo de controles*, vem a ser não apenas a mais revolucionária como a mais importante das mutações jurídicas contemporâneas, em razão de ter informado brilhantes construções jurídicas derivadas, incorporadas tanto ao direito constitucionalizado, quanto ao direito globalizado, tais como, entre tantas que poderiam ser mencionadas: o neoconstitucionalismo, a democratização da aplicação Direito por uma sociedade aberta de intérpretes[41] e a legitimação de todo tipo de decisões através de funções

---

[41] *Cf.* HÄBERLE, Peter. *Hermenêutica Constitucional – a sociedade aberta dos intérpretes da constituição: contribuição para a interpretação pluralista e procedimental da constituição.*

neutrais, que, embora necessariamente revestidas do poder estatal, não se atrelam a valores e a interesses institucionalmente *parciais*, obviamente, por serem *partidários* (do mesmo étimo latino: *pars, partis*).

Destaque-se, no plano instrumental, o elenco de novas *funções estatais neutrais*,[42] cuja concepção eticamente avançada tanto veio a enriquecer, a robustecer e a aperfeiçoar as *alternativas decisórias* praticadas no Estado, tanto como, no mesmo nível de importância, os seus instrumentos de *controle recíproco*.

Com essas *funções neutrais* voltadas a recolher em suas origens difusas, por toda a sociedade, o puro e legítimo sentido social de *justiça*, reacende-se um novo e forte luzeiro, absolutamente necessário nas sociedades pluralistas pós-modernas, para iluminar e validar quaisquer aplicações das leis: tanto as que devam atuar voltadas à ordenação do estamento social, como as que devam produzir resultados de controle sobre ele.

Essas atividades, que se legitimam não pela *investidura* eleitoral, mas pelo próprio *exercício* e, sobretudo, pelos *resultados*, progressivamente se estão impondo, tangidas pelos ventos da *consensualidade* e da *flexibilidade*, facilitando o atendimento de toda sorte de *demandas que são próprias da complexidade e do pluralismo contemporâneos*, como as encontradas em sociedades cada vez mais densas, conscientes, atuantes e que se destacam por suas rápidas e profundas mutações em todos os campos da interação humana; todo este processo, no bojo de uma irresistível tendência de globalização, *que vem expandindo os valores fundamentais do Direito*, como *criação cultural por excelência [...] da humanidade como um todo*.[43]

No processo de renovação, essas e outras características juspolíticas emergem não apenas para legitimar, mas para suavizar e humanizar a aplicação do novo *Direito*, aos poucos desfigurando o envilecido estereótipo que dele havia conformado a percepção do homem comum durante a modernidade, ou seja: reduzido apenas à

Tradução de Gilmar Ferreira Mendes. Porto Alegre: Sérgio Antônio Fabris Editor, 1997, p. 13 e ss.

[42] Constituem um tema que o Autor tem tratado recorrentemente desde a promulgação da Constituição de 1988, que as inovou no sistema constitucional brasileiro.

[43] A referência aqui é também a Peter Häberle, em intervenção na *Conferência Internacional sobre a Constituição Portuguesa*, promovida pela Fundação Calouste Gulbenkian, Lisboa, 26 de abril de 2006, inédita, p. 6, da versão policopiada, *apud* Paulo Ferreira da Cunha, que a recolhe e a cita em obra sua, a tratar da vocação universalista e do universalismo do Direito Constitucional (*Pensar o Estado*. Lisboa: Quid Juris, 2009, p. 165-166).

cega e inflexível coleção de *leis* emanadas do Estado – a *dura lex, sed lex* – friamente aplicada por agentes que, por isso mesmo, são tantas vezes incompreendidos, quando não aborrecidos e importunos, uma vez que, não por outra razão, eles apenas "sabem a poder e a mando autoritário".[44]

As funções atribuídas a esta categoria de *agentes* exercentes de *funções estatais neutrais*, que são triplamente legitimados: pelo *mérito em seu acesso* – que é *uma forma de legitimação originária*; pelo *exercício político-partidariamente isento de suas funções* – que é *uma forma de legitimação corrente*; e por atuarem diretamente para lograr *resultados de interesse da sociedade* – que é uma uma *forma de legitimação finalística*, características essas que lhes conferem *legitimidade plena*, e dotados de *investidura estatal*, que, por sua vez, lhes conferem *autoridade* plena, vindo a suprir deficiências crônicas na *percepção* e no consequente *atendimento* dos *legítimos interesses gerais da sociedade pós-moderna*.

Assim, os *agentes neutrais*, robustecidos por essas várias atuações paralelas – insista-se, *independentes* daquelas a cargo dos tradicionais estamentos estatais político-partidários – para obter os *resultados legitimatórios de seu desempenho*, se vão difundindo e se capilarizando, de modo a estar cada vez mais ao alcance e à disposição de toda a *sociedade*, garantindo, com esta importante realização na linha do *policentrismo do controle*, a sua mais autêntica e poderosa *validação*.

7 Conclusão

As sociedades humanas não cessaram de progredir e as suas *instituições*, como tudo mais, transitam pelos mesmos ciclos universais de existência: nascimento, desenvolvimento, amadurecimento, declínio e desaparecimento.

Nelas, os *processos institucionais*, que ritualizam sua exteriorização, apresentam ciclos mais efêmeros, em contraste com os *valores institucionais*, que lhes dão conteúdo e, assim, coincidentes com a duração da própria trajetória da espécie humana, pois que lhe são inatos.

Porém, como é normal no processo histórico-cultural, os *valores* despertam lentamente com o alumbramento da *consciência social* e com ela se desenvolvem e florescem nas sociedades, na medida em que também progridem, evoluem e se aprimoram.

---

[44] GROSSI, Paolo. *La primera lección de Derecho*. Madri; Barcelona: Vniversitas, 2006 , p. 18.

Portanto, a *democracia*, entendida como *processo institucional político*, é o que, até hoje, se apresenta como historicamente o mais meritório, espelhando o estado dos *valores* na sociedade que a adota. Por certo, os processos empregados pela magnífica experiência ateniense foram muito distintos dos instituídos na Revolução Americana e, ainda mais, dos praticados em nossos dias, mas os imanentes valores sustentados não terão mudado tanto, se confrontadas as expressões conceituais, respectivamente, de Péricles, de Jefferson e de Bobbio.

Processos e *valores*, portanto, ocasionalmente se distanciam, divergem e causam problemáticas desarmonias, refletidas na vida política dos povos. Tempos há em que se torna necessário, para recuperar uma razoável coerência, superar esse paulatino distanciamento através de *mutações* – entendidas como saltos evolutivos causados por bruscas mudanças de paradigmas, não seguindo o fluxo habitual, a "sage lenteur" das naturais transformações históricas – de modo a restabelecer-se o delicado equilíbrio institucional, em cada país e época.

Tais considerações serão úteis, quando povos devam atravessar esses períodos de intensas mudanças, de modo que as suas *instituições* possam acompanhar as transformações das respectivas *sociedades;* de modo que, através de *mutações,* se mantenham vivas e prestantes.

Assim é que o advento de *novas funções constitucionais*, aptas a canalizar e a depurar manifestações de contrapoderes positivas e a filtrar as negativas, poderá assinalar *um novo ciclo na evolução da democracia*, que se proponha a superar certas insuficiências dos usuais *processos eletivos* de representantes com o predomínio de soluções *formais de escolha*, para incorporar *processos participativos*, em que as escolhas populares venham a ser predominantemente *materiais*. Como avisava Jean Rivero, há meio século, não nos conformemos com uma democracia para a escolha de *quem* nos vai governar, mas aspiraremos a uma democracia para a escolha de *como* queremos ser governados.[45]

Referências

BECK, Ulrich. *Risk Society:* Towards a New Modernity (*Sociedade do Risco*). Londres: Sage, 1992.

BECK, Ulrich. *Macht und Gegenmacht im globalen Zeitalter*. Frankfurt am Mein: Suhrkamp Verlag, 2002.

---

[45] RIVERO, Jean. *A propos des métamorphoses de l'administration d'aujourd'hui: démocratie etadministration. In Mélanges offerts à René Savatie*r. Paris: Dalloz, 1965.

BECK, Ulrich. *Pouvoir et contre-pouvoir*. À l'heure de la mondialisation. Paris: Éditions Flammarion, Champs essais, 2003

BENASAYAG, Miguel; SZTULWARK, Diego. *Du Contre-pouvoir*. Paris: La Découverte, 2003.

BERLE, Adolf. A. *Power*. New York: Ed. Harcourt, Brace & World Inc., 2006

CASTELLS, Manuel. *Communication Power*. Oxford: Oxford University Press, 2009.

COMPARATO, Fábio Konder. *Contrapoder Popular*. *In*: 'Folha de S. Paulo' edição de 22 de fevereiro de 2004.

CORM, Georges. *Le nouveau gouvernement du monde. Ideologies, Structures, contre-pouvoirs*. Paris: La Découverte, 2010.

CUNHA, Paulo Ferreira da. *Pensar o Estado*. Lisboa: Quid Juris, 2009

DUMONT, Louis. *O individualismo*: uma perspectiva antropológica da sociedade moderna. Tradução de Álvaro Cabral. Rio de Janeiro: Rocco, 1985.

EDITORIAL JORNALISTICO. *Anarquismo sobre fronteiras*. O Globo, p. 30, 30 dez. 2010.

EVANS, P. Globalización Contra-Hegemónica: Las Redes Transnacionales como Herramientas de Lucha contra la Marginalización. *In*: Contemporary Sociology, 1998.

EVERS, T.; Estatismo vs. Imediatismo: noções conflitantes de política na Alemanha Federal. *In*: Novos Estudos CEBRAP. São Paulo: volume 2,1, abr. 1983.

FAGUNDES, Miguel Seabra. *O controle dos atos administrativos pelo poder judiciário*. Rio de Janeiro: Forense, 7. ed., 2010

FLORES, Elio Chaves; SOUZA, Joana D'arc de. *A Era dos Direitos*. Rio de Janeiro, Campus, 1992.

FRANÇOIS, Ludovic; HUYGHE, François-Bernard. *Contre-pouvoirs, de la société d'autorité à la démocratie d'influence*. Paris: Ellipses, 2009.

GROSSI, Paolo. *La primera lección de Derecho*. Madri; Barcelona: Vniversitas, 2006.

GUMPLOWICZ, Ludwig Von. *Die Sociologische Staatsidee*. Graz: Leuschner & Lubensky, 1892.

HÄBERLE, Peter. *Hermenêutica Constitucional*: a sociedade aberta dos intérpretes da constituição: contribuição para a interpretação pluralista e procedimental da constituição. Tradução de Gilmar Ferreira Mendes. Porto Alegre: Sérgio Antônio Fabris Editor, 1997.

HOBBES, Thomas. *The Leviathan* (*Leviathan or The Matter, Form and Power of a Common Wealth Ecclesiastical and Civil*), 1651.

HOBSBAWN, E. J. *Era dos Extremos. O breve século XX: 1914-1991*. Tradução de Marcos Santarrita. São Paulo: Companhia das Letras, 1995.

HOLLOWAY, John. *Change The World Without Taking Power*. London: Pluto Press, 2002.

JOUVENEL, Bertrand. *Le Pouvoir. Histoire naturelle de sa croissance*. Genebra: Éditions du Cheval Ailé, 1945

LAGADEC, Patrick. *La Civilisation du risque : catastrophes technologiques et responsabilité sociale*. Paris: Seuil, collection *"Science ouverte"*, 1981.

LAGADEC, Patrick; GUILHOU, Xavier. *La fin du risque zéro*. Paris: Eyrolles Société – Les Echos Éditions, 2002.

MOREIRA NETO, Diogo de Figueiredo. *Teoria do Poder*. São Paulo: Editora Revista dos Tribunais, 1992.

MOREIRA NETO, Diogo de Figueiredo. *Direito da Participação Política*. Rio de Janeiro: Renovar, 1992.

MOREIRA NETO, Diogo de Figueiredo. *Novas funções constitucionais no Estado Democrático de Direito:* um estudo de caso no Brasil.

PAOLI, M. C. As Ciências Sociais, os Movimentos Sociais e a Questão do Gênero. *In: Novos Estafdus CEBRAP*. São Paulo: nº 31, out. 1991.

PORTES A.Villagers. The rise of transnational communities. *The American Prospect*, nº 25. 1999.

RIVERO, Jean. A propos des métamorphoses de l'administration d'aujourd'hui: démocratie etadministration. *In: Mélanges offerts à René Savatie*r. Paris: Dalloz, 1965.

SCHMITT, Carl. *Politische Theologie*. Berlim: Duncker & Humblot, 1996.

CIDADANIA E ADMINISTRAÇÃO DE RESULTADOS

DIREITO ADMINISTRATIVO E O CONTROLE PROSPECTIVO NO PLANEJAMENTO E NAS AÇÕES DO ESTADO

> *"La subjetivización definitiva de la justicia administrativa, que ha roto el mito histórico de su supuesta objetividad, tras del cual se enmascaraba una superioridad formal de la Administración sobre el ciudadano, considerado aún como súbdito, que debía ceder ante la supuesta superioridad de los "intereses generales" gestionados por la Administración, es ya una ganancia definitiva – y por ello definitivamente irrenunciable – de nuestro tiempo".*
>
> *Eduardo García de Enterría*[46]

---

[46] Eduardo García De Enterría. *Las Transformacionaes de la Justicia Administrativa: de Excepción Singular a la Plenitud Jurisdiccional. Un Cambio de Paradigma?* Cizur Menor (Navarra): Editorial Aranzadi SA, 2007, p. 147.

1 Introdução: dois conceitos para entender a democracia

É sempre útil retomar, à luz dos recentes progressos da Ciência Jurídica, as cambiantes e fascinantes relações entre a *cidadania*, em toda a extensão de seu conceito juspolítico, e alguns temas hipersensíveis no discurso contemporâneo, como o são os indicados no título e subtítulo deste ensaio.

Vale, assim, desde logo, afastar do discurso a antiga e incômoda polissemia que acompanha o termo *democracia*, desde quando os gregos passaram a empregá-la no lugar da antiga expressão *isonomia*, mais conotada à igualdade, o que veio a se confirmar em Aléxis Tocqueville,[47] quando afirmou, em sua celebrada *Démocratie en Amérique*, que os americanos *amam mais a igualdade que a liberdade*, para precisar aqui a exata ideia que se tem em mente, razão pela qual, hoje, alguns autores preferem atribuir-lhe a qualificação de *substantiva*, para distingui-la do tradicional conceito censitário, em que caberia, sob o mesmo critério, a qualificação de *formal*.

A conceituação mais antiga remete a *democracia* ao *diálogo*, como método ou técnica social de busca do consenso e da prevalência da vontade da maioria nas decisões coletivas, envolvendo, notadamente, os processos de escolha de governantes e de definição formal do direito. Este é o sentido preferido por Octavio Paz,[48] ao afirmar que não se deve considerá-la nem como um absoluto, nem como um projeto sobre o futuro, mas apenas como um "método de convivência civilizada". Por certo, esta é ainda a visão mais difundida e é com ela que se qualifica o *regime de governo* que a adota, tratando-se, por isso, de um *conceito político*.

Porém, em plano conceptual mais elevado, a *democracia* pode ser entendida como um conjunto de *valores* coerentes com a importância e a dignidade da *pessoa humana* – hoje universalmente reconhecidos como *direitos humanos* – por lhe serem essenciais e indisponíveis. São, pois, esses valores, que devem prevalecer nas relações entre os homens, notadamente nas relações políticas e, por isso, concebida como um *conceito filosófico*.

Contém-se, portanto, na abordagem filosófica, o *sentido substantivo de democracia*, significando – mais do que um simples método de

---

[47] TOCQUEVILLE, Alexis. *Démocratie en Amérique*. Dans le cadre de la collection: Les classiques des sciences sociales, 1835. Disponível em: <http://www.uqac.uquebec.ca/zone30/Classiques_des_sciences_sociales/index.html>.

[48] PAZ, Octávio. *El Ogro Filantropico*. Barcelona: Seix Barral, 1990.

decisão coletiva e, em particular, de escolha de governantes e da lei que deve nos reger – *uma exigência de resultados coerentes com os valores que a informam*. Esta é a visão que inspirou Giovanni Sartori,[49] possivelmente um dos seus maiores teóricos, a afirmar que *"a democracia é uma abertura de crédito ao* homo sapiens".

2 A economia pós-moderna

Ocioso afirmar, a esta altura do processo de globalização em curso, do qual somos atores e espectadores, que a visão pós-moderna da condução da política é indissociável da efetiva prossecução de *resultados econômicos*, que são, inegavelmente, um *prius* para alcançar *resultados sociais*, ou não econômicos, se assim se preferir, pois que demandam aplicação de amplos recursos, que só podem ser gerados em um *ambiente econômico de competição global*, em que as unidades políticas não mais detenham o monopólio das decisões, como o tinham ontem, mas, necessariamente, as *compartilhem* com as entidades da sociedade organizada, notadamente, como nos dias de hoje, as organizações de envergadura internacional e as megaempresas, sendo que muitas destas detêm poder decisório mais substancial que o de um grande número de países.

Fácil deduzir-se deste quadro a ponderável *responsabilidade política* dos governos, não apenas na formulação da *decisão*, como no *planejamento* e na *execução* de uma política econômica *harmonizada com o mercado* e *voltada ao desenvolvimento*, que adote preferentemente uma postura competitiva. É o que os franceses costumam apontar como característica de um "État propulseur", que nada mais é que o dedicado a um exercício afincado do dever de *fomento*, que, entre nós, já se define constitucionalmente como um *macro objetivo governamental*, uma vez que vem reiteradamente contido em todos os enunciados dos *objetivos fundamentais da República*, nos quatro incisos do artigo 3º da Carta Federal.

Desponta, assim, a partir desse alto cometimento constitucional, que a responsabilidade dos governos em lograr o atingimento daqueles objetivos, através de políticas públicas eficientes, não mais deve ser entendida como mera *responsabilidade política*, pois que se vai tornando, paulatinamente, também uma *responsabilidade jurídica*, tal

---

[49] SARTORI, Giovanni. *A Teoria da Democracia Revisitada*: O debate contemporâneo. São Paulo, Editora Ática, 1987- 1994.

como hoje pacificamente se reconhece no reiterado referendo da prática constitucional europeia, já acatada em nosso Supremo Pretório e tida até como uma das características diferenciais do constitucionalismo pós-moderno – que é, justamente, o seu *valor normativo direto*, expressão tão a gosto de Eduardo García de Enterría, como empregada em seu clássico exame sobre *A Constituição Espanhola de 1978 como pacto social e como norma jurídica.*

Entre nós, essa característica de *efetividade da norma constitucional* se expressa de forma plena e inequívoca, à semelhança do art. 53 da Constituição Espanhola, no art. 5º, §1º, da Constituição de 1988, ao afirmar que *as normas definidoras dos direitos e garantias fundamentais têm aplicação imediata.*

3 Neoconstitucionalismo e racionalização das atividades de governo

Ora, se é *dever constitucional* do Estado atingir *resultados* que concorram *efetivamente* para o atendimento daqueles objetivos governamentais, torna-se igualmente certo, com vistas a uma efetiva satisfação desse dever no quadro do neoconstitucionalismo, que aos governos não é dado se omitirem, nem tergiversarem, nem falharem no desempenho de seus cometimentos *de planejamento e de execução de políticas públicas* referidas a tais objetivos. Aí reside um dos traços marcantes da auspiciosa passagem, apontada por autores atualíssimos, como o são G. Giraudi e M. S. Righettini,[50] em sua obra *Descrevendo o percurso da democracia de representação à democracia de eficiência.*

Em outros termos, tem-se, hoje, a *racionalização* das atividades governamentais, não mais como uma política de governo, mas como uma política de Estado, um *imperativo constitucional.* E tão importante o é, que a própria Constituição brasileira, ao tratar da *atuação do Estado na ordem econômica,* o reitera enfaticamente ao determinar que, como agente normativo e regulador, *o Estado exercerá funções de incentivo e de planejamento econômicos* (art. 174, CF) – uma expressão que não deixa alternativa jurídica à passividade, ao improviso e ao desacerto.

E mais, acrescenta esse dispositivo constitucional, que o *planejamento de Estado,* embora seja apenas *indicativo* para o setor privado da economia, é efetivamente *determinante para o setor público.* Vale dizer:

---

[50] GIRAUDI, G; RIGHETTINI, M.S. *Le autorità independenti: della democrazia della rappresentazione alla democrazie della efficienza.* Roma-Bri: Laterza, 2001.

por ser *determinante*, na hipótese de o setor público vir a *desenvolver qualquer dessas atividades de conteúdo econômico sem o devido planejamento*, logicamente *estará descumprindo o mandamento constitucional*.

Com efeito, o Estado está submetido, pelos incisivos termos do art. 174 da Constituição, ao imperativo expresso do *planejamento determinante*, o que vale dizer que, nessa particular área de *atuação econômica, o signo da ação programada se revela especialmente relevante*, como, conferindo a máxima efetividade a esse dispositivo constitucional, Lúcia Valle Figueiredo não hesitou em apontar a possibilidade, em tese, de *imputar-se ao Poder Público uma eventual responsabilidade por dano decorrente do planejamento*, em brilhante artigo de sua lavra: *O devido processo legal e a responsabilidade do Estado por dano decorrente do planejamento*.[51]

Portanto, indo mais um pouco avante, pode-se afirmar que, no caso de tais *atividades de conteúdo econômico* serem praticadas pelo Estado *sem planejamento ou com planejamento deficiente*, e, ainda, como agravante, *não apresentarem resultados compatíveis com os objetivos fundamentais* postos no artigo 3º da Carta, *mesmo que não venham a causar danos a direitos subjetivos individuais*, caracterizar-se-ão como uma grave *ofensa* a um claríssimo *comando procedimental* da Carta e, implicitamente, uma *agressão aos direitos constitucionais difusos da cidadania ao desempenho governamental legítimo*. Afinal, seria irracional admitir-se que aos governos fosse juridicamente legítimo malbaratar recursos públicos em políticas irrealistas, infundadas, improvisadas e infrutíferas para a realização do bem público.

Em suma: a *racionalização* das atividades dos governos não mais deve ser considerada apenas como mera *aspiração* ético-política da sociedade, uma vez que já se erigiu constitucionalmente a *direito difuso* – e, por isso, *exigível por toda cidadania*, em todos os níveis políticos e, de modo especial, ainda que não exclusivo, posto sob vigilância e ação do Ministério Público, entre os cometimentos que lhe são outorgados pelos artigos 127, *caput*, e 129, III, da Constituição.

4 A administração de resultados

O que até aqui se depreende das considerações apresentadas é que a Constituição de 1988, com louvável antecipação, já estabelece todo

---

[51] *In: Revista de Direito da Procuradoria Geral do Estado do Rio de Janeiro*, Volume 56, 2002, p. 190-193.

o fundamento necessário para a afirmação e a aplicação, em nosso País, da doutrina da, assim denominada, *administração de resultado,* ou seja: *confere uma base institucional da legalidade finalística* ou, melhor ainda, para usar da denominação corrente da literatura italiana e por envolver também a legitimidade, *a base institucional da juridicidade finalística,* no direito público brasileiro.

Na realidade, essa promissora doutrina se vem consolidando dentro de uma nova concepção das próprias relações entre os *cidadãos* e a *administração pública,* especificamente voltada à afirmação *desse seu dever funcional de proporcionar resultados concretos* e materializados em uma boa e justa atribuição de bens às pessoas, como um *proprium* da função administrativa, na feliz expressão de ilustre monografista do tema, o jurista italiano Giancarlo Sorrentino.

E essa referência feita ao jurista peninsular tem razão de ser, não apenas pela qualidade de sua monografia específica, *Diritti e partecipazione nell'amministrazione di resultato,*[52] mas também em razão de ser precisamente o seu País um dos que mais avançaram, a partir dos anos noventa, na realização de uma reforma administrativa que deixou de se concentrar, como no passado, em aspectos organizativos, *para ocupar-se com o agir estatal em função de resultados.*

Realmente, como um dos marcos iniciais dessa evolução, destaca-se a Lei italiana nº 241/90, "orientada por critérios de eficiência, de economicidade e de publicidade", na qual a preocupação com a *pessoa do administrado* – o *cidadão,* enfim – assume primacial importância, a partir da premissa de que a *Administração deve estar a serviço das pessoas* (vazado em sua elegante expressão: *I diritti dell'uomo: un seme di verità nel diritto amministrativo*).

Como se depreende, na base desse progresso, agita-se uma dramática mutação do próprio *conceito de administração pública,* que, tal como vem sendo reiterado nos modestos escritos deste articulista produzidos nos últimos decênios, *vai aos poucos perdendo suas características imperativas,* que a postavam, tradicionalmente, como um *poder* do Estado, para entendê-la como nada mais que uma *função* a ser desempenhada pelo Estado *e preferentemente compartilhada com a sociedade* em todo seu desenvolvimento: desde o seu *planejamento,* passando pela *decisão* e pela *execução,* até o seu *controle,* tema este de crescente importância de que se trata a seguir.

---

[52] SORRENTINO, Giancarlo. *Diritti e partecipazione nell'amministrazione di resultato.* Napoli: Editoriale Scientifica, 2003.

5 Amplia-se o controle

O Direito sempre se caracterizou por uma predominante preocupação com o *passado*. E assim tem sido, tanto na *elaboração da norma*, que se faz a partir de comportamentos observados, quanto na *aplicação da norma*, que necessariamente se volta a examinar fatos ocorridos.

Destarte, o *controle* realizado em sede jurídica, tradicionalmente acompanhava essa visão *retrospectiva*, o que produzia uma falsa impressão de que a compreensão *prospectiva* seria estranha ao método jurídico ou, pelo menos, teria nele pouca importância. Não obstante, ao revés do que aligeiramente se possa pensar, *é próprio da norma se endereçar ao futuro*, pois, tanto a sua formulação, quanto a sua aplicação, só valem, em princípio, *ex nunc* – para os acontecimentos futuros – já que são bem mais raras as que sejam editadas para reverter os seus efeitos sobre fatos pretéritos.

Assim, é indubitável que o *futuro* deva ser realmente considerado como uma das dimensões temporais próprias a qualquer norma, o que lhe faz merecedor de uma cuidadosa atenção *prospectiva*, tanto por parte dos seus elaboradores, quanto por parte dos seus aplicadores.

Com efeito, a *prospectiva* deixa de ser um exercício que se tinha meramente como um jogo divinatório, despido de qualquer credibilidade e, por isso, de serventia, para se tornar uma *técnica*, desde que processada com observância de métodos científicos rigorosos e confiáveis. E, com efeito, veio a ser no próprio campo das ciências exatas que a prospecção científica se originou e se desenvolveu – inicialmente sob a denominação anglófona de *technological assessment* – podendo tomar-se simbolicamente, como marco inicial dessa reversão de expectativas, a momentosa divulgação do então secretíssimo Projeto Mannhattan e a patética reação da comunidade científica diante dos prodigiosos desenvolvimentos da física nuclear, que levaram à construção da bomba atômica e às surpreendentes hecatombes de seu emprego bélico, ao término da Segunda Guerra Mundial.

A partir de então, se manifestou e se disseminou uma crescente *preocupação social*, até então inexistente, com a criação de um *sistema de controle de resultados* sobre os experimentos científicos e tecnológicos, tanto públicos quanto privados, voltado a identificar e a afastar preventivamente todos aqueles que pudessem criar *riscos* para a humanidade. Como se observa, a partir de então já se poderia aludir, com razão, à emergência de uma sociedade e de uma civilização de risco.

É, pois, nessa mesma linha de preocupação – ou seja, *com o controle dos resultados* – que o direito contemporâneo se veio a beneficiar de todos os avanços da prospectiva científica, de modo a poder proceder – agora rotineiramente – à avaliação das *tendências normativas*, que podem ser detectadas em qualquer campo e em qualquer nível, abrindo-se à comunidade dos seus operadores, em última análise aos construtores históricos da própria Ciência Jurídica, uma amplíssima participação em seu *controle*.

Destarte, e posto em outros termos, será pela adoção de procedimentos como os de *monitoramento de tendências*, de *projeção de tendências* e de *avaliação de tendências*, que se tornará possível acompanhá-las, para eliminar ou reduzir aquelas socialmente indesejáveis, através do emprego de instrumentos jurídicos de *dissuasão* ou, exatamente ao revés, para provocar e estimular tendências socialmente positivas, pelo emprego do *fomento*, não importando se atuando através de controle sobre entes da sociedade ou sobre entes e órgãos do próprio Estado, ampliando-se, com isso, imensamente e com brilhantes perspectivas, os horizontes de um autêntico *controle de juridicidade plena*.

Não se trata de um mero sonho, mas de uma realidade, dádiva de nosso tempo, que tem condições de reunir positivamente Estado e sociedade: associando, de um lado, o conglomerado de entidades e de órgãos, que Massimo Severo Giannini[53] tem como *a disposição plúrima do Estado contemporâneo*, e, de outro, a pluralidade de uma distinta constelação, conformada pelas inumeráveis entidades sociais secundárias integradas e convergindo para uma vigilância e atuação em prol de um *futuro melhor*.

6 O benefício do controle ampliado nas sociedades de risco

Nas *sociedades pós-modernas*, abalados os seus fundamentos de cega confiança na racionalidade, assomaram incertezas de toda sorte: econômicas, sociais, políticas, sanitárias, ambientais e até culturais, o que levou a caracterizá-las, como o fez Ulrich Beck, como "sociedades de risco"[54] e Paul Lagarde a referir-se, pouco depois, a uma "civilização de risco", em construção.[55]

Pois bem, nas sociedades contemporâneas – sob o signo dos *riscos* – nada passou a ser mais importante do que a *sua previsão e*

---

[53] GIANNINI, Massimo Severo. *L'amministrazione pubblica dello stato contemporâneo – Volume 1 de Trattato di diritto amministrativo*. Padova: CEDAM, 1988.

[54] BECK, Ulrich. *La societé du risque*, 1976.

[55] LAGARDE, Paul. *La Civilisation du risque*, 1981.

monitoramento, até mesmo para que se torne possível uma aplicação dos instrumentos de prevenção e de controle proporcionados, tanto pela política, quanto pelo direito. Com efeito, desde a falência do *Estado-Providência*, última expressão do Estado Moderno, que começou a dar mostras de seu esgotamento institucional ainda nos últimos decênios do século passado, revelou-se que tantas foram as sequelas econômicas e sociais indesejáveis e até catastróficas por ele deixadas, que melhor lhe assentaria a denominação de "Estado-Imprevidência".

Patenteou-se, desse modo, às gerações de hoje, que só será possível recobrar a *segurança* se o nosso futuro for objeto de *criterioso planejamento democrático*, com um *cenário de formulação aberta de políticas públicas* e, desse modo, tratados ambos por específicos *institutos jurídicos*, que privilegiem a prospecção e o controle social, para se dispor, também na atividade administrativa pública, do que J. Chevallier[56] batizou adequadamente de um "equivalente funcional do mercado", justamente pela possibilidade de permitir que se ponha em marcha um instrumento cívico autorregulatório dessas relações altamente instáveis.

Vale lembrar que um dos primeiros reconhecimentos da necessidade desse *controle prospectivo* no campo do direito proveio da criativa Corte Constitucional alemã, a partir da audiência de conselheiro técnico e científico – o *amicus curiae* – para tanto especialmente convocado ou admitido *com vistas a afastar possíveis riscos que poderiam advir de decisões que, embora juridicamente corretas, pudessem ser prospectivamente danosas e até mesmo catastróficas para a sociedade.*

Em suma, *essa expansão do controle*, ampliado para se tornar também *prospectivo*, tanto em sede política, quanto em sede jurídica, registra empenho e aprofundamento cada vez mais intensos do aparelho judiciário do Estado *no controle de políticas públicas*, nele compreendida a da *eficiência* e a da *economicidade* de sua *formulação*, de sua *execução* e, sobretudo, de seus *resultados*, abrangendo, assim, todo o espectro temporal e todos os desdobramentos prováveis, *tarefa que se vai tornando cada vez mais importante para devolver aos cidadãos a segurança quanto a seu próprio futuro e de seus respectivos países*, ao abrir-lhes a possibilidade de *participarem mais intensamente* e com grande proveito geral, no governo e na administração do que é seu: da *res publica*.

Ao mesmo tempo, no evolver do processo, a *sociedade* reiteradamente se beneficia ao nele colher novas oportunidades de se exercitar

---

[56] CHEVALLIER, Jaques. *O Estado Pós-Moderno*. Tradução e prefácio de Marçal Justen Filho. Belo Horizonte: Fórum, 2009. (Coleção Fórum Brasil-França de Direito Público; 1).

e de se aprofundar na saudável prática da *democracia* – entendida (e que valha a reiteração) não apenas a vetusta democracia *formal*, aquela das eleições periódicas, para a escolha de *quem* nos governará, mas a jovem democracia *substantiva*, a da participação e a da realização de *valores*, para a escolha, como se referiu Jean Rivero, de *como* queremos ser governados.

São preciosos instrumentos da *cidadania*, que poderão ser, auspiciosamente, típicos do direito público que caracterizará este vigésimo primeiro século. Se assim o quisermos.

Referências

BECK, Ulrich. *La societé du risque*. 1976.

CHEVALLIER, Jacques. *O Estado Pós-Moderno*. Tradução e prefácio de Marçal Justen Filho. Belo Horizonte: Fórum, 2009. (Coleção Fórum Brasil-França de Direito Público; 1).

ENTERRIA, Eduardo García de. *Las Transformacionaes de la Justicia Administrativa: de Excepción Singular a la Plenitud Jurisdiccional. Un Cambio de Paradigma?* Cizur Menor (Navarra): Editorial Aranzadi SA, 2007.

FIGUEIREDO, Lúcia Valle. O devido processo legal e a responsabilidade do Estado por dano decorrente do planejamento. In: *Revista de Direito da Procuradoria Geral do Estado do Rio de Janeiro*, Volume 56, 2002, p. 190-193.

GIRAUDI, G; RIGHETTINI, M.S. *Le autorità independenti: della democrazia della rapresentazione alla democrazie della efficienza*. Roma-Bri: Laterza, 2001.

GIANNINI, Massimo Severo. *L'amministrazione pubblica dello stato contemporâneo – Volume 1 de Trattato di diritto amministrativo*. Padova: CEDAM, 1988.

LAGARDE, Paul. *La Civilisation du risque*. Paris: Ed. Du Seuil, 1981.

PAZ, Octávio. *El Ogro Filantropico*. Barcelona: Seix Barral, 1990.

SARTORI, Giovanni. *A Teoria da Democracia Revisitada: O debate contemporâneo*. São Paulo, Editora Ática, 1987-1994.

SORRENTINO, Giancarlo. *Diritti e partecipazione nell'amministrazione di resultato*. Napoli: Editoriale Scientifica, 2003.

TOCQUEVILLE, Alexis. *Démocratie en Amérique*. Dans le cadre de la collection: Les classiques des sciences sociales, 1835. <Disponível em: http://www.uqac.uquebec.ca/zone30/Classiques_des_sciences_sociales/index.html>.

3º ENSAIO

APONTAMENTOS SOBRE O CONTROLE JUDICIAL DE POLÍTICAS PÚBLICAS[57]

1 Dois prólogos necessários

1.1 Um breve prólogo antropológico

O *poder* é fenômeno conatural ao homem e elemento central para a compreensão do surgimento e do desenvolvimento da política e do direito nas sociedades humanas.

O poder tem suas próprias leis, algumas inexoráveis e, dentre elas, está a tendência à concentração e à ocupação de espaços.

O primitivo conceito do poder, mágico e religioso, envolveu-o em uma aura mística, que dominou um longo período da socialização do homem e o acabou marcando, bem como a autoridade, que dele se derivou, com matizes míticos e preconceitos arraigados.

1.2 Um breve prólogo histórico

A superação do velho conceito mágico e religioso do poder se processou lentamente, ao mesmo tempo em que a sua difusão elevava a sociedade de objeto a coprotagonista do poder.

Com o Renascimento, na Europa Ocidental, o surgimento do Estado moderno, a laicização da autoridade e a revitalização do Direito Romano se foram abrindo as oportunidades para a racionalização e, com ela, a *juridicização* do poder político.

---

[57] Tema apresentado por ocasião da recepção solene do Autor como membro da *Academia Nacional de Direito e Ciências Sociais* de Buenos Aires, Argentina.

Um dos primeiros sinais desse avanço foi a diferenciação, que veio a ser feita no direito sucessório regaliano francês, entre as *leis do rei*, por este disponíveis por mera expressão de sua vontade, e as *leis do reino*, por ele indisponíveis, o que seria uma primeira ruptura da milenar afirmação axiomática do *princeps legis soluto*.

2 A epopeia do controle do poder

2.1 Do controle religioso ao controle laico

A laicização do poder na Europa Ocidental desmitificava a onipresente monarquia absoluta e abria espaço para a afirmação paulatina de interesses protegidos de segmentos sociais, tais como e desde logo, a nobreza e a burguesia.

A laicização, impulsionada pelas Universidades, a partir da *Alma Mater* de Bolonha, incentivava o conhecimento científico e, especificamente, no campo das Ciências Jurídicas, disseminava o cultivo do Direito Civil – primeiro ao lado e depois acima do Direito Canônico.

Desse modo, com a difusão do conhecimento, a Reforma, a intensificação e a sofisticação do comércio, o humanismo, o direito internacional, para citar algumas entre outras motivações políticas, econômicas e culturais do Renascimento, estavam plantadas as sementes dos ideais de liberdade, que germinariam e se propagariam nos séculos seguintes iniciando a erosão histórica das formas autocráticas e tirânicas de exercício do poder.

2.2 Dividir para controlar

Foram esses ideais pós-renascentistas que, trabalhados por espíritos iluminados, como os de Locke, Rousseau e Montesquieu, viriam a se afirmar com as três *Revoluções Liberais* da Idade Moderna: a inglesa, a americana e a francesa. Cada uma delas introduzindo um específico avanço no controle do poder político e na construção das liberdades públicas: a inglesa, com a instituição do *poder legislativo*; a americana, com a outorga de autonomia ao *poder judiciário*, e a francesa, com a estruturação do *poder executivo* – entendidos esses três *poderes* originários como expressões orgânicas, autônomas entre si, do mesmo poder estatal.

Estava iniciado o processo de fragmentação do poder monolítico dos reis e descoberto o caminho para a instituição de *controles estatais recíprocos*, como um grande passo histórico na luta contra o poder absoluto e contra o arbítrio.

Todavia, a evolução desses três ramos originários não foi homogênea. Os *legislativos*, capitaneados pelo exemplo do Parlamento inglês, desenvolveram-se rapidamente logo a partir do século XVIII, afirmando, tanto a sua autonomia, quanto a sua atuação controladora; já os *judiciários* evoluiriam mais lentamente, ainda porque os exemplos juspolíticos norte-americanos, da *unidade da jurisdição* e de uma *corte constitucional* de cúpula, não seriam adotados na Europa Continental senão bem mais recentemente, pois que nela se preferiu o modelo francês de separação radical de poderes, em que se instituía uma jurisdição própria para a Administração Pública – o contencioso administrativo. Por essas e outras razões, a seguir examinadas, os *executivos* permaneceram por mais de um século os ramos do poder político menos infensos às mudanças liberais.

2.3 O último baluarte do arbítrio

Encastelaram-se, destarte, no ramo executivo do poder do Estado, as velhas prerrogativas regalianas do *jus imperii*, que só cederiam a controles externos, especialmente os de juridicidade, depois de uma saga apropriadamente denominada e descrita por Eduardo García de Enterría como "a luta contra as imunidades do poder".[58]

Destacadamente, essa luta, que cada País travou e muitos ainda a travam, se concentrou em três campos de batalha, assim apresentados por Enterría: i) a imunidade dos poderes *discricionários;* ii) a imunidade dos poderes de *governo;* e iii) a imunidade dos poderes *normativos* do executivo, decorrentes da função regulamentar e das várias formas de exercício de funções legislativas delegadas.

Não obstante, como tanto a formulação de *políticas públicas* como a sua execução ficaram concentradas maciçamente nas funções desse mesmo ramo executivo e, até certo ponto, nele se confundindo, nele é que permanece concentrado e vigente o velho mito da *imunidade*.

Em suma, em razão dessa unidade conceptual – política e administrativa – que se atribui às *políticas públicas*, que prestigia o político em detrimento do jurídico, nelas se encastela a resistência ao controle judicial; tanto sob um pretexto supérstite da independência do poder

---

[58] GARCÍA DE ENTERRÍA, Eduardo. Madrid: Ed. Thomson-Civitas, 1ª ed. 1974, 2ª ed. 1979, 3ª ed. 1983 e reimpressões em 1989, 1995 e 2004.

executivo no exercício dessa função, não obstante mista, quanto sob o pretexto ultrapassado da suficiência do controle democrático formal, pelas urnas, para legitimar suas decisões.

Ambas as justificações já não se justificam: tanto pela releitura contemporânea da doutrina da separação de *poderes*, hoje muito mais entendida como uma separação constitucional de *funções*, quanto pela emergência do conceito material e valioso de democracia.

3 A mutação dos paradigmas do direito público

3.1 A democracia material

Este é o primeiro dos dois grandes paradigmas que mudaram dramaticamente a política e o direito na passagem do século XX para o século XXI, juntamente com o que se segue, o dos direitos fundamentais.

Ora, o antigo *conceito formal de democracia*, como produto da expressão censitária da vontade de um eleitorado, não importa como se o defina em termos de sua composição, de tal modo abalado pelas trágicas experiências políticas do século XX, que culminaram com a propagação de ideologias totalitárias e radicais de que resultaram as hecatombes de três guerras mundiais, duas quentes e uma fria, mas não menos letal, transmutou-se, auspiciosamente, em um *conceito material de democracia*, definido por sua carga própria de valores.

Assim é que: uma simples vontade da maioria não ilide os direitos das minorias (argumento contramajoritário); a presunção de legitimidade originária, que deriva tão somente da forma de investidura, cede ante a evidência de ilegitimidade no desempenho e na destinação do poder (argumento legitimatório); a manifestação de vontade estatal, ainda que democraticamente recolhida, se subordina à axiologia constitucional (argumento da constitucionalidade) e, ainda, a mera *representação* política do cidadão, nos legislativos e nos executivos, não mais comunica suficientemente a sua vontade, tão específica e perfeitamente como pode fazê-lo a sua *participação* direta ou semidireta nos processos decisórios (argumento da ação comunicativa).

Em suma, se pode afirmar que os modelos de democracia encontrados até o final da Segunda Guerra Mundial, com poucas exceções, voltavam-se à obtenção de consensos apenas formais – eleitorais e representativos – enquanto que os modelos desenvolvidos a partir de então prestigiam a obtenção de consensos substantivos – procedimentais e participativos.

Por evidente, o conceito contemporâneo de *políticas públicas* já não pode ser o mesmo que se sustentou ao longo da Modernidade, impondo-se uma revisão que privilegie a democracia em sua expressão pós-moderna.

3.2 Os direitos fundamentais

Como proclama Antonio-Enrique Perez Luño em seu já clássico *Os Direitos Fundamentais,*[59] está assentado que "o constitucionalismo atual não seria o que é sem os direitos fundamentais", instituídos ao lado das normas que consagram a forma de Estado e estabelecem o sistema econômico.

A função da constitucionalização formal desses direitos fundamentais é dúplice: sob o ângulo substantivo, vem a ser a de afirmar os *valores básicos* de uma sociedade e, sob o ângulo adjetivo, a de estabelecer o *marco regulatório* de proteção dos direitos subjetivos deles decorrentes.

Em razão dessa importância e indisputada centralidade constitucional dos direitos fundamentais – que espelham a própria posição central e a *dignidade da pessoa humana,*[60] a contrapartida e a consequência lógica desta indisputável prelazia material e formal há de ser a afirmação da *instrumentalidade do Estado* (e, *a fortiori,* a de seu direito) como a entidade a que incumbe certificar, tutelar, promover e realizar esses valores.

Esse cometimento de *funções* não faz do Estado um *deus ex machina* nem nele se justifica o reconhecimento essencial de supremacia política e muito menos jurídica, mas, como instrumento democrático, apenas o reconhecimento da titularidade das prerrogativas jurídicas necessárias a desempenhá-las.

Portanto, do mesmo modo que se afirmou quanto ao paradigma democrático, o conceito contemporâneo de *políticas públicas* tampouco poderá ser o mesmo que prevaleceu ao longo da modernidade, impondo-se hoje uma nova expressão juspolítica própria da pós-modernidade, que privilegie os direitos fundamentais e contribua eficazmente para a sua plena realização.

---

[59] PÉREZ LUÑO, Antonio-Enrique. Madri: Ed. Tecnos, 1ª edição em 1984, 8ª edição em 2004 e reimpressão em 2005.

[60] Constituição da República Federativa do Brasil, Art. 1º, III.

4 A judicialização das políticas públicas

4.1 Constitucionalização da ação estatal

Foi também Eduardo García De Enterría que, examinando outro dos paradigmas mutantes do século XX – a *plenificação da normatividade constitucional* – em seu consagrado *La Constitución como norma y el tribunal constitucional*,[61] observou que o direito constitucional com ela readquiria toda sua expressão jurídica, retornou ao Direito Público e, na sua própria expressão – *se rejuridicizou.*

Com efeito, deixando de ser, como era, um direito meramente *institucional*, como expressão da Ciência Política, e abandonando a situação ambivalente em que atuava como "um catálogo de receitas políticas vagamente obrigatório", o Direito Constitucional voltou a ser um direito *relacional*, notadamente com a inclusão dos direitos fundamentais.

Portanto, como o Estado e seu Direito se subordinam à *Constituição*, assim entendida como *estatuto do poder estatal dotado de máxima normatividade*, com efetividade de seus comandos, é extreme de dúvidas que nenhuma ação estatal terá validade jurídica, seja de que poder, órgão, ou agente dimane ou de que pretexto se valha, sem que esteja por ela balizada e vinculada à realização de seus princípios e preceitos.

Em razão da plena constitucionalização das ações estatais, que não admite espaço para exercício de voluntarismo político de qualquer natureza fora de seus comandos, Maria Paula Dallari Bucci, meritória pioneira brasileira na matéria, em seu *Direito Administrativo e Políticas Públicas*,[62] assim sintetiza a importância do estudo jusadministrativo dessa categoria: "Cuida-se, portanto, de buscar uma formulação jurídica mais adequada para impor ao Estado, na gestão dos negócios internos, a efetivação das disposições constitucionais" , tendo-se em vista – e a autora o recorda apropriadamente – a afirmação conceptual de Eduardo García De Enterría e de Tomás-Ramón Fernández, de que *o Direito Administrativo é o direito público interno por excelência.*

Como se observa, há uma forte coincidência doutrinária, nitidamente em ascensão, no sentido do reconhecimento de que em seus duzentos anos de existência, o Direito Administrativo evoluiu de uma concepção original apenas *liberal*, pois que dirigida ao balizamento da

---

[61] GARCÍA DE ENTERRÍA, Eduardo.Madri: Ed. Civitas, 1991.

[62] DALLARI BUCCI, Maria Paula. *Direito Administrativo e Políticas Públicas*. São Paulo: Saraiva, 1ª ed. 2002 e 2ª ed. 2006 (citação na página 37).

atuação do Estado-administrador, para uma concepção *sócio-liberal,* já que constitucionalmente referida, como um *sistema de garantias dos direitos fundamentais dos administrados.*

4.2 Do controle objetivo ao controle subjetivo

A lógica original do controle sobre a ação administrativa, a partir do modelo revolucionário francês de separação de poderes, havia sido a manutenção da legalidade objetiva, ou seja, mesmo provocado pelo particular, a finalidade do controle era sempre assegurar a observância da *lei* pela Administração.[63]

A mudança de paradigmas também transformou a natureza desse controle de objetivo a subjetivo, ou seja: "deixou de se conceber como um instrumento em defesa da legalidade benevolamente confiada aos cidadãos" para ser um direito processualmente garantido ao cidadão para "pedir justiça ao juiz para a proteção de um direito material concreto",[64] destinado, assim, a tutelar os direitos subjetivos dos administrados, assegurados pelo *direito.*

Para essa ampliação do conceito subjetivo do controle aponta-se como marco relevante a afirmação do art. 19.4 da Lei Fundamental de Bonn, com a seguinte dicção: "Toda pessoa cujos direitos[65] sejam vulnerados pelos poderes públicos tem direito a obter a tutela efetiva dos juízes e tribunais".

4.3 Do ato administrativo à política pública

Também no campo dogmático, o enfoque tradicional de *controle* também se alteraria, expandindo-se do exame de legalidade adstrito ao *ato administrativo,* perscrutado elemento por elemento, para encompassar o complexo de atos que conforma um *processo administrativo,* ganhando, com isso, uma dimensão finalística até então inexistente.

Mas a mudança de paradigmas está em vias de se superar em seus resultados a partir de uma nova categorização jurídica das *políticas*

---

[63] A respeito, a mais recente obra de Eduardo García De Enterría, *Las Transformaciones de la Justicia Administrativa,* Madri: Thomson – Civitas, 2007, tema originalmente exposto no Rio de Janeiro, em 3 de outubro de 2006, como conferência inaugural do Congresso Internacional de Direito Administrativo organizado pela Procuradoria Geral do Município de Rio de Janeiro.

[64] Expressões recolhidas da obra supracitada, p. 132-133.

[65] Destaque do Autor.

públicas como um *complexo de processos*, que, partindo da *formulação* de atividades coerentes finalisticamente vinculadas, passam pelo *planejamento, orçamentação* e chegam à *execução* dos cometimentos administrativos postos constitucionalmente a cargo do Estado.

Com a definição desse complexo de processos administrativos encadeados, as fases políticas e administrativas se tornam nítidas, sem perder sua unidade, de modo a permitir a clara incidência dos *controles adequados* sobre cada uma delas, mas garantindo-se sempre o *controle judicial*, não importa em que fase, sempre que houver direito subjetivo ameaçado ou violado.

4.4 Do controle da vontade ao controle do resultado

Ainda no campo das mudanças dogmáticas destinadas a dar sustentação aos novos caminhos do controle, o enfoque se deslocaria do exame da *manifestação da vontade administrativa*, com a preocupação de confrontá-la com os padrões de legalidade, para o exame da *efetividade da vontade administrativa*, em termos de *resultado*, ou seja, do efetivo atendimento dos cometimentos e condicionamentos constitucionalmente impostos ao Estado.

Com efeito, o *controle de resultado* se afigura muito mais abrangente, pois, além da aplicação dos parâmetros tradicionais sobre a *manifestação* da vontade administrativa, admite e pede a formulação de novos parâmetros, como os de legitimidade, de moralidade e de eficiência, inclusive no que toca ao atendimento de normas técnicas, tão importante na civilização atual altamente demandante de tecnologia.

Desenhou-se, em síntese, uma progressão segura na caracterização jurídica do agir da Administração: partindo da *validade* à *eficácia*, e desta, à *eficiência* – etapa final em que se alcança o que os mestres italianos denominaram de *buona amministrazione*, assim alçada no Brasil a parâmetro constitucional.[66]

5 Um epílogo ainda em construção

5.1 A luta contra o arbítrio

Duzentos anos de progresso do Direito Administrativo produziram extraordinários frutos em prol da *racionalidade* e da *moralidade*

---

[66] Art. 37, *caput*, da Constituição da República Federativa do Brasil.

nas atividades da *burocracia*, mas o necessário prosseguimento dessas conquistas exigirá que se adentre essa zona cinzenta, indefinida, volúvel e desafiadora que se situa mais além: entre a *administração* e a *política*, onde se encastelou o *arbítrio*, com a sua coorte de mazelas.

Para tanto, é mister, desde logo, reconsiderar a *missão do Direito Administrativo* a partir de suas próprias conquistas, repensando tanto a sua nova dimensão pós-moderna, quanto o instrumental que será necessário para provocar mais um salto qualitativo – desta feita, visando ao *controle do ciclo de políticas públicas*, um conceito ainda em formação, mas que oferece um aberto desafio ao Direito em razão da resistência de seu núcleo duro, impérvio ao *judicial review*, não obstante os avanços do *hard look review do direito norte-americano* em todo o mundo[67] até mesmo porque uma expressiva parcela da classe política resiste ao que considera uma perda de poder.

São, todavia, os paradigmas e os corolários conceitos incorporados ao Direito Público pós-moderno, a que integrou de pleno o Constitucional – tais como os de *efetividade normativa das normas constitucionais*, de *supremacia dos direitos fundamentais* e, sobretudo, de *universalidade docontrole de constitucionalidade,* que estão oferecendo os parâmetros jurídicos necessários ao triunfo da racionalidade, da moralidade e da eficiência da ação político-administrativa, em sua luta milenar contra o arbítrio.

5.2 As consequentes mazelas do arbítrio: desperdício, malversação, corrupção, ineficiência e omissão do estado gestor

Desperdício, malversação, corrupção, ineficiência e omissão do Estado administrador são mazelas da Administração para as quais os controles juspolíticos tradicionais da democracia representativa se mostram cada vez mais insuficientes.

Para se ter uma ideia da importância e da magnitude desse desafio, *que justifica plenamente o desenvolvimento de um controle judicial sobre as políticas públicas,* um estudo[68] empreendido pela OCDE –

---

[67] Expostos, entre outros documentos, na coletânea *Comparative Judicial Review and Public Policy,* organizada por Donald W. Jackson e C. Neal Tate, Westport, Connecticut- London: Greenwood Press, 1992.

[68] Allister Heath, *Europe's Public Sectors Yield Increasing Evidence of Waste, Gross Inefficiency.* Artigo *in Sunday Business, London Knight Ridder / Tribune Business News,* de 8 de março de 2003.

Organização para a Cooperação e Desenvolvimento Econômico – mostrou que 15 dos Estados membros da União Europeia poderiam cortar, comodamente, 27% de seus gastos públicos, mantendo os mesmos serviços, ou seja, reduzindo no total a participação do setor público de 50% para 35% do produto interno bruto (PIB).

No extremo negativo, aponta o estudo a Suécia, um reputado modelo de *welfare state*, que, não obstante tal reputação, apresenta em sua notoriamente *eficaz* administração pública o mais alto grau de *ineficiência* na Europa, pois poderia cortar 43% de seus dispêndios sem que lhe fizessem falta, desde que alcançasse o *nível de eficiência* atingido pelos Estados Unidos da América.

Os autores do estudo – o reputado Vito Tanzi, com Antonio Alfonso e Ludger Schuknecht, estes dois últimos, técnicos do Banco Central Europeu – apontam, em contraste, o Japão, o Luxemburgo, a Austrália e a Suíça como os países que apresentam os mais elevados indicadores de *eficiência* da administração pública.

É intuitivo que se a *ineficiência* está presente em tal grau em países da Comunidade Europeia, em Continente que apresenta a maior concentração de países desenvolvidos, considere-se então a magnitude e a gravidade desse problema nas nações em desenvolvimento, como é o caso da América Latina e, particularmente, o do Brasil.

Com efeito, em relação ao Brasil, os dados mais recentes sobre *desperdício*[69] são ainda mais estarrecedores, pois dão conta de que a "corrupção e a ineficiência administrativa consomem um terço da arrecadação", ou seja: perde-se a astronômica importância de 234 bilhões de reais por ano, o equivalente a 123 bilhões de dólares norte-americanos: um desvio, em números relativos, de 32% da arrecadação de tributos no País.

Para se ter uma ideia do que representa esta fantástica cifra de desperdício, ela seria suficiente para cobrir o déficit, sempre crescente, da previdência social, por quase seis anos seguidos; construir 13 milhões de moradias populares ao custo unitário de R$17.000,00; abrir 19,5 milhões de novas salas de aula, ao custo em média de R$12.000,00 cada uma; ampliar para todas as cidades do País o sistema de água canalizada e esgoto tratado, obra estimada em 220 bilhões de reais pela Associação das Empresas de Saneamento Básico Estaduais, ou restaurar toda a malha rodoviária estadual e federal, de 156 mil quilômetros,

---

[69] Publicados em *O Globo, Caderno de Economia*, p. 29, da edição de quarta-feira, 4 de outubro de 2006, que divulga o estudo realizado pelo *Instituto Brasileiro de Planejamento Tributário – IBPT*.

e mantê-la por sessenta anos consecutivos, segundo os cálculos da Associação Brasileira de Infraestrutura e Indústrias de Base.

Ainda recentemente, um levantamento inédito feito pelo Tribunal de Contas da União[70] revelou dados ainda mais estarrecedores sobre o descaso com os dinheiros públicos no Brasil: dá-nos conta da *paralisação inexplicável e indesculpável* de 400 obras pela Administração Federal – paradas há um ano ou simplesmente abandonadas – representando um total de 3,5 bilhões de reais do orçamento, dos quais já foi gasto 1,9 bilhão.

É nesse quadro que assoma, terrível e acabrunhante, a constatação da *inanidade dos instrumentos jurídicos tradicionais* para lograr reduzir a níveis admissíveis esse astronômico desperdício dos preciosos recursos aportados pela sociedade, que, se fossem eficientemente empregados, poderiam superar tanta carência e marginalidade, cumprindo a tarefa constitucional que se espera de um *Estado-solidário*.

Trata-se, portanto, repondo ao tema em outros termos, de *realizar efetivamente os valores constitucionais*, sem desvio e sem dissimulação, nem pelo emprego desabusado da *charlatanice de legisladores* – pelo uso imoderado de leis – mais preocupados com os efeitos *midiáticos* de seus projetos do que com os efeitos *jurídicos* das normas legais que propõem e votam, conforme tem denunciado veementemente Tomás-Ramón Fernández,[71] nem, muito menos, pela difundida prática viciosa e nefanda da *demagogia de administradores* inescrupulosos, quase sempre na exploração vil da ignorância e da miséria de seus eleitores.

5.3 A ascensão da cidadania ativa: participação, parceria e diversificação dos controles

O aperfeiçoamento do controle judicial das políticas públicas, preconizado agora por inúmeros juristas no exterior[72] e no Brasil,[73] não

---

[70] Dados publicados na Edição de *O Globo* de quinta-feira, dia 21 de junho de 2007, na primeira página e desenvolvimento da reportagem na página 11.

[71] A referência é à sua exposição no Congresso Internacional de Direito Administrativo, referido na nota 7, supra.

[72] Pode-se mencionar, exemplificativamente, a bibliografia de cem autores de todo o mundo, oferecida na obra *Comparative Judicial Review and Public Policy*, organizada por Donal W.Jacksob e C. Neal Tate (Westport, Connecticut – London: Greenwood Press, 1992), às quais se acresce, mais recentemente, outras nove consistentes relações bibliográficas internacionais encontradas na obra *Análisis de Políticas Públicas*, organizada por Margarida Pérez Sánchez (Granada: Universidad de Granada, 2005).

[73] Pode-se mencionar, também exemplificativamente, como pioneiros: o articulista Rodolfo de Camargo Mancuso (*A ação civil pública como instrumento de controle judicial das chamadas*

deve ser entendido como a substituição do político e do administrador pelo *juiz*, mas, precisamente, no reconhecimento de que cabe a este zelar pelo *Direito* e não apenas pela *lei*, como se preferiu enfática e exemplarmente declarar na Constituição espanhola em seu art. 103.1: a *submissão da Administração à Lei e ao Direito*.

Assim, como o Direito não tolera o arbítrio, tampouco há de aceitar as suas nefastas consequências, como as mazelas referidas do *desperdício*, da *malversação*, da *corrupção*, da *ineficiência* e da *omissão* do Estado administrador.

Uma última mudança de paradigmas a recordar, toca ao *modo de administrar* os interesses públicos, consistindo na distinção, cada vez mais nítida, entre as fases complexas de *formulação* e de *execução* da política pública, admitindo, em uma e outra, por instrumentos próprios, a *participação* de entes da sociedade, caracterizando-se a abertura de um fértil ciclo de *administração pública consensual*, em que parcerias e toda sorte de relações de cooperação e de colaboração facilitarão imensamente, pelo menos, o controle da execução, quando não o da própria formulação das políticas em marcha.

Por derradeiro, essa aproximação entre os complexos de sistemas públicos e privados, de Estados e de sociedades plurais e fragmentados, admiravelmente prenunciada por Massimo Severo Giannini,[74] vem facilitar a desejável multiplicação de *controles*, externos e internos, públicos e privados, de fiscalização e de correção, de toda sorte e natureza, com imenso proveito para a sociedade, sem que se venha a suscitar qualquer preocupação com uma eventual duplicação, super-posição ou superfetação, pois é mais conveniente que abundem do que faltem, ainda porque, a cláusula geral de acesso ao judiciário será sempre a solução final para os conflitos.

---

políticas públicas. In: Ação Civil Pública – Lei 7.347/1985- 15 anos, obra coletiva coordenada por Edis Milaré, São Paulo: RT. 2001), e os monogafistas Maria Paula Dallari Bucci (*Direito Administrativo e Políticas Públicas*, São Paulo: Saraiva, 2002) – que prenunciava as *políticas públicas como foco de interesse para o Direito Público* (p. 241) e Eduardo Appio (*Controle Judicial das Políticas Públicas no Brasil*. Curitiba: Juruá Editora, 2005) – obra com substanciosos aportes doutrinários ao tema. Como articulistas mais recentes, demonstrando o crescente interesse dos jovens juristas brasileiros pelo tema: Américo Bedê Freire Jr. (2005) Flavio Dino De Castro Costa (2005), Marcos Juruena Villela Souto (2006), Eduardo Cesar Marques (2006), Claudio Gonçalves Couto e Rogério Bastos Arantes (2006), Ivani Figueiredo (2006), Ana Paula De Barcellos (2006), Alceu Maurício Jr. (2007), Sergio Cruz Arenhart (2007) e Vanice Lirio Do Valle (2007).

[74] GIANNINI, Massimo Severo. *L'amministrazione pubblica dello stato contemporâneo – Volume 1 de Trattato di diritto amministrativo*. Padova: CEDAM, 1988.

5.4 A crescente preocupação dos juristas com o controle das políticas públicas

As *políticas públicas* foram assunto recorrente do *1º Congresso Internacional de Direito Administrativo do Município do Rio de Janeiro*, de 2006, ainda que não tenha sido o seu tema central, dando forte impulso ao tratamento desse importante tema no País.

Mencionaram-nas, então, sucessivos e destacados expositores, pela ordem das respectivas exposições, Vanice Lírio do Valle, ao tratar da flexibilização do conceito de competência à luz da solidariedade; Odete Medauar, ao referir-se como a relação entre Estado e Sociedade interfere na sua formulação e ao fazer uma justa crítica ao sentido distorcido que se tem empregado a expressão entre nós, na linguagem menos rigorosa da comunicação social; Carlos Ari Sundfeld, ao mencionar a dificuldade de submeter as políticas públicas no tempo; Ricardo Lobo Torres, apontando, concretamente, no gerenciamento do Fuste, no Brasil, o exemplo gritante de uma política pública escancaradamente descumprida, e Marcos Juruena Villela Souto, ao profligar as políticas públicas demagógicas e falsas, afinal, pois que não se vinculam a nenhum valor constitucional e que, por isso, não são nem políticas públicas nem, muito menos, constitucionalmente eficientes.[75]

É previsível que este interesse só venha a aumentar, aqui e alhures, notadamente estimulado pelo sofrível desempenho que vem apresentando a administração do setor público, mesmo em países desenvolvidos.

Deve-se saudar e acompanhar com interesse essa tendência sadia e renovadora do Direito Administrativo, cada vez mais, uma Ciência posta a serviço da afirmação e do aperfeiçoamento da cidadania.

Referências

APPIO, Eduardo. *Controle Judicial das Políticas Públicas no Brasil*. Curitiba: Juruá Editora, 2005.

BUCCI, Maria Paula Dallari. *Direito Administrativo e Políticas Públicas*. São Paulo: Saraiva, 1ª edição 2002 e 2ª edição 2006.

DALLARI BUCCI, Maria Paula. *Direito Administrativo e Políticas Públicas*. São Paulo: Saraiva, 1ª ed. 2002 e 2ª ed. 2006.

---

[75] Dados recolhidos da exposição dos juristas mencionados, em suas respectivas intervenções, no *I Congresso Internacional de Direito Administrativo*, promovido pela *Procuradoria Geral do Município do Rio de Janeiro*, proferidas entre 3 e 5 de outubro de 2006, *sub censura*.

GARCÍA DE ENTERRÍA, Eduardo. *A luta contra as imunidades do poder*. Madrid: Ed. Thomson-Civitas, 1ª ed. 1974, 2ª ed. 1979, 3ª ed. 1983.

GARCÍA DE ENTERRÍA, Eduardo. *La Constitución como norma y el tribunal constitucional*. Madri: Ed. Civitas, 1991.

GARCÍA DE ENTERRÍA, Eduardo. *Las Transformaciones de la Justicia Administrativa*. Madri: Thomson – Civitas, 2007.

GIANNINI, Massimo Severo. *L'amministrazione pubblica dello stato contemporâneo – Volume 1 de Trattato di diritto amministrativo*. Padova: CEDAM, 1988.

JACKSON, Donald W.; TATE, C. Neal. *Comparative Judicial Review and Public Policy*. Westport, Connecticut – London: Greenwood Press, 1992.

MANCUSO, Rodolfo de Camargo. A ação civil pública como instrumento de controle judicial das chamadas políticas públicas. *In: Ação Civil Pública – Lei 7.347/1985- 15 anos*. Edis Milaré (coord.), São Paulo: RT, 2001.

PÉREZ LUÑO, Antonio-Enrique. Madri: Ed. Tecnos, 1ª edição em 1984, 8ª edição em 2004 e reimpressão em 2005.

SÁNCHEZ. Margarida Pérez. *Análisis de Políticas Públicas*. Granada: Universidad de Granada, 2005.

4º ENSAIO

O CONTROLE DAS POLÍTICAS PÚBLICAS E A LUTA CONTRA AS INEFICIÊNCIAS DO PODER

OS HORIZONTES DO CONTROLE DO PODER NO ESTADO DEMOCRÁTICO DE DIREITO

1 Introdução

Certas questões logo afloram, ao se enfrentar o estudo do *controle do poder* na atualidade, mormente quando se trata das *políticas públicas* postas sob o enfoque jurídico. Mais do que contribuir com respostas, a intenção desta exposição será levantar questões e desenvolver reflexões sobre esse tema, que, aos poucos, vai empolgando os debates acadêmicos e, como se pretende demonstrar, *traça a agenda do direito administrativo neste início de século.*

É inegável o fascínio do tema, notadamente em razão das amplas vias que abre para o aperfeiçoamento do controle do poder político, da contenção do arbítrio, da disciplina dos gastos públicos e da racionalidade gerencial, entre outros desdobramentos, neles sobressaindo a reestruturação do próprio direito administrativo para responder aos desafios propostos pelas demandas multiplicadas e pela mundialização.

Com efeito, o Direito Administrativo evoluiu, no curso de duzentos anos, de uma concepção original *liberal*, dirigida ao balizamento da atuação do estado-administrador, para uma postura garantista dos *direitos fundamentais* dos administrados.

À antiga afirmação das, quase sagradas, imunidades do Estado, sucedeu-se o reconhecimento dos direitos fundamentais das pessoas, aluindo a acepção absolutista do velho princípio de supremacia do interesse público.

No curso desse desenvolvimento histórico, o foco jurídico da ação administrativa do estado tem passado por três fases de crescente complexidade.

Na primeira fase, centra-se na manifestação de *vontade* – a vontade da administração – é externada no *ato administrativo*, entendido como um *sistema de elementos* constitutivos voltados a conferir *validade jurídica* a essa manifestação.

Na segunda fase, o foco se deslocou para a *finalidade* – o elemento teleológico que qualifica o *processo administrativo* – este, assim entendido como um *sistema de atos* dirigidos a conferir-lhe *eficácia jurídica*.

Na terceira fase, o interesse se centrou na *eficiência*, na linha inicialmente proposta pela economia e ampliada em seu conteúdo pelo direito.

Na fase atual o enfoque se põe mais adiante, ou seja, no próprio *resultado* – que se entende como o efeito desejado de um complexo processual que qualifica a *política pública*, entendida, portanto, como um *sistema de processos integrados*, destinados a conferir-lhe *efetividade*.

Ora, se na primeira fase, o *ato administrativo* devia ser controlado em seus *elementos constitutivos* sob o critério da *validade*, que seria bastante para atribuir-lhe legalidade, na segunda fase, o *processo administrativo* deveria ser controlado já não mais apenas quanto aos elementos constitutivos de seus respectivos atos, mas sob o critério finalístico aplicável a todo o processo, com vistas em sua *eficácia*.

Na terceira fase, cuidou-se de ir além da eficácia e exigir a *eficiência* do estado administrador dos interesses públicos.

Hoje, porém, na quarta e atual fase, ante a demonstrada insuficiência dos critérios de validade, de eficácia e de eficiência para satisfazerem adequadamente os interesses públicos a serem atendidos e, por isso, precários para, por si sós, atribuir simultaneamente legalidade e legitimidade a qualquer *política pública*, esta necessitará ser controlada já não mais apenas quanto àqueles critérios no tocante a seus respectivos processos parciais, mas quanto à *efetividade* pretendida de *todo o complexo processual* em causa – decisório e executório – desde a sua formulação à sua execução: em suma, até o efetivo atingimento de seu pretendido *resultado*.

Como se depreende, essa estruturação de um *sistema processual de políticas públicas* vai muito além do ato administrativo e até do processo administrativo e, possivelmente, é ainda mais amplamente do que se tem convencionado como o âmbito convencional do próprio direito administrativo, de vez que extravasa da estrita ação dos órgãos da administração para envolver órgãos estatais que concorram para formulação.

Com efeito, a compreensão do âmbito de estudo e de tratamento jurídico das políticas públicas necessita que se pense com maior amplitude o próprio Direito Administrativo contemporâneo, tal como o propugna Eduardo García de Enterría: na acepção de *Direito Público Interno*. Sob esta acepção, a finalidade a que se visa é *a disciplina da atividade estatal especificamente voltada ao cumprimento governamental da constituição*, no exercício da competência de *gerir interesses públicos* cometidos à *função administrativa* em sentido amplo.

Ora, tal como na esfera financeira, tem-se que as *leis* de conteúdo orçamentário são *comandos administrativos*, embora formalmente atos legislativos, do mesmo modo, as *políticas públicas*, não obstante formuladas como *leis*, contêm uma profusão de comandos administrativos, dirigidos concretamente à implementação de sua finalidade.

Assim, o *sistema administrativo de execução de políticas públicas* **não se inicia com as providências tomadas em âmbito do poder executivo, através de atos administrativos, de contratos administrativos ou de atos administrativos complexos,** *mas a partir dos comandos concretos contidos nas leis que as criam.*

A consequência dessa extraordinária *ampliação do espaço disciplinar* do Direito Administrativo pós-moderno – como *o Direito Público Interno* por excelência, tal como proposto na visão antecipativa de Eduardo García de Enterría – **é a possibilidade de conferir-se tratamento jurídico unificado e coerente a todo o complexo juspolítico da política pública, assim elevada categorialmente a uma definida** *instituição de Direito Público.*

Outra consequência consiste em pôr em evidência a *rigorosa linhagem constitucional da política pública*, ao estabelecer a clara vinculação, que necessariamente deve existir no estado democrático de direito, entre o complexo de ação político-administrativa governamental e as previsões e os comandos constitucionais.

2 O tema

Portanto, há um implícito convite a reconstruir-se, nesta geração, o próprio conceito juspolítico de *políticas públicas*, considerado prioritariamente o seu *controle*. Tudo possibilitado pelos progressos paralelos do *Direito Administrativo* e da *democracia*. Em suma, trata-se de definir o *onde* e o *como*, quanto às possibilidades de prosseguir-se avançando nesses dois sentidos, conotados estreitamente à Ciência do Direito e à Ciência Política.

Assim, quanto às vias de avanço no campo do *Direito Administrativo*, deve-se considerar a progressiva ampliação da *racionalidade*, no percurso clássico iniciado com o estudo do *ato administrativo*, passando, mais recentemente, pelo do *processo administrativo*, até alcançar, neste século, o desfio do que se caracteriza como o *complexo processual político-administrativo das políticas públicas*.

Quanto às possibilidades de avanço no campo da *democracia*, deve-se considerar a transição da *democracia formal* para a *democracia material* e, com ela, as razões das mudanças em curso, a partir das características e do conteúdo principiológico peculiares a ambas as visões.

3 Seis premissas

Para este exercício, faz-se mister proceder à fixação preliminar de *seis premissas* instrumentais:

A primeira premissa está referida à crescente convergência interpenetrativa entre a atividade política e a atividade administrativa – nelas se destacando a tendência ao *hibridismo*, constantemente estimulado pelas avolumadas demandas cidadãs por *eficiência*.

A segunda premissa versa sobre a *constitucionalização da administração pública* e sobre a correlata *constitucionalização da política* – fenômenos estes que acarretam a *judicialização* paulatina de atividades que se apresentam cada vez mais híbridas.

A terceira premissa toca à *multidisciplinariedade* – reflete a necessidade de abordagens e de decisões multiespecializadas e nexialistas, imprescindíveis para superar a contento os desafios da *complexidade crescente* das decisões macrossociais e macroeconômicas e a crônica insuficiência e defasagem da *expertise* política.

A quarta premissa diz respeito à *transnacionalização* da política e da administração pública, com a *internacionalização* e a *globalização* das decisões de interesse público – definindo-se a significação de cada um desses termos – surgindo a necessidade de redefinir o *papel do estado*, não apenas em seus respetivos âmbitos geográficos, mas em concerto mundializado.

A quinta premissa considera a *evolução dos instrumentos de controle* – envolvendo: (1) a pluralização de funções constitucionalmente autônomas – (2) a criação ou a adaptação de órgãos às novas funções – (3) o aperfeiçoamento das técnicas de controle – (4) a processualização, a informatização e a visibilidade das atividades – (5) as alternativas de autocontrole, heterocontrole e controle controlado – (6) controles formais e informais – (7) a evolução do controle social – (8) a emergência do controle transnacional pelas vias informal e formal.

A sexta premissa se refere ao *declínio da autonomia da vontade política e da vontade administrativa* e à paralela ascensão da *importância jurídica do resultado* – identificando-se uma progressão dos critérios: da *validade* à *eficácia*, da *eficácia* à *eficiência* e da *eficiência* à *efetividade* conotada ao satisfatório atingimento do *resultado* de todo um *complexo processual político-administrativo das políticas públicas.*

4 Os modos de controle

O *controle de legalidade* aplicado aos *elementos da vontade* expressada no ato administrativo: um controle predominantemente *lógico-objetivo* da vontade.

O *controle de legitimidade* aplicado à manifestação da vontade desviada e da vontade abusiva: um controle predominantemente *teleológico-subjetivo* da vontade.

O *controle de licitude* aplicado à manifestação de vontade inquinada de imoralidade administrativa: também um tipo de controle predominantemente *teleológico-subjetivo* da vontade.

O *controle do resultado,* independente da vontade, assoma como novo tipo de controle notadamente com predominante viés *lógico-objetivo,* que admite ser parametrizado não só quanto a seu fundamento jurídico – constitucional e legal – como quanto à sua consistência com as normas técnicas.

Técnicas de controle originais são necessárias para enfrentar último bastião de um inexplicável arbítrio, que subsiste na *formulação e na execução de políticas públicas: primo,* ante a necessidade de superar a *demagogia* e o *desperdício,* como marcas do modelo arcaico e, *secundo,* ante a necessidade de se desenvolver novo modelo a partir de um *conceito juspolítico de políticas públicas.*

Para tanto, identifica-se para a doutrina do Direito Administrativo a necessidade de definir o *vício de resultado:* um conceito que parte do vício do *ato,* passa pelo vício do *processo,* até a sua identificação no *complexo processual* de uma determinada política pública posta em execução.

5 Conclusão: os novos campos de batalha na luta milenar pela doma do poder

Caracteriza-se o desafio de identificar e de enfrentar novas batalhas da milenar luta: não mais apenas (1) contra o *arbítrio* do poder; não mais ainda (2) contra o *abuso* do poder; tampouco, (3) contra as *imunidades* do poder; mas, agora, abre-se a luta (4) contra as *ineficiências* do poder.

Tal tarefa se viabiliza a partir da estruturação jurídica de um conceito que vá além da *validade*, além da *eficácia* e além da *eficiência*: portanto, um conceito de *efetividade,* vale dizer, referido ao atingimento satisfatório de resultados exigidos por todo um *sistema juspolítico de controle democrático ampliado de políticas públicas.*

A missão que toca a este ampliado sistema será a de romper a histórica cadeia voluntarista – que no passado partia da ideia de *política imune*, para garimpar a ideia de *política responsável.*

Trata-se, na prática, como já se expôs, de transcender o simples controle do *ato*, e ainda o controle do *processo*, que são etapas já conquistadas e incorporadas no arsenal jurídico dessa luta imemorial, para chegar ao *controle que não mais será apenas político, como o foi no passado, mas jurídico, aplicado a um definido complexo procedimental das políticas públicas.*

Eis a nova fronteira, que se nos abre o conceito de *democracia substantiva*, aquele patamar qualitativo que se atinge não apenas pela *escolha do quem nos governará – de governantes,* mas pela *escolha de como queremos ser governados –* portanto, de *políticas públicas*, o que se atingirá não apenas pelo *controle de legalidade*, mas pelo *controle de legitimidade* e, porque não, ainda, pelo *controle da licitude* do uso do poder, o que se atinge não apenas pela atenção a *números –* que é a velha *regra da maioria,* mas pela atenção a *valores –* que é a inefável *regra da justiça.*

Enfim, esta é a nova missão que se vislumbra para todos os que devotam suas vidas ao Direito e à construção de uma sociedade mais justa e solidária: a *nova missão*, necessária para que se prossiga com a abertura de um novo campo de batalha, nessa milenar *luta pela doma do poder*, que consistirá em *ampliar o controle dos valores constitucionais da democracia material*, desde a formulação à execução *efetiva* das políticas públicas, o que deve ser considerado como *a mais importante missão para o Direito Administrativo no século XXI.*

Referências

GARCÍA DE ENTERRÍA. Eduardo. *Direito Público Interno.*

5º ENSAIO

REGULAÇÃO, PODER ESTATAL E CONTROLE SOCIAL SOB A PERSPECTIVA DA NOVA HERMENÊUTICA[76]

1 Introdução

A perspectiva da interpretação positivista do fenômeno jurídico da regulação.

Inicie-se por afirmar, que um equívoco a ser sempre apontado e evitado é o de interpretar novos institutos apenas à luz dos instrumentos hermenêuticos do passado.

Isso porque, uma das fontes dos equívocos mais encontradiços, mesmo em autores consagrados, referida à *regulação*, decorre da persistência residual de um conceito de *legalidade* positivista, legalista, formalista e burocrático que persiste a orientar a sua exegese.

Como um vívido exemplo, aí está esta confusão simplista no assemelhar a *regulação* à *regulamentação*, como se ambos os institutos fossem idênticos, o mesmo fenômeno, não obstante doutrinariamente tão diferentes e distanciados.

Outro engano caracteristicamente anacrônico é confundir, por um lado, o que seja o *espaço decisório deslegalizado*, aberto pela lei para que nele sejam tomadas decisões normativas *regulatórias* de natureza técnica complexa, e, por outro lado, o seu congênere, o tradicional *espaço decisório discricionário*, que é igualmente adequado para fazer escolhas de conveniência e de oportunidade, desde que estejam elas diretamente

---

[76] Conferência de encerramento pronunciada no *III Fórum Brasileiro Sobre Agências Reguladoras*, realizado em Brasília, DF, sob a Coordenação Científica dos Professores Paulo Modesto e Marcos Juruena, nos dias 3 e 4 de abril de 2006.

referidas ao cumprimento de determinado comando legal incompleto para agir, ou seja, integrando o seu conteúdo.

São ambas as modalidades de distintos graus de amplitude na abertura do *espaço decisório administrativo*, vale dizer, do *mesmo fenômeno jurídico da delegação*; tampouco são as únicas empregadas no Direito Administrativo para este mesmo efeito, pois que a elas se acrescenta ainda um terceiro tipo, mais antigo, de *espaço decisório* aberto à tomada de decisões administrativas relativamente desvinculadas a comandos legais exaustivos.

Trata-se do *espaço decisório da indeterminação*, que é igualmente aberto pela lei para ser administrativamente integrado, mas não mais, como na hipótese da discricionariedade – por motivos de oportunidade e de conveniência, mas por uma subsunção administrativa de fatos a uma norma que, em vez de valer-se de elementos determinados, contém um *conceito indeterminado*, de modo que, afinal, também acaba sendo uma espécie de delegação ao administrador para que determine, diante das circunstâncias casuisticamente apreciadas, se ocorreu ou não o pressuposto fático de aplicação da norma nela contido.

Tudo seria apenas um dissenso entre, de um lado, os hermeneutas positivistas, ao procurar a martelo encaixar os novos institutos em seus velhos esquemas, e, de outro, os hermeneutas, axiologicamente orientados, se não fora o grave prejuízo que as leituras conservadoras sempre causam ao avanço da Ciência do Direito e à absorção de novos instrumentos, tal como se repete no caso da regulação.

A propósito, colha-se vestibularmente a lição de Luis Roberto Barroso: "Deve-se rejeitar uma das patologias crônicas da hermenêutica constitucional brasileira, que é a interpretação retrospectiva, pela qual se procura interpretar o texto novo *de maneira a que ele não inove nada*, mas ao revés, fique tão parecido quanto possível com o antigo".[77]

Ao persistirem nesse vício exegético, quase sempre "para nada inovar", os adeptos da velha hermenêutica, como não encontram na Constituição um dispositivo que lhes seja suficientemente confortável para fundamentar a *regulação*, que respeite suas características de *deslegalização técnica setorial*, optam por desconhecer e desdenhar a copiosa literatura jurídica desenvolvida sobre o fenômeno da deslegalização, para se conformarem em assemelhar a *regulação* à *regulamentação*, pois que esta a encontram explícita na Carta.

---

[77] BARROSO, Luís Roberto. *Interpretação e Aplicação da Constituição*. 4 ed. Rio de Janeiro: Saraiva, 2001, p. 71, n/grifo.

Cometem, destarte, um erro maior do que aquele que pretendiam ter evitado, ao estenderem a servidores públicos administrativos a *função regulamentar*, que é uma atribuição política típica e privativa do Chefe do Poder Executivo no Estado brasileiro.[78]

Com efeito, é intuitivo que a *regulação*, como ocorre com qualquer instituto novo, deve ser tratada com especial atenção às suas *características inovadoras*, presumidamente por serem mais aptas para as finalidades que lhes são adscritas que aquelas das instituições já existentes, e não como se fora nada mais que uma *regulamentação*, que é instituto antigo e totalmente diferente, e, entre nós, de competência dos Chefes de Poder Executivo, previsto pela Constituição exclusivamente para as hipóteses de execução de leis e dispor sobre organização administrativa federal.

Acresce ainda que a *deslegalização*, não obstante suscite problemas de enquadramento, o que, aliás, sucedeu nos países em que foi introduzida, inclusive nos Estados Unidos, onde ganhou suas características modernas, é um instituto inconfundível com a *discricionariedade*.

Com efeito, enquanto a *discricionariedade* demanda a existência de *uma prévia norma legal específica*, que abra *um espaço decisório restrito especificamente à sua aplicação*, limitado a opções téticas para preenchimento das condições de execução, a *norma reguladora deslegalizada*, diferentemente, dispensa a existência de norma legal prévia e *específica* a ser executada, mas, isto sim, necessita de uma *abertura legislativa* mais ampla de um dilatado *espaço decisório técnico*, para que, dentro de seus limites, especificados em lei, o *agente regulador* possa tomar as *decisões técnicas*, para as quais *o legislador não define quaisquer parâmetros específicos*, tanto por causa da complexidade tecnológica, quanto por causa da mutabilidade envolvidas para a tomada de decisão, ao que se acrescenta, cada vez mais, a necessidade de negociação e de ponderação administrativa de um conjunto de *interesses simultaneamente protegidos*.

Eis, em breves traços, o diferencial necessariamente a ser considerado. Por isso, insista-se, deve-se ter sempre presente que essas vertiginosas mutações do Direito Público, com o aparecimento de um complexo de instituições que para muitos conformam até um "novo direito", não nos podem surpreender, enquanto profissionais, senão que demandam o domínio de um renovado arsenal exegético, mais sofisticado e notadamente informado pela orientação da *legitimidade*,

---

[78] Art. 84, IV e VI, CF.

exigindo o emprego da *ponderabilidade* e uma permanente atenção da vinculação da ação administrativa ao *resultado eficiente* (boa administração), enfim: demandando uma "nova hermenêutica".

2 As perplexidades do conceito de regulação

Todavia, muitos dos surpresos hermeneutas, que se mostram atônitos ante o novo Direito, não agem apenas levados pelo desalento ou pelo descaso diante do novo, mas a tanto são conduzidos porque, realmente, concedam-se, os fenômenos novos, como é o caso da *regulação*, de que se ocupa esta comunicação, quase sempre suscitam uma imensa cópia de perplexidades, como, para mais uma vez ilustrar, ocorre com a imensa surpresa que se deparam ante a aparente quebra do velho dogma da *separação de poderes*, se tomado em sua versão rígida, com sua familiar e confortadora distribuição, quase *more geométrico*, das três *funções* de Estado entre os respectivos *Poderes*, diante do que se lhes parece a ruptura rompe de uma tríplice *articulação* que se lhes parece mais um tabu que um princípio organizativo inserto nas Constituições.

E a caixa de surpresas não para aí, pois também é o caso da *pluralização dos centros de poder*, que multiplicam o número de órgãos constitucionalmente autônomos e inovam distintas articulações entre os antigos e novos centros de poder, quase sempre visando à disposição diversificada de *controles:* de legalidade, de legitimidade, de eficiência e de tantos outros parâmetros de *juridicidade* que se vão somando à antiga e limitada visão de controle da *legalidade estrita*.

Um exemplo mais concorrerá para esse torturante embaraço que atormenta as mentes positivistas nestas duas últimas décadas: considere-se a cisão, cada vez mais clara e presente nas legislações, entre o *domínio da política* e o *domínio da técnica*, ou seja, entre, de um lado, o *espaço decisório político*, que deverá ser preenchido com deliberações que de tão complexas não possam ser tomadas apenas com obediência a parâmetros científica e tecnologicamente experimentados e assentados – e tais são as *decisões políticas* – e, de outro lado, o *espaço decisório técnico* que deverá ser preenchido com decisões que necessariamente devam obedecer a regras científica e tecnologicamente experimentadas e assentadas, para que atinjam os resultados visados e sejam eficientes – e tais são as *decisões* técnicas.

Em razão dessa dicotomia, com decisões referidas a *diferentes critérios e escalas de valores*, a tendência do Direito Público está manifestamente voltada a subtrair, cada vez mais, as decisões meramente

REGULAÇÃO, PODER ESTATAL E CONTROLE SOCIAL SOB A PERSPECTIVA DA NOVA HERMENÊUTICA

técnicas dos órgãos políticos e, para complementar, a isolar as decisões dos órgãos técnicos das influências das esferas políticas.

Enfim, quiçá não fosse necessário, a esta altura, aditar outras considerações históricas a respeito, mas parece bom que se o faça, até mesmo como contribuição para tranquilizar os perplexos, pois que tais temas e outros quejandos, enfim, não são novos: de há muito vêm ocupando os parlamentos e os tribunais constitucionais, pois as ideias que os informam, longe de nos serem autóctones ou idiossincrásicas, são quase universais, de modo que os debates e as discussões a respeito, tais como os recentemente ravados entre nós em torno da "Reforma do Estado", ainda se prolongarão por mais algum tempo. Mas, como todos os grandes debates que ficaram no passado, este também tende a se pacificar e, enfim, a agasalhar serenamente, nos cada vez mais complexos sistemas jurídicos dos Estados ou conjuntos de Estados e até na ordem mundial, esses novos fatos, pois que representam, afinal, o progresso, que incessantemente nos provoca, de fora do Direito.[79]

3 A evolução contemporânea de quatro conceitos-chave para compreender e controlar a atividade regulatória do Estado

Despontam como *conceitos essenciais* para o que se propõe esta exposição: o de *setor crítico*, o de *finalidade*, o de *funcionalidade* e o de *administração por resultado*.

- O conceito de setor crítico

Como é sabido, a administração de certas atividades econômicas ou sociais de *interesse coletivo*, tanto as desempenhadas pela *sociedade*, quanto as cometidas a órgãos do *Estado*, passaram a apresentar tal exacerbação crítica a ponto de não mais poderem ser eficientemente desenvolvidas sob os instrumentos e as formas burocráticas tradicionais.

Com efeito, algumas dessas atividades, ainda sob tratamentos administrativos tradicionais, como o de prestação de *serviço público*

---

[79] Na experiência de vida do Autor, o mesmo ocorreu com o tema jusambiental: tendo publicado no início da década de setenta um livro que Ramón Martín Mateo viria anos depois apontar como o pioneiro sobre o tema na América Latina, e ofertado um exemplar a um importante Professor, dele ouviu o seguinte comentário: é bom não inventar um ramo novo como o direito ambiental, pois o direito administrativo já é o bastante e a Constituição não comporta essa autonomia.

e o de exercício da *polícia*, podem até lograr alguma eficácia, embora cada vez mais declinante e insuficiente em termos de resultados, na medida em que a legislação específica a ser aplicada não acompanhava o incessante espoucar de problemas nesses setores, por isso mesmo denominados de *críticos*. Tais são o dos transportes, o da vigilância sanitária, o das telecomunicações, o energético, que se mencionam entre tantos outros, que incessantemente a eles se somam, e cada vez mais se agravam, na medida em que a adequada solução para cada um deles necessita de uma negociação extenua e permanente entre diferentes pólos de interesses, que estão simultaneamente protegidos pela ordem jurídica.

Como do passado ficara a lição de que nem uma *liberalização* excessiva dessas atividades, contando que as forças sociais viessem a corrigir as distorções, nem o emprego de um arsenal de *intervenções pesadas*, como as praticadas pelo *Wellfare State*, até mesmo as mais radicais, do totalitarismo e da estatização, haviam logrado resultados econômica e socialmente satisfatórios e, afinal, como a necessidade é a mãe da invenção, surgiu a solução de *intervenção estatal leve*.

- A ascensão histórica da regulação

A origem norte-americana dessa solução interventiva, que se chama de *leve*, pois não se dá *contra o mercado*, mas *em seu favor*, veio a ser essa resposta à necessidade, mais gravemente sentida nas duas Guerras Mundiais, de corrigir os problemas existentes nos *setores críticos*, por certo simultaneamente superando a inércia do liberalismo clássico e o rigor asfixiante das formas radicais estatizantes.

Embora a experiência regulatória, procedente da antiga autorre-gulação medieval de setores, como a das guildas, tivesse chegado àquele País ainda no século dezenove,[80] a *regulação* só alcançou a maturidade moderna quando passou às agendas juseconômicas, o que se apresentou marcadamente em dois momentos críticos da história dos Estados Unidos da América.[81]

Num primeiro momento, nas primeiras décadas do século passado: inicialmente, a partir dos debates sobre mobilização e da

---

[80] Como a pioneira *Interstate Commerce Commission (ICC)*, criada em 1887 para dirimir problemas cada vez mais intricados no setor ferroviário daquele País, à época em plena expansão.

[81] Para aprofundamento, esse processo histórico vem narrado no livro do Autor, *Direito Regulatório*, publicado pela Editora Renovar, Rio de Janeiro, 2003, p. 71-79.

criação do WIB (*War Industries Board*) sob o acicate da I Guerra Mundial de 1914 a 1918, e depois, com o enfrentamento dos graves problemas econômicos e financeiros da Grande Crise de 1929, que levou ao estabelecimento do *New Deal* rooseveltiano, sob as pesadas demandas da Segunda Guerra Mundial, então sob a égide do célebre NRA (*National Recovery Act*).

Foram períodos em que o questionamento sobre a *efetividade* do postulado liberal clássico da suficiência da autorregulação espontânea dos mercados, ante os desafios políticos e econômicos do mundo moderno, acabou por lançar os Estados Unidos da América à vanguarda das soluções de economia política, adotando renovadas técnicas *regulatórias*, que já lhes eram familiares, e, aproveitando toda a sua secular tradição anglo-saxônica com a autorregulação e com entes reguladores setoriais, logrou proteger a sua economia e as dos aliados, vencendo os desafios bélicos com um mínimo de intervenção no mercado, graças a essa inovativa espécie de *intervenção econômica leve* da regulação.

Com efeito, a instituição de uma nova geração desses entes, especialmente voltados à disciplina de *setores críticos específicos do mercado*, permitiu àquele País graduar e minimizar, durante a Segunda Guerra Mundial, as intervenções reclamadas para assegurar o bom funcionamento de sua indústria e de seu comércio, superando, assim, o difícil e incerto período das grandes conflagrações com um mínimo de exceções aos postulados liberais, assentados em suas tradições políticas.

Mas, enquanto os Estados Unidos respondiam à crise criando *agências administrativas independentes do poder político*, dando início à prática do que a doutrina viria posteriormente denominar de *intervenções econômicas leves*, predominantemente voltadas ao *interesse do mercado* (*light intervention*), distintamente, os países europeus, na linha de ideologias estatizantes de todos os matizes, que dominaram o cenário político de quase todo o século XX, e que haviam produzido os dois modelos de Estado interventivos dominantes, o Estado do Bem Estar Social e os Estados Socialistas, preferiram criar *agências executivas dependentes do poder político* para desempenharem diretamente essas atividades econômicas consideradas críticas, optando, desse modo, pelas *intervenções radicais*, via de regra justificadas pelo pervasivo *conceito de segurança nacional*, então hegemônico no panorama político mundial.

Observe-se que, como um auspicioso subproduto da *light intervention*, acentuou-se o *papel protagônico da sociedade*, desenvolvendo-se a solução bastante criativa da *participação* dos setores interessados, o que passou a resguardar melhormente não só os interesses como os valores democráticos envolvidos. Mas não se limitaram a este, da participação, embora tão importante, os subprodutos das reformas dos aparelhos públicos efetuadas a partir de então, e, como resultado evidente de um novo conceito de relações entre os dois protagonistas da política – o Estado e a Sociedade – aí estão os também revistos conceitos de *finalidade*, de *funcionalidade* e de *administração por resultados*, como inovações que passaram à Ciência da Administração e à Ciência do Direito contemporâneas.

- O conceito de finalidade

Em breves palavras, trata-se do deslocamento da definição da atividade administrativa pela *competência* do órgão, para a definição da atividade administrativa pela *finalidade* a ser atingida.

Com a adoção do referencial de *competência*, as atenções do Direito Administrativo se haviam concentrado, sob a visão positivista, sobre o *conceito de ato administrativo*, proliferando-se, a partir dele, uma abundante literatura sobre a *legalidade* da *manifestação da vontade administrativa*.

O mérito do deslocamento do referencial para a *finalidade* foi, primeiramente, o de ampliar essa visão limitada do *ato* para o *processo* e, depois, a partir dessa visão estendida, considerar juridicamente o *resultado*, passando a incluir a consideração do agir administrativo sob o critério da *legitimidade*, tomada assim em seu sentido mais amplo, ou seja: sob o tríplice aspecto da *legitimidade originária* (competência), *corrente* (processo) e *finalística* (resultado).

- O conceito de funcionalidade

Os discursos do *resultado* e da *legitimidade*, sintetizados pelos italianos no conceito vitorioso da *boa administração*, como seria de se supor, levou à superação do conceito de *poder*, como um *atributo* estatal, substituindo-o pelo conceito de *função*, apenas como um *cometimento* estatal.

Além disso, deve-se considerar que a ideia de *função* leva à de *funcionalidade*, daí justificando-se a evolução que se seguiu, da *eficácia*, referida a um resultado conotado à *legalidade*, para a introdução da *eficiência*, referida a um resultado conotado à *legitimidade* e, finalmente, à *efetividade*, que é a dimensão social expandida da eficiência.

- O conceito de administração por resultado

Finalmente, assentada a ideia de *efetividade*, o conceito de *funcionalidade* assomou como a *razão de ser* da Administração Pública e, *deinde*, do próprio Estado. Afinal, que outra justificação de sua existência senão a de atingir *efetivamente* os resultados que lhe são assinados pela sociedade?

- Características híbridas e polivalentes da regulação

Pode-se lembrar, também, que certas características da *regulação* resultam de sua contemporânea inserção em um Estado *policrático* e *policêntrico*, a que se referiu M. S. Giannini.[82]

Com efeito, como função estatal, ainda que administrativamente independente, a cargo de entidades também independentes da administração direta, é normal que a *regulação* disponha de uma multiplicidade de instrumentos *materialmente* normativos, executivos e judicantes para atingir seus fins, que são comuns a essas organizações.

Por outro lado, também a demanda resultante da multiplicação de setores críticos também desdobra uma grande diversidade de intervenções regulatórias, o que exige flexibilidade de instrumentos e, paralelamente, uma necessária diversificação dos controles.

4 A expressão soberana do poder estatal na função regulatória

Não se perca de vista que, não obstante instituída para atuar em *setores críticos* específicos e, por isso, em contato mais direto com os agentes da sociedade que neles atuam, ou deles se valham ou para eles contribuam de algum modo, a *regulação é uma função estatal*.

Assim sendo, podem-se alinhar quatro requisitos relevantes para o exercício dessa função: o requisito de *imperatividade*, o requisito de *impessoalidade*, o requisito da *legitimidade* e o requisito da *formalidade*.

- O requisito de imperatividade

As *decisões*, que tanto podem ser normativas como concretas, são todas decisões de Estado e se impõem como *atos administrativos*, portanto, *atos administrativos regulatórios*, com todas as suas consequências.

---

[82] GIANNINI, Massimo Severo. *L'amministrazione pubblica dello stato contemporâneo – Volume 1 de Trattato di diritto amministrativo*. Padova: CEDAM, 1988.

Por outro lado, quanto à *negociação*, a ser entabulada pelos agentes reguladores com os interessados, pode e deve fazer parte do *iter* decisório, conduzida dentro de parâmetros procedimentais – de modo e de tempo – de sorte a levar a bom termo a decisão e não a ela se substituir.

- O requisito de impessoalidade

Como se pressupõe a existência de *interesses complexos* e, ainda mais, que estejam todos *protegidos pela ordem jurídica* – sejam individuais, coletivos ou difusos, sejam públicos ou privados – não se trata, *a priori*, de estabelecer a supremacia *em tese* de qualquer deles, mas, distintamente, do que ocorria com a tradicional *definição legal do interesse público específico*, o de defini-lo administrativamente, pela ponderação entre eles, apontando quais se apresentam *na hipótese* como os que devam receber precedência que contingente para atender à finalidade homeostásica da regulação, ou seja, a justa solução de equilíbrio *in casu*.

Como se observa, a *impessoalidade,* que se impõe a todos os órgãos e agentes da Administração, é ainda mais exigente quando se trate de *agentes* e *órgãos reguladores,* pois que um eventual desequilíbrio, que venha a ser gerado em benefício ou detrimento de qualquer dos valores ou dos interesses em ponderação, exacerba o risco da captação da atividade da agência.

A *garantia da impessoalidade no resultado da ponderação* estará, pois, primeiro, no *procedimento* – pelo cumprimento rigoroso de todos os trâmites procedimentais que levam à tomada de decisão; segundo, na *participação* – que garantirá o aporte de suas respectivas razões à consideração dos agentes reguladores e, *terceiro,* na *motivação* – que estabelecerá a importância ou o peso que a decisão vier a conferir a cada argumento, a cada valor e a cada interesse específico considerado nas relações reguladas.

Distintamente da decisão *discricionária,* em que o agente público partirá de um interesse definido desde logo como o determinante para a decisão – que é o *interesse público específico legalmente posto*, distintamente, na decisão *regulatória,* o agente público partirá de uma situação de neutralidade em relação aos interesses em jogo e será a sua decisão ponderada a que deverá *definir o interesse público específico regulatoriamente posto.*

- O requisito da legitimidade

A *legitimidade* que se deve exigir no caso das decisões reguladoras, como se expôs, apresenta três aspectos: a *legitimidade originária,* referida aos órgãos e agentes; a *legitimidade corrente,* referida aos procedimentos e a *legitimidade finalística,* referida aos resultados pretendidos e alcançados.

Pois bem: a *legitimidade originária* é atendida se o *órgão* é o competente e se a *investidura* dos agentes reguladores tiver sido legalmente correta, ou seja: pelo atendimento de todas as condições, formais e materiais, prescritas em lei.

A *legitimidade corrente* é atendida com a observância fiel do procedimento regulatório, mormente no que respeita à *participação* dos interessados, com a utilização de todos os instrumentos previstos nas normas legais e administrativas, tais como as audiências públicas, as consultas públicas e a audiência de conselhos consultivos instituídos especialmente para veicular a participação multissetorial. Enfim, com a satisfação das condições legitimatórias.

A *legitimidade finalística,* por fim, mas nem por isso menos importante que as demais, é satisfeita quando os *resultados* pretendidos pela decisão regulatória são *efetivamente alcançados,* integrando a legitimidade.

- O requisito da formalidade

Ora, como a legitimação corrente se realiza pelo *processo,* é claro que a formalidade processual regulatória tem grande destaque, pois como se verá, com ela se cumpre um dos requisitos que confere a necessária *democraticidade* à regulação (assim entendida como qualidade do que é democrático).

O processo regulatório obedece aos princípios e regras gerais bem conhecidos, da Lei federal do processo administrativo,[83] a que se acrescem normas procedimentais específicas criadas pela lei regradora atinente a cada agência, sendo que a sua própria norma reguladora, de caráter geral e abstrato, poderá prever um *terceiro grau,* administrativo, portanto, de procedimentos complementares especiais, cuja observância será sempre devida e não poderá ser dispensada por norma reguladora singular, senão que da mesma natureza.

---

[83] Lei nº 9.784, de 29 de janeiro de 1999.

5 O falso discurso do déficit democrático da regulação

Toda essa peculiaridade da instituição regulatória, no Brasil, como, de resto, no mundo, tem suscitado debates com relação ao que se tem denominado de déficit democrático (1) dos órgãos e *agentes* reguladores, agravado por um déficit democrático (2) do *processo* de tomada de decisão e do déficit democrático (3) de seu *controle*.

Não obstante, a insistência na existência desse suposto déficit trata-se de outra perplexidade, a somar-se às que se examinou, em razão de uma óptica anacrônica que ainda se tem das instituições de Direito Público, considerando uma aparente falta de legitimidade das agências, enquanto órgãos, e de seus membros deliberantes, enquanto *agentes públicos*, bem como de seu *processo decisório* e, finalmente, do *controle* de suas deliberações.

- O déficit democrático dos órgãos e agentes

Bem à semelhança dos demais equívocos já apontados, que surgem à conta dessa percepção estritamente juspositivista, acoima-se de ilegítimos as *agências* e os *agentes*, porque, primeiro, no caso daqueles órgãos, a criação de *entes independentes* no sistema administrativo os excluiria do sistema e, portanto, os subtrairia da direção superior da administração pública, atribuição do Chefe do Poder Executivo (art. 84, II, CRFB) e, segundo, no caso desses *agentes*, para desempenharem essas *funções independentes*, todos padeceriam de *ilegitimidade originária, usque titulum*, pois que suas investiduras não decorrem de uma *escolha eleitoral* democrática.

Ora, a criação das agências reguladoras em todo o mundo se lhes atribui uma *personalidade jurídica* própria, que, no caso do Brasil, é de natureza pública, pois que legalmente capituladas como *autarquias especiais*, o que as insere na *administração pública indireta* (art. 37, *caput* e inciso XIX, CRFB), não sendo o caso, portanto, pelo menos entre nós, de aludir-se a uma absurda exclusão das agências do sistema administrativo.

Do mesmo modo, no direito constitucional brasileiro, os agentes administrativos não necessitam de *investidura eletiva* para legitimarem-se *usque titulum*, pois que reservada esta apenas aos *agentes políticos* dos legislativos e dos executivos federal, estaduais, distrital-federal e municipais, estando excluídos os que receberem provimentos efetivos ou em comissão (art.37, II, CRFB).

Acresce que a investidura eletiva não é a única via constitucional de legitimação de agentes políticos, pois Ministros de Estado, Magistrados de Tribunais Superiores e de Tribunais Estaduais, bem como membros dos Tribunais e Conselhos de Contas são providos por *escolha*, e não por sufrágio eletivo, e providos por ato administrativo de nomeação, bem como, para todos os demais magistrados e membros das funções essenciais à justiça também é dispensável a escolha eletiva, providos que são por atos de nomeação após aprovação e classificação em concursos públicos.

- O déficit democrático no procedimento

Acoima-se o *processo regulatório* de *ilegitimidade corrente*, uma vez que não atenderia suficientemente aos condicionantes de publicidade e de impessoalidade, o que tornaria órgãos e agentes suscetíveis influenciáveis a ponto de tornar inevitável a captação da agência por interesses particulares das *empresas* reguladas, por interesses dos *usuários* dos setores regulados ou pelo próprio *governo*.

Ora, o que assim se ataca não é a instituição em si, mas o seu funcionamento viciado. Se há *deficiência* na publicidade, *parcialidade* nas decisões ou na *captação* das agências, não será por defeitos intrínsecos à instituição, pois que tais desvios podem ocorrer, de resto, em qualquer outra, não importa qual, mas (1) por *defeitos procedimentais* atinentes à condução dos processos e (2) por *deficiências pessoais* dos que neles estejam envolvidos em posição de responsabilidade.

O antídoto para esses desvios de conduta não será outro que propiciar a máxima *abertura* possível aos processos regulatórios, bem como à escolha dos agentes reguladores e ao controle de seus atos, sempre admitindo amplamente a participação da sociedade e, de modo especial, a dos interessados.

Além disso, será também, esta *participação processual*, o caminho para o *contínuo aperfeiçoamento* da instituição da regulação de setores críticos, para uma paulatina substituição da decisão administrativa unilateral pela decisão administrativa plurilateral, tomada por acordo entre as partes.[84]

---

[84] Esta é uma das tendências apontadas no I Seminário de Direito Administrativo Brasil-Espanha, registrada no livro *Uma Avaliação das Tendências Contemporâneas do Direito Administrativo – Obra em homenagem a Eduardo García de Enterría*, Rio de Janeiro, Editora Renovar, 2003, no artigo: *Desarrollo reciente de los instrumentos de la administración consensual en España*, p. 363-382.

Este discurso sobre o déficit democrático conduz ao tema do controle, como último assunto de que se ocupará esta exposição, com ênfase no *controle social.*

6 As modalidades de controle e, particularmente, a importância do *controle social* na regulação

Adiante-se, por questões de método, uma breve *classificação* do *controle* exercido sobre a regulação, repassando-o, ainda que aligeramente, para nele situar o tema do *controle social.*

Tal como na Administração Pública em geral, parte-se da distinção entre o *controle interno,* exercido pela própria agência, e o *controle externo,* exercido por outros órgãos do Estado e pela Sociedade.

6.1 Controle interno

É o controle mais amplo, de caráter hierárquico, exercido no âmbito da própria agência, por seus órgãos internos. São dois tipos:

6.1.1 O controle administrativo pleno

Exercido por órgãos da administração ativa da agência.

6.1.2 O controle jurídico

Exercido pela Procuradoria Jurídica da agência.

6.2 Controle externo

É o controle setorizado, exercido tanto por órgãos do Estado como pela sociedade, com diversas naturezas e com distintas finalidades:

6.2.1 O controle político pelo congresso

É um amplíssimo controle, que se exerce na forma do art. 49, X, da Constituição, por qualquer casa legislativa competente, por meio de requisições, relatórios e outras modalidades *fiscalizatórias,* podendo, inclusive, adotar uma modalidade *corretiva,* que é a suspensão da eficácia de atos reguladores de natureza normativa da agência, que exorbitem do âmbito da delegação implícita na deslegalização.

6.2.2 O controle político pelo poder executivo

Como as políticas públicas são executadas pelo governo, como um todo, é fora de dúvida de que há um *controle fiscalizatório* implícito sobre o seu cumprimento por parte das agências reguladoras, pois, não obstante a sua independência funcional, é certo que *integram* o ramo executivo, como entes da administração pública indireta.

6.2.3 O controle administrativo pelo poder executivo

É um *controle hierárquico impróprio* que se impõe sobre quaisquer autarquias, com fundamento no art. 84, II, a Constituição, para verificar o cumprimento de suas normas, das leis e metas e diretrizes gerais que as regem, podendo adotar efeitos *corretivos* quando se trate de violações constatadas.

6.2.4 O controle jurídico de fiscalização e de promoção afeto ao Ministério Público

É o controle de *fiscalização* que diz respeito à preservação da ordem jurídica e dos interesses sociais no que toda à ação reguladora, podendo valer-se do elenco das funções institucionais próprias de promoção, previstas no art. 129 da Constituição.

6.2.5 O controle contábil, financeiro, orçamentário, operacional e patrimonial de legalidade, legitimidade, economicidade e de resultados exercido pelos tribunais de contas

É o controle de *fiscalização*, cometido aos tribunais de contas, referido aos parâmetros acima, que se estende à aplicação de *sanções* individuais aos responsáveis por ilegalidade de despesa ou irregularidade de contas e com cominações *corretivas,* voltadas à sanatória de ilegalidade (art. 71 da Constituição e seus incisos).

6.2.6 O controle jurídico pelo poder judiciário

A Constituição reserva ao Poder Judiciário, por cláusula geral de garantia, a apreciação de qualquer lesão ou ameaça a direito (art. 5º, XXXV), de modo que as autarquias reguladoras, bem como seus agentes, sempre que for o caso, responderão administrativa, civil e penalmente perante seus órgãos judicantes competentes.

O Judiciário, tal como hoje atua com relação à *discricionariedade*, prescrutando-lhe a juridicidade plena do mérito, pode e deve investigar também amplamente a juridicidade do *preenchimento do espaço decisório deslegalizado* exercido por atos regulatórios, portanto, quanto à sua legalidade, legitimidade e licitude, o que vale dizer que, dado o paralelismo do sistema da jurisdição única, comum aos Estados Unidos da América e ao Brasil, cabe ser comodamente aplicada entre nós a chamada doutrina do *hard look review*, desenvolvida nas cortes norte-americanas a partir do *Administrative Procedure Act*, de 1996, para assegurar a *juridicidade do processo regulatório*, principalmente contra o *arbítrio* e o *exercício do voluntarismo decisional*, mediante a *abertura do exame de razoabilidade* e de *proporcionalidade*, ponderando entre as vantagens e as desvantagens de uma determinada regulação relativamente aos *direitos fundamentais*, com vistas a anulá-la ou a remetê-la à agência para corrigi-la.

6.2.7 O controle social

O *controle pela cidadania*, tanto o exercido individualmente pela participação dos cidadãos, quanto o exercido coletivamente pelos entes civis de sua criação, em particular as associações especificamente voltadas a essa modalidade de atuação, não apenas concorre, como se expôs, para a *legitimidade corrente* da atividade da regulação, pela fiscalização desenvolvida em paralelo com a participação decisória, como é fundamental para a sua *legitimidade finalística*, pela fiscalização dos *resultados* da atuação da agência.

Pode-se mesmo afirmar que será o desenvolvimento dessa atividade de *controle social*, descentralizando e capilarizando a atividade participativa cidadã, que poderá concorrer ponderavelmente para o futuro da regulação no País, uma vez que não somente atua, como foi exposto, para a *legitimação da atuação das agências reguladoras*, como para a própria *legitimação do instituto da regulação*, pela maturação da *oppinio necessitas* popular sobre sua eficiência, dentro do sistema da administração pública brasileira.

Este passa a ser, pois, tema relevante de nosso tempo: uma experiência juspolítica de ponta a suscitar um grande desafio pedagógico a ser enfrentado. Com efeito, tanto sob a perspectiva da *lei posta*, quanto sob a perspectiva do *direito aplicado,* a *participação cidadã* no Brasil ainda tem pela frente um longo caminho, para alcançar-se o nível logrado nas democracias mais avançadas. É o que se examina a seguir.

6.2.8 A problemática do direito regulatório participativo posto

Quanto ao *direito posto,* chega a ser surpreendente a desigualdade do tratamento da *participação,* em geral e do controle social, em especial, nas leis instituidoras de setores regulados, desde a criação da pioneira *Agência Nacional de Energia Elétrica – ANEEL,* pela Lei nº 9.427, de 26 de dezembro de 1996, até a última a ser criada, a *Agência Nacional de Aviação Civil – ANAC,* pela Lei nº 11.182, de 27 de setembro de 2005.

Nessa relação exemplificativa, que se vai ampliando nos anos que sucederam à introdução do instituto, encontram-se até agências bastante defectivas na previsão de instrumentos participativos, como, a importante *Agência Nacional de Vigilância Sanitária – ANVISA.*

Apenas para dar uma ideia da dificuldade em prosperar a participação e o controle social no País, entre as oito primeiras agências criadas, isso de 1996 a 2001, apenas quatro tinham legalmente prevista a participação, ou seja, dessas, apenas quatro se podiam considerar, sob este critério, como uma agência reguladora legitimamente plena.[85]

Há, todavia, um Projeto de Lei nº 3.337/2004, que torna obrigatório *para todas as agências,* o *processo decisório participativo,* com a realização de consulta pública para validar qualquer deliberação sobre questões relevantes (arts. 2º a 5º), prevendo ainda outros meios participativos (art. 6º) e generalizando a ouvidoria aberta, como instrumento de *controle social.* Lamente-se que, mesmo em regime de urgência, este projeto tão importante já espere dois anos para ser votado pelo Congresso.

6.2.9 A problemática do direito regulatório participativo aplicado

Quanto ao *direito aplicado,* igualmente se mostra ainda mais *problemática* a utilização dos instrumentos participativos existentes, notadamente os de *negociação,* um instituto novo e considerado *estranho* às práticas das Administrações Públicas do País, acostumadas à atuação unilateral e imperativa do Estado.

---

[85] Fonte: do Autor, *Direito Regulatório,* Rio de janeiro, Ed. Renovar, 2003, p. 192-199.

Mesmo com as previsões legais existentes, ainda é muito *escassa a participação efetiva:* tanto a dos *cidadãos,* individualmente considerados, quanto a das *entidades* privadas. É claro que essa abulia tem sua raiz nos velhos hábitos paternalistas, que distanciavam o Estado da sociedade e, consequentemente, do desinteresse oficial na educação cívica dos cidadãos. Mesmo hoje, é difícil a compreensão, pelo grande público, do que modernamente se entende como um *Estado de Serviço.*[86]

Talvez a exceção, por certo alentadora, com vistas ao futuro da instituição, seja a telefonia, um setor em que todo tipo de controle social tem sido amplamente empregado e no qual se tem registrado sensíveis avanços na mobilização da sociedade, o que se observa não apenas quanto aos usuários, mas quanto às empresas e entidades organizadas para a defesa de direitos.

7 À guisa de conclusão geral

7.1 A mentalidade regulatória

Parece claro que a experiência regulatória pode passar por contestações e até por crises, o que, afinal, é previsível, dada a modernidade do instituto, mas o certo é que com ela se está despertando uma *nova visão* não só no âmbito do governo, como no de toda a sociedade sobre temas sensíveis como a *desburocratização,* a *impessoalidade,* a *negociação pública de interesses,* a preocupação com a *eficiência* e com os *resultados* e, destacadamente, com as extraordinárias possibilidades abertas pelo *controle social.*

Como já se adiantou, tudo tem a ver com a própria visão que as pessoas têm do Estado e de sua relação com a sociedade, tal como expressa precisamente Ángel Manuel Moreno Molina na seguinte passagem: "A atividade administrativa de 'regulação' expressa uma determinada concepção da relação entre o Estado e a Sociedade, em especial no campo da Economia",[87] pois, acrescente-se, sem conceber o Estado de serviço, quem deveria ser um *cidadão* ainda continua um *súdito.*

---

[86] SORRENTINO, Giancarlo. *Diritti e partecipazione nella amministrazione di resultato.* Napoli: Ed. Scientifica, 2003, *passim.*

[87] MORENO MOLINA, Ángel Manuel. *La administración por Agencias en los Estados Unidos de Norteamérica,* Madri: Universidade Carlos III, 1995, p. 85.

7.2 Esgotando as possibilidades da negociação

A *sociedade*, não como massa tutelada e objeto de manobra política de Estados e governos, mas como senhora e beneficiária de sua atuação, passou a ser *protagonista* da cena política.

Com essa evolução, a tradicional ação coercitiva desenvolvida pelo Estado tradicional da Modernidade, cede, pouco a pouco, espaço à *ação consensual*, tanto no campo do contrato, quanto no campo da convenção, valorizando as possibilidades da *negociação pública de interesses*, como um amplo futuro de experiências aberto à Administração.

8 Para encerrar, uma conclusão auspiciosa quanto ao controle social: é preciso confiar nas inesgotáveis potencialidades da sociedade democrática

Os cenários positivos se tornam auspiciosamente mais prováveis, mesmo tão distanciados que nos encontramos da prática de uma efetiva *democracia substantiva*, sempre que se leva em consideração, de um lado, as possibilidades abertas pela *era das comunicações*, de educar e de levar a mensagem cívica a uma grande quantidade de pessoas, e, de outro lado, as potencialidades *do próprio homem*, intrínsecas ao *senso comum*, por ser o mais *comum dos sensos*.

E, com essa invocação de Thomas Payne, só resta realçar, para concluir, com confiante destaque e sempre revivida esperança, as imensas possibilidades abertas pelo *viés pedagógico da democracia* e, implicitamente, com especial destaque, também o papel *pedagógico dos profissionais do Direito*, notadamente do *Advogado Público de Estado*, porque a este sempre coube atuar capilarmente sobre a administração pública em geral, e, agora, sobre a administração regulatória em especial, participando em todas as etapas administrativas – da formulação, da negociação, da ponderação, da decisão, da fiscalização e da sustentação judicial, se necessário – exercendo a missão de *mestre informal da convivência cidadã* e de *primeiro guardião do Direito* nas relações de poder.

Valha, o professar dessa confiança, como um fecho adequado a esta exposição.

Referências

BARROSO, Luís Roberto. *Interpretação e Aplicação da Constituição*. 4. ed. Rio de Janeiro: Saraiva, 2001.

GIANNINI, Massimo Severo. *L'amministrazione pubblica dello stato contemporâneo – Volume 1 de Trattato di diritto amministrativo*. Padova: CEDAM, 1988.

MOREIRA NETO, Diogo de Figueiredo. *Direito Regulatório*. Rio de Janeiro: Renovar, 2003.

MOREIRA NETO, Diogo de Figueiredo. *Uma Avaliação das Tendências Contemporâneas do Direito Administrativo*. Rio de Janeiro, Editora Renovar, 2003.

MORENO MOLINA, Ángel Manuel. *La administración por Agencias en los Estados Unidos de Norteamérica*, Madri: Universidade Carlos III, 1995.

SORRENTINO, Giancarlo. *Diritti e partecipazione nella amministrazione di resultato*. Napoli: Ed. Scientifica, 2003.

CAPÍTULO 2

DIREITO
SEMPRE O CIMENTO DAS CIVILIZAÇÕES...

6º ENSAIO

DIREITOS FUNDAMENTAIS
BREVES CONSIDERAÇÕES PARA UMA ETIOLOGIA DA LEGALIDADE E DA LEGITIMIDADE

1 Introdução

Não se trata de discorrer em geral sobre *mutações*, mas de aprofundar alguns aspectos antropológicos, recentemente postos em evidência, que se põem entre os fundamentos científicos dessa formidável revolução conceitual de que somos espectadores e atores privilegiados.

Há, sim, uma oportunidade para expor como tais aspectos antropológicos vieram a informar o conceito de *direitos fundamentais*, lastreando essas transformações e lançando novas luzes sobre esse binômio central do jurismo – *legitimidade* e *legalidade* – posto nesta ordem.

Trata-se, portanto, de assentar algumas linhas para o estudo das bases antropológicas dos *direitos fundamentais* (trabalhadas por Malinowski, Hayek, Arnold Gehlen e Zagrebelsky) e de como este conceito passou a ser a pedra fundamental dos sistemas jurídicos contemporâneos e, como se exporá, a ser a suprema referência de valor dos sistemas jurídicos civilizados.

2 A gênese das instituições

Deve-se à contribuição da Antropologia Social o entendimento da *instituição*, como *produto de uma cultura*, descrevendo como surge, como se desenvolve, como se transforma ou, finalmente, como desaparece.

O comportamento humano se pauta pela *imitação*, a reprodução *intencional* de comportamento ou de comportamentos anteriores, observados e tomados como padrão em razão de sua presumida *funcionalidade*, ou seja, pela aptidão de satisfazer um *interesse* individual ou coletivo.

Assim, a *instituição* é entendida como um *complexo comportamental consolidado* numa sociedade, ou seja, como um padrão regular de condutas socialmente previsíveis de atores sociais em determinadas circunstâncias.

Este entendimento destaca a *função social da instituição*, como elemento indispensável da *previsibilidade* e, por isso, da *estabilidade* da vida em sociedade, daí a sua importância como elemento essencial de qualquer cultura e, em consequência, de qualquer civilização.

3 O consenso e a instituição

O *consenso*, entendido como a concordância geral de que um determinado *comportamento*, seja individual ou coletivo, uma vez considerado socialmente necessário ou útil é reiterado, imitado e se torna produtor de *instituições*, atuando, destarte, como o cimento da organização social.

Por outro lado, é certo que a pura *imposição da força* ou de qualquer outra modalidade cratológica de coerção, também pode produzir relações interindividuais reiteradas e estáveis, ganhando escala social, mas mesmo essas relações não serão duradouras a menos que possam contar com um mínimo de aceitação que as revistam de um arremedo de características consensuais institucionais espontâneas.

Pois bem: conforme se apresente esse consenso – de modo *induzido* ou *espontâneo* – distinguem-se dois tipos de fundamento das organizações sociais: o *contratual* e o *convencional*.

A ideia de articulação *contratual* da sociedade é muito antiga; no ensinamento de antigas religiões, muitas vezes era resultante de um contrato entre o homem e a divindade. Foi essa a milenar visão contratualista dos hebreus, exposta originalmente no Talmud, descrevendo a Aliança pós-diluviana entre Jeová e o Povo eleito que, incorporada pelo cristianismo no Antigo Testamento bíblico,[88] se tornou parte da herança ocidental e inspiradora das teorizações leigas que se seguiriam.

---

[88] Livro do Gênesis, 9 (8 *Disse também Deus a Noé e a seus filhos: 9* "Vou fazer uma aliança convosco e com vossa posteridade").

Essa visão contratual *legitimava* a imposição de regras de conduta que se incorporavam à herança cultural dos povos, como, no exemplo acima, a Lei Mosaica.

Assim é que a imagem consensual do *contrato,* ao se laicizar, foi aquela que logo se difundiria e ganharia foros de universalidade, vertendo-se em reputados estudos filosóficos pioneiros que surgiram sobre o fenômeno da sociedade.

Contam-se entre eles, os precursores da estruturação moderna das Ciências Sociais, desenvolvida a partir de Hobbes, Locke e Rousseau, todos assentando no *consenso manifesto* das sociedades a *legitimidade* das instituições civis.

A propósito, Zagrebelsky recorda com precisão que, transcendendo a concepção religiosa do pacto, "os dois esquemas conceituais do jusnaturalismo seis-setecentista: o *pactum societatis* e o *pactum subiecionis,* são expressões dessa ordem de ideias".[89]

Há, todavia, uma outra forma de manifestar-se o consenso, que não necessita valer-se do contrato ou mesmo de qualquer forma de pacto expresso, mas da *aceitação espontânea:* trata-se da modalidade *convencional,* que se baseia não mais na certeza de que um determinado comportamento foi pactuado ou imposto e por isso a todos obrigará, mas na certeza de que um determinado comportamento será aquele por todos adotado espontaneamente pela convicção geral de que é o melhor para todos.

O conceito *convencional,* distintamente do *contratual,* parte, assim, da ideia de que a segurança de cada um resulta da certeza de que todos se comportarão de acordo com a expectativa de que adotarão um *comportamento previsível.* Com isso, gerando o que a doutrina contemporânea caracteriza como uma "expectativa de reciprocidade".[90]

4 Os dois tipos de legitimidade

Do exposto resulta o discrime entre os dois tipos de legitimidade produzidos pelo consenso: uma *legitimidade primária* (fundada na aceitação passiva e espontânea, característica da *convenção*) e uma *legitimidade derivada* (fundada na aceitação ativa e formal, característica do pacto).

---

[89] ZAGREBELSKY, Gustavo. *Essere delle istituzioni.* Napoli: Editoriale Scientifica Università degli Studi Suor Orsola Benincasa, Facoltà di Giurisprudeznza, 2005, p. 10 (n/t).

[90] ZAGREBELSKY, Gustavo. *Op. cit.,* p. 10-11. (n/t).

Como se deixou subentendido, as sociedades humanas primitivas tiveram na organização convencional seu modelo mais antigo, daí evoluindo para a organização pactuada que se apresentou, inicialmente, na modalidade que justificava a *sujeição* (o *pactum subiecionis*) e, só bem mais recentemente, na modalidade de *associação* (o *pactum societatis*). São, portanto, fases evolutivas distintas, mas ambas voltadas à segurança na vida social.

Assim, na primeira fase, a segurança se promove como uma expectativa de regularidade na sucessão causa-efeito das relações sociais fundada na observância geral da aceitação passiva: é a *consuetudo* (costume), definindo, por isso, uma *conceituação consuetudinária da legitimidade*.

Na segunda fase, a segurança se promove como uma expectativa de regularidade na sucessão causa-efeito das relações sociais fundada na observância geral da aceitação ativa de um contrato social: o *pactum*, a partir do qual a supremacia da autoridade é nele institucionalizada. Definem-se, então, tanto a visão *contratualista*, quanto a visão *legalista* do poder, avançando-se da *legitimidade derivada* do pacto, a uma *legitimidade presumida* da lei, o que leva, em extremo lógico, à instituição da *legalidade*, como um valor bastante e suficiente da ordem jurídica.

Os estudos juspolíticos contemporâneos, abertos por essas achegas antropológicas e históricas, desvendam uma terceira fase, marcadamente *híbrida*, em que a segurança se promove como expectativa de uma regularidade na sucessão causa-efeito das relações sociais fundada em um *complexo consensual*, combinando a *aceitação passiva* e a *ativa*, ou seja, a *consuetudo* e o *pactum*.

Delimitam-se, a esta altura, com nitidez, de um lado, o que é *próprio da pessoa humana*, campo em que prevalece a *legitimidade convencional*, que nela assentará os *valores fundamentais*, e, de outro, *o que é próprio da organização social*, em que prevalece a *legitimidade contratual*, campo em que se disporá subsidiariamente sobre *valores contingenciais*.

Define-se, desse modo, uma interessante visão pós-moderna, de certo modo integrada e equilibrada, sobre a *ordem jurídica*, pois que se define duplamente submetida – à *legalidade* e à *legitimidade* – e não mais aprioristicamente definida, como absolutamente reverente a uma mítica *razão de Estado* ou a uma, igualmente mítica, *supremacia do interesse público*.

5 Direitos fundamentais e constituição

Dessa duplicidade axiologicamente hierarquizada de referências do Direito pós-moderno emerge o postulado[91] da *centralidade da pessoa humana*,[92] associado à *paz* e à *segurança*, que passou a ser proclamado nas Constituições, com um viés instrumental, ou seja, como o conjunto de instituições destinadas a prover *serviços para a efetiva realização desses dois valores*.

A *segurança*, enquanto valor fundamental, se desloca da sua percepção *coletiva*, tal como se caracteriza tanto na fase histórica da *legitimidade pela aceitação convencional costumeira*, quanto na fase da *legitimidade pelo pacto*, para ganhar, assim, uma percepção *individual*, que passa a marcar como que uma terceira fase evolutiva, na qual se vem a distinguir com clareza, de um lado, o que está necessariamente excluído da pactuação expressa – que são os *direitos fundamentais* – recobertos pela *legitimidade*, em caráter primário, e, de outro lado, o que pode ser objeto de pactuação expressa – os *direitos contingenciais* – que são os recobertos pela *legalidade*, em caráter secundário.

Destarte, coube ao *neoconstitucionalismo*, que absorveu essa visão pós-moderna, expor a Constituição não apenas como um documento *político*, exclusivamente *afirmativo do poder*, nem, tampouco, como um documento puramente *jurídico* e *autolimitativo desse poder*, mas como um documento híbrido – *juspolítico* – e, por isso, *sui generis*.

Sob esse novo enfoque, a Constituição, uma vez entendida como instrumento híbrido – juspolítico – cumpre ambas as funções cratológicas dos modelos precedentes, uma vez que, enquanto, primacialmente, se volta a *declarar* os *valores supraordinados*, inerentes às *pessoas*, pois que conformam o dado sociológico preexistente e, por isso, balizam o quadro de referência da *legitimidade da ordem jurídica*, sagrando os *direitos fundamentais*, secundariamente, a partir dessa declaração, *institui* os *valores subordinados*, que são nela positivados, balizando a moldura dentro da qual se aferirá a *legalidade da ordem jurídica*, produzindo os *direitos contingenciais*, que variarão em razão do tempo e do espaço.

---

[91] *Postulado* é termo aqui tomado em sua acepção filosófica, a partir do latim *postulatus*, como proposição que se considera fato reconhecido e é início de um raciocínio; uma premissa que se admite, sem se precisar de demonstração. *Apud* DUROZOI, G. e ROUSSEL, A. *Dicionário de Filosofia*. Tradução de Marina Appenzeller. Campinas, SP: Papirus, 1993.

[92] SORRENTINO, Giancarlo. *Diritto e partecipazione nell1amministrazione di resultato*. Napoli: Editoriale Scientifica, 2003. I-4.

6 Funcionalidade e controle: onde entram a cidadania e a participação

Dois conceitos, por fim, concorrem para completar esta saudável visão *neoconstitucionalista*, que vem presidindo às mutações do Direito Público contemporâneo, são eles: o da *funcionalização* e o do *controle*.

Por um lado, a obsolência do conceito de *poder estatal* como um *atributo da organização política* cede lugar à afirmação do conceito de *função estatal*, que "exalta a dimensão de serviço de tutela da liberdade"[93] da organização política. Parece indubitável que tal concepção é muito mais apropriada a uma revisão democrática do que antes era o *súdito* (como *sujeito passivo* do poder estatal) para transformar-se no que hoje se tem como o *cidadão* (como o *beneficiário* da função estatal).

Por outro lado, em razão de o Estado estar a serviço da pessoa, a função reflexa de *controle*, que dantes se entendia como um *controle do Estado pelo Estado*, passa a ser entendida como um *controle do Estado pela cidadania*, muito embora se possa valer da própria diversidade polifacética do Estado com o objetivo de que uma manifestação funcional do poder estatal atue em correção de uma outra, desenvolvendo-se uma teia de controles recíprocos.

Esta é a razão pela qual os instrumentos de controle pluralizam-se em sistemas institucionais cada vez mais diversificados e independentes. Desde, em sua cúpula, a partir do controle da constitucionalidade e do controle judicial, passando pelo controle de contas, pelos controles exercidos pelas funções essenciais à justiça, em suas respectivas esferas de competência, e pelos controles regulatórios setoriais autônomos, até os cada vez mais difundidos subsistemas de controles sociais, eles se adensam cada vez mais, atuando intensamente na afirmação desse hibridismo referencial, que aqui se procurou destacar e caracterizar, que consiste, em suma, a indispensabilidade da integração da *legitimidade* e da *legalidade* para a realização da *juridicidade*, pois que ambas informam o *Direito*.

---

[93] SORRENTINO, Giancarlo. *Op. cit.* I-5 – p. 35.

Referências

DUROZOI, G. e ROUSSEL, A. *Dicionário de Filosofia*. Tradução de Marina Appenzeller. Campinas, SP: Papirus, 1993.

SORRENTINO, Giancarlo. *Diritto e partecipazione nell1amministrazione di resultato*. Napoli: Editoriale Scientifica, 2003.

ZAGREBELSKY, Gustavo. *Essere delle istituzioni*. Napoli: Editoriale Scientifica Università degli Studi Suor Orsola Benincasa, Facoltà di Giurisprudeznza, 2005.

7º ENSAIO

DIREITOS HUMANOS, LEGITIMIDADE E CONSTITUCIONALISMO

UMA BREVE APRECIAÇÃO

"[...] os direitos humanos passam a se converter em autênticos direitos morais, no sentido de que encontram na consciência moral, no imperativo categórico e na própria dignidade do homem o seu fundamento. Os direitos humanos deixam de ser "direitos jurídicos", ainda que a expressão possa ser considerada um pleonasmo, para adquirir a sua dimensão ética e axiológica, pois o sistema do direito positivo não pode lhes dar nascimento nem existe um mundo jurídico supra-sensível do qual possam derivar".

Ricardo Lobo Torres[94]

1 A sociologia da era da comunicação: da pirâmide à rede

Nenhuma invenção permeou tão profunda e rapidamente a vida das sociedades humanas quanto a comunicação; desde o aparecimento da linguagem, passando pelo surgimento da escrita, da imprensa, do rádio e da televisão, até os processos eletrônicos de processamento e

---

[94] LOBO TORRES, Ricardo. *Tratado de Direito Constitucional, Financeiro e Tributário*. Vol. III. Rio de Janeiro: Editora Renovar, 1999, p. 60.

transmissão de dados, foram sucessivas revoluções em todas as esferas de atividade humanas.

Embora a tecnologia não determine a sociedade, nem a sociedade determine a transformação tecnológica, ela está incorporada à vida e à transformação da sociedade, que, por isso, "não pode ser representada ou entendida sem suas ferramentas tecnológicas".[95]

Por outro lado, é inegável que a atuação organizada do Estado, como a mais importante das instituições de expressão cratológica, tem sido importantíssima no fomento (ou na repressão) das forças sociais que se ocupam do desenvolvimento tecnológico, e tal fato pode ser constatado na revolução tecnológica em curso, que se originou e difundiu-se "em um período histórico de reestruturação global do capitalismo", pois que tal processo é também uma "transformação informacional".[96]

Como não poderia deixar de ocorrer, essa transformação retroage sobre as próprias estruturas sociais, levando-as a mimetizar o mesmo desenho da *rede informacional* que passou a cobrir o planeta. Assim é que os processos sociais já não mais fluem conectados linearmente, sob a lógica de uma comunicação hierarquizada, transmitida em forma de pirâmide, o que se afeiçoava e servia de conveniente modelo a uma disposição estamentária das sociedades, mas, distintamente, se interconexionam, organizados em *redes*, o que delas faz, na tersa expressão de Manuel Castells, o sociólogo catalão justamente reputado como o destacado estudioso desta transformação em curso, "a grande morfologia social de nossas sociedades" e, por isso, "fonte de drástica reorganização das relações de poder".[97]

Nessa nova configuração se presencia a paulatina transferência de poder de instituições que se situavam nos sucessivos estratos da pirâmide social, inclusive as estatais, para aquelas específicas instituições que ocupam hoje as conexões que ligam as redes.[98]

Essa profunda repercussão da nova morfologia social sobre as tradicionais construções cratológicas atingiu em cheio o Estado contemporâneo, abalando-lhe a "estrutura organizativa unitária, de vontade unitária e de ação unitária", a ponto de Massimo Severo Giannini, um

---

[95] CASTELLS. Manuel. *A Sociedade em Rede*, 1º volume da trilogia *A Era da Informação: Economia, Sociedade e Cultura*. Rio de Janeiro: Editora Paz e Terra, 1999, p. 24-25.

[96] *Op. cit.*, p. 31.

[97] *Op. cit.*, p. 496-498.

[98] Serve de exemplo o poder das conexões financeiras que, por sua vez, assumem o controle das conexões da mídia, que, por seu turno, vão influenciar as conexões políticas (*op. cit.* p. 499).

dos mais eminentes pensadores do Direito Público do século vinte, haver observado, na década de oitenta, que essa concepção não é mais exata, pois "a construção dada ao Estado, sobretudo pela doutrina alemã, e depois recebida em toda a Europa continental, não responde à realidade vigente, porque o Estado não age mais unitariamente, como, ao contrário, atua através de ente público menor",[99] ao que se poderia ajuntar, ou até de um ente privado.

Esse admirável prenúncio do processo, que o grande Mestre peninsular denominou de *desagregação da organização do Estado*,[100] logo se robusteceria com sua iminente aceleração. Efetivamente, em menos de duas décadas de publicada essa impressionante afirmação, haviam proliferado, além de todas as expectativas, inúmeras entidades e órgãos constitucionalmente independentes, administrativamente independentes e até dotados de atividades normativas independentes, confirmando a prenunciada transformação do Estado contemporâneo, em todas as latitudes e quadrantes, de uma tradicional, definida e limitada partição de "poderes" *funcionais*, típicos de uma organização uniclasse ou biclasse, voltada ao atendimento de estamentos dominantes, em um inovador, variado e ilimitado *mosaico de funções*, próprias de uma organização pluriclasse, por isso, vocacionada ao atendimento de uma sociedade pluralista.[101]

Sabino Cassese, epígono de renome do Mestre romano de "La Sapienza", em estudo bastante recente (2003), retoma o tema dessa "figura organizativa em rede", que vai sendo assumida pelo poder público contemporâneo, para acrescentar um importante dado funcional ao morfológico, que vem a ser a passagem da atuação de *subordinação* à atuação de *colaboração*, e até recordando que o eminente antropólogo Bronislav Malinowski já identificava exitosos precedentes da figura organizativa em rede, caracterizada pela independência recíproca e pela concorrência de autoridades, na Alta Idade Média e no Império Colonial Inglês.[102]

---

[99] GIANNINI, Massimo Severo. *Trattato di Diritto Administrativo*. Vol. I, Pádua: CEDAM 1988, p. 81.

[100] O pressagioso título atribuído ao Capítulo 15 da obra suprarreferida é quase autoexplicativo: "Lo Stato come organizzazione disaggregata" (*op. cit.*, p. 81).

[101] No Brasil, no mesmo ano de 1988, a nova Constituição outorgava *independência constitucional*, além dos tradicionais três conglomerados funcionais dos denominados "Poderes do Estado", aos Tribunais e Conselhos de Contas (art. 70 a 75) e aos entes e órgãos exercentes das Funções Essenciais à Justiça (art. 127 a 135).

[102] CASSESE, Sabino. *Lo Spazio Giuridico Globale*. Roma-Bari: Ed. Laterza, 2003, Capítulo II, os, 21 a 26, oferecendo, ao final do capítulo, uma forrnidável bibliografia sobre o fenômeno das redes nas organizações políticas e administrativas.

O comando único, este vetusto conceito que remonta ao surgimento do modelo renascentista do Estado-nação, com sua nítida hierarquização de órgãos e funções, que não tem mais sentido em uma organização em rede, que deve ser muito mais apropriada para detectar, acolher, processar e atender demandas pluralistas das sociedades alumbradas pelas luzes da explosão das comunicações, aos poucos se desagrega em *plúrimos centros de comando,* distribuídos em vários níveis decisionais, guardando entre si relações de *coordenação* e, apenas quando atribuídos, cometimentos de *controle recíprocos.*

Ética, poder e consenso

No antigo quadro organizacional caracterizado pela solidão cratológica do Estado, existindo com sua concentração monopolística de poderes, era o positivismo jurídico que informava o conteúdo e os limites das três funções básicas do Estado.

Assim, o Legislativo deveria esgotar em suas disposições a dicção dos valores legais, nada restando, nem às demais fontes derivadas, nem aos intérpretes, nem aos aplicadores, senão descobrir a *mens legis.*

Por sua vez, o Executivo, embora sem flexibilidade para considerar quaisquer outros valores que não os legislados, ainda que fosse para moderar sua atuação, poderia, não obstante, como herança absolutista, dilatá-los pela invocação de conceitos indeterminados, como o do interesse público e o das razões de Estado.

Finalmente, o Judiciário ficava com a atribuição de último, mas ainda limitado intérprete da lei (*la bouche de la loi*), um cômodo papel que desresponsabilizava os juízes de realizar a justiça, bem como das consequências de suas decisões.

No novo quadro organizacional, ora caracterizado pela desmonopolização e pelo compartilhamento de poderes entre a sociedade e o Estado, desvencilhado das amarras morais do positivismo jurídico, uma nova concepção do Direito ilumina as mesmas funções.

O Legislativo perde o monopólio da legislação setorial para exercer, com maior vigor e muito maior importância, o monopólio da política legislativa, o que faz através do emprego de normas gerais e da deslegalização,[103] em que se pretende preservar, antes que a *mens legis,* a *mens juris,* como expressão dos valores constitucionalmente agasalhados.

---

[103] A *deslegalização* também é referida como *delegificação,* para os que a preferem na tradução direta da expressão italiana.

O Executivo, embora perdendo a sua antipática herança autocrática, a de se valer do onímodo postulado da supremacia do interesse público e das abjetas razões de Estado, sempre usada para forcejar a dilatação de seu espaço de legalidade, ganha, por outro lado, vantajosamente, uma significativa ampliação e flexibilização de suas jurídicas alternativas de escolha administrativa com a redefinição de seu papel de ponderação de valores, todas as vezes que deva atuar na fixação de conceitos jurídicos indeterminados, no emprego da discricionariedade e, sobretudo, no exercício da função regulática nos setores deslegalizados.

Finalmente, ao Judiciário, superando a atribuição de intérprete final da *lei* para voltar a ser o que jamais deveria deixar de ter sido, e como se manteve na tradição anglo-saxônica, o intérprete final *do direito* cumpre-lhe, nessa elevada função, encerrar as cadeias de interpretações atributivas de valor adotadas pelos operadores jurídicos, recuperando a função, que também jamais deveria ter perdido: a de guardião da justiça e dos valores jurídicos da sociedade.

Com efeito, os valores *nascem* na sociedade e é nela que se solidificam e ganham vigência, não cabendo às casas legislativas, sejam as locais, sejam os parlamentos nacionais ou os internacionais, senão recolhê-los e adotá-los nas leis de sua feitura.

Isso porque a política tem limites: as instituições legiferantes, no Estado Democrático de Direito, não mais podem se arrogar o papel de preceptoras de uma nação, a pretexto de nela recolherem a "voz do povo", porque se encontram contidas por um tríplice balizamento das Constituições: o da sua *nomologia* positivada, o de sua *tradição histórico-cultural* e, sobretudo, o dos *valores universais*.[104]

É dentro desse quadro organizacional assim debuxado que se vai orientando hodiernamente o desenvolvimento dos poderes públicos, no qual tem ampla oportunidade de se revelarem novas dimensões do *consenso*, tanto o ativo, aquele manifestado, quanto o passivo, o que é tácito, mas ambos igualmente importantes para a *legitimação* do poder, como adiante se exporá com mais detalhe, mas,

---

[104] Por esta razão, uma vez que na democracia tudo tem limite, inclusive o que deva ser uma decisão política, as Constituições dos Estados Democráticos de Direito devem dar respostas de valor, com *significado político*, suscetível, portanto, de serem mantidas pelos processos de controle de constitucionalidade, como se retira de conclusão de recente trabalho de Robert Alexy, que veio à luz em 2003, sob o título *Os Direitos Fundamentais no Estado Constitucional Democrático*, publicado na coletânea *Neoconstitucionalismo(s)*, coordenada por Miguel Carbonell (Madri: Ed Trotta, p. 31-47).

sobretudo, ambos sumamente importantes para criar uma cultura de *interdependência recíproca*, que, entre outros desdobramentos, se apresenta na institucionalização da *solidariedade* e do *controle*, valores decisivos para sustentar a hegemonia alcançada pelos *direitos humanos* na Política e no Direito, como ciências e artes do poder.

Primeiramente, com relação à *solidariedade*, como valor individual ou social, do estoicismo clássico, passando pelo cristianismo e pela Revolução Francesa até as Cartas contemporâneas, eleva-a, por isso, o ilustre monografista espanhol Gregorio Peces-Barba, a verdadeiro *fundamento* dos direitos humanos, com ampla justificação dessa afirmação.[105]

E, a seguir, com relação ao *controle* – um valor instrumental imprescindível à realização de quaisquer outros valores no universo do poder – o que hoje se tem não é mais que uma ampliação histórica da tese de Montesquieu, o qual, porque tivesse o Estado em pirâmide como modelo de trabalho, propugnava então o aperfeiçoamento de uma proto-mini-rede em seu topo, que se obteria pelo fracionamento do vértice da velha pirâmide do poder, de modo a desierarquizar os três poderes entre si e os apresentar em situação de *interdependência*, o que viria a ser o fundamento dos *controles recíprocos*, que mais tarde seriam descritos, constitucionalmente, como um mecanismo de freios e contrapesos.[106]

2 O novo humanismo e a legitimidade do poder

2.1 Globalização

A *globalização*, como já afirmado em outros escritos, comporta duas linhas de compreensão: como *fato* e como *valor*.

---

[105] PECES-BARBA, Gregorio. *Curso de Derechos Fundamentales – Teoría General*. Madri: Ed. Universidad Carlos III, 1995, p. 261 e ss.

[106] Thomas Cooley, o clássico constitucionalista norte-americano, escrevendo em 1880, depois de afirmar que "um governo com todos os poderes concentrados"[...] "tem forçosamente que ser um governo arbitrário, em que a paixão e o capricho são os que provavelmente ditam a marcha dos negócios públicos, em vez da justiça e do direito", mostra que a *separação de poderes* confere a cada ramo do governo do país "certa independência, que atua como um freio sobre a ação dos demais quando cometam avanços sobre as liberdades do povo, tornando assim possível estabelecer e tornar efetivas as garantias contra as tentativas de tirania. Dessa maneira têm-se os freios e os contrapesos do governo, que se supõem essenciais para as instituições livres" (*Principios Generales de Derecho Constitucional en los Estados Unidos de América*. Buenos Aires; Ed. Jacobo Peuser, 1898, traduzido para o espanhol da 2ª edição, Cap. III – *Distribución de los Poderes del Gobierno*, p. 39).

Como *fato*, ela pode ser considerada historicamente como uma dilatação dos horizontes de interesses das sociedades humanas, o que, afinal, não é um fenômeno novo, mas, ao contrário, muito antigo, pois segue a lógica inexorável da expansão dos interesses e de sua consequente e inevitável instrumentação pelo poder.

Com esse sentido, ela se tem manifestado com grande nitidez em alguns períodos de intensa difusão cultural e dinamismo do poder, notadamente com a ampliação de fronteiras políticas, com o desenvolvimento dos intercâmbios econômicos ou com a propagação religiosa.

Na segunda acepção, como *valor*, há sempre o risco de se deparar com a eriçada polêmica que a acompanha a voz da globalização, uma vez que, conforme os diversos ângulos de entendimento que o conceito comporta, em razão dos diferentes conteúdos valorativos que pode apresentar, ela pode ser vista como um bem ou como um mal, como um anátema ou como uma esperança para um mundo melhor.

Por isso é que, diante de sua irredutível ambivalência, por ser inteligível como *fato* e como *valor*, pode-se tratar, no fenômeno da globalização, o *fato* como um dado objetivo, com pouca margem para dissensos, mas mesmo o *valor*, embora um dado subjetivo e, assim, passível de controvérsias, também comporta ser abordado ponderadamente, de modo a que se possa destacar e avaliar as influências positivas sobre a evolução do Direito Público contemporâneo, como é o caso da afortunada emergência da temática dos *direitos humanos* no Segundo Pós-Guerra.[107]

Ao lado dessa preocupação com os *direitos humanos*, ditada pelo justo receio de novas catástrofes bélicas, a segunda palavra-chave então introduzida foi a *eficiência*, uma qualidade do exercício do poder que passou a ser demandada por sociedades que ganharam consciência coletiva de seus problemas e se dispuseram a participar de suas

---

[107] Os autores costumam estabelecer este marco histórico, do final da Segunda Guerra Mundial, a que se seguiu a criação da Organização das Nações Unidas, pela Carta de São Francisco, como início simbólico da discussão a respeito dos direitos humanos, como o faz, no Brasil, Vicente Barretto, ao discorrer sobre *As raízes ideológicas da Declaração das Nações Unidas*: "A experiência nazi-fascista fez com que, terminada a II Guerra Mundial, os estados que se reuniram para a constituição das Nações Unidas tivessem como ponto central no estabelecimento da nova organização internacional a definição de direitos básicos com os quais estariam comprometidos na busca da paz mundial". (*In: Ética e Direitos Humanos, Aporias Preliminares*, artigo inserto na coletânea *Legitimação dos Direitos Humanos*, organizada por Ricardo Lobo Torres, Rio de Janeiro: Ed. Renovar, 2002, p. 511).

soluções. Essa eficiência, exigida das organizações dotadas de poder – políticas, econômicas ou sociais – passou a ser vital no processo de globalização, alçada a imperativo não só de desenvolvimento como da própria sobrevivência desses entes, inclusive dos próprios Estados, em um mundo em que as demandas não podem deixar de ser atendidas a contento: seja pelas instituições públicas, seja pelas instituições privadas.

É inegável, portanto, ante essa dupla temática, que a globalização atinge profundamente o Estado e tem influenciado fortemente as suas importantes mutações, notadamente nessa linha que poderia ser resumida como um *novo humanismo*, ou, dito de modo mais modesto e, quiçá, mais apropriadamente, como um amadurecer de *novos aspectos juspolíticos do humanismo*, em que se destaca a emergência da *sociedade*, com suas miríades de organizações secundárias, como o novo protagonista que passa a dividir com o Estado o seu arraigado e multicentenário monopólio da política, do direito e do poder.

Mas, curiosamente, como observa Sabino Cassese, o fenômeno da globalização não é coerente, porque em vez de levar à redução do Estado, tem levado a um aumento, "pelo menos quantitativo", pois, como demonstra, "na Europa existiam, depois da primeira guerra mundial, 23 estados; hoje eles já são 50. A proliferação estatal é crescente: de 1900 à metade do século apareceram mais de um Estado por ano; nos anos noventa, mais de três por ano". Acrescentando que o mesmo fenômeno tem ocorrido com a apropriação pelo Estado de fatias cada vez maiores do produto interno bruto desses países.[108]

A nova postura da sociedade resgatou a *cidadania*, de modo que a pessoa da era dos direitos humanos deixou de ser um *súdito* do Estado para ser um *cidadão*, com todas as novas implicações não apenas políticas, meramente de eleitor, mas econômicas e sociais, que decorrem desse novo *status*.

Entre essas novas implicações é que se renova a ideia de *legitimidade*, não como uma qualidade da lei vigente, não apenas como uma expressão ética, não apenas como o mero resultado formal da observância de processos de tomada de decisão, mas como expressão *democrática* ambivalente, portanto, formal e material.

---

[108] CASSESE, Sabino. *Lo Spazio Giuridico Globale, op. cit.*, p. 5.

- A referência legitimatória no conceito do poder

A substância da *legitimidade* é encontrada na coleção de *valores consensuais* de uma cultura que suporta um sistema de poder – portanto, um *sistema juspolítico* – capaz de gerar sua própria estabilidade com minimização do uso da força.[109] [110]

Se assim o é, a *legitimação* é, sobretudo, um *fenômeno antropológico*, indissociável do *consenso* dos grupos sociais, que consiste na verificação da concordância conjuntural e até casuística, entre os fenômenos políticos e os valores que devem suportá-lo, fenômenos esses que concernem ao *poder*, ou seja: à sua concentração, à sua atribuição, à sua distribuição, a seu acesso, a seu exercício e a seu controle.[111]

Como esse essencial *consenso* pode decorrer de vários fatores, raramente isolados e quase sempre confluentes, dessa circunstância desdobra-se um rico leque de tipos legitimatórios, que, por conveniência expositiva, podem ser classificados segundo a predominância do valor material ou do valor formal em destaque, em duas famílias: a *legitimação predominantemente material* e a *legitimação predominantemente formal*.

A legitimação predominantemente material poderá ser *pactual, moral* e *pragmática* e a legitimação predominantemente formal poderá ser *processual* e *eleitoral*.

Examinem-se, inicialmente ,os três tipos de *legitimação predominantemente material,* que se caracterizam pela existência de uma *harmonia de fundo* quanto às propostas de poder em questão em determinado grupo (ou seja, sobre a concentração, atribuição, distribuição, acesso, exercício e controle do poder).

A *legitimação pactual* resulta da *concordância* expressa, explícita ou tacitamente, do grupo social com as propostas de poder (concentração, atribuição, distribuição, acesso, exercício e controle). Essa *concordância*

---

[109] Conforme se discorre em obra do autor, MOREIRA NETO, Diogo de Figueiredo. *Legitimidade e Discricionariedade.* Rio de Janeiro: Ed. Forense, 4ª edição, 2ª tiragem, 2002, p. 5-9.

[110] Em linha próxima, o cientista político David Easton, na seguinte passagem de seu divulgado texto de conteúdo didático: "A legitimidade de um regime político assenta no consenso dos governados. As fontes desse consentimento são: as ideologias ou os valores da sociedade (convicção moral a respeito da validade do regime, concordância entre ele e os ideais da sociedade em que funciona), a estrutura normativa do sistema instituído (crença na validade das normas instituídas pelo regime), a personalidade dos que exercem o poder (crença nas qualidades pessoais dos governantes)".*(A crença na legitimidade. In: Curso de introdução à ciência política.* Brasília: Ed. Universidade de Brasília, 1982. Vol. IV).

[111] Aprofundamentos sobre os aspectos cratológicos aqui referenciados podem ser encontrados na monografia do autor MOREIRA NETO, Diogo de Figueiredo. *Teoria do Poder.* São Paulo: Ed. Revista dos Tribunais, 1992.

que agrega o grupo poderá ser motivada por fatores culturais dominantes, como poderão sê-lo os teológicos, os tradicionalistas e os ideológicos, ou simplesmente contratuais.

A *legitimação moral* é menos ampla que a consensual, pois resulta apenas de uma suficiente *coincidência* de valores no grupo social relativamente às propostas de poder em questão. Essa coincidência pode se limitar tanto ao plano dos valores instrumentais, quanto ao plano dos valores finalísticos, assumindo, portanto, imensa variedade tipológica consoante o valor ou os valores tomados como suficientes para a aceitação de uma proposta de poder (concentração, atribuição, distribuição, acesso, exercício e controle). Uma legitimação tipicamente moral é a que se funda na *confiança*, que, para Alain Peyrefitte, que dedicou confessadamente vinte anos de sua vida ao estudo do fenômeno e de sua estreita relação com o desenvolvimento dos povos, se constitui na marca distintiva das sociedades evoluídas e condição de um relacionamento profícuo e progressista entre as pessoas.[112]

A *legitimação pragmática* é a que reduz o consenso do grupo a um exercício de avaliação de *resultados* (futuros, correntes ou pretéritos) em relação às propostas de poder. Essa avaliação do grupo se concentra sobre a *eficiência* que poderá ser lograda (futuro), que está sendo obtida (presente) ou foi realizada (passado) com uma decisão a respeito de qualquer proposta de poder. Dessa característica decorre que essa modalidade é também designada de *legitimação pela eficiência*, podendo apresentar-se, conforme a referência temporal, como uma *legitimação originária* (consenso quanto à escolha de poder que se fará), uma *legitimação corrente* (consenso quanto à escolha que se implementa, o que inclui o como se a implementa) e uma *legitimação finalística* (consenso quanto à eficiência lograda com o resultado alcançado).

Seguem-se os dois tipos de *legitimação predominantemente formal*, através dos quais as diferentes culturas se satisfazem em concentrar e cristalizar o consenso sobre um determinado ritual ou procedimento,

---

[112] PEYREFITTE, Alain. *La Societé de Confiance*. Paris: Ed. Odile Jacob. 1995. O autor resume sua tese na seguinte frase, posta na Introdução de sua densa obra, de 556 páginas: "Nós nos propomos, em suma, de lançar as bases de uma etologia comparada do desenvolvimento econômico, social, cultural, político. Etologia quer dizer o estudo dos comportamentos e mentalidades respectivas de diferentes comunidades humanas, na medida em que elas forneçam fatores de ativação ou de inibição, em matéria de trocas, de mobilidade intelectual e geográfica, de inovação. Etologia – porque não se pode contentar aqui, nem com esquemas descritivos, mas reducionistas, da etnologia, nem das recomendações bem-pensadas, mas sem efeito, da ética". (p. 15, n/ tradução).

com desistência de fazê-lo quanto ao conteúdo da proposta de poder que poderá dele resultar, dando, portanto, como suficiente, o atingimento do consenso sobre o instrumento a ser empregado.

A *legitimação processual* é a obtida pela realização de atos ou de sequência de atos geralmente públicos ou semipúblicos, que são tidos pelo grupo como o suficiente consenso validador das decisões que deles resultar quanto às propostas de poder que neles se contenham. Conforme a cultura, esses atos poderão ser desde simples rituais propiciatórios, passando pela observância de normas e princípios procedimentais, até as modalidades processuais mais exigentes, que demandem a argumentação e a motivação decisionais, inclusive quanto aos processos de subsunção e de ponderação que devem conduzir ao resultado a ser formalmente consensualizado.

A *legitimação eleitoral,* por derradeiro, é uma variedade elaborada da anterior, que se destaca pela sofisticação e especialização dos procedimentos, de modo que através dela pessoas ou grupos de pessoas poderão expressar específicas escolhas quanto às propostas de poder, notadamente quanto às pretensões de acesso (escolha de pessoas), podendo ser teoricamente estendido a quaisquer outras propostas de poder (escolhas de decisões). Aqui se encontra o que se pode ter como a base formal da *legitimação democrática,* que se completa com sua base substantiva, referida esta a valores materiais.

- A referência legitimatória do direito

Por ser o *direito* de cada povo uma opção de poder, a sua expressão positiva também poderá ser sempre contrastada em termos de *legitimidade,* daí decorrendo a conveniência didática de referenciá-lo aos meios de legitimação examinados, classificando-se, assim, em *legitimações jurídicas predominantemente materiais* e *legitimações jurídicas predominantemente formais,* seguindo a mesma tipologia geral acima exposta: quanto à legitimação predominantemente material, poderá se apresentar como um direito predominantemente *pactual, moral* ou *pragmático* e, quanto à legitimação predominantemente formal, poderá se legitimar pela observância do *processo* ou pelo método *eleitoral.*

Note-se, todavia, que na órbita interna dos Estados predomina a *legitimação democrática,* produzindo as modalidades de ordens jurídicas fundadas na *subordinação* e na *imperatividade,* ao passo que a órbita externa depende fortemente da *legitimação pactual e da legitimação moral,* que só podem gerar modalidades de ordens jurídicas fundadas na *coordenação* e na *consensualidade*.[113] [114] Como ressalva, a propósito, Sabino Cassese, os institutos democráticos, tais como os praticados na atualidade, "não podem ser transferidos do Estado para o ordenamento global".[115]

3 Os fatores de mudança e o novo discurso juspolítico

3.1 Fatores de mudança

Eduardo García de Enterría, em *suelto* comemorativo do 25º aniversário da Constituição espanhola, consigna "três fatores que determinam a mudança radical do constitucionalismo após a segunda guerra mundial":

1) o desaparecimento de qualquer alternativa ao princípio democrático;

2) o acolhimento da justiça constitucional concentrada com fundamento no princípio norte-americano da supremacia; e

3) a sua justificação última, que vem a ser os *valores* combinados, do *regime democrático* com os dos *direitos fundamentais*, capazes de resistir, graças à normatividade superior da Constituição, a pressões de eventuais maiorias.[116]

Indubitavelmente, esse terceiro fator vem a ser a pedra de toque do subprocesso de *globalização política* que o constitucionalismo contemporâneo,[117] tendo como exemplos flamantes a Constituição da Itália,

---

[113] Por este motivo, os autores apontam o chamado *déficit democrático* da ordem jurídica internacional, tema que suscita um vivo debate a respeito da *legitimação jurídica sem mediação do consenso* (como em Sabino Cassese, *op. cit.*, p 10.), um fenômeno que também se tem considerado no estudo do que se vem denominando de *non electoral accountability* na literatura anglo-saxônica (como em R. O. Keohane, *Governance in a Partially Globalized World*, artigo publicado no periódico *American Political Science Review*, nº 95, março de 2001, p. 2 e ss.).

[114] Ferrarese, M. S. (*Le istituzioni della globalizzazione. Diritto e diritti nella società transnazionale.* Bolonha: Ed. Il Mulino, 2000) expõe que, à falta de instituições democráticas de âmbito internacional que possam legitimar consensualmente as ordens jurídicas, elas se estão plasmando por formas públicas emprestadas das leis vigentes em alguns países na vanguarda do Direito, mas, principalmente, pelas formas contratuais, o que tem, o autor, como indicativo da primazia da economia sobre a política no plano global.

[115] CASSESE, Sabino. *op. cit.*, p. 12;

[116] GARCÍA DE ENTERRÍA, Eduardo. *La Constitución Española de 1978 como pacto social y como norma jurídica.*Madri: INAP, 2003, p. 5.

[117] Sobre o tema, de Francisco Rubio Llorente, *Constitucionalismo*, in. *Temas de Derecho Constitucional*, tomo I, obra coletiva coordenada por Manuel Aragón. Madri; Civitas, 2005, e, com abordagem monográfica, de Luis Prieto Sanchís, a obra *Ciência Jurídica Positiva e Neoconstitucionalismo*,Madri; McGraw Hill, 1999, e ainda o verbete "neoconstitucionalismo",

de 1947; a da Alemanha, de 1949; a de Portugal, de 1976; e a referida, da Espanha, de 1978, vem desenvolvendo, arrimado em uma nova teoria do Direito pós-positivista, realocando valores no discurso jurídico.

Com efeito, o aporte norte-americano do *princípio da supremacia da Constituição* havia sido decisivo no mundo jurídico positivista, pois a mera subsunção formal à Constituição era, então, a qualidade suficiente para imprimir *legalidade* a toda a ordem jurídica. Hoje, porém, não basta essa contribuição dos *founding fathers*, pois a ordem jurídica pós-positivista passou a demandar muito mais do que uma subsunção formal e, por isso, mais do que a legalidade estrita por ela garantida: tornou-se necessário acrescentar o aporte dos juristas vintecentistas, do princípio da *força vinculante da Constituição*, que, a partir dela, imprime *legitimidade* a toda a ordem jurídica.[118]

O certo é que o novo conceito de Constituição tem permeado e mudado todo o Direito contemporâneo, mudança essa qualificada por García de Enterría como "radical", levando a muitos que versaram o tema, como Umberto Allegretti, Riccardo Guastini e Alfonso García Figueroa, por *constitucionalização*, designar "o processo e ao resultado da transformação do Direito causado pela Constituição", na expressão deste último.[119]

E tão rico é o processo de *constitucionalização do Direito*, que outro grupo de monografistas não trepida em elevar o *neoconstitucionalismo* à importância de uma *nova teoria do Direito,* como o fazem Luis Prieto Sanchís, quando afirma que "o Estado constitucional de Direito parece reclamar uma nova Teoria do Direito",[120] Mauro Barberis, fazendo a ponte entre o produto dos debates sobre o declínio do *positivismo* jurídico (iniciados por Ronald Dworkin no início dos anos sessenta) e o ressurgimento dos *princípios* com força de norma, para apontá-los em conjunto como "fundamentos da ordem jurídica"[121] e, ainda,

---

do *Diccionario de derecho constitucional,* México; Ed. Porrúa – UNAM, 2002, os 420 a 423, no qual vem o seguinte conceito: "Com o nome de neoconstitucionalismo ou constitucionalismo contemporâneo se alude tanto a um modelo de organização jurídico-política ou de Estado de Direito, quanto ao tipo da teoria do direito requerida para explicar esse modelo". (n/ tradução e destaques).

[118] Esta passagem é descrita e caracterizada em um dos estudos mais importantes produzidos no início dessas mudanças, de autoria de Eduardo García de Enterría: *La Constitución como norma jurídica*, artigo que incluiu em obra coletiva por ele mesmo coordenada com A. Pedrieri, denominada *La Constitución Española de 1978*. Madri: Civitas, 1980.

[119] GARCÍA FIGUEROA, Alfonso. *Neoconstitucionalismo(s), op. cit.,* p. 163.

[120] PRIETO SANCHÍS, Luis. *Neoconstitucionalismo(s), op. cit.,* p. 131.

[121] BARBERIS, Mauro. *Neoconstitucionalismo(s), op. cit.,* p. 260.

com Santiago Sastre Ariza, que consigna em seu ensaio o impacto do constitucionalismo contemporâneo sobre a Ciência do Direito, que

> Sem dúvida as inovações que o neoconstitucionalismo tem causado sobre o Direito e, portanto, também na maneira de enfrentar o seu estudo, permitem que se possa afirmar que estamos em presença de um novo paradigma (com toda a força kantiana do termo) que se poderia denominar de o paradigma constitucionalista do Direito.[122]

Em suma, os autores acima referidos, todos renomados professores de conceituadas Universidades europeias, muitos deles reunidos por Miguel Carbonell, no ano de 2003, em obra monográfica coletiva, especificamente dedicada ao fenômeno do *neoconstitucionalismo* e, por isso, várias vezes aqui citada, convergem quanto à existência dessa tríplice relação de recíproca causalidade no panorama juspolítico contemporâneo: *o novo constitucionalismo, a nova teoria do direito* e *o novo Estado*.[123] E é sobre essas relações que prossegue este ensaio.

- O novo constitucionalismo e o novo estado de direito

São bem conhecidas as diferenças entre as duas grandes tradições constitucionais: de um lado, a *tradição da vertente original norte-americana*, que, à feição liberal, concebe a Constituição como uma regra mínima do jogo político e um sistema de limitação aos poderes constituídos, e de outro lado, a *tradição da vertente originada com a revolução francesa*, impregnada pelo conceito rousseauniano da *volonté générale*, que, à feição social, em linhas gerais, a concebe como um instrumento de governo, pois além de fixar as regras do jogo, introduz diretrizes políticas, econômicas, sociais, jurídicas e até, por vezes, culturais, para condicionar todas as futuras decisões que devam ser tomadas pelos poderes constituídos.

---

[122] SASTRE ARIZA, Santiago. *Neoconstitucionalismo(s)*, *op. cit.*, p. 246, citando a ATIENZA. Manuel. (*El sentido del Derecho*. Barcelona; Ariel, 2001, p. 309) e FERRAJOLI. Luigi. (*Los derechos fundamentales en la teoria del Derecho*, artigo in *Los fundamentos de los derechos fundamentales*. Madri; Trotta, 2001).

[123] A referência se fez genericamente a "novo constitucionalismo", "nova teoria do direito" e a "novo Estado", porque esses movimentos ainda não receberam uma designação unânime, embora se sedimentem menções da literatura a, respectivamente, "neoconstitucionalismo", "pós-positivismo jurídico" e "Estado Democrático de Direito", e algumas variações aproximadas.

Para os observadores desses câmbios, como Luís Prieto Sanchís,

o neoconstitucionalismo reúne elementos dessas duas tradições históricas: forte conteúdo normativo e garantia jurisdicional. Em poucas palavras, o resultado pode resumir-se assim: uma Constituição transformadora que pretende condicionar de modo considerável as decisões da maioria, mas cujo protagonismo fundamental não compete ao legislador, mas aos juízes.[124]

Paolo Comanducci prefere enfatizar no conceito a limitação dos poderes do Estado e a proteção dos direitos fundamentais para afirmar que, como teoria, o neoconstitucionalismo representa, portanto, "uma alternativa com respeito à teoria juspositivista tradicional", porquanto esta concepção está ultrapassada por não mais refletir a situação real dos sistemas jurídicos contemporâneos, já que "particularmente, o estatismo, o legicentrismo e o formalismo interpretativo, três das características destacadas do juspositivismo teórico e matriz novecentista, hoje não parecem sustentáveis".[125]

Mas, para encerrar a digressão sobre o novo constitucionalismo, é Robert Alexy que, tomando como paradigma o sistema jurídico da Alemanha, alinha seis características que, segundo este autor, encontram na Lei Fundamental do País uma clara expressão: "Se trata dos princípios fundamentais da dignidade humana (art. 1.1 LF), da liberdade (art. 2.1 LF) e da igualdade (art. 3.1 LF), assim como os princípios relativos à estrutura e aos fins do Estado de Direito, democrático e social (arts. 20.1; 28.1, aliena 1, LF)". Mas é sobre o que denomina de *nova posição dos direitos fundamentais* que o autor se debruça para identificá-los juridicamente por quatro características extremas: primeiro, os direitos fundamentais regulam com hierarquia máxima; segundo, regulam com máxima força jurídica; terceiro, regulam objetos relevantes e quarto, regulam com o máximo grau de indeterminação, esta última porque, nela enfeixando a dinâmica de harmonização das características anteriores, afirma que "os direitos fundamentais são o que são, sobretudo através da interpretação".[126]

---

[124] PRIETO SANCHÍS, Luis. *Neoconstitucionalismo y ponderación judicial, in Neocontitucionalismo(s), op. cit.*, p. 126-127 (n/tradução).

[125] COMANDUCCI, Paolo. Formas de (neo)constitucionalismo: uma análise metateórica. *In: Neoconstitucionalimo(s),op cit.*, p. 75 e 83 (n/tradução).

[126] ALEXY Robert. *Derechos Fundamentales y Estado Constitucional Democrático, in Neoconstitucionalimo (s), op cit.*,p. 31-37 (n/tradução).

Nesse quadro constitucional (ou *neoconstitucional*, para manter não apenas as ideias como a nomenclatura desenvolvida pelos autores referidos) Luigi Ferrajoli, Professor de Filosofia de Direito e de Teoria Geral do Direito da Universidade de Camerino, na Itália, situa o Estado contemporâneo através da distinção entre o Estado de Direito *no sentido fraco* ou *formal*, que "designa qualquer ordenamento constitucional em que os poderes públicos são conferidos por lei e exercitados nas formas e com os procedimentos legalmente estabelecidos" e o Estado de Direito no sentido *forte* ou *substancial*, que "designa, em câmbio, somente aqueles ordenamentos em que os poderes públicos estão, ademais, sujeitos à lei (e, portanto, limitados ou vinculados por ela), não só no relativo às formas, como também nos conteúdos". O primeiro modelo, correspondendo ao que denomina *Estado legislativo de Direito*, que surge com o Estado moderno, e o segundo, o *Estado constitucional de Direito*, que aparece depois da Segunda Guerra Mundial.[127]

- A acomodação metodológica do novo direito

Como é sabido, o Direito Romano inspirou os dois modelos do Direito Moderno: o pretoriano e o justinianeu.

O que se derivou da fase pretoriana, da velha tradição romanista, valorizava o *direito comum,* de elaboração espontânea nas sociedades, com as achegas doutrinárias e jurisprudenciais que o iluminavam e adequavam às hipóteses aplicativas, e, de modo, fundava a sua *validade* não na sua forma de produção, mas em seus intrínsecos valores de justiça, de racionalidade e de razoabilidade.

O que se derivou da fase justinianeeia, da mais recente tradição romanista, valorizava o *direito legislado,* de elaboração cerebrina, e fundando a sua *validade* não mais na forma de produção, mas na *autoridade*[128]

---

[127] FERRAJOLI, Luigi. *Passado e futuro do Estado de Direito, Neoconstitucionalismo(s), op. cit.,* págs. 13 e 14 (n/tradução). O que torna o artigo sobre o Estado de Direito na perspectiva do neoconstitucionalismo mais interessante, é que o autor, depois de apontar as duas crises do modelo atual – a multiplicação dos centros de decisão e das fontes de direito fora dos Estados nacionais e o déficit democrático desses novos centros de decisão e fontes de direito – prenuncia o desenvolvimento de um *constitucionalismo sem Estado,* que poderia estar à altura dos grandes futuros desafios políticos, que não serão mais estatais, mas superestatais, de modo que "uma Constituição não serve para representar a vontade comum de um povo, mas para garantir o direito de todos, mesmo contra a vontade do povo" ou seja, sua destinação última será a tutela dos *direitos humanos,* neles incluídos os direitos sociais vitais (p. 28).

[128] *Veritas, non auctoritas facit legem,* sustentaria em contrário Thomas Hobbes, no século XVII, como se encontra na tradução latina do *Leviathan.*

do legislador, ao qual cabia, com exclusividade e amplíssima discrição, quando não mesmo puro arbítrio, instilar os valores de justiça, de racionalidade e de razoabilidade que lhe parecessem oportunos e convenientes.

Como a tradição continental europeia fosse a do *direito legislado*, por óbvio, o modelo de Estado moderno, florentino e renascentista, foi o *direito legislado*, com suas normas postas por legisladores, que retiravam sua autoridade do próprio Estado, alcançando sua expressão máxima com as monumentais *codificações* novecentistas e com a afirmação do *princípio da legalidade* em seu sentido estrito.

A contribuição da História recente para o Direito foi, desde logo, a reaproximação desses dois grandes sistemas ocidentais: de um lado, com a vertente continental europeia buscando no direito anglo-saxônico os fundamentos de validade perdidos, intrínsecos à própria norma – os seus valores éticos e lógicos, e de outro lado, com a vertente anglo-saxônica redescobrindo a importância dos fundamentos de autoridade para garantir a segurança jurídica.

A globalização aceleraria o processo de modo que, trabalhando com elementos dos dois sistemas, os juristas do século vinte puderam aproveitar o notável desenvolvimento do constitucionalismo nos últimos decênios para encontrar pontos de conciliação capazes de reconstruir um paradigma contemporâneo compósito, no qual, partindo da Constituição em direção aos níveis normativos infraconstitucionais (os da lei e dos vários tipos de regulamentos), as normas encontram seu fundamento de validade na Constituição, mas, partindo da própria Constituição em direção aos níveis normativos supraconstitucionais, as normas retiram sua validade de seus próprios valores intrínsecos, de justiça e de racionalidade.

Nesse esquema, a Constituição coexiste ambivalente: com normas que nela se põem, mas são supraconstitucionais em sua essência, porque se referem às pessoas e à sociedade, como, por exemplo, as que declaram *direitos humanos*, mas, também, com normas que são tão somente constitucionais, em sua essência, estas em maior número, porque se referem ao Estado e à sua atuação, como, por exemplo, as que estruturam seus órgãos e definem suas funções.

Não por outra razão, os autores que discorrem sobre o neoconstitucionalismo e sua importância criativa, apontam-no como uma teoria do Direito em si.

Dá-se, portanto, com o novo Direito, um deslocamento parcial do eixo jusnormativo do Estado – *eixo na lei* – para a sociedade – *eixo no Direito*, embora apenas no que se refere à substância dos valores da pessoa, que se querem preservados das flutuações da política legislativa.[129] Neste sentido, não se pode referir a uma deslegalização, mas a uma supralegalização dessas matérias.

Essa coexistência de níveis axiológicos no Direito, que ocorre na própria Constituição, ainda suscita problemas intricados, que precisam ser equacionados e solucionados convenientemente. É o caso do método aplicativo tradicional das regras constitucionais, o da *subsunção*, que deve conviver com o método aplicativo dos princípios constitucionais, o da *ponderação*, existindo, não obstante autores, como Juán José Moreso, que sustentam que "a ponderação é somente um passo conceptualmente prévio, que torna possível a inevitável subsunção", pois, "se a aplicação do Direito consiste em resolver casos individuais mediante a aplicação de pautas gerais, então – por razões conceptuais – não há aplicação do Direito sem subsunção".[130]

- O deslocamento do eixo juspolítico

Em razão dessa recíproca influência entre as variações do novo modelo constitucional e do novo modelo de Estado, que se tornou possível no contexto do novo Direito, cabe retirar algumas conclusões, agora, especificamente quanto ao *deslocamento do eixo juspolítico*, ocorrido a partir da referência histórica do fim da Segunda Guerra Mundial.

Com efeito, torna-se cada vez mais evidente que o eixo juspolítico se vem deslocando do *Estado*, então o único protagonista das decisões políticas substantivas, para a *Sociedade*, que ascende como novo protagonista do poder. Destarte, transforma-se o discurso político, que vem, por isso, evoluindo de um quase monólogo, impregnado de decisionismo e de *raisons d'État*, para tornar-se um diálogo, que, diferentemente, tende à argumentação objetiva e à racionalidade. E se diz aqui haver uma *tendência*, pois o processo está em curso "o caminho se faz ao caminhar" e desdobram-se inúmeras sendas, conforme as regiões e os países, apresentando diferentes estádios de desenvolvimento.

---

[129] Ronald Dworkin toca nesse problema da ambiguidade da Constituição, ao indagar retoricamente "se ela teria sido construída sobre um erro", por ser ela, ao mesmo tempo, uma *lei*, com a aplicação integral, inclusive de suas cláusulas de interpretação, e um *repositório de valores* (em aberto) e, neste caso, se é dever de seus aplicadores interpretarem-na segundo esses valores e não segundo suas regras (*Law's Empire*. Cambridge: The Belknapp Press of Harvard University Press, 1986, Capítulo X, *passim*).

[130] MORESO, Juán José. Conflictos entre principios constitucionales. *In: Neoconstitucionalimo (s), op. cit.*, p. 100 e 121.

Examinem-se, portanto, ao menos esquematicamente, as diferenças, entre o sistema juspolítico com *eixo no Estado* e o sistema juspolítico com *eixo na sociedade*, a partir de três destacados fundamentos: um *fundamento sociológico*, um *fundamento político* e um *fundamento jurídico*.

No fastígio da era em que o eixo estava no Estado, destacavam-se os conceitos de *coletivo estatal*, de *público estatal* e do *primado do Estado*, e, hoje, com o deslocamento do eixo para a sociedade, passaram a destacar-se os conceitos antípodas, de *coletivo social*, de *público não estatal* e do *primado da pessoa*.

O sistema juspolítico com *eixo no Estado*, que prevaleceu desde seu modelo renascentista, chegando aos modelos de Estado de Bem-Estar e Socialista (que se apresentavam hegemônicos no século passado), assim se delineava, na linha dos três fundamentos referidos.

- O coletivo estatal

Quanto ao *fundamento sociológico*, toda a referência ao *coletivo* se imputava ao Estado, de modo que, ao reverso do que hoje se concebe a partir do princípio da subsidiariedade, os interesses coletivos eram primária e predominantemente pensados e equacionados em termos estatais.

- O público estatal

Quanto ao *fundamento político*, tudo o que fosse *público* era por consequência estatal, cabendo aos governos tomar as decisões correspondentes, em uma esfera de atuação inconfundível e irredutível em relação à esfera privada .

- O primado do estado

Quanto ao *fundamento jurídico*, os *valores* que deveriam prevalecer seriam aqueles adotados pelo Estado em sua ordem jurídica e por ele ditada através de seus órgãos da soberania, que era então concebida como absoluta.

O sistema juspolítico com *eixo na sociedade*, resultante do deslocamento operado a partir do Segundo Pós-guerra e dos fenômenos renovadores acima descritos, assim fez variarem esses três fundamentos: o coletivo social, o público não estatal e o primado da pessoa.

- O coletivo social

Quanto ao *fundamento sociológico*, toda a referência ao *coletivo* passou a se imputar primariamente à sociedade e só subsidiariamente ao Estado, de modo que os interesses coletivos passam a ser primária e predominantemente pensados e equacionados em termos privados.

- O público não estatal

Quanto ao *fundamento político*, com a recuperação de espaços privados para as decisões da sociedade, indevidamente absorvido nos dois antigos modelos hegemônicos, criou-se, simultaneamente, um espaço compartilhado, do *público não estatal*, de modo que nele, conforme o caso, as decisões ora caberiam prioritariamente à sociedade, ora caberiam prioritariamente ao Estado, abrindo-se, ainda, e este é o dado mais importante, extensas áreas de coordenação da atuação conjunta de ambas as esferas, desenvolvendo-se várias modalidades contemporâneas de colaboração e parcerias.

- O primado da pessoa

Quanto ao *fundamento jurídico,* os *valores* que devem prevalecer são os vigentes na sociedade, tanto os finalísticos e permanentes, em que incluem os universais e, por isso, inalteráveis pela ordem jurídica interna dos Estados, quanto os instrumentais e conjunturais, estes, sim, a serem recolhidos e adotados pelos Estados através dos métodos democráticos.

4 Conclusões e perspectivas – os debates

Os debates que se terçam sobre *direitos humanos* e *legitimidade* têm apresentado algumas tônicas: a *fundamentação* dos direitos humanos, sua *universalidade* (ou universalização), sua *utilidade* e seu *futuro*.

- Fundamentação

Por certo, a *fundamentação* parte do debate, já tão estudado, entre o positivismo[131] e o jusnaturalismo, em qualquer de suas correntes.

---

[131] Ricardo Lobo Torres consigna a propósito que até os positivistas procuram dar respostas ao problema da fundamentação dos direitos humanos (*A legitimação dos Direitos Humanos*

Mas esse debate já se vem reduzindo de importância, não só porque muitos dos temas que nele mais preocupavam, como o distanciamento em relação à ética, que se resolve ao centrar a ética jurídica do positivismo no legislador e a ética jurídica do pós-positivismo no aplicador, como porque, paradoxalmente, a conhecida crítica de Norberto Bobbio, encontrada na *Era dos Direitos*,[132] acabou por valorizar o problema pragmático e de muito maior apelo de atualidade e premência dos direitos humanos, que é o da sua real proteção.

- Universalidade

Em seu precioso testemunho sobre a redação da *Carta dos Direitos Fundamentais* da União Europeia, que se deu no ano de 2000, eliminando a grave lacuna de não se ter cogitado dessa declaração nem em Roma, nem em Nice, nem em Maastricht e nem em Amsterdam, Guy Braibant,[133] que tomou parte extremamente ativa, como representante da França e como ilustre jurista, aborda a questão da universalização à luz das discussões que tiveram lugar na Comissão.

Depois de afirmar que certos direitos declarados naquele Diploma devem ser considerados realmente *universais*, constituindo um núcleo inderrogável, sob quaisquer circunstâncias e não importa onde, reconhece que existem direitos sociais com o valor de princípios na Carta Europeia, mas que variam em função das circunstâncias locais, do nível de riqueza e do desenvolvimento de cada país.

A conclusão que retira Braibant é sábia: de nada serviria pretender uniformizar a todo custo o nosso planeta, quando a diversidade é um fator de equilíbrio e de paz, ainda porque essa diversidade é um valor reconhecido e protegido pela própria Carta.[134]

- Utilidade

Este é o debate, como resulta da menção acima à crítica de Bobbio, que mais possibilidades apresenta, pois é o tema político de

---

e os Princípios da Ponderação e da Razoabilidade. In.: *Legitimação dos Direitos Humanos, op. cit.* p. 402).

[132] BOBBIO, Norberto. *A Era dos Direitos*. Rio de Janeiro: Ed. Campus, 1992, p. 24.

[133] BRAIBANT, Guy. *La Charte des droits fondamentaux de l'Union Européenne*. Paris: Ed du Seuil, 2001.

[134] *Op. cit.*, p. 68.

nosso tempo. Numa era de *riscos* de toda a ordem, as sociedades de todos os quadrantes, sem importar qual a cultura e qual o grau de desenvolvimento atingido, sentem ingente necessidade das âncoras de certeza proporcionadas pelos direitos humanos e anseiam por um Estado de Segurança habermasiano para protegê-las (*Sicherheitstaat*).

Mas há mais: nessa Era das Comunicações, o *efeito demonstração* é muito poderoso e só pelo fato de existirem e de proliferarem as declarações de direitos humanos pelo planeta, desenvolve-se e robustece-se a *consciência* de que eles são inderrogáveis e invioláveis pelos governos. E como desde os romanos se reconhece, a *consciência da necessidade* (*oppinio necessitatis*) sempre esteve e sempre estará por trás de qualquer mudança.

- O futuro

Por existir hoje um consenso de que as Constituições são mais importantes para garantir os direitos fundamentais das *pessoas* do que para atribuir e organizar poderes no *Estado*, uma vez que este conteúdo formal será cada vez mais função daquele, pode-se ter uma atitude otimista quanto ao devir dos *direitos humanos*, por estar sustentado na permanente busca do progresso firmemente empreendida pelo constitucionalismo, e não apenas, note-se, dos *constitucionalismos nacionais*, pois estes continuarão a conter o que Guy Braibant caracterizou como as *diferenças que são um fator de equilíbrio*, ao que se pode ajuntar, e de *enriquecimento cultural das sociedades*, mas, também, dos *constitucionalismos supranacionais*, como auspiciosamente inaugurado com a apresentação da *Constituição para a Europa* ao Conselho Europeu, reunido em Salônica, na Grécia, berço da democracia, em 20 de junho de 2003.

E é, exatamente, essa *consciência da necessidade* que se invoca, abrindo o Preâmbulo dessa Carta supranacional, protótipo, exemplo e esperança: a de *desenvolver os valores que sustentam o humanismo*.[135]

O extenso e árduo caminho já percorrido na teoria e prática dos *direitos humanos* é incentivo suficiente para nos alentar a prosseguir. Muito embora haja muito a avançar, por certo não há porque temer o futuro, se existe determinação. É a afirmação que nos deixou Cícero,

---

[135] *Preâmbulo*, primeiro parágrafo, *Constituição para a Europa*, Luxemburgo, Publicações Oficiais, 2003, p. 5.

com a imagem do malho, capaz de modelar o ferro (*Eandem incudem diu noctuque tundendo*), batendo dia e noite sobre a mesma bigorna.[136]

Referências

ALEXY, Robert. Os Direitos Fundamentais no Estado Constitucional Democrático. *In: Neoconstitucionalismo(s)*. Miguel Carbonell (coord.), Madri: Ed. Trotta, 2003.

ATIENZA. Manuel. *El sentido del Derecho*. Barcelona: Ariel, 2001.

BRAIBANT, Guy. *La Charte des droits fondamentaux de l'Union Européenne*. Paris: Ed du Seuil, 2001.

BARBERIS, Mauro. Neoconstitucionalismo(s). *In: Neoconstitucionalismo(s)*. Miguel Carbonell (coord.), Madri: Ed. Trotta, 2003.

BARRETTO, Vicente. As raízes ideológicas da Declaração das Nações Unidas. *In: Ética e Direitos Humanos, Aporias Preliminares*. Coletânea *Legitimação dos Direitos Humanos*. Ricardo Lobo Torres (org.), Rio de Janeiro: Ed. Renovar, 2002.

BOBBIO, Norberto. *A Era dos Direitos*. Rio de Janeiro: Ed. Campus, 1992.

CASSESE, Sabino. *Lo Spazio Giuridico Globale*. Roma-Bari: Ed. Laterza, 2003.

CASTELLS. Manuel. *A Sociedade em Rede*. Vol. I. *A Era da Informação: Economia, Sociedade e Cultura*. Rio de Janeiro: Editora Paz e Terra, 1999.

COMANDUCCI, Paolo. Formas de (neo)constitucionalismo: uma análise metateórica. *In: Neoconstitucionalismo(s)*. Miguel Carbonell (coord.), Madri: Ed. Trotta, 2003.

COOLEY, Thomas. *Principios Generales de Derecho Constitucional en los Estados Unidos de América*. Buenos Aires; Ed. Jacobo Peuser, 1898.

DICCIONARIO DE DERECHO CONSTITUCIONAL. México: Ed. Porrúa – UNAM, 2002.

DWORKIN, Ronald. *Law's Empire*. Cambridge: The Belknapp Press of Harvard University Press, 1986.

EASTON, David. A crença na legitimidade. *In: Curso de introdução à ciência política*. Vol. IV. Brasília: Ed. Universidade de Brasília, 1982.

FERRAJOLI, Luigi. Passado e futuro do Estado de Direito, Neoconstitucionalismo(s). *In: Neoconstitucionalismo(s)*. Miguel Carbonell (coord.), Madri: Ed. Trotta, 2003.

FERRAJOLI. Luigi. Los derechos fundamentales en la teoria del Derecho. *In: Los fundamentos de los derechos fundamentales*. Madri; Trotta, 2001.

FERRARESE, M. S. *Le istituzioni della globalizzazione. Diritto e diritti nella società transnazionale*. Bolonha: Ed. Il Mulino, 2000.

GARCÍA DE ENTERRÍA, Eduardo. La Constitución como norma jurídica. *In. La Constitución Española de 1978*. Madri: Civitas, 1980.

---

[136] CICERO, M. T. *De oratore*, 2, 39, 162.

GARCÍA DE ENTERRÍA, Eduardo. *La Constitución Española de 1978 como pacto social y como norma jurídica*. Madri: INAP, 2003.

GARCÍA FIGUEROA, Alfonso. Neoconstitucionalismo(s). *In: Neoconstitucionalismo(s)*. Miguel Carbonell (coord.), Madri: Ed. Trotta, 2003.

GIANNINI, Massimo Severo. *Trattato di Diritto Administrativo*. Vol. I, Pádua: CEDAM, 1988.

KEOHANE, R. O. Governance in a Partially Globalized World. *American Political Science Review*, nº 95, março de 2001.

LLORENTE, Francisco Rubio. Constitucionalismo. *In. Temas de Derecho Constitucional*. Tomo I. Manuel Aragón (coord.), Madri: Civitas, 2005.

LOBO TORRES, Ricardo. *Tratado de Direito Constitucional, Financeiro e Tributário*. Vol. III. Rio de Janeiro: Editora Renovar, 1999.

LOBO TORRES, Ricardo. A legitimação dos Direitos Humanos e os Princípios da Ponderação e da Razoabilidade. *In: Ética e Direitos Humanos, Aporias Preliminares*. Coletânea *Legitimação dos Direitos Humanos*. Ricardo Lobo Torres (org.), Rio de Janeiro: Ed. Renovar, 2002.

MOREIRA NETO, Diogo de Figueiredo. *Legitimidade e Discricionariedade*. 4. ed. Rio de Janeiro: Ed. Forense, 2002.

MOREIRA NETO, Diogo de Figueiredo. *Teoria do Poder*. São Paulo: Ed. Revista dos Tribunais, 1992.

MORESO, Juán José. Conflictos entre principios constitucionales. *In: Neoconstitucionalismo(s)*. Miguel Carbonell (coord.), Madri: Ed. Trotta, 2003.

PECES-BARBA, Gregorio. *Curso de Derechos Fundamentales – Teoría General*. Madri: Ed. Universidad Carlos III, 1995.

PEYREFITTE, Alain. *La Societé de Confiance*. Paris: Ed. Odile Jacob. 1995.

PRIETO SANCHÍS, Luis. Neoconstitucionalismo(s). *In: Neoconstitucionalismo(s)*. Miguel Carbonell (coord.), Madri: Ed. Trotta, 2003.

SANCHÍS, Luis Prieto. *Ciência Jurídica Positiva e Neoconstitucionalismo*. Madri; McGraw Hill, 1999.

SASTRE ARIZA, Santiago. Neoconstitucionalismo(s). *In: Neoconstitucionalismo(s)*. Miguel Carbonell (coord.), Madri: Ed. Trotta, 2003.

8º ENSAIO

ALGUMAS NOTAS SOBRE O PROGRESSO DA CONSENSUALIDADE

PARTE I

AS BASES

1 Consenso e civilização – As excelências da ação consensual no desenvolvimento das sociedades e a justa medida da coerção

1.1 O papel do consenso na evolução das culturas

A determinação dos indivíduos, dos grupos sociais, bem como a determinação das nações, a que se agregam os respectivos meios de expressão – físicos e psíquicos – gera o *poder* de que dispõem, em diferentes graus, para atingirem seus respectivos objetivos.[137]

É do emprego construtivo do poder em todos os seus níveis – individual e coletivo – que resulta a paulatina formação dos acervos institucionais, que, em seu conjunto, irão conformar as várias *culturas*, algumas das quais, em certas circunstâncias, desabrocham como *civilizações*.

No processo histórico formador de culturas e de civilizações, o dinamismo do poder apresenta dois tipos de relações cratológicas: a de *cooperação* e a de *antagonismo*.

---

[137] O poder tem a antiguidade do homem e sempre exerceu fascínio, atração, assombro e medo, sendo, por isso, considerado, junto com o amor, por um de seus tratadistas clássicos, Adolfo A. Berle, "um dos mais velhos fenômenos das emoções humanas". (*V.* nosso *Teoria do Poder*, São Paulo, Revista dos Tribunais, 1992, p. 33).

O *antagonismo*, que fomenta os confrontos de poder, levando a conflitos e guerras, tem na *competição* a mola do progresso, embora seja uma alternativa eticamente pobre, pois, não raras vezes, cobra de uma geração um alto preço em vida e valores humanos. Por esta razão, se desenvolveram, imemorialmente, instituições corretivas, destinadas a realizar a *prevenção* e a *composição de conflitos*, para que deles só se pudesse retirar os benefícios da competição pacífica, ou seja, minimizando o aspecto agonal e maximizando o arquitetônico.

Assim, por outro lado, está na *cooperação* o tipo de relacionamento que possibilita uma coordenação de diversas expressões de poder com vistas ao atingimento de fins comuns, gerando e desenvolvendo virtudes sociais, como a *tolerância* e a *confiança*, que possibilitam a concertação de vontades e o surgimento do *consenso*, que é o tema central deste ensaio.[138]

1.2 O papel do consenso no desenvolvimento

A moderna literatura sociopolítica sobreleva o papel das instituições consensuais na construção de sociedades livres, em substituição aos sistemas fundados fortemente nas instituições do tipo comando-obediência.

É certo que a *coerção* é imprescindível para a existência das sociedades humanas, mas também é certo não ser suficiente para que elas progridam livremente, de modo a permitir o pleno desenvolvimento das potencialidades individuais.

Por outro lado, a *desconfiança*, que deriva do inato instinto de sobrevivência, leva à *divergência*, ao passo que a *confiança*, que conduz à convergência, surge no plano da consciência, exigindo certo nível de refinamento cultural, na medida em que as instituições criem fatores comportamentais que atuem reduzindo as inibições e, ao revés, promovam a ativação de uma etologia do desenvolvimento.[139]

Em resumo: essa hipótese de trabalho se assenta na ideia de que o desenvolvimento sustentado de povos e de civilizações "reside

---

[138] *Consenso*, no sentido psicológico, é a coincidência de sentimentos; no sentido sociológico, é a coincidência de propósitos e no sentido jurídico, que lhe confere De Plácido E Silva, é a coincidência na "manifestação de vontade" (*Vocabulário Jurídico*, Rio de Janeiro: Forense, 1989, Vol. II, p. 520).

[139] Acompanha-se, quanto à etologia comparada do desenvolvimento, as lições de Alain Peyrefitte em sua vigorosa contribuição à sociologia do desenvolvimento: *La Societé de Confiance*. Paris: Éditions Odile Jacob, 1995, especialmente p. 11-23.

na confiança acordada à iniciativa pessoal, à liberdade explorativa e inventiva", embora reconhecendo a necessária contrapartida, de limites e de deveres.[140]

1.3 O monopólio da coerção e o modelo de convivência que levou a caracterizar o Estado-Nação

Os modelos políticos antigos raramente abriam espaços a essa fundamental e necessária liberdade individual e, por isso, em sua esmagadora maioria, não eram propícios à formação de polos de consenso na sociedade; ao contrário, arrimavam-se na concepção oposta, de que era necessária a existência de um polo dotado de suficiente concentração de poder para poder impor comportamentos que assegurassem uma convergência de esforços fundada na coerção, e raras – e notáveis – foram as exceções históricas.

Ainda assim, partiram desses modelos antigos as bases para o surgimento do modelo renascentista do Estado-Nação, que até hoje, embora com muitas alterações, é ainda o que se perpetua na organização política dos povos, mantendo-lhe as características dominantes de *imperatividade*.

E porque a sua orientação germinal não foi a busca do consenso, mas a imposição da coerção, explica-se a lenta e multicentenária evolução desse modelo, passando pela importante mudança novecentista do *Estado de Direito,* de corte iluminista, para chegar, só na segunda metade do século passado, ao *Estado Democrático de Direito,* só neste já sendo possível distinguir, em sua plêiade de princípios de inspiração libertária, timidamente, o do *consenso,* que aos poucos se desenvolveu para vir a ser, sumariamente definido como o *primado da concertação sobre a imposição nas relações de poder entre a sociedade e o Estado.*

Inaugura-se, assim, uma era de relações paritárias entre esses dois protagonistas da cena política, mais precisamente entre os *cidadãos* e o *Estado Administrador,* como a seguir se desenvolve.

---

[140] Obra supracitada. p. 15.

2 Um pequeno histórico da administração imperativa à administração consensual – A democracia chega à administração pública com: 1º – Os direitos fundamentais; 2º – A subsidiariedade; 3º – Participação e 4º – A constituição como norma de aplicação direta

2.1 Surgimento do conceito liberal de função administrativa do Estado, ao lado das funções legislativa e judicial

A desagregação do exercício do poder estatal concentrado no soberano, que produziu originariamente três complexos de funções autonômicas, desde então designadas como "poderes", por metonímia, não obstante a unidade do poder estatal, foi uma auspiciosa dádiva das três revoluções liberais: a *inglesa*, que afirmou a instituição parlamentar como sede autônoma do exercício da função legislativa; a *americana*, que criou um sistema judiciário com garantia de autonomia para o exercício da função judicial; e a *francesa*, que transferiu do rei a uma burocracia autônoma o exercício da função administrativa.

2.2 Evolução assimétrica das três funções estatais, evidenciando-se uma remanência das características autoritárias do *ancien régime* no ramo administrativo, causadora de um desequilíbrio nas relações sociedade-Estado

Mas, enquanto, a partir do legado inglês, a evolução da função legislativa e a da função judicial assinalavam uma crescente harmonização entre a sociedade e o Estado, pavimentando, nos últimos duzentos anos, o desenvolvimento de uma sólida teoria de *direitos fundamentais* e do primado da *cidadania*, distintamente, a função administrativa na Europa Continental e na América Ibérica, ainda manteria, durante muito tempo, a postura imperativa herdada dos tempos do absolutismo, mostrando-se bastante impérvia à absorção de valores liberais e democráticos, só vindo a ceder no curso do século vinte, graças à evolução metodológica do Direito e do Direito Administrativo em particular.[141]

---

[141] Entre outras contribuições críticas sobre os aspectos aqui tratados, vale consultar o trabalho de José Eugenio Soriano García, *Desregulación, Privatización y Derecho Administrativo*.

Assim é que coube ao Direito Administrativo tradicional suprir, com uma brilhante elaboração doutrinária e jurisprudencial, esse deficit liberal e democrático dos sistemas políticos do Estado de Direito, restabelecendo o equilíbrio real entre as três funções tradicionais e seus respectivos complexos orgânicos, os assim chamados três poderes do Estado e, mais do que isso, buscando a paridade das relações entre o Estado-administrador e o cidadão-administrado.

A abertura então iniciada, desbastando o poder de império que se havia concentrado no ramo executivo do Estado, possibilitou, entre outros aperfeiçoamentos, o exame do *mérito* do ato administrativo, imprescindível para o controle do correto exercício da discricionariedade; a *processualização* da ação administrativa, em benefício da segurança das relações entre os entes públicos e privados; e a desmitificação do conceito positivista de *interesse público*, até há pouco formulado em tese, em termos absolutos, para que se o considerasse, em cada hipótese, ante a concorrência de outros valores, supraordinados, iguais ou subordinados, não apenas em termos de excludência, mas de *ponderação*.

2.3 A recuperação dos valores humanísticos e liberais com o surto democrático iniciado no Segundo Pós-Guerra e os quatro vetores resultantes dessa mudança: 1º – Os direitos fundamentais; 2º – A subsidiariedade; 3º – A participação e 4º – A Constituição como norma de aplicação direta

Foi, contudo, sob o influxo dos dramáticos acontecimentos que marcaram a Segunda Guerra Mundial e das radicais conquistas sociais prodigalizadas pela Revolução das Comunicações, que a sociedade se mobilizou para varrer definitivamente os restolhos do antigo regime, que, até então, parecia ter apenas substituído o poder absoluto do rei pelo poder absoluto do Estado, mantendo o imenso distanciamento da sociedade, que caracterizava a sua relação com os súditos.

Assim, esse *súdito*, com a ressurreição democrática do Segundo Pós-Guerra, logo se transformaria em *cidadão*, dando-se uma dramática recuperação dos valores liberais dormitantes e dos valores democráticos substantivos que despontavam; encerrava-se um período em que, tanto

---

Bolonha: Publicação do Real Colégio de Espanha, 1993, especialmente seu Capítulo 2, sob o título: *Los fundamentos históricos del Derecho Administrativo: la Revolución Francesa y sus consecuencias para nuestra disciplina.*

o liberalismo, quanto a democracia estavam limitados, comprometidos e travados pelo decisionismo político e pelo formalismo jurídico dominantes.

Com as novas democracias, emergentes da catástrofe bélica, afirmavam-se quatro vetores principiológicos: os *direitos fundamentais*, a *subsidiariedade*, a *participação* e a *Constituição como ordem de valores diretamente aplicáveis*.

2.4 Os direitos fundamentais como fatores determinantes na promoção do reequilíbrio das relações entre sociedade e Estado na política e no direito contemporâneos

A *inspiração libertária* dos *direitos fundamentais*, à feição francesa, surgida no século XVIII como reação à concentração do poder real, embora importante, fora insuficiente para servir de base às novas relações entre sociedades abertas e democráticas e Estados igualmente abertos e limitados, não apenas pela legalidade como também pela legitimidade e pela licitude no emprego do poder.

A *inspiração igualitária*, que tanto enriqueceria o rol dos direitos fundamentais no Estado Democrático de Direito, também ficaria muito a dever, como hoje é reconhecido, ao trabalho de grandes juristas, que pavimentaram com valores permanentes e universais os sendeiros que seguiriam os Direitos de seus respectivos países.[142]

2.5 A subsidiariedade e a redistribuição dos papéis do indivíduo, dos grupos sociais secundários e das instituições políticas

Este segundo vetor, dos quatro destacados, atua como reorganizador não apenas das relações aqui tratadas, entre sociedade

---

[142] Vale aqui transcrever, de Eduardo García de Enterría, e de Tomás Ramón Fernández, as palavras com que resumem a importância da contribuição do *direito dos juristas*, mesmo enfrentando tempos politicamente difíceis e o encastelamento dos radicalismos ideológicos: "Es un hecho... que las obras clásicas de los grandes juristas mantienen un valor permanente, por encima de los cambios legislativos, incluso, aún más, por encima de los respectivos derechos nacionales; lo cual no es sino una consecuencia de que esas obras alumbran o explicitan *principios institucionales permanentes*, no caducables con el cambio de las normas escritas que ocasionalmente los reflejan, directamente o aún por vía de contraste y oposición". (*Curso de Derecho Administrativo*. 5. ed. Madri: Civitas, 2013, Vol. I, p. 75 – nosso destaque em itálico).

e Estado, como de todas as relações internas entre entidades e órgãos que dele se vão desdobrando em um processo contínuo de desmonopolização do poder. Com a subsidiariedade, ocorre, assim, uma nova e mais dinâmica aplicação do luminoso princípio da separação de poderes, hoje, mais apropriadamente relido como separação de funções autônomas.

Em síntese, atende-se ao princípio da *subsidiariedade* sempre que a decisão do poder público venha a ser tomada da forma mais *próxima* possível dos cidadãos a que se destinem.[143]

Tal proximidade visa a garantir que o órgão administrativo considerará sempre em suas decisões: primeiro, que sejam respeitados os direitos e as iniciativas dos cidadãos e das entidades privadas; segundo, que qualquer intervenção administrativa só se produza em caso de inexistência ou de insuficiência da iniciativa individual ou social; terceiro, que neste caso, a intervenção só se dará na medida indispensável para atender ao interesse público legal e legitimamente definido; e, quarto, que outros entes ou órgãos administrativos menores não tenham condições de agir com eficiência.

Assim, nas atuais sociedades humanas, que deixaram de ser *uniclasse* e monolíticas ou divididas em duas ou poucas classes sociais e com quase nenhuma mobilidade interna, como no passado, para se tornarem sociedades *pluriclasse* e de alta mobilidade, somente a aplicação desse princípio pode proporcionar as condições para um atendimento diversificado e, por isso mesmo, adequado, das plúrimas necessidades que demandam satisfação coletiva pelos meios atribuídos ao Estado.

2.6 A participação se adensa em consequência das novas relações entre sociedade e Estado

A efetiva aplicação dos dois vetores tratados – o dos direitos fundamentais e o da subsidiariedade – dependerá do grau de aproximação e de homogeneidade entre as reivindicações da sociedade e a atuação administrativa, ou seja, em última análise: a *legitimidade* da ação do poder público.

---

[143] *Cf.* as *Conclusões do Conselho Europeu de Edimburgo*, de 12 de dezembro de 1992, referidas ao Princípio de Subsidiariedade: enfoque geral de aplicação, pelo referido Conselho, deste princípio e do Art. 3º do Tratado da União Europeia (Gazeta Jurídica de la CEE, B-81, janeiro/fevereiro de 1993, p. 63).

A solução da democracia indireta, em que representantes eleitos poderiam decidir sobre todas e quaisquer políticas públicas, salvo as que tivessem sido constitucionalmente definidas, é falha, porque parte de uma *presunção de legitimidade*, mas a evolução em curso para uma democracia direta ou semidireta, conforme a hipótese decisória de que se cogite, passa a depender da *participação cidadã*, aberta, assegurada e incentivada pelo Estado.

A doutrina italiana, por certo pelo pioneirismo da inserção constitucional explícita do princípio da participação,[144] tem tratado o tema da legitimação extrarrepresentativa como uma *nuova democraticità*, que se caracteriza pela *legitimação imediata*, contemporânea à administração, e pela criação de uma nova categoria de fontes normativas de aplicação administrativa; um fenômeno ainda em aperfeiçoamento e que, por isso, se ressente de difícil sistematização sob critérios positivistas clássicos ainda cabalmente superados e, também, por esse motivo, de difícil hierarquização nos esquemas rigorosamente kelsenianos.

Nessas condições, o *procedimento* passa a ser, por via de regra, a nova e dinâmica forma de dar legitimação democrática imediata à ação administrativa, sem intermediação política ou com um mínimo indispensável de atuação dos órgãos legislativos, e, do mesmo modo, através do procedimento, a abertura à participação de interessados, conduzindo à tomada de decisões não apenas as casuísticas, mas as gerais e, nesta hipótese, com a produção de regras igualadoras com aplicação a todos os que se encontrem nas mesmas circunstâncias reguladas.[145]

2.7 A contribuição do conceito de Constituição como ordem de valores e a estrutura jurídica das novas relações entre sociedade e Estado

Um dos grandes avanços do constitucionalismo do Segundo Pós-Guerra, consolidando alguns dos vetores apresentados e tantos outros mais, de magna importância na estruturação do Direito Público contemporâneo, foi a reintrodução de uma *ordem de valores* como alicerce constitucional.

---

[144] Art. 3 da Constituição da Itália de 1948.

[145] No mesmo sentido, versando sobre esses dois tópicos – procedimento e participação – como momento de legitimação da administração pública, o recente e bem travejado trabalho de Ignazio Maria Marino, *Aspetti della Recente Evoluzione del Diritto degli Enti Locali*. Palermo: Ed. Quattrosoli, 2002, p. 91 e ss.

Essa *revolução metodológica* apoiou-se em notáveis subsídios doutrinários, como, desde logo, os lançados por Karl Larenz,[146] em 1960, tempo em que ensinava na respeitável Universidade de Munique, para não deixar de destacar este extraordinário mestre de gerações. Não obstante criticada pela abertura a referências metafísicas, foi essa a necessária ruptura com uma metodologia fria e anquilosada, mas, sobretudo, descomprometida com a legitimidade, que permitiu, em seus desdobramentos dogmáticos subsequentes, que se alcançasse o conceito, hoje reconhecido como mais adequado e difundido, de *repositório ordenado de valores fundamentais* (*Grundwerte*) o que, para alguns autores, já estaria até em simultâneo processo de universalização e de "personalização" para tornar-se fundamentalmente um *repositório ordenado de direitos fundamentais* (*Grundrechte*).[147]

Está claro que essa reavaliação do constitucionalismo não só elevou a importância dos *princípios,* que até então eram tidos pelo positivismo jurídico apenas como um grau mais elevado de generalização das regras, ao patamar de uma *categoria normativa autônoma e dotada de um sistema de eficácia próprio,* como possibilitou que o Direito Constitucional contemporâneo conquistasse novos e elevados parâmetros de efetividade.[148]

Essa ordem constitucional dilargada e travejada sobre valores, com suas lídimas expressões jurídicas, que são os princípios, teve o mérito de incorporar o Direito Administrativo e, por assim dizer, o *constitucionalizar,* com imensa vantagem para o cidadão e para o conjunto da sociedade, pois esse *upgrading,* elevando à máxima hierarquia normativa a proteção de seus direitos, inibiria que a legislação ordinária introduzisse exceções que não estivessem previstas na Carta Política.[149]

A reestruturação do Direito Público e, especialmente, do Direito Administrativo, teria ainda mais uma importante consequência com o travejamento constitucional da *legitimidade* e da *licitude* (moralidade):

---

[146] LAREZ, Karl. *Methodenlehre*. Berlin-Heidelberg: Springer-Verlag, 1960.

[147] GONÇALVES LOUREIRO, João Carlos Simões. *O Procedimento Administrativo entre a Eficiência e a Garantia dos Particulares*. Coimbra Coimbra Editora, 1995, p. 163-164.

[148] Para exame detalhado do fenômeno da busca da *efetividade constitucional*, a monografia, já clássica, de Luís Roberto Barroso, *Interpretação e Aplicação da Constituição*. Rio de Janeiro: Renovar, 2001, 4ª edição.

[149] Umberto Allegretti di-lo bem: "il rapporto Costituzione-amministrazione è biunívoco in fatto, ma nell'ordine dei valori – che è l'ordine del diritto! – è l'amministrazione che deve conformarsi ai principi costituzionali e non può essere il quadro costituzionali a piegarsi al modo di essere dell'amministrazione". (*Amministrazione Pubblica e Costituzione*. Milão: CEDAM, 1996, p. 10-11).

uma abertura enriquecedora possibilitada a partir da ideação do Direito como um sistema normativamente fechado, mas cognitivamente aberto e, por isso, apto a receber os conceitos provenientes de outros ramos do saber e, assim, a renovar-se permanentemente, afastando o "espectro de sua degenerescência".[150]

Em suma, o constitucionalismo contemporâneo não invade a área da filosofia dos valores, como alegam seus críticos, mas, ao contrário, ampliou-se suficientemente ao ponto de permitir que valores sociais, econômicos e culturais, em geral, passassem a ser autopoieticamente absorvidos na ordem constitucional, do que resulta uma nova e sempre renovável feição nas relações entre sociedade e Estado.

3 A redefinição teórica do interesse público no estado democrático de direito

3.1 O conceito de interesse público passa de obstáculo a aspecto essencial da administração pública por consenso

A vinculação ao *interesse público*, mais do que uma noção orientadora de uma das modalidades de atuação do Poder Público no cumprimento de sua destinação administrativa, consolidou-se, ao longo de dois séculos, como um dogma, capaz de inibir não apenas a possibilidade de controle do mérito administrativo ante sua invocação peremptória, como de constituir-se em um intransponível obstáculo à admissibilidade de qualquer negociação entre Poder Público e cidadãos em instância administrativa sobre a melhor maneira de realizar-se o seu atendimento. Vencida a primeira barreira, posta ao *controle*, no século vinte, toca ao século atual superar a segunda.

Ocorre que essa superação já vinha, há muito, desenhada no âmbito pactual relativamente à admissibilidade da figura do *contrato de direito público*, tema de que se ocupou, entre outros, até os clássicos Vittorio Emmanuele Orlando, em 1908,[151] e Frascesco Carnelutti, em 1929,[152] que reconheciam que haveria necessariamente uma *adaptação* (Orlando) e uma *transformação* de sua natureza (Carnelutti).

---

[150] Niklas Luhmann, *apud* João Carlos Simões Gonçalves Loureiro, *op. cit.*, p. 173-174.

[151] ORLANDO, Vittorio Emmanuele. *Principii di Diritto Amministrativo*. Firenze: 1908 (p. 98 e ss.)

[152] CARNELUTTI, Frascesco. *Contratto e diritto pubblico*, artigo *in Rivista di Diritto Pubblico*, 1929, p. 659 e ss.

Coube, todavia, à doutrina alemã, a superação do problema da compatibilização entre a definição do interesse público e o exercício da administração consensualizada com a chamada teoria do duplo grau, partindo da distinção entre categorias ou níveis de exercício do poder: a categoria primária (*primäre Stufe*) e a categoria secundária (*sekundäre Stufe*), cabendo à esfera do público a decisão primária de poder, que se compreende em sua competência de agir, e à esfera do privado, a decisão secundária de poder, perfeitamente negociável, de escolher a melhor solução para atuar.

Essa solução, que na doutrina italiana prosperou com a denominação de *teoria del doppio grado*, é a que hoje mais se afeiçoa à visão subsidiária e pluralista do Estado, uma vez que distingue o nível de manifestação de vontade administrativa dotada de um poder estatal primário e, por isso, absoluto, inegociável e inflexível, de dar-se a execução de um determinado interesse público concreto, situada no plano supraordinado das decisões vinculadas, do nível de manifestação de vontade administrativa dotada de um poder estatal secundário e, por isso, relativo, negociável e flexível, situado em plano subordinado das decisões discricionárias.

Um último passo restaria a ser dado, desta feita em sede positiva, ainda na Alemanha, em 1976, com sua Lei geral sobre processo administrativo (parágrafo 54), admitindo que o contrato de direito público possa constituir, modificar ou extinguir uma relação de direito público salvo se existir expressa prescrição jurídica em contrário, prescrevendo-se, tanto para o ato, quanto para o pacto, indistintamente, a processualização de ambas as categorias de decisões (parágrafo 9).

Mas, sem dúvida, a admissibilidade do consenso administrativo em decisões outrora puramente reservadas às decisões de império, só adviria com a redefinição do conceito de interesse público e a diferenciação entre os tipos de atuação sujeitas à *imperatividade administrativa* e as sujeitas à *autonomia administrativa*.

3.2 Histórico da redefinição: o conceito de interesse público antes do Estado de Direito, no Estado de Direito e no Estado Democrático de Direito. Graus de comprometimento da ação do Estado com a vontade da sociedade

Como a administração pública e seu Direito gravitam em torno do conceito de interesse público, passou a ser necessário examinar como este conceito variou historicamente sob os influxos das grandes mudanças juspolíticas ocorridas nos últimos duzentos anos.

O *ancien régime*, com restritas exceções, confundia o interesse do rei com o interesse público: o poder de império não se cindia, não se podendo falar de um conceito dogmaticamente autônomo de *interesse público*. Com a revolução francesa e depois, com o desenvolvimento do positivismo jurídico, o conceito ganhou autonomia, contendo-se nas definições legislativas ordinárias que o definissem, uma vez que, sob a concepção então vigente, não se reconheceria eficácia imediata às definições constitucionais.

Assim, como prevalecia, no Estado de Direito, o caráter meramente *programático* dos cometimentos constitucionais administrativos ao estado, restava exclusivamente ao legislador ordinário a tarefa de torná-los eficazes a partir da especificação que como e quando lhe parecesse conveniente e oportuno fazer em lei.

Com a evolução do constitucionalismo pós-positivista, ao afirmar, como já se aludiu, a regra da *eficácia geral dos comandos constitucionais*, notadamente daqueles relativos aos direitos e liberdades e às prerrogativas inerentes à nacionalidade, à soberania e à cidadania, deslocou-se para a sede constitucional a dicção fundamental do interesse público, remanescendo ao legislador ordinário dos três níveis federativos, conforme sua respectiva competência, a tarefa de especificá-los.[153]

Desse modo, apenas excepcionalmente algum interesse público que haja sido consignado genericamente na constituição carecerá de eficácia imediata, demandando, então, para caracterizar essa excepcionalidade, o emprego da *cláusula de reserva legal* de eficácia, devolvendo-se à normatividade infraconstitucional a regulação da matéria.

À luz dessas observações, não cabe ao legislador restringir o elenco de interesses públicos que devam ser atendidos pela administração pública como, tampouco, pode o administrador omitir-se no atendimento possível daqueles cometimentos; atente-se, todavia, que por *atendimento possível* há de se entender o que se conforme à realidade e o que obedeça a prioridades expressas ou implicitamente consignadas na própria Constituição.

Destarte, para ilustrar com um exemplo, o *direito fundamental à saúde* (art. 6º da constituição) é alçado a interesse público *relevante*, como tal expressamente garantido na mesma carta, de modo a que

---

[153] V. art. 5º, LXXI, da Constituição do Brasil.

venha a ser atendido em caráter universal e igualitário (arts. 196 e 197), impondo-se tais comandos supraordinados tanto ao legislador quanto ao administrador, de sorte que nenhum deles poderá eximir-se de efetivá-los *in concretu* (art. 198 da Constituição).

Da mesma forma, para acrescentar-se ainda mais o exemplo da *hierarquização de interesses públicos,* assim constitucionalizada com o objetivo de não se permitir ao legislador ou ao administrador substituir, minimizar ou procrastinar seu atendimento administrativo, tome-se a *educação,* que é também um *direito fundamental* (art. 6º da Constituição) e que será atendido por ações *devidas* pelo estado (o "dever do Estado", referido no art. 196).

Esse *dever do Estado,* ou seja, esse dever de atender a *interesse público qualificado e hierarquizado a seu cargo* deverá ser efetivado mediante um elenco de garantias irredutíveis e supraordinadas (art. 208, da Constituição).

3.3 O interesse público no contitucionalismo de resultado: da eficácia à efetividade

Como se pode observar, conjugando agora as observações sobre *efetividade* com o novo conceito constitucional de *interesse público,* chega-se hoje ao conceito de *constitucionalismo de resultado,* que tornou obsoleto o de constitucionalismo programático, um fenômeno de tal transcendência que, na expressão de Luís Roberto Barroso, passou a ser por isso considerado como "a mais notável preocupação do constitucionalismo dos últimos tempos".[154]

Também observável e de modo muito especial, nesse processo de definição jurídica do interesse público sobressai a introdução do *resultado da ação administrativa* como parte essencial do conceito de finalidade pública e, nele, a evolução da *eficácia* à *eficiência* e, desta, à *efetividade.*

Na dogmática clássica, a característica jurídica de *eficácia* dos atos do poder público não continha em si qualquer apreciação quanto ao *resultado* concreto da ação, mas, apenas, a de sua *aptidão* para produzi-lo em abstrato. É evidente que tal característica, tão importante quanto as de *existência* e de *validade,* que logicamente a precedem, é insuficiente para a adequada descrição desses atos no atual contexto de um

---

[154] BARROSO, Luís Roberto. *Interpretação e Aplicação da Constituição.* Rio de Janeiro: Renovar, 2001, 4ª edição, p. 240.

direito ampliado por uma juridicidade de três dimensões: legalidade, legitimidade e licitude.

Realmente, ao se considerar a importância de se aferir o *resultado* da ação estatal, notadamente na administração pública, torna-se imprescindível aditar a característica finalística da *eficiência,* neste sentido, já em 1948, a constituição italiana, a pioneira carta política europeia moderna do segundo pós-guerra, seguindo os passos de uma doutrina que remontava às lições de Raffaele Resta, incluía em seu texto a garantia do *bom andamento* da administração com vistas à efetiva realização do conceito de *buona amministrazione,*[155] um conceito que trinta anos mais tarde a constituição da Espanha viria a aperfeiçoar, incluindo-o entre os princípios regedores da pública administração, com a atual denominação de *princípio da eficiência.*[156]

Nossa Constituição, na mesma linha, registra este princípio entre os cinco que optou por expressar como aqueles que deveriam ser especialmente orientadores da ação administrativa de todos os poderes, inclusive, por óbvia extensão, a dos órgãos constitucionalmente autônomos, em todos os níveis federativos.[157]

Restava, porém, mais um passo, com a introdução do conceito de *efetividade,* ou seja, do atingimento satisfativo geral do interesse público. A destacada consequência dessa despertada preocupação, não apenas com o *processo de decisão,* como era da tradição administrativa, mas, ainda além, com o *resultado do decidido,* pode ser bem apreciada na evolução da técnica do controle, pois além dos tradicionais controles de *existência,* de *validade,* de *eficácia* e de *eficiência* dos atos públicos, acrescentou-se um quinto, o de *efetividade,* destinado a verificar se a ordem dos fatos reproduz, enfim, a contento, o que foi disposto na ordem jurídica.

Frise-se, portanto, que este quinto modo de controle ganha especial relevância para a valorização da *cidadania,* pois é através dele que a *legitimidade* ganha visibilidade na ação do estado, sendo precisamente essa qualidade que permite confrontar a ação administrativa com o seu resultado prático, ou seja, a *verificação finalística* daquilo que de modo tão nítido se averba na constituição portuguesa: "a administração pública persegue o interesse público, no respeito dos direitos e interesses legalmente protegidos do cidadão". [158]

---

[155] Constituição da Itália, art. 266.-2.
[156] Constituição da Espanha, art. 103.-1.
[157] Constituição do Brasil, art. 37, *caput.*
[158] Constituição de Portugal, art. 266-1.

3.4 Reavaliação das relações sob os critérios postos pelos direitos fundamentais e pelos instrumentos da participação processualizada. Da relação de supremacia à relação de ponderação

Um outro aspecto merece menção nesse ligeiro inventário das mutações constitucionais introduzidas pelos vetores considerados, bem como por outros mais, que a preocupação de brevidade aconselha a não examinar neste ensaio: trata-se do impacto dos direitos fundamentais e da participação sobre o conceito tradicional de relação de supremacia.

Desde logo, a supremacia não seria do Estado, uma vez que a prelazia de um instrumento não poderia sacrificar a substância de um direito fundamental.

Tampouco seria uma supremacia, por definição, do interesse público *in genere* sobre quaisquer outros,[159] pois os *direitos fundamentais*, por serem conaturais ao homem e às suas intangíveis personalidade e dignidade, precedem a quaisquer outros, só admitindo aplicação ponderada: a que maximize o atendimento de todos os interesses em conflito.

A passagem de uma viciosa *relação de supremacia* a uma virtuosa *relação de ponderação* marca, assim, o atual estádio evolutivo dessa interação, cada vez mais intensa, entre sociedade e Estado e põe em evidência a missão instrumental que lhe cabe, tudo para que jamais e a qualquer pretexto se volte a invocar supremacias téticas ou *raisons d'État* para sobrepor quaisquer interesses aos direitos fundamentais.

4 A participação pública no Estado Democrático de Direito: a eficiência como fim e o processo como meio

4.1 Ainda a participação, atuação impulsionadora da ação do Estado (escolha democrática de opções políticas) maximizadora da ação do Estado (exigência democrática finalística da eficiência)

A intensificação da participação e a multiplicação das figuras consensuais de administração devem ser consideradas como um reflexo

---

[159] "Le figure convenzionale sono così un riflesso del crescente fenomeno del intreccio tra interesse pubblico e istanze private, che è necessario portare alla luce anche nella prospettiva dela difesa del 'pubblico', superando la finzione rappresentata dalla affirmazione dell'esistenza di un interesse pubblico astratto e del tutto avulso – ed al riparo – da interessi differenti" (FRACCHIA, Frabizzio. *L'Accordo Sostitutivo*. Milão: Cedam, 1998, p. 10).

da crescente imbricação entre interesses de todo o gênero nas sociedades contemporâneas, o que cria espaços comuns entre o público e o privado, em que se inserem interesses individuais, individuais homogêneos, coletivos e difusos, o que de forma alguma minimiza ou estreita o espaço do público senão que o valoriza, por ampliar-lhe as atividades de prossecução, de defesa e de fomento, com a mobilização não apenas da vontade e dos meios do Estado mas os de toda a sociedade convergente.

Seria, portanto, de se esperar, que se multiplicassem as modalidades participativas, o que já exige um esforço classificatório específico. Assim, entre os vários critérios classificatórios disponíveis das modalidades de participação (subjetivo, finalístico, formalístico, conteudístico, objetivo e funcional),[160] o que parte do *conteúdo* da participação se mostra especialmente adequado para distinguir, como se pretende, os níveis de intensidade da contribuição direta ou semidireta das pessoas na atuação dos entes e órgãos do Estado e, dentre eles, encontrando-se, como formas mais acabadas aquelas em que se transfere aos particulares a corresponsabilidade e até, em alguns casos, a total responsabilidade nas decisões sobre políticas públicas.

Interessam, no momento, os tipos de participação conteudística que *promovam* a adoção de políticas públicas desejadas pela sociedade: uma atuação impulsionadora da ação do Estado, ou seja, um fomento invertido. A devolução aos cidadãos e aos grupos sociais diversos a iniciativa de leis é um tipo já consagrado da modalidade, embora escassamente utilizado no Brasil. Não é, contudo, necessário que a sociedade organizada eleve às câmaras legislativas, e, em nosso caso, dos três níveis federativos, projetos de lei para este efeito, pois existem disponíveis outras vias politicamente sedutoras para atrair agentes públicos interessados em renovar as fontes legitimatórias de sua atuação.

Como se pode facilmente deduzir, é possível desenvolver inúmeros tipos de *participação de conteúdo* que não apenas revelem ou ascendam as reivindicações populares, como ainda concorram para dinamizar a própria democracia representativa no sentido de torná-la mais *eficiente* em termos de resultados.[161]

---

[160] As descrições desses critérios e as classificações resultantes podem ser encontradas em nosso *Direito da Participação Política – Fundamentos e Técnicas Constitucionais da Democracia.* Rio de Janeiro: Editora Renovar, 1992.

[161] Juan José Lavilla Rubira alinha a *melhora da qualidade da norma* entre os fundamentos materiais da participação, ao lado da *proteção dos interesses particulares potencialmente afetados* e da não menos importante *legitimação democrática da norma* (*La Participación Pública en el Procedimiento de Elaboración de los Reglamentos en los Estados Unidos de América.*

Embora originariamente, nas sociedades monoclasse e biclasse, tenha bastado uma participação reduzida à *escolha de agentes políticos,* parece hoje fora de dúvidas que a complexidade dos problemas e das soluções políticas demanda novas formas de participação voltadas à *escolha de políticas públicas,* com grau de diferenciação suficiente para atender às especificidades dos diversos subgrupos sociais reivindicantes.[162]

Esta diferença é sumamente importante para aferir-se não apenas o grau de *eficiência* juridicamente estimável dessas políticas, como e principalmente, o seu grau de *efetividade* social.

4.2 A participação e a processualidade como seu inafastável instrumento democrático

Complementa esta achega sobre o *conteúdo* participativo impulsionador da eficiência da ação do Estado, a exigência de uma *forma* adequada que possa disciplinar com fidelidade e segurança o processo de formação da vontade participativa, ou seja, a *processualidade adequada* como instrumento democrático.

Essa *processualidade participativa,* como qualquer outra que se destine a disciplinar a ação do Estado para conferir-lhe previsibilidade no procedimento e efetiva garantia dos direitos das partes, envolve sempre uma cuidadosa reafirmação do sentido formal do direito ao devido processo, constitucionalmente garantido.

Ainda aqui, a contribuição jurisprudencial e doutrinária dos Estados Unidos da América, berço do moderno direito participativo, é decisiva, ao fundar na cláusula constitucional do *due process of law,* da Emenda V, o *direito de participar em processos regulamentares,* abrindo aos sistemas constitucionais de todo o mundo, que explícita ou implicitamente a adotam, não apenas a possibilidade mas o *dever*

Madri: Universidade Complutense, Ed. Civitas, 1991, p. 98-111), um livro que ostenta em seu *Prólogo,* de autoria de Eduardo García de Enterría, um notável depoimento sobre o desenvolvimento da "rica casuística jurisprudencial e doutrinária que suscitou o processo de elaboração de Regulamentos estabelecido pela vez primeira pelo *Federal Administrative Procedure Act* de 1946", do qual derivaram as leis similares de vários países, inclusive a do seu, a Espanha, com sua *Ley de Procedimiento Administrativo,* de 1958, posteriormente constitucionalizada em 1978 (p. 21-22).

[162] Sobre este tópico recomenda-se vivamente a leitura do clássico Miguel Sanchez Morón, *La Participación Del Ciudadano en la Administración Pública.*Madri: Centro de Estudios Constitucionales, 1980, que em seu Capítulo I discorre amplamente sobre "as insuficiencias da teoria jusadministrativista clássica ante os câmbios institucionais de nosso tempo".

de instituir processos participativos adequados para a satisfação do conteúdo formal e material da referida cláusula.[163]

É sobre esses fundamentos – material e formal – a busca da eficiência das políticas públicas e o rigor do atendimento da processualidade – que se vai erguendo a formidável arquitetura juspolítica da nova administração pública, capaz de atender aos desafios institucionais de nosso tempo.

Parece que o êxito e a robustez dessas teses já estão mais que comprovados pela rapidez e entusiasmo com que os sistemas político-administrativos dos povos à vanguarda do Direito vêm avançando na consensualidade.

PARTE II

ECLODE A ADMINISTRAÇÃO CONSENSUAL

1 Expansão da admissibilidade do consenso na administração pública – das modalidades contratuais às não contratuais

1.1 O consenso como instrumento de ação estatal. Uma classificação das modalidades pela natureza jurídica das prestações: o contrato e o acordo

É inegável que o *consenso,* como modo alternativo de ação estatal, representa para a Política e para o Direito uma benéfica renovação, pois, como já se teve ocasião de descrever, contribui para aprimorar a governabilidade (eficiência), propicia mais freios contra os abusos (legalidade), garante a atenção de todos os interesses (justiça), proporciona decisão mais sábia e prudente (legitimidade), evita os desvios morais (licitude), desenvolve a responsabilidade das pessoas (civismo) e torna os comandos estatais mais aceitáveis e facilmente obedecidos (ordem).[164]

---

[163] A respeito da evolução jurisprudencial norte-americana, que culminou com a decisão da Suprema Corte no caso *Mathews vs. Eldridge* (424 U.S. 319, 334-35 (1976), a apreciação de Juán José Lavilla Rubira, na obra acima citada, p. 114-120.

[164] V. nosso *Mutações do Direito Administrativo.* 2. ed. Rio de Janeiro: Editora Renovar, 1999, p. 41.

Para a ação administrativa em especial, o consenso pode ser adotado não apenas pela via *contratual*, como tradicionalmente se tem feito, mas pela via do *acordo não contratual*, ainda incipientemente utilizado no Brasil, pois quase que restrito às duas modalidades mais familiares, a dos *convênios* e a dos *consórcios*.

Contratos e *acordos*, ambos, modalidades da figura jurídica do *pacto*, diferem entre si por várias características, mas aqui interessa sublinhar a que se apoia na natureza das prestações colimadas, pois é nesta que se pode apreciar a diferença entre comutatividade e integração.

Com efeito, enquanto as prestações contratuais são *comutativas*, voltadas cada uma delas ao atendimento de interesses distintos dos contratantes, as prestações dos acordos são *integrativas*, voltadas ao atendimento de interesses comuns.

1.2 A reduzida admissibilidade histórica do contrato e a expansão de sua admissibilidade como instrumento de ação administrativa pública

O corte imperativo, que sempre dominou na administração pública, inibia a admissibilidade das modalidades contratuais, embora a História do Direito registre, já na época das grandes navegações, o surgimento de contratos entre a Coroa e os particulares para a armação de frotas e a exploração das potencialidades econômicas das terras descobertas.

No século dezenove, foi a vez das concessões de serviços públicos se desenvolverem e passarem a ocupar um importante nicho na administração pública, que, de outro modo, não teria como enfrentar os pesados investimentos necessários à expansão dos transportes terrestres e marítimos, das comunicações telegráficas, e dos demais serviços de utilidade pública, reclamados pelas massas populacionais emergentes.

Por outro lado, a diversificação das necessidades de bens e de equipamentos para a utilização pelo Estado tornava-o cada vez mais dependente da contratação de fornecimento no mercado, ampliando-se, com isso, a prestabilidade das formas contratuais.

Por fim, a carência de recursos fiscais levou as Administrações, para supri-la, à realização de operações de crédito e, com isso, a celebrar contratos com bancos e outras instituições financeiras.

No século vinte, depois de um breve período, coincidente com a eclosão das grandes guerras e das grandes ideologias de massa, a estatização das atividades econômicas reduziu a necessidade das contratações, pois empresas do Estado eram criadas para garantir-lhe o máximo de autonomia econômica.

O término dessa era de confrontações globais coincidiu com a chamada Revolução das Comunicações, despertando os anseios democráticos em sociedades que se tornavam cada vez mais conscientes de seus direitos e da necessidade de reduzir o poder do Estado para torná-lo delas instrumento e não um fim em si mesmo.

O sadio refluxo da economia em direção ao mercado livre e a reposição do Estado na condição instrumental dos interesses legítimos das sociedades reabriram inúmeros canais de relação entre sociedade e Estado e possibilitaram, no processo, o ressurgimento da contratualidade administrativa, tal como hoje se apresenta, notadamente com a transferência de várias atividades, antes conduzidas atipicamente pelo Estado, para a iniciativa privada.

1.3 A expansão do pacto no Direito Administrativo contemporâneo com a admissão de vários tipos de acordo como modalidades não contratuais

Mas esse aquecimento da ação consensual, que passava a caracterizar, no campo administrativo, o Segundo Pós-Guerra, produziria, além da revitalização das contratações, o surgimento de inúmeros outros tipos de pactos não contratuais entre a Administração e os particulares, bem como entre os próprios entes administrativos públicos, visando à solução de problemas econômicos e sociais de variada índole pela coordenação de vontades e de esforços.

A chamada *administração concertada,* uma fórmula sintética designativa para "os novos modelos da ação administrativa, ou seja, aqueles módulos organizativos e funcionais caracterizados por uma atividade 'consensual' e 'negocial'",[165] em pouco tempo passou a ser empregada não apenas para o desempenho da administração corrente, mas como, e principalmente, para o desenvolvimento de projetos conjuntos entre a iniciativa privada e as entidades administrativas públicas e até para a solução de conflitos.

---

[165] FERRARA, Rosario. *Gli Accordi di Programa.* Milão: Cedam, 1993, p. 3.

2 Os três gêneros da administração pública consensual: a decisão consensual, a execução consensual e a solução de conflitos consensual

2.1 Uma classificação das modalidades consensuais da administração concertada segundo a natureza da função e o resultado administrativo visado, face aos interesses públicos a serem promovidos, satisfeitos ou recuperados

Para adotar uma classificação simples para essas inúmeras modalidades de *administração concertada*, pode-se usar o critério das finalidades administrativas imediatas: a promoção do interesse público, a realização do interesse público ou a recuperação do interesse público. A cada uma dessas finalidades correspondem específicas funções administrativas, legalmente postas, bem como distintas modalidades de administração consensual.

A *promoção do interesse público* se dá pela função decisória administrativa, em abstrato ou em concreto; a função de *satisfação do interesse público* se dá pela função executiva das decisões abstrata ou concretamente tomadas e a função de *recuperação do interesse público*, se dá pela função judicativa administrativa, em que se reaprecia da juridicidade das decisões administrativas, das execuções e mesmo das próprias decisões judicativas de que caibam recursos.

São, em suma: a *função decisória administrativa* abstrata ou concreta, como manifestação de vontade primária da Administração Pública; a *função executiva administrativa*, como transformação do ato em fato e a *função judicativa administrativa*, como técnica de superação de conflitos.

Como quaisquer delas admite atuação consensual, tem-se, portanto, respectivamente, um campo de administração decisória concertada, um campo de administração executiva concertada e um campo de administração judicativa concertada.

2.2 Intensidade da atuação consensual: o consenso como coadjuvante e como determinante da ação administrativa

Sob o critério conteudístico, distinguem-se dois graus de atuação consensual, conforme seja a atuação do particular *coadjuvante* ou *determinante* em relação à atuação do Poder Público.

A *atuação coadjuvante do particular* é aquela em que a Administração ouve os particulares e com eles negocia as melhores soluções, mas se reserva à plenitude da decisão. Nesta hipótese, o consenso complementa, coadjuva e orienta a decisão administrativa, sem vincular o Poder Público, que, não obstante, estará obrigado a justificá-la. Será desnecessário que a lei preveja a adoção dessa modalidade, pois não se requer qualquer alteração na competência do órgão decisório.

Na *atuação determinante do particular*, distintamente, a Administração deve ouvir os particulares podendo com eles negociar as melhores soluções, em termos de atendimento de todos os interesses juridicamente protegidos envolvidos na relação, mas estará vinculada à decisão que vier a prevalecer, em obediência ao processo adotado. Nesta hipótese, a lei deverá prever que a decisão administrativa será produzida pelo consenso, vinculando o Poder Público, pois apenas o legislador pode alterar competências da Administração.

PARTE III

GENEROS E ESPÉCIES DE ADMINISTRAÇÃO CONSENSUAL

1 O consenso na tomada de decisão administrativa – exemplos de espécies: plebiscito, referendo, coleta de opinião, debate público, audiência pública, assessoria externa, cogestão e delegação atípica

1.1 O consenso como elemento coadjuvante da formação da vontade administrativa. Exemplos de espécies: coleta de opinião, debate público, audiência pública e assessoria externa

Em todos esses tipos de institutos consensuais, como se expôs, a Administração deve buscar a audiência dos interessados e, se possível, com eles manter o diálogo e a negociação de interesses, mas somente a ela caberá a decisão, justificando-a de acordo com as achegas recebidas ou refutando-as motivadamente.

Pela *coleta de opinião* possibilita-se à Administração valer-se dos meios de comunicação em geral para recolher subsídios, em forma de tendências, preferências e de razões, dos segmentos sociais interessados na decisão.

No *debate público*, a participação dos interessados é mais intensa, possibilitando-se à Administração não apenas conhecer as tendências, as preferências e as razões dos interessados, como também abrir uma instância de negociação.

Na *audiência pública*, como no debate público, se amplia também a participação dos interessados na decisão, inclusive com instância de negociação, mas, distintamente, se caracteriza por estar submetida a maior formalidade processual podendo servir tanto a uma atuação coadjuvante, a de que aqui se trata, quanto a uma atuação determinante por parte de interessados regularmente habilitados à participação.

Na *assessoria externa*, a participação coadjuvante será proporcionada por um ou mais representantes das categorias de interesses que poderão ser atingidos pela decisão. Os assessores externos, que deverão ser nomeados entre pessoas estranhas aos quadros burocráticos da entidade pública a ser assessorada, com ou sem remuneração (*múnus público*), serão indicados livremente, desde que caracterizada a relação legitimatória do candidato, ou em lista vinculante, devendo, depois de nomeados, serem necessariamente consultados pelo órgão decisório e consignadas as suas contribuições.

1.2 O consenso como elemento *determinante* da formação da vontade administrativa. Exemplos de espécies: plebiscito, referendo, audiência pública, cogestão e delegação atípica

O *plebiscito* é uma modalidade constitucional e formal da *consulta pública* pelo qual o cidadão é convocado a manifestar-se sobre um *fato*, quase sempre no sentido de conferir-lhe ou não valoração jurídica. A Constituição tratou em cinco dispositivos desse instituto participativo destinado à busca de um consenso popular vinculante: em termos genéricos, nos arts. 14, I, e 49, XV, este para o expresso fim de outorgar ao Congresso Nacional a competência exclusiva para convocar o plebiscito e para efeitos específicos, nos arts. 18, §3º; 18, §4º e no art. 2º do ADCT.

O *referendo*, também um instituto de consulta pública constitucional e formal, destina-se a recolher a manifestação dos cidadãos sobre *decisões* dos órgãos legislativos e administrativos para que se as mantenham ou se as desconstituam, sendo, assim, uma hipótese rara em que está admitido o exercício da democracia direta, de autogoverno popular, restrita embora aos precisos termos em que se convoca o povo à apreciação de atos praticados. A Constituição previu o instituto no art. 14, II e, no art. 49, XV, reservou com exclusividade ao Congresso Nacional a competência para autorizar a realização de referendos.

A *audiência pública* admite as duas modalidades quanto à vinculação da Administração a seus resultados, mas *caberá* à *lei* definir entre uma ou outra ou optar por uma solução compósita. Com efeito, o legislador, tal como se prevê constitucionalmente, salvo cláusula impeditiva expressa, poderá deixar de legislar especificamente sobre quaisquer das matérias de sua competência, optando alternativamente por delas *dispor* como melhor lhe pareça (art. 48, *caput*), o que inclui, em geral e a toda evidência, fazê-lo visando à realização de quaisquer modalidades decisórias substitutivas como o são as referendárias, as de consulta pública ou as de deslegalização.[166]

Pela *cogestão*, o legislador poderá abrir a participação na direção de entidades públicas a pessoas qualificadas e para esse propósito especificamente nomeadas. Nesta hipótese, os cogestores nomeados, normalmente atuando em colegiados, são investidos na competência decisória, no que difere o instituto da assessoria externa, acima examinado. A modalidade tem ampla utilização no caso de autarquias e de paraestatais de toda natureza, mas na educação, a cogestão do ensino público tem expressa previsão constitucional (art. 206, VI).

Pela *delegação atípica*, a lei reconhece a eficácia jurídica de atos de colaboração praticados por entidades privadas. A designação de atípica não explica sua natureza jurídica, que é realmente a de uma técnica de *descentralização social*. Observe-se que na delegação atípica não há transferência de funções, mas o reconhecimento, sob certas condições, de efeitos de interesse público dos atos praticados pelas entidades privadas, como, por exemplo, ocorre com a atuação de associações de moradores, de universidades particulares e de clubes de serviço.

---

[166] Sobre a *deslegalização,* nosso *Direito Regulatório.* Rio de Janeiro: Editora Renovar, 2003, Cap. V, p. 123.

2 O consenso na execução administrativa – exemplos de espécies: contratos administrativos de parceria e acordos administrativos de coordenação

2.1 A execução associada com sua característica sinérgico-sociopolítica de potenciar a capacidade de ação do Estado pela composição e pela soma de esforços

A administração dos interesses públicos a cargo do Estado pode ser realizada *diretamente* pelos órgãos executivos da União, dos Estados, do Distrito Federal e dos Municípios; *indiretamente*, pelos entes públicos por eles criados, como autarquias, paraestatais (integrantes da administração indireta); e *associadamente*, através de pessoas jurídicas de direito privado que se aliam ao Estado sob um vínculo de colaboração de direito público.[167]

A partir da premissa de que o *interesse público* é próprio do Estado, que deve persegui-lo e realizá-lo na forma da lei e do Direito, mas não é dele exclusivo, pois a sociedade organizada *pode* e em certos casos *deve* ter ação concorrente.

Abre-se um vasto campo, que a doutrina tem denominado de *administração privada associada de interesses públicos.*

De modo especial, a execução associada apresenta, entre outras virtudes, uma notável característica sinérgico-sociopolítica de potenciar a capacidade de ação do Estado pela composição e pela soma de esforços promovida entre os setores público e privado.

Os *vínculos* são legalmente definidos de acordo com a natureza das entidades de direito privado associadas, que podem ser, basicamente, entidades *paraestatais*, que contam com um vínculo de delegação legal, e entidades *extraestatais*, que se caracterizam pela delegação administrativa; neste caso, contratual, complexa ou unilateral, conforme a natureza do ato instituidor do vínculo.[168]

As paraestatais associadas, embora criadas com personalidade de direito privado, têm situação especial, pois sua colaboração está implicitamente determinada em sua própria criação e por isso não serão tratadas aqui, já que a colaboração das entidades privadas extraestatais é absolutamente voluntária.

---

[167] Para desenvolvimento dessas figuras, v. nosso *Curso de Direito Administrativo.* 16. ed. Rio de Janeiro: Editora Forense, 2014, Cap. XI, *Entes Administrativos.*

[168] *Curso de Direito Administrativo, idem, ibidem.*

Com relação a essas, as entidades extraestatais, a *delegação contratual*, por sua própria natureza, cria uma relação de sinergia pela *composição* de meios, instituidora de um vínculo associativo estável, ao passo que a *delegação complexa* e a *delegação unilateral*, também por suas respectivas naturezas, criam uma relação de sinergia pela *aglutinação* de meios, instituidora de vínculos associativos precários.

Essa distinção torna-se necessária para a classificação das espécies contratuais e das espécies não contratuais.

2.2 A execução associada por *contrato* e a sinergia da *parceria*. Espécies de contratos administrativos

A modalidade de sinergia contratual, por ser estável, produz uma *parceria* entre o Poder Público e os entes da sociedade, um tipo de relacionamento que gravita em torno de empreendimentos de substrato econômico.

Outras modalidades de parceria poderão ser também instituídas por atos administrativos, mas, como resulta óbvio, tais relações serão sempre precárias, não se prestando para empreendimentos associativos de natureza econômica de porte, embora sirvam para conciliar o interesse econômico individual de menor monta com o interesse público, durante algum tempo e em restritas condições.

As modalidades contratuais de parceria tendem a se multiplicar no Direito Administrativo contemporâneo e isso, em razão mesmo da extrema diversidade de situações encontradas na área econômica, como um simples elenco exemplificativo o demonstra: *concessões de serviços públicos e de uso de bem público, permissão de serviços públicos, arrendamento portuário, arrendamento operacional, franquia pública, gerenciamento privado de entidade pública, venda de bilheteria e contrato de risco.*[169]

Por outro lado, as modalidades unilaterais de parceria, ou seja, as modalidades de administração associada de interesses públicos de conteúdo econômico em parceria por ato unilateral são as seguintes no direito positivo brasileiro: *autorização de serviços públicos, autorização portuária, permissão de uso de bem público e credenciamento.*[170]

Dada a natureza e o propósito de síntese deste ensaio, dispensa-se tratar individuadamente as modalidades acima referidas, ainda porque estão descritas no livro texto do autor, a que se fez referência.

---

[169] *Curso de Direito Administrativo, op. cit., idem, ibidem.*

[170] *Curso de Direito Administrativo, op. cit., idem, ibidem.*

2.3 A execução associada não contratual por *coordenação* e sua sinergia. Modalidades: a cooperação e a colaboração. Execução mista: por cooperação e por colaboração. Exemplos de espécies de acordos administrativos: convênios, acordos de programa, *joint ventures* públicas e conferências de serviços

Distintamente, os entes associados por vínculos não contratuais buscam coordenar suas atividades de interesse privado com as atividades administrativas de interesse público, identificando pontos de contato sobre os quais se possa criar uma sinergia relacional que, livremente produzida, poderá do mesmo modo ser extinta a qualquer tempo, enquanto durar o interesse das partes associadas.

Coordenar atividades é maximizar os meios dispostos pelos associados de modo a obter resultados de interesse comum com menos custos e mais celeremente, atuando cada associado em seu específico campo e com seus próprios meios. O instrumento apropriado para institucionalizar a coordenação é o *ato administrativo complexo,* que não tem características contratuais, mas puramente solidárias e aglutinativas.

Essa coordenação da atuação da Administração Pública pode dar-se por *cooperação* ou por *colaboração.* A *cooperação* pode ser acordada por *consórcios, convênios, acordos de programa* ou *conferência de serviços* celebrados com outras entidades públicas, porque terão todas o dever comum de prossecução do interesse público. A *colaboração* pode ser ajustada por *convênios, acordos de programa* e *joint ventures públicas* celebrados com entidades privadas, neste caso, sempre por uma disposição voluntária das associadas.

Nada impede, porém, senão até se recomenda, que ambas as modalidades, de cooperação e de colaboração, possam concorrer para um único ajuste complexo, envolvendo acordantes associativos públicos e privados, cada um deles se movendo em suas respectivas órbitas, com seus próprios cometimentos e recursos, neste caso, com o emprego do *convênio,* do *acordo de programa* ou de modalidades de *joint ventures públicas.*

3 O consenso na prevenção de conflitos administrativos – exemplos de espécies: comissões de conflito e acordos substitutivos

3.1 A prevenção consensual de conflitos e suas características e excelências sóciopolíticas. Extensibilidade das soluções

A multiplicação de conflitos entre os sujeitos públicos e privados é um fenômeno que diz respeito à mutação do papel do Estado, que de poder "formalmente impermeável ao impulso social, idealizado como monolítico e separado dos sujeitos privados, destinatários de suas ações, tornou-se progressivamente fragmentário, multiplicando com isso as relações com o resto da sociedade e assim aumentando as ocasiões de confronto com ela".[171] Essa fragmentação, por seu turno, é uma inevitável decorrência da nova postura pluralista do Estado – o Estado pluriclasse, na lição de M. S. Giannini,[172] que reflete a própria realidade pluralista da sociedade contemporânea.

Diante desse fenômeno, causador de uma impressionante avalanche de processos judiciais contra o Poder Público em todos os Países que adotaram as premissas do Estado Democrático de Direito, e que atulha as prateleiras dos órgãos burocráticos com milhares de processos, muitos deles semelhantes quando não repetitivos, conceberam-se institutos em que o consenso pode atuar vantajosamente na prevenção administrativa de conflitos.

Não seria exagero apontar essas novas vias, não só de atuação *preventiva* como de *composição* de conflitos administrativos já instaurados, como importantes conquistas da cidadania e da sociedade, em geral, ora alcançadas, graças a essas possibilidades desenvolvidas de utilização do *consenso* como modalidade substitutiva da ação unilateral e imperativa do Estado.

Essas novas possibilidades são hoje analisadas doutrinariamente sob dois aspectos: de um lado, quanto à substituição da *decisão* administrativa tradicional (ato administrativo) e de outro, a substituição do *processo* administrativo imperativo ou de parte dele, para incluir procedimentos de contraditório, ampliado ou pelo menos ampliável, e de negociação.

---

[171] FRACCHIA, Fabrizzio. *L'Accordo Sostitutivo – Studio sul consenso disciplinato dal Diritto Amministrativo in funzione sostitutiva respetto agli strumenti unilaterali di esercizio del potere*. Milão: Cedam, 1998, p. 2 (n. trad. livre).

[172] GIANNINI, M. S. *Il pubblico potere*. Bolonha: Barbera, 1986, p. 124 e ss.

Ressalte-se, por sua modernidade, que uma das características mais auspiciosas encontrada no processo administrativo preventivo de conflitos, bem como no processo de composição administrativa está na extensibilidade potencial das decisões resultantes de acordos dessa natureza a outras situações análogas, ganhando eficácia normativa no âmbito administrativo.

3.2 Espécies: as comissões de conflito e seu papel antecipatório e regulatório; os acordos substitutivos e sua natureza jurídica.

Exemplificando com espécies, pode-se destacar dois tipos de processos preventivos, em que procura antecipar a eclosão de um conflito, que se revele iminente, e dar-lhe solução cautelar: a *comissão de conflito* e o *acordo substitutivo*.

Instrumentos pouco conhecidos na doutrina pátria, têm ambos, não obstante, um imenso potencial aplicativo, notadamente na administração setorial autônoma, como a praticada no âmbito do Direito Regulatório.

As *comissões de conflito* são um instrumento administrativo permanente que, de ofício ou por provocação de interessados, devem atuar sempre que se descortinar a possibilidade e a iminência de instaurar-se um conflito de interesses no âmbito de sua competência. Sua atuação exige um processo contraditório amplo e aberto a quaisquer interessados, uma vez que a decisão deverá ter latitude suficiente para cobrir as situações análogas porventura existentes, dando-lhes, a todas, tratamento homogêneo, como, por exemplo, através de normas regulatórias específicas, no âmbito das atividades deslegalizadas.

Os *acordos substitutivos* são instrumentos administrativos que poderão ser ocasionalmente aplicados pela Administração, sempre que, de ofício ou por provocação de interessado, verificar que uma decisão unilateral de um processo poderá ser vantajosamente substituída por um *acordo* em que o interesse público, a cargo do Estado, possa ser atendido de modo mais eficiente, mais duradouro, mas célere ou com menores custos.

Como exemplo bem sucedido no direito brasileiro, mencione-se o *ajustamento de conduta*, previsto no art. 5º, §6º, da Lei nº 7.347, de 24 de julho de 1985, em dúvida um instrumento em plena ascensão e com boa aceitação por parte dos administrados.

4 O consenso na composição de conflitos administrativos – exemplos de espécies: conciliação, mediação, arbitragem, ajustes de conduta e similares

4.1 A composição administrativa consensual de conflitos e suas características e excelências sociopolíticas. Extensibilidade das soluções

As vantagens da composição consensual de conflitos pela via administrativa prescindem de ser aqui tratadas, pois são sobejamente conhecidas, mas a sua importância sociopolítica, enquanto via de fomento de civismo, de aperfeiçoamento da participação cívica e de agilização das relações socioecômicas, deve ser destacada.

O atraso observado na aceitação das vias negociais administrativas se deve à visão imperativa, que as considerava interditas para o Direito Administrativo, uma visão herdada da doutrina francesa e bastante arraigada em todos os sistemas que, como o nosso, receberam durante muitos anos sua influência quase hegemônica.[173]

Tecnicamente, afastadas as convicções ideologizadas pelo tempo e pela inércia, a objeção central se prendia à interpretação do princípio da indisponibilidade do interesse público. Segundo a óptica então dominante, a *negociação* na esfera administrativa seria negociar com o interesse público, o que proscreveria todos os instrumentos do gênero: a conciliação, a mediação, a arbitragem e os ajustes de conduta.

Ora, distintamente do que se possa aceitar sem maiores indagações, em todas as modalidades preventivas e de composição de conflitos em que se envolva a Administração Pública, no âmbito do Direito Administrativo, jamais se cogita negociar *o interesse público,* mas de negociar os *modos de atingi-lo com maior eficiência.*

É que coexiste, com o interesse público deduzido no conflito, o interesse público, não menos importante, de compô-lo. Esse interesse em dirimir o conflito e em retomar a normalidade nas relações sujeitas à disciplina administrativa, é indubitavelmente da maior importância, tanto na esfera social, quanto na esfera econômica, justificando que sejam encontrados modos alternativos de atendimento ao interesse público envolvido, que não aqueles que deveriam ser unilateralmente aplicados pelo poder Público.

---

[173] Sobre esta dificuldade, a excelente monografia de Apostolos Patrikios, *l'Arbitrage en Matière Administrative*, Paris, L.G.D.J., 1997, em que o autor estuda a evolução do instituto no Direito francês, possivelmente um dos mais avessos às soluções administrativas negociadas, o que desde logo fica patente na citação que faz de M. Devolvé: "les rapports entre l'arbitrage et le droit administratif sont de rapports conflictuels" (Nota 1, p. 1).

Nem é preciso lembrar que em grande número de casos, por inúmeros motivos, principalmente o decurso do tempo, o conflito termina por inviabilizar o atendimento satisfatório do interesse público, quando não exige ônus superiores às vantagens públicas esperadas. Por outro lado, nem sempre o interesse público deverá preponderar de modo absoluto numa relação, pois outros interesses constitucionalmente protegidos poderão nela concorrer, o que exige soluções ponderadas.

Por derradeiro, não se alegue que a imparcialidade, que se requer da administração pública, não se harmonizaria com o emprego de soluções ponderadas; trata-se de um engano corrente, pois imparcialidade não se confunde com neutralidade, de sorte que os *valores* do Direito não só podem como devem ser aplicados na solução dos conflitos.

4.2 Espécies: a conciliação, a mediação, a arbitragem, os acordos substitutivos, os ajustes de conduta, etc.

Os institutos da conciliação, da mediação e da arbitragem são três graus em que se apresenta a composição consensual de conflitos: no primeiro instituto, as partes devem envidar esforços para promover um acordo que ponha fim ao conflito, centrando-se na figura de um conciliador que teria a tarefa de conduzir as partes na negociação e oferecer-lhes alternativas; no segundo instituto, a condução das negociações por um mediador dar-se-á de modo a reduzir as divergências identificadas e a ampliar as convergências, levantando os inconvenientes de prolongar-se o conflito, de modo a que seja encontrada uma solução satisfatória para as partes; no terceiro instituto, as partes aceitarão a solução do conflito decidida por árbitros. Nas versões administrativas, nada impede que o Poder Público possa assumir, agora sim, com a imparcialidade a que está constitucionalmente obrigado, as funções conciliatórias, mediatórias ou arbitrais.

O Direito Administrativo brasileiro, ultrapassando rapidamente as objeções que durante tanto tempo impediam o desenvolvimento das formas alternativas de composição de conflitos, avançou celeremente nessa linha, como o demonstra fartamente a série de legislação produzida na linha do Direito Regulatório a partir de meados da década de noventa.[174]

---

[174] Para maior desenvolvimento do tema, v. n/ *Direito Regulatório*. Rio de Janeiro, Ed. Renovar, 2003, notadamente os Capítulos V e VIII.

Essa legislação contempla, quase sempre uma atividade administrativa judicativa para as agências reguladoras, variando, embora, na extensão dessas funções: a Agência Nacional de Energia Elétrica – ANEEL, no art. 3, V. da Lei nº 9.427, de 26 de dezembro de 1966; a Agência Nacional de Telecomunicações – ANATEL, no art. 19, XVII, da Lei nº 9.427, de 16 de julho de 1997; a Agência Nacional do Petróleo – ANP, no art. 20, da Lei nº 9.478, de 6 de agosto de 1997; a Agência Nacional de Transportes Terrestres – ANTT, no art. 29, II, b, da Lei nº 10.223, de 6 de junho de 2001 e a Agência Nacional de Transportes Aquaviários – ANTAQ, no art.20, II, b, da mesma Lei criadora da ANTT.[175]

PARTE IV

CONCLUSÕES

1 A consensualidade enquanto princípio e suas possibilidades

1.1 A consensualidade enquanto princípio e sua inferência constitucional

Este ensaio aponta para a conveniência, senão a necessidade, de desenvolver estudos sobre o princípio constitucional da consensualidade no direito brasileiro. A sua existência terá o condão de iluminar inúmeras relações entre sociedade e Estado e de facilitar, assim, a aplicação e o aperfeiçoamento dos institutos consensuais existentes, a criação de novos e de concorrer para a interpretação homogênea de situações indefinidas.

Para tanto, uma pesquisa nesse sentido poderia partir dos *princípios fundamentais constitucionais* expressos (Título I), mais especificamente de três dos arrolados no art. 1º – a *cidadania*, a *dignidade da pessoa humana* e o valor da *livre iniciativa* – sem perder de vista que

---

[175] As Agências Nacional de Vigilância Sanitária- ANVISA, de Saúde Suplementar- ANS e de Águas – ANA são defectivas quanto a essa função, pois não têm previsão legal para seu exercício.

o homem é a *fonte do poder do Estado* (parágrafo único), que o objetivo fundamental da república é a construção de uma *sociedade livre* (art. 3º, II) e que se a *solução pacífica dos conflitos* é um princípio internacional a prevalecer nas relações internacionais, com idêntica razão haverá de sê-lo nas relações intranacionais (art. 4º, VII).

Como se pode prever, só nesses dispositivos há ricos filões a serem garimpados, aos quais se acresce o não menos importante rol dos *direitos fundamentais*, que está em aberto, pois não exclui outros direitos e garantias decorrentes do regime e dos princípios adotados pela Constituição ou decorrentes dos tratados internacionais de que seja parte o Brasil (art. 5º, §2º).

1.2 Fomento público, subsidiariedade da coerção e a construção de um Estado de Justiça

Essas considerações não estariam completas, para os fins deste ensaio, se não invocassem, por derradeiro, a atenção do leitor para a imensa importância da consensualidade no desenvolvimento do modo de atuação mais avançado de que dispõe o Estado: o do *fomento*.

Pela consensualidade, o Poder Público vai além de estimular a prática de *condutas privadas* de interesse público, passando a estimular a criação de *soluções privadas* de interesse público, concorrendo para enriquecer seus modos e formas de atendimento.

É como acrescentar às potencialidades da máquina burocrática as infinitas potencialidades da *sociedade* e de suas miríades de organizações sociais, que deixa de ser mera súdita para ser sócia e parceira da atuação estatal, passando a ter no consenso e não na coerção a primeira das opções relacionais.

Em conclusão, um Estado de *juridicidade plena* – de legalidade, de legitimidade e de licitude – um *Estado de Justiça*, como o aspira Juan Carlos Cassagne, não pode prescindir dessa interação horizontal e sadia com a sociedade, o que deverá refletir-se em sua atuação, de modo que ações suasórias sempre precedam ações dissuasórias e estas, as sancionatórias: a face imperativa do Poder só deve aparecer quando absolutamente necessário e no que for absolutamente indispensável. A coerção, ensina-nos Pascal, é que domina o mundo, mas é a opinião que a emprega.

Referências

ALLEGRETTI, Umberto. *Amministrazione Pubblica e Costituzione*. Milão: CEDAM, 1996.

BARROSO, Luís Roberto. *Interpretação e Aplicação da Constituição*. 4. ed. Rio de Janeiro: Renovar, 2001.

CARNELUTTI, Frascesco. Contratto e diritto pubblico. *In:Rivista di Diritto Pubblico*, 1929.

DE PLÁCIDO E SILVA. *Vocabulário Jurídico*. Rio de Janeiro: Forense, 1989, Vol. II.

FERRARA, Rosario. *Gli Accordi di Programa*. Milão: Cedam, 1993.

FRACCHIA, Fabrizzio. *L'Accordo Sostitutivo – Studio sul consenso disciplinato dal Dirittto Amministrativo in funzione sostitutiva respetto agli strumenti unilaterali di esercizio del potere*. Milão: Cedam, 1998.

GARCÍA, José Eugenio Soriano. *Desregulación, Privatización y Derecho Administrativo*. Bolonha: Publicação do Real Colégio de Espanha, 1993.

GARCÍA DE ENTERRÍA, Eduardo; FERNÁNDEZ, Tomás Ramón. *Curso de Derecho Administrativo*. 5. ed. Madri: Civitas, 2013, Vol. I.

GIANNINI, M. S. *Il pubblico potere*. Bolonha: Barbera, 1986.

GONÇALVES LOUREIRO, João Carlos Simões. *O procedimento administrativo entre a eficiência e a garantia dos particulares*. Coimbra Coimbra Editora, 1995.

LAREZ, Karl. *Methodenlehre*. Berlin-Heidelberg: Springer-Verlag, 1960.

MARINO, Ignazio Maria. *Aspetti della Recente Evoluzione del Diritto degli Enti Locali*. Palermo: Ed. Quattrosoli, 2002.

MOREIRA NETO. Diogo de Figueiredo. *Teoria do Poder*. São Paulo: Revista dos Tribunais, 1992.

MOREIRA NETO. Diogo de Figueiredo. *Direito da Participação Política: fundamentos e técnicas constitucionais da democracia*. Rio de Janeiro: Editora Renovar, 1992.

MOREIRA NETO. Diogo de Figueiredo. *Mutações do Direito Administrativo*. 2. ed. Rio de Janeiro: Editora Renovar, 1999.

MOREIRA NETO. Diogo de Figueiredo. *Direito Regulatório*. Rio de Janeiro: Editora Renovar, 2003.

MOREIRA NETO. Diogo de Figueiredo. *Curso de Direito Administrativo*. 16. ed. Rio de Janeiro, Editora Forense, 2014.

MORÓN, Miguel Sanchez. *La Participación Del Ciudadano en la Administración Pública*. Madri: Centro de Estudios Constitucionales, 1980.

ORLANDO, Vittorio Emmanuele. *Principii di Diritto Amministrativo*. Firenze: 1908.

PATRIKIOS, Apostolos. *l'Arbitrage en Matière Administrative*. Paris, L.G.D.J., 1997.

PEYREFITTE, Alain. *La Societé de Confiance*. Paris: Éditions Odile Jacob, 1995.

RUBIRA, Juan José Lavilla. *La Participación Pública en el Procedimiento de Elaboración de los Reglamentos en los Estados Unidos de América*. Madri: Universidade Complutense, Ed. Civitas, 1991.

9º ENSAIO

DA ECOLOGIA À ECOIDEOLOGIA DA PREVENÇÃO À PRECAUÇÃO[176]

1 Introdução

Existe um paralelismo na evolução desses dois pares de conceitos sobressalentes no título, que se pode acompanhar numa curta história que não chega a século e meio, contando-se desde a cunhagem da palavra *Ecologia* em 1866, pelo biólogo e médico alemão Ernst Heinrich Philipp August Haeckel, em sua obra "Morfologia Geral dos Seres Vivos".[177]

Esse paralelismo, que aqui se destaca para estudo, apenas reflete as formidáveis transformações históricas causadas pela revolução das comunicações e pela aceleração do desenvolvimento científico e tecnológico, ocorridas nesse período, notadamente no último quartel do século vinte.

Assim é que o agitado trânsito das sociedades modernas, do século dezenove, para as sociedades pós-modernas deste vigésimo primeiro século, em que a imprevisibilidade assomou como característica marcante, determinaram, como se exporá, uma dupla deterioração conceitual emocionalmente inspirada: a da *ecologia* em *ecoideologia* e a da *prevenção* em *precaução*.

É que neste admirável e surpreendente mundo novo, em que todos somos obrigados a, cada vez mais, conviver com o *risco*, até

---

[176] Extrato revisto retirado da intervenção do autor em Painel temático no *Congresso sobre o Ministério Público Brasileiro*, promovido pela *Academia Internacional de Direito e Economia*, em São Paulo, SP, em 4 de setembro de 2007.

[177] HAECKEL, Ernst Heinrich Philipp August. *Natürliche Schöpfungsgechiete*. Berlin: Georg Reimer, 1868.

mesmo os conccitos como que se adaptam para lhes fazer face, daí facilmente desdobrarem-se em corruptelas, que tentam responder à própria complexidade e imprevisibilidade dos acontecimentos.

Em tal cenário, as pessoas convivem com ambiguidades, pois, em seu aspecto positivo, afirma-se a dignidade do ser humano e o seu direito ao progresso, proscrevendo-se o abuso de poder político, econômico e social e reentronizando-se a pessoa humana como centro da vida social, individualmente e coletivamente considerada, enquanto que, em seu aspecto negativo, nele prosperam o crime organizado, as máfias internacionais, as formas mais fanáticas e violentas de terrorismo, multiplicam-se as migrações desordenadas, o abuso do ambiente planetário e se desdobram os perigos criados pelo próprio homem em acréscimo aos naturais, marcando o sombrio advento do que adequadamente se tem batizado comoa *era do risco,* assim referida por autores que cunharam, ainda na década de oitenta, as expressões *civilização do risco* – Paul Lagadec[178] – e *sociedade do risco* – Ulrich Beck.[179]

As breves reflexões que se seguirão descrevem esse pequeno e paradoxal capítulo contemporâneo de nossa História recente, em que três conceitos – o de *Ecologia,* o de *Direito* e o de *Risco* – são seus protagonistas e o *século curto* de Hobsbawm,[180] o tórrido cenário das grandes transformações encenadas.

Assim é que a *Ecologia,* ramo da Biologia, ensejou, nas imprevisíveis reviravoltas da História, o aparecimento de um *Direito Ecológico,* depois *Ambiental,* como um ramo do jurismo, primeiramente assentado sobre o combate ao *dano* ambiental e, por isso, dirigido à sua *prevenção* e composição, mas, quando a Ciência Ecológica se radicalizou e gerou uma *Ecoideologia,* perdendo o seu caráter científico e, em seu lugar, acrescentando a dimensão emocional do medo, também levou o Direito a dirigir seu foco ao *risco* ambiental e preocupar-se com a *precaução.*

2 A ecologia

Tal como concebida por Haeckel, seu fundador, como um desdobramento da Biologia dedicado ao estudo das interações entre os seres vivos e destes com o meio, a Ecologia conformava originalmente

---

[178] LAGADEC, Paul. *La civilisation du risque,* Paris: Ed. Du Seuil, 1981.

[179] BECK, Ulrich. *La societé du risque,* Paris: Ed. Aubier, 1986.

[180] HOBSBAWM, Eric. *The Age of Extremes: The Short Twentieth Century, 1914-1991.* London: Michael Joseph, 1994.

apenas um ramo de uma Ciência e, como tal, um conjunto de conhecimentos sistematizados em que, como em qualquer ciência, os fenômenos são rigorosamente explicados por relações constantes entre causas e efeitos – as *relações de causalidade*.

3 O direito ecológico

Em pouco tempo, porém, a constatação da existência de uma crescente multiplicidade de causas para os mesmos fenômenos, abrindo-se em leques de inumeráveis efeitos, transformou a Ecologia numa *ciência multidisciplinar*, ou seja, aquela em que a compreensão das consequências depende da identificação dos nexos causais, *não apenas biológicos*, como originariamente se pensava, mas de uma pletora de nexos da mais variada natureza – físicos, químicos, geográficos, sociológicos, econômicos e tantos outros mais – todos complexamente entretecidos, no emaranhado da vida contemporânea – entre homem e meio-ambiente. A consciência dos *danos* causados pela atividade predatória do homem sobre a natureza animada e inanimada, capazes de comprometê-la a ponto de deteriorar severamente a qualidade da vida humana no planeta, suscitou o abotoamento de um novo ramo do Direito Administrativo, inicialmente denominado *Direito Ecológico* e, posteriormente, uma vez reconhecida também a sua própria multidisciplinaridade, seguindo em paralelo à evolução da Ecologia, rebatizado como *Direito Ambiental*.[181]

O conceito, tal como exposto nos primórdios de seu estudo,[182] apresentava o Direito Ecológico como o conjunto de técnicas, regras e instrumentos jurídicos sistematizados e informados por princípios apropriados, que consideram a disciplina dos comportamentos relacionados ao meio-ambiente.

Por isso, em paralelismo com a Ecologia, o ramo então nascente do Direito, como disciplina social do comportamento, trata do *dano ambiental* como seu objeto, desde logo para que seja evitado e, se ocorrido, cumpridamente corrigido para minimizar as suas consequências.

---

[181] Essa evolução vem estudada na Nota Explicativa anteposta à 2ª edição de meu livro, *Introdução ao Direito Ecológico e ao Direito Urbanístico*, publicada em 1977, de páginas 7 a 9, mantendo-se embora a denominação original da obra em sua 1ª edição, de 1975 (Rio de Janeiro, Editora Forense), tida por Ramón Martín Mateo, em seu consagrado *Manual de Derecho Ambiental*, como a obra pioneira na América Latina).

[182] MOREIRA NETO, Diogo de Figueiredo, obra supracitada, p. 23.

4 A prevenção

Portanto, como não bastava ao Direito Ambiental cuidar apenas da emenda ou da correção do *dano* infligido ao meio-ambiente, tornou-se necessário ampliá-lo para encompassar a *previsão das consequências* advindas da introdução ou da retirada, da exacerbação ou da redução de um ou de vários elementos da cadeia causal que o gera. É, pois, este sentido prospectivo, que lhe confere a *previsão*, que, uma vez devidamente estabelecida a partir da identificação da cadeia de causas e efeitos, torna possível a *prevenção* das consequências nefastas de comportamentos predatórios.

Dessa forma, estruturou-se pristinamente o Direito Ambiental trabalhando sobre o *princípio da prevenção* e, por ser uma ciência convivencial, buscando a certeza jurídica na cadeia de causalidade apropriada a cada subfenômeno enfrentado, tudo como corolário da correlativa certeza científica.

5 Sobrevém o risco

Entretanto, dada a crescente complexidade das relações tratadas, tanto na Ecologia, quanto no Direito Ambiental, se tornou cada vez mais difícil, senão que por vezes, impossível, com os meios atualmente disponíveis, definir com precisão essas cadeias causais, pela dificuldade de identificar os elementos intermediários entre causas e efeitos peculiares a cada fenômeno específico.

Assim, por nem sempre ser possível estabelecer uma previsão cientificamente comprovável e segura, passou a ser igualmente impossível editar uma correspectiva regra jurídica de comportamento, igualmente justa e segura. Em suma: nas *sociedades do risco*, de crescente imprevisibilidade, tornou-se insuficiente apenas o emprego eficaz da *prevenção*.

Não obstante, as demandas cresciam: exasperavam-se planetariamente a degradação das condições ambientais, as poluições em escala catastrófica, as dramáticas alterações climáticas, as perdas sistemáticas de estoques biológicos e outros impactos dessa envergadura, não poucas vezes despertando a ancestral sensação de impotência do homem ante os fenômenos da natureza, gerando assuntos sensacionalistas para a imprensa e propondo convenientes temas para a militância política.

Não raro, portanto, a esse ponto, a carência das relações lógicas de causa e efeito – que deveriam seriamente explicar os fenômenos e orientar os comportamentos – perde a sua devida importância, tanto para o público, quanto para os políticos, abrindo espaço a um *fator emocional*, inspirado pelo medo e, por isso, mais impactante que o *racional*, já que relações abstratas são bem menos impressionantes do que a intensa e impiedosa realidade das catástrofes.

Embora originalmente atrelada à severidade da disciplina científica, veio a ser a *ampliação do risco*, observada em todos os setores da Ecologia, tanto nos relacionados com os fatores abióticos, como o clima e a geologia, quanto nos relacionados com os fatores bióticos, como o vegetal, o animal e, destacadamente, o humano, que provocou o surgimento de uma *ideologia preservacionista* que, como toda ideologia, prescinde olimpicamente de rigorismo lógico, pois que se fundamenta em razões preponderantemente emocionais.

6 A Ecoideologia

É, pois, o *fator emocional*, despertado pelos crescentes riscos, que explica o fato de ter a Ecologia experimentado certos desvios nas últimas décadas, ainda que ditados por boas intenções, provocados notadamente pela atuação de setores da mídia e da política, ao procurarem ambos explorar a seu modo, o sensacionalismo dos fatos, causando o aparecimento de uma corrente de ideias advogando uma doutrina de *preservacionismo radical*, acrescendo ao conceito original de Ecologia, certas características que já não mais podem ser classificadas como científicas, nem mesmo como lógicas, mas, predominantemente, pseudocientíficas e psicológicas.

Abre-se, com essa exploração do emocional, que apela para um medo ancestral, o campo fértil para a propagação nas mentes mais a ele sensíveis, disseminando essa combinação socialmente explosiva de *dúvida* e de *pânico*, levando ao desenvolvimento da *Ecoideologia*, que pode ser definida como um complexo pseudo-racional de conceitos preservacionistas à outrance, impregnado de um forte apelo emotivo – como de resto é característica das ideologias – que, à falta de *motivação racional* para conduzir necessárias e corretas *ações de prevenção*, se apresenta como uma *motivação emocional* para inspirar posturas e ações radicais, como *medidas de precaução*.[183]

---

[183] Vítor Nogueira, com razão, reconhece que: "Em teoria, qualquer ecologia radical é mais eficaz do que um modelo moderado, no sentido em que, uma vez posta em prática, preservaria melhor a natureza". Disponível em: <http://www.trasosmontes.com/eitofora/numero13/ensaio1.html>.

7 Entra a precaução

Tal como a Ecologia havia levado ao surgimento do *Direito Ecológico*, posteriormente *Ambiental*, também a Ecoideologia repercutiu fortemente no campo jurídico, acrescentando-lhe um viés de *disciplina de precaução contra riscos* àquela original conformação de *disciplina de prevenção contra danos*.

Assim é que se passou a produzir *normas* voltadas ao enfrentamento de riscos, prescindindo de maiores razões para facilmente prosperarem em ambientes saturados pelo temor de consequências imponderáveis, pois que lhes bastam, como justificativa para sua imposição, nada mais que as emoções que suas premissas despertam, já que, em lugar da prevenção, que é *lógica*, passam a manejar a precaução, que é *psicológica*, apresentando-se não só como solução capaz de aplacar a sensação de medo, como a mais barata e confortável, pois que se vale predominante da *inação*.

Desse modo, para motivar a existência de uma norma ou mesmo de uma interpretação inspirada pela invocação do *princípio da precaução*, nada mais é preciso do que se exagerar os riscos, prescindindo-se simplesmente – ou simplistamente, como seria mais apropriado – de qualquer demonstração de encadeamento lógico de causas e efeitos, com vistas a atender ao clamor pânico por soluções radicais.

Em suma, pela invocação desse *princípio da precaução*, em cuja aplicação, buscando efeitos aparentemente semelhantes aos da prevenção, se tende a exagerar medidas ditas acautelatórias, mas que nada mais fazem que *vedar* e *inibir* qualquer ação humana destinada a enfrentar riscos, conquista-se um grande número de ingênuos, mas sinceros defensores do meio ambiente.

Não obstante, esse princípio nada mais é que uma resposta ao *medo* e não, como deveria sê-lo, uma resposta adequada ao *perigo*, pois que, pela *inação*, não falhará apenas na certeza de afastar o risco ambiental, por falta de embasamento científico, como falhará, o que é ainda pior, pelo *aumento da incerteza*, por gerar *novos riscos*, ironicamente, decorrentes das próprias ações radicais e proibitórias que inspira.

Efetivamente, esse *princípio da precaução* entrou nos debates acadêmicos e passou à imprensa e às discussões populares, desde a invocação da necessidade de contenção do terrorismo (*precautionary principle*) para justificar a guerra preventiva (*preemptive war*) contra o Iraque, tal como anunciado e defendido pelo Presidente George W. Bush, com o argumento de que essa ação bélica *estaria justificada pela própria incerteza*, como se pode apreciar de suas palavras: "se esperarmos que as ameaças se materializem", referindo-se às armas de destruição em massa, "teremos esperado demasiado".[184]

Todavia, como têm demonstrado sobejamente os acontecimentos recentes, nas palavras de Cass Sustein, este princípio é *incoerente* por uma forte razão: "há riscos por todos os lados nas situações sociais. Portanto, ele é por isso paralisante, porque veda as próprias medidas que requerem. Porque os riscos estão por todos os lados, o princípio da precaução proíbe a ação, a inação e tudo mais de permeio".[185]

O fato é que, sucumbindo ao medo e a um, de tal forma paralisante, princípio da precaução, a humanidade estará renunciando àquilo que sempre empregou para vencer todos os riscos históricos enfrentados, até mesmo o de uma catástrofe nuclear: à *criatividade*.

8 Novos riscos ditados pela precaução emocional

Eis porque tantas ações ambientais, que invocam como fundamento apenas uma genérica *precaução*, levando a que órgãos ambientais do Estado, Ongs ambientalistas radicais, articulistas exaltados na imprensa e até ultrazelosos membros do próprio Ministério Público, acabem trilhando esse caminho simplista da *Ecoideologia*, resultam de uma aguda deficiência na adequada avaliação multicausal e multidisciplinar dos complexos fenômenos ambientais. Inexplicáveis senão pelo medo.

Ora, o Direito não oferece fundamentos que possam justificar essa substituição *tout court* da tradicional e lógica *prevenção*, pela novidade da psicológica *precaução* e, também, em consequência, abonar os desvios e as habituais ecocontradições resultantes.

A propósito, há cerca de 30 anos, quando escrevia a mencionada *Introdução ao Direito Ecológico e Urbanístico*, penso já ter identificado esse desvio, ao me valer da lúcida expressão de Frank Herbert, hoje, como ontem, irretocável: "Ecologia é a compreensão das consequências"[186] ou, dito com mais minúcia, que se deve firmar a consciência da inafastável necessidade de que as prováveis consequências de uma ação

---

[184] *Verbatin:* "If we wait for threats to fully materialize, we will have waited too long" (West Point Adress, June, 3, 2002, disponível na Rede em: <http://www.newsmax.com/archives/articles/2002/6/2/81354-shml>).

[185] SUSTEIN, Cass. *Laws of Fear, Beyond the Precautionary Principle,* Cambridge: Cambrige University Press, 2005, p. 4.

[186] MOREIRA NETO, Diogo de Figueiredo *op. cit.*, p. 42 (a alusão é à obra de HERBERT, Frank. *New World or no World*. New York: Ace Books, 1970, p. 210, nosso grifo).

humana se evidenciem pelo levantamento multidisciplinar e rigoroso dos elementos da cadeia causal que provoca, pois que só assim estarão justificadas tanto as ações, quanto as inações ambientais e afastados os erros irremediáveis decorrentes de uma fatal incompreensão.

9 Síntese, depuração de excessos e conclusão

Sustenta-se que um *Direito Ambiental* para a Pós-Modernidade, expungido de excessos e voltado à ação construtiva, poderá ser muito mais benéfico à humanidade do que radicalizado em posturas timoratas, negativistas e proclives à inação, porquanto o *risco*, como bem lembra Peter Bernstein, "é uma opção, e não um destino. É das ações que ousamos tomar, que dependem de nosso grau de liberdade de opção, que a história do risco trata"[187] e, ajuntamos, este é o *desafio* que move a própria História.

Com efeito, a sombria invocação do medo para *justificar a inação* leva à *paralisação do progresso,* enquanto que o emprego da *prevenção,* ao revés, *tem servido imemorialmente ao homem,* porque, a partir de seu uso criterioso, será sempre possível *conciliar valores aparentemente em conflito,* tais como o do ambiente equilibrado com o do desenvolvimento ou o do atendimento urgente das gerações atuais, com o atendimento diferido das gerações futuras.

Destarte, pela cega aplicação, sem que se proceda à devida depuração de excessos do *princípio da precaução,* pela devida "compreensão das consequências", *o que com ele se cerceará, afinal, será o progresso.* As atuais gerações se terão arvorado no direito de condenar sua prole à estagnação, a pretexto de legar um impossível éden planetário.

Uma depuração de excessos deve começar pelo comedimento na confiança, que se tem difundido, sobre o acerto de raciocínios heurísticos, quando empregados para abreviar avaliações cientificamente criteriosas.

Esses julgamentos, na lição do especialista Daniel Kahneman,[188] na carência de fundamentos adequados, trabalham por *substituição de atributos,* ou seja: trocando uma questão difícil por uma fácil. Assim,

---

[187] BERNSTEIN, Peter. *Desafio aos Deuses. A fascinante história do risco.* Rio de Janeiro: Elsevier-Campus, 19ª edição, 1997, p. 8.

[188] Daniel Kahneman, associando-se a outros especialistas, produziu inúmeros trabalhos em que examina a psicologia das decisões heurísticas e das decisões preconceituosas, como, de modo especial e ilustrativamente, com Paul Slovic e Amos Tversky, a obra *Judgement under Uncertainty: Heuristics and Biases,* Cambridge: Cambridge University Press, 1982.

questões árduas, que podem ser suscitadas em tese, como o risco nuclear, o risco do terrorismo, o risco dos pesticidas, o risco da redução da diversidade biológica e tantos outros dessa magnitude, quando "respondidas" heuristicamente, são substituídas por exemplos factuais que acodem prontamente à memória, porque tais hipóteses concretas admitem respostas imediatas por parte das pessoas, pois que mais facilmente podem estimar se elas se sentirão ou não assustadas.[189]

Assim é que esta prosaica possibilidade da substituição heurística – que vem a ser uma operação muito mais simplificada do que uma real avaliação científica – evidencia a pobreza lógica do princípio da precaução, uma vez que todos os elementos, que deveriam, em tese, ser considerados para um julgamento correto, são reduzidos, na hipótese, a alguns meros dados, que o suposto avaliador retira de sua própria experiência emocional.

Como se pode facilmente concluir, a invocação do princípio da precaução não é escusa para a inércia, inspirada pelo risco mal conhecido, e, jamais, uma panaceia, mas, ao contrário, só caberá invocá-lo validamente nas hipóteses em que os *riscos,* sempre que devidamente *calculados, evidenciarem* consequências mais graves e provavelmente inevitáveis do que as que decorreriam da própria inércia em enfrentá-los.

Dito em diferentes e melhores termos: "Segue-se que *não existe um princípio de precaução geral* – embora *pequenos princípios de precaução particularizados,* que afirmem suas margens de segurança para certos riscos, possam e devam operar em diferentes sociedades".[190]

Há, portanto, dois riscos, que todos podemos incorrer em nossos julgamentos habituais: o primeiro, o da *fácil generalização* – como se dá com esse inconsequente emprego da heurística – e, o segundo, o da *tímida apreciação* de nossa própria capacidade de superar as adversidades.

Igualmente, no plano coletivo, os mesmos erros poderão se repetir e falharão sempre as *normas* que generalizem premissas sem firme amarração aos fatos, como falharão as *previsões* catastrofistas, que subestimem a criatividade do homem e a sua capacidade, historicamente comprovada, de superar desafios, por mais dramáticos que se apresentem, pois é preciso acreditar na perfectibilidade da natureza humana.

---

[189] SUSTEIN, Cass. *op. cit*, p. 36.
[190] SUSTEIN, Cass. *op. cit.,* p. 5 (n/tradução e itálicos).

Em conclusão, onde ciência, técnica e direito convergem, como no tema examinado, é ocasião de repensar a ética, como no ensinamento recente exposto por Hans Jonas, a geratriz de um *princípio da responsabilidade*,[191] em que se advoga uma moral especial para esta idade da tecnologia, na qual a atuação do homem sobre os mundos animal, vegetal e mineral, biosfera, estratosfera e espaço se submeta a uma *ecologia da responsabilidade*, a que considere e avalie todos os riscos em conjunto e não apenas alguns deles.

Uma consequente *ecologia da responsabilidade* há de ser, por isso e desde logo, necessariamente *multidisciplinar*, para que os medos e os excessos de poucos se diluam entre as muitas visões que possa suscitar um mesmo tema, e deve ainda ser *pura*, para não tolerar desvios, ainda que perpetrados de boa-fé, como, tampouco, sucumbir aos radicalismos fáceis: nem ao derrotismo, nem à ingenuidade.

Referências

BECK, Ulrich. *La societé du risque*. Paris: Ed. Aubier, 1986.

BERNSTEIN, Peter. *Desafio aos Deuses. A fascinante história do risco*. 19. ed. Rio de Janeiro: Elsevier-Campus, 1997.

HERBERT, Frank. *New World or no World,* New York: Ace Books, 1970.

HOBSBAWM, Eric. *The Age of Extremes: The Short Twentieth Century, 1914-1991*. London: Michael Joseph, 1994.

JONAS, Hans. The Imperative of Responsability. *In:Search of an ethics for the techological age*. Chicago: The University of Chicago Press, s/d.

KAHNEMAN, Daniel. *Judgement under Uncertainty: Heuristics and Biases,* Cambridge: Cambridge University Press, 1982.

LAGADEC, Paul. *La civilisation du risque*. Paris: Ed. Du Seuil, 1981.

MOREIRA NETO, Diogo de Figueiredo. *Introdução ao Direito Ecológico e ao Direito Urbanístico*. Rio de Janeiro, Editora Forense, 1977.

NOGUEIRA, Vitor. *Por uma ecologia que não se transforme em ecoideologia*. Disponível em: <http://www.trasosmontes.com/eitofora/numero13/ensaio1.html>.

SUSTEIN, Cass. *Laws of Fear, Beyond the Precautionary Principle*. Cambridge: Cambrige University Press, 2005.

---

[191] JONAS, Hans. The Imperative of Responsability. *In:Search of an ethics for the techological age*. Chicago: The University of Chicago Press, s/d.

10º ENSAIO

DIREITO ADMINISTRATIVO E REPTOS À DEMOCRACIA[192]

Preâmbulo

Vivemos um momento de crises representativas em todo o mundo, particularmente no Brasil, notadamente expressadas em multiplicados movimentos sociais de inconformismo e de protestos, mas, igualmente, em cada vez mais frequentes confrontações, que são levadas aos órgãos judiciários, assoberbando-os com demandas de interesse e repercussão geral, em busca da concretização das prestações e das garantias dos direitos fundamentais constitucionalizados, por parte de seus governos.

Abre-se uma quadra de transformações em nível global, na qual são originados, copiados e experimentados novos instrumentos jurídicos, que não apenas procuram reforçar as garantias democráticas, como também aperfeiçoá-las.

Muito a propósito, à guisa de epígrafe, oferece-se a seguinte passagem ilustrativa, da lavra de *Antonio-Enrique Pérez Luño*, catedrático de Filosofia do Direito, da Universidade de Sevilha, como adequada introdução a este ensaio: "... urge indagar es el porqué há surgido y tomado cuerpo esa inquietud común a casi todas las naciones democráticas de buscar o importar nuevos instrumentos de garantía a los derechos fundamentales y de control a la administración".

Antonio-Enrique Pérez Luño

---

[192] Desenvolvimento do tema da Aula Magna do Curso de Pós-Graduação em Direito da Universidade Cândido Mendes, proferida em março de 2014, retomando estudos contidos em trabalhos anteriores, a propósito dos movimentos sociais eclodidos e agravados nesta era da internet, revisitando-os, ampliando-os e atualizando-os, com especial enfoque no papel disciplinador que cabe ao Direito Administrativo.

1 Poderes, mas em que sentido? Desafios políticos da pós-modernidade

Esta exposição não adota, tal como já se o fez em anterior trabalho sobre o tema,[193] a acepção juspolítica de *poder*, que o entende como uma fração institucionalizada da organização estatal, mas se vale de sua significação sociológica, que é a que se encontra averbada nas Constituições democráticas, tal como o registra a nossa, no artigo 1º, parágrafo único: "Todo o poder emana do povo que o exerce por meio de representantes eleitos ou diretamente, nos termos desta Constituição".

Neste ensaio, segue-se a sequência evolutiva do conceito de poder, partindo-se dessa acepção sociológica original, em que o fenômeno se apresenta sob múltiplas e efêmeras expressões, que podem ser apreciadas no cadinho de relações e de valores desenvolvidos no convívio social.

É a partir dessa prístina acepção, que, em sequência, ganha sentido e coerência institucional de modo a conformar uma acepção juspolítica. Inicialmente, enquanto as expressões de poder produzem apenas instituições sociais e, em sequência, quando passam a se revestir de cogência, já como instituições jurídicas, para, finalmente, com o aparecimento do Estado moderno, se tornarem predominantemente, quando não totalmente, *produtos estatais*, ou seja, abandonando sua inicial e nobre origem societária e consuetudinária.

Assim é que a expressão *poder do povo* – na acepção registrada na Constituição – tanto cabe ser entendida em seu puro e simples sentido sociológico, quanto no seu sentido, juspolítico, portanto, já mais elaborado, pois que revestido das formalidades extrínsecas da institucionalização jurídica.

Deve-se, todavia, lembrar, que, não obstante distintas as suas vias de desenvolvimento, ambos os elementos – o social e o juspolítico – sempre deverão convergir para que a coexistência humana seja progressivamente ordeira, pacífica e produtiva, na medida em que se vão produzindo normas que expressem e apliquem autênticos valores convivenciais, pois são estes, afinal, que estruturam, sucessivamente, as culturas e as civilizações.

Por esta razão, este estudo se debruça, basicamente, sobre o recorrente problema dos embates entre as expressões estáveis e as protéicas

---

[193] MOREIRA NETO, Diogo de Figueiredo. *Relações entre poderes e emocracia: crise e superação.* Belo Horizonte: Editora Fórum. 2014.

expressões instáveis de poder, tal como hoje se reeditam com maior veemência em vários países, culturas e latitudes do globo nesta era das comunicações eletrônicas.

Uma vez confrontadas, as expressões instáveis rebeldes, com as expressões juspolíticas institucionalizadas, como adiante se exporá, se, por um lado, repete-se o velho e bem conhecido fenômeno do choque do poder formal com o informal, por outro lado, despontam alguns perturbadores componentes nos movimentos sociais contemporâneos, que suscitam especial atenção e reclamam novas e diferenciadas respostas, para que essas relações não se exacerbem, gerando repressões pela força, insegurança geral e o caos, como lamentavelmente se constata em todas as latitudes.

Essas respostas haverão de se dirigir a harmonizar, pacificamente, as reivindicações sociais com a ordem jurídica, abrindo *canais institucionais* para produzir "um processo de democratização" como o denomina Manuel Castells,[194] mas não apenas como uma "acomodação" pontual e excepcional de demandas, tais como as ocorridas com as liberalizações políticas, depois da criação do *Dia da Fúria*, em alguns Estados árabes, como ocorreu na Jordânia e no Marrocos – em ambos, por iniciativa das realezas locais para permanecerem no poder – mas como uma acomodação permanentemente ativa, através de testadas instituições de ligação entre sociedade e Estado.

São esses, enfim, os reptos que se renovam à implantação, ao progresso e à estabilização da democracia, ainda em processo de lenta e laboriosa expansão ecumênica em nossos dias.

Não se pretende, porém, desenvolver uma monografia, mas, nesta ocasião, em que se revê apontamentos já publicados, apenas fazer algumas considerações adicionais sobre esse fascinante e recorrente tema – das *crises* que acometem as diversas expressões de poder interagentes nas sociedades e das *superações* históricas das tensões sociais que produzem.

Discorre-se, ainda, mas com acrescidas considerações e argumentos, sobre a oportunidade que se renova de forjar e desenvolver adequadamente essas novas instituições, muitas delas, caracteristicamente de *intermediação*, necessárias, tanto para *filtrar e eliminar os excessos perniciosos dessas crises*, quanto para *adequadamente canalizar e aproveitar os impulsos generosos que as motivem.*

---

[194] CASTELLS, Manuel. *Redes de Indignação e Esperança*. Rio de Janeiro: Jorge Zahar Editora Ltda., tradução brasileira autorizada, de Carlos Alberto Medeiros, 2013, p. 73-75, da primeira edição inglesa de 2012, publicada pela Polity Press, de Cambridge.

Eis uma tarefa que, necessariamente, conduz a alguns *aspectos jurídicos* suscitados pelo tema e, destacadamente, ao papel em ascensão do Direito Administrativo na construção de um Estado Democrático de Direito responsivo e estável. Enfim, o que se almeja, como proclama Antonio-Enrique Perez Luño na epígrafe escolhida, é reforçar as garantias constitucionais do *primado dos direitos democráticos* e o *controle do emprego dos poderes atribuídos ao Estado.*

No Brasil, parte-se da constatação de que, entre nós, auspiciosamente, já se encontra instituído, embora não haja alcançado sua maturidade, um arcabouço da *flexibilidade institucional*, que é necessário para a superação dessas crises, provocadas por essa imperiosa dualidade histórica – entre, de um lado, as organizações institucionais assentadas e, de outro, as tensões e pretensões sociais advenientes.

Essa pretendida maturidade institucional, a ser cultivada no contínuo aprendizado de sua prática, muito depende da consciência, que seja possível desenvolver, no mais curto prazo possível, da importância de prestigiar-se e de bem exercitar-se o novo sistema de funções instituído no País em 1988.

Efetivamente, conformou-se um complexo *sistema de equilíbrio de funções*, positivado na própria *configuração constitucional* do País, disposta em seu Título II – *Da Organização dos Poderes* – com a instituição de *dois distintos blocos de exercício funcional de poderes políticos destinados à cura de valores comuns e complementares*, rigorosamente conforme o que se proclama no seu art. 1º, parágrafo único.

São eles: *primo*, o bloco conformado pelos Capítulos I e II e, *secundo*, o bloco moldado nos Capítulos, III e IV, ambos, com seus respectivos *fundamentos, destinação* e *investiduras públicas.*

Tem-se, portanto:

De um lado, o bloco destinado ao exercício da *democracia indireta*, de *expressão política partidária e de investidura pela via eleitoral;* e, de outro lado, o bloco reservado ao exercício da *democracia direta*, de *expressão política individual* e *de investidura pela via meritocrática.*

Como a seguir se discorrerá, a racionalidade dessa *dupla configuração funcional*, tanto quanto (1) ao modo de *exercício da democracia*, quanto (2) à forma de *expressão política* e quanto (3) à via de *investidura* prevista para seus agentes, atende cabalmente à regra áurea da simultânea e recíproca *independência e interdependência* de todas as funções instituídas do Estado e no Estado.

2 Os movimentos sociais da atualidade

A intensa comunicação social tem definido novos padrões nas sociedades pós-modernas;[195] eis uma realidade inquietante, com a qual esta e as próximas gerações deverão conviver, readequando continuamente as suas instituições.

Como fenômeno contemporâneo de reconhecida importância, as *redes de comunicação eletrônica* têm demonstrado uma extraordinária capacidade de agregação e de mobilização social, embora, como se reconheça, seja necessária, para gerarem força política, a coincidência de duas condições essenciais.

A primeira consiste no fato de que se haja fermentado, em elevado grau de *intensidade,* uma generalizada insatisfação popular com o desempenho dos poderes constituídos,[196] em tal grau que haja levado

---

[195] Manuel Castells, em entrevista ao jornal Folha de São Paulo. Sob o título *Comunicação e Poder,* em 21 de setembro de 2010, assim responde às indagações daquele órgão: "Indagação: Por que a internet amedronta o poder político? Resposta – Porque o poder sempre esteve baseado no controle e, às vezes, na manipulação da informação. O grau de autonomia das pessoas para se comunicar, informar e organizar suas próprias redes de sociabilidade é muito mais potente com a internet. Ela é a construção da autonomia da sociedade civil. Os governos sempre tiveram horror a isso. Indagação: A internet é incontrolável, mas os governos sempre tentam exercer algum controle. Não é um trabalho em vão? Resposta: Por mais que queiram controlar, não podem controlar. Nem a China pode controlar. Isso mostra a desconfiança dos governos e dos políticos com respeito a seus próprios cidadãos. Não lhes agrada que se organizem e que sejam autônomos. Aos políticos só interessa o poder. A única maneira de controlar a internet é desconectá-la totalmente. E isso hoje em dia é um preço que nenhum país pode pagar, porque, além de livre expressão, a rede é educação, economia, negócios é a eletricidade de nossa sociedade" (<http://search.mywebsearch.com/mywebsearch/GGmain.jhtml?p2=^HJ^xdm022^YY^b r&si=pconverter&ptb=C1B1DBB5-42C1-45CB-9E4F-65B1C4863792&ind=2013031810&n= 77fc6d82&st=bar&searchfor=entrevista+MANUEL+CASTELLS+ao+jornal+Folha+de+Sao+ Paulo Comunicacao+e+Poder>).

[196] Clay Shirky, no artigo *The political power of social media* fornece um eloquente exemplo em artigo que correu o mundo e foi repetidamente citado (aqui em excerto do original): "On January 17, 2001, during the impeachment trial of Philippine President Joseph Estrada, loyalists in the Philippine Congress voted to set aside key evidence against him. Less than two hours after the decision was announced, thousands of Filipinos, angry that their corrupt president might be let off the hook, converged on Epifanio de los Santos Avenue, a major crossroads in Manila. The protest was arranged, in part, by forwarded text messages reading, "Go 2 EDSA. Wear blk".(vá para a Avenida Epifanio de los Santos. Traje preto) The crowd quickly swelled, and in the next few days, over a million people arrived, choking traffic in downtown Manila. The public's ability to coordinate such a massive and rapid response – close to seven million text messages were sent that week – so alarmed the country's legislators that they reversed course and allowed the evidence to be presented. Estrada's fate was sealed; by January 20, he was gone. The event marked the first time that social media had helped force out a national leader. Estrada himself blamed "the text-messaging generation" for his downfall. Since the rise of the Internet in the early 1990s, the world's networked population has grown from the low millions to the low billions. Over the same period, social media have become a fact of life for civil society worldwide,

as pessoas às ruas, e, a segunda, que se organizem adequadamente as *convocações populares* à ação, como em passeatas, marchas, reuniões, comícios ou outras formas de manifestação pública.

Essas condições para a eclosão dos movimentos sociais de que se trata, são gerados, na análise de Castells, acima citado, a partir de dois fatores que deverão estar presentes nas sociedades para superar o medo de se exporem à repressão estatal: um alto grau de *indignação*, combinado com a *esperança* de que sua contribuição concorrerá para mudar.

O fato é que essas convocações pelas redes sociais se estão tornando cada vez mais difundidas e frequentes por todo o mundo, todas, como tônica comum, reivindicando melhor atendimento de necessidades coletivas por parte dos governos instituídos.

Nelas, algumas características se destacam, tais como a ausência de pautas e de lideranças e a agregação de pessoas dos mais diversos segmentos da sociedade e ostensivamente desvinculadas das organizações partidárias.

Vale observar que o caráter apartidário dessas manifestações se patenteia pelo impedimento de a elas se incorporarem militantes de partidos, ostensivamente ou não infiltrados, portando suas bandeiras, cartazes e insígnias, do que se conclui, por este repúdio, a natureza espontânea e não sectária dessas demonstrações espontâneas do povo, em pleno exercício informal de sua soberania, sem qualquer relação com as organizações partidárias oficializadas.

Essa possibilidade de franca atuação da cidadania, dispensando a intermediação de representantes políticos e de suas agremiações, tornada possível graças às imensas possibilidades comunicativas e agregadoras das redes sociais, é uma nova espécie de revolução, que prescinde de armas para se manifestar, embora possa ser violenta por conta de desordeiros e marginais infiltrados com outras intenções e ao se tornarem insurreições armadas.[197]

---

involving many actors – regular citizens, activists, nongovernmental organizations, telecommunications firms, software providers, governments.
ThiRaises an obvious question for the U.S. government: How does the ubiquity of social media affect U.S. interests, and how should U.S. policy respond to it?As the communications landscape gets denser, more complex, and more participatory, the networked population is gaining greater access to information, more opportunities to engage in public speech, and an enhanced ability to undertake collective action. In the political arena, as the protests in Manila demonstrated, these increased freedoms can help loosely coordinated publics demand change..." (<http://www.foreignaffairs.com/articles/67038/clay-shirky/the-political-power-of-social-media>).

[197] Em recente obra, já citada, é ainda Manuel Castells que assim analisa essa atuação: "Entretanto, nas margens de um mundo que havia chegado ao limite de sua capacidade

Ora, não se podendo, nem ignorar nem sufocar essa nova configuração espontânea de poder, a brotar dos que se sentem mal atendidos e mal representados, expressada como uma nova forma de ação política, toca, agora, aos cientistas sociais, notadamente aos juristas – especialistas da ordem e da paz social – essa tarefa de estudá-las, analisá-las e compreendê-las, para que ofereçam suas sugestões, propostas e recomendações com vistas a uma nova agenda da democracia.

Desses especialistas, é justo que se esperem respostas práticas sobre os modos não de reprimir e sufocar, mas de canalizar, ordeira e utilmente, essas legítimas e diferenciadas expressões espontâneas de poder do povo, pois esse esforço será importante para superar carências institucionais, que se tornam mais evidentes como concausas dos cenários de crises que se abrem, tais como, destacadamente, aquelas que se referem ao envelhecimento de alguns institutos, como, aqui postos em destaque: a clássica tripartição de poderes, a representação política, os partidos políticos e a democracia formal, como a seguir se examina.

Nesta linha de trabalho, parte-se da crítica das instituições tradicionais, cuja inércia vem impedindo que os novos haustos sociais as revitalizem de tal modo a que possam atender com maior autenticidade e presteza aos reclamos de eficiência por parte do povo soberano, que, inconformado, quando não indignado[198] com a acomodação e a paralisia a que chegaram as classes políticas, vem em massa às ruas protestar, em última análise, por novos rumos institucionais.[199]

3 Quatro grandes instituições tradicionais em vias de aperfeiçoamento e superação: a democracia formal, a representação política, a clássica separação de poderes e os partidos políticos

Sempre lembrada, a expressão de espanto do ilustre Decano de Direito Administrativo da Sorbonne, Maurice Hauriou – "On nous a

---

de propiciar aos seres humanos a faculdade de viver juntos e compartilhar sua vida com a natureza, mais uma vez os indivíduos realmente se uniram *para encontrar novas formas de sermos nós, o povo.*

[198] Como vem no título da obra de Manuel Castells referida em nota anterior.

[199] Uma coletânea desenvolve esta linha investigativa: *Cidades Rebeldes – Passe livre e as manifestações que tomaram as ruas do Brasil.* David Harvey e outros. São Paulo: Boitempo Editorial, 2013.

changé notre État!", bem poderia servir de epígrafe a este estudo, pois é fundamentalmente de mudanças que aqui se trata.

Tanto no tempo do famoso *Doyen*, como hoje, as mutações políticas dos Estados são os reflexos institucionalizados das transformações por que continuamente passam as próprias sociedades e, mais particularmente, as consequências de suas permanentes demandas por mais e melhores prestações públicas; como se observa, temas muito próprios, ainda que não exclusivos, do Direito Administrativo.

Ora, as instituições têm seus ciclos históricos de existência, tornando-se obsoletas e desaparecendo, ou passando por mutações que as renovam, prolongando-lhes a vitalidade de seus elementos essenciais.

Nem mesmo as formidáveis instituições políticas ocidentais, desenvolvidas e globalizadas durante a modernidade, tampouco escapam a essa contingência do tempo, e algumas delas, aqui examinadas, indicam a existência de um ativo processo de superação em pleno curso, que se vem acelerando sob o impacto das sempre novas tecnologias da comunicação.

Nessa linha, dentre várias instituições políticas em mutação, aponta-se quatro delas, tidas como consagrados pilares da organização juspolítica moderna e plenamente vigentes na grande maioria das mais de duzentas entidades estatais existentes: (1) a tripartição de poderes, (2) a representação política, (3) os partidos políticos e (4) a democracia formal, examinando, sucessivamente, a crise que as atinge e as respostas institucionais que as estão atualizando sem desnaturar suas conquistas no essencial.

Esse processo, ao que tudo indica, de superação e não de desaparecimento institucional – pois que resguarda a essência dos institutos – tem sido a resposta formal evolucionária de hoje, que assume o lugar dos processos informais revolucionários, tão frequentes no passado e mais ocasionalmente no presente, que soíam vir acompanhados de graves comoções sociais, quando não, de perdas de vida, destruição e caos. Todavia, como indica a própria linha histórica desses movimentos, há de ser o desenvolvimento pacífico e ordeiro desse difícil processo de superação, na busca da canalização institucional das demandas represadas, o que proporcionará condições de se evitar atrasos e prejuízos.

Este novo e criativo papel do Direito, de conduzir a superação institucional nas sociedades, tanto mais importante, quanto mais juridicizadas se tornem, transita hoje serenamente na Sociologia Jurídica de vanguarda, explicando como a antiga visão legalista – formal, tecnicista e positivista – que dominou o Direito por dois séculos, transcendeu para a atual visão humanista e axiologicamente orientada, própria das mentes e das sociedades pós-modernas.

Assim, a ingenuidade do racionalismo – como uma expressão de absolutismo filosófico – dando lugar a um ativo criticismo relativista – que faz da argumentação e do diálogo instrumentos de realização de valores dominantes em sociedades complexas – é bem o exemplo modelar da superação e aperfeiçoamento da Ciência e da *praxis* jurídica, como um processo social permanente, notadamente, como já assinalava Georges Gurvitch,[200] levando-se em conta a pluralização das fontes do Direito, um fenômeno que esse autor já percebia com clareza em meados do século passado.

4 As crises e os contrapontos trazidos pela pós-modernidade: o surgimento dos contrapoderes, a força politização eletrônica, a multiplicação das reivindicações e das demonstrações públicas

Considera-se, portanto, entre as várias instituições políticas em mutação, as quatro mencionadas: (1) a *tripartição de poderes*, (2) a *representação política*, (3) os *partidos políticos* e (4) a *democracia formal* – observando-se que, das três, a primeira tem pura natureza constitucional, pois será na Carta Magna que as alterações deverão aparecer em seu devido tempo.

Todavia, distintamente, as três outras, além de sua necessária alteração na sustentação constitucional, dependerão ainda de cuidadosas revisões no nível infraconstitucional, destacadamente: no campo do Direito Eleitoral, para introduzir aperfeiçoamentos na representação política e nos partidos políticos, e no campo do Direito Administrativo, para introduzir os institutos que ampliarão a democracia formal para incluir a material.

Auspiciosamente, outros tantos fenômenos sociais correm em paralelo e em contraponto às crises, valendo-se, por vezes, dos mesmos veículos, inspirando e instrumentando a desejada superação. É o caso da revolução das comunicações, que produz uma geração politizada, ao tornar as populações mais bem formadas e informadas, cuja presença e força se revelam notadamente nestes dois fenômenos xifópagos: no

---

[200] GURVITCH, George. Sociologia do Direito: resumo histórico-crítico. *In:* SOUTO, C. e FALCÃO, J. *Sociologia e Direito*. São Paulo: Pioneira, 1999.

ressurgimento dos contrapoderes e na multiplicação das reivindicações populares organizadas.

A politização eletrônica abre uma via direta, rápida e diversificada, que supera a de comícios e palanques, para expressar a vontade popular independentemente dos canais tradicionais midiáticos e, notadamente, dos partidários, cujo desgaste institucional já se faz evidente em vários países – como, exemplarmente, no Brasil – espelhando o déficit de autenticidade e de representatividade dessas agremiações.[201]

Autores de diversos países e de diferentes especialidades se têm ocupado desses fenômenos contemporâneos que apontam a dupla crise: a da representação e a dos partidos políticos.[202]

Manuel Castells, indagado por um repórter sobre uma iniciativa, no Brasil, em busca de uma experiência representativa diferenciada pela criação de um partido não convencional, que se pretendia chamar de "rede", para se diferenciar das denominações existentes e por seu forte apelo direto à mobilização eletrônica, refere-se, como obstáculo a essa pretensão, a existência de um pacto tácito entre os atuais partidos, em manter o presente esquema de poder, que lhes favorece, concluindo que dificilmente eles se comportariam autofagicamente.[203]

---

[201] No Brasil, tomado como exemplo, em que atuam nada menos que 36 partidos políticos registrados, podendo dobrar esse número, desde que o Tribunal Superior Eleitoral passou a entender que o mandato pertence ao partido e não ao eleito, de modo que o político que muda de legenda perde o mandato, já não mais se exige qualquer coerência pessoal do eleito com seus próprios valores. Todavia, os partidos tampouco primam por coerência com o que deveriam ser, os valores de seus respectivos ideários políticos. Na realidade, em comum, esses partidos gravitam sua atuação muito mais sobre a figura de caciques ou de oligarquias partidárias que sobre programas próprios e, o que é pior, estão muito mais dedicados a negociar fatias do poder estatal e a empregar os líderes de suas bases em multiplicadas empresas estatais e em cargos burocráticos de confiança do que atuar em benefício de seus eleitores. Para constatar essa inautenticidade, basta um simples cotejo entre as dezenas de programas oferecidos à escolha popular para revelar uma impressionante semelhança entre eles e, com isso, a falta de identidade política, propositadamente vaga para evitar possíveis rejeições.

[202] Assim, responde Manuel Castells em entrevista à Folha de São Paulo, publicada na edição de 3 de junho de 2013. (<http://www1.folha.uol.com.br/fsp/mundo/112107-nao-basta-um-manifesto-nas-redes-sociais-para-mobilizar-as-pessoas.shtml>). *Indagação:* Como o senhor vê a evolução da crise de representação dos Parlamentos, e que papel a imprensa tem nisso? *Resposta:* Todos os dados mundiais, exceto os da Escandinávia, mostram o desprestígio total dos políticos, partidos e parlamentos. Se os cidadãos pudessem, mandariam todos embora, mas o sistema bloqueou as saídas. A imprensa costuma estar mediada pelos empresários e por suas alianças políticas. Felizmente, a liberdade de comunicação tem dois aliados fundamentais: o profissionalismo dos jornalistas e a rede.

[203] Ainda Manuel Castells, na entrevista à Folha de São Paulo, publicada na edição de 3 de junho de 2013 (*op. cit,*) assim respondeu à indagação que lhe foi proposta: "*Indagação:* Marina Silva propõe a criação de um novo partido político, que tem o nome simbólico de

Seja qual for o motivo apregoado, as reivindicações populares concentram-se, cada vez mais, em canais informais, tais como a internet, a mídia panfletária, as associações civis e até, lamentavelmente, os cultos religiosos.

Mas, como se trata apenas de *vias de comunicação* e não de *vias eleitorais*, elas não conduzem diretamente à obtenção do poder político necessário para atender às reclamações – muito embora cada vez mais possam influir para engrossar as expressões contemporâneas de contrapoderes.

Tal é, também, a percepção de Ulrich Beck, exposta em sua consagrada monografia sobre o fenômeno, sintetizada, em suas próprias palavras, nas seguintes passagens da Introdução posta à obra: "O surgimento do populismo de direita na Europa deve ser compreendido como uma reação à ausência radical de perspectivas em um mundo em que suas fronteiras e seus fundamentos foram abalados".

E, apontando mais detidamente as causas:

A incapacidade das *instituições* e das *elites dominantes* de perceber esta nova realidade social e dela tirar partido se explica pela vocação original e histórica dessas instituições. Elas foram criadas em um mundo onde as ideias de pleno emprego, de primado da política governamental sobre a economia nacional, de fronteiras em funcionamento, de soberanias e de identidades territoriais claramente definidas tinham valor de pontos cardeais.[204]

Rede. É possível para um político que esteve nos partidos tradicionais reinventar-se nesses novos movimentos? *Resposta:* Em geral, eu diria que não. Mas, conhecendo Marina Silva, se alguém tem a possibilidade de fazer isso, seria ela. Terá, entretanto, de enfrentar todo o sistema, porque um ponto sobre o qual todos os partidos estão de acordo é manterem o monopólio conjunto do poder".

[204] E, para maior esclarecimento, prossegue o excerto oferecendo as respectivas respostas às suas implícitas indagações: "Quase todos os temas candentes da nossa época ilustram a mudança que ocorreu a este respeito; é insultar a humanidade, preconizar o pleno emprego à época do desemprego em massa e do trabalho informal. É insultar a humanidade, o afirmar, nos países onde a taxa de fecundidade caiu abaixo do nível fatídico de 1,3 crianças por mulher, que as aposentadorias não estão ameaçadas. É insultar a humanidade, louvar os méritos da globalização, que permite às grandes multinacionais de jogar os Estados uns contra os outros para não pagar impostos, enquanto as receitas de tributos internos diminuem dramaticamente. É insultar a humanidade, pregar o multiculturalismo e o amor entre os povos, o desdenhar os conflitos que surgem nas sociedades multi-étnicas. É insultar a humanidade, pretender, enquanto tantas catástrofes ecológicas e alimentares ocorrem ou são anunciadas, que a técnica e a indústria resolverão os problemas que elas mesmas criaram". (BECK, Ulrich. *Pouvoir et contre-pouvoir à l'heure de la mondialisation.* Paris: Éditions Fammarion, 2003, p. 7-8, na tradução francesa do original alemão *Macht und Gegenmacht in globalen Zeitalter.* Munchen: Suhrkamp Verlag, 2002. (Tradução livre do autor).

Está claro que a existência de contrapoderes não institucionalizados, nem soluciona diretamente os problemas, senão que os desdobram em novos, a serem equacionados. Não obstante, é imperioso que todas as soluções devam advir respeitando a ordem jurídica, fora da qual nada será possível, senão gerar novos focos de dissenso e de atrito.

Por outro lado, observa-se que o extraordinário desenvolvimento dos canais informais de participação da sociedade, entre eles os que produzem os contrapoderes, não apenas *conduzem* as reivindicações como também as *organizam*, facilitando aos usuários das redes sociais, não apenas o acesso à informação, como o seu emprego.

Não é de se estranhar, portanto, que os movimentos de contrapoderes se valham não só de reivindicações brutas, irrefletidas, desorganizadas, tal como brotam espontaneamente das pessoas neles envolvidas, como, e cada vez mais, empreguem informações já aparelhadas e com direção definida, que lhes vão sendo disponibilizadas pelas vias informais, tanto como recursos financeiros.

Assim é que, na visão de Ulrich Beck, os contrapoderes, ao menos teoricamente, ainda poderão se fortalecer de tal modo, que – diante de uma crescente certeza da progressiva inanidade dos governos dos cerca de duzentos países hoje filiados à ONU, de prover adequadamente os interesses públicos desatendidos de suas populações – nessas críticas circunstâncias, o apelo à transnacionalização não estará descartado no devir das sociedades pós-modernas, pois, mantendo a expressão do autor:

> [...] se nos entregamos a uma exploração conceitual e política do espaço de poder mundial, deixando de lado as categorias antigas do que seja 'nacional' ou 'internacional', encontramos não somente as explicações à reação populista (dos contrapoderes), mas abrimos, sobretudo, perspectivas para uma renovação cosmopolita da política e do Estado.[205]

5 As respostas pós-modernas à crise das instituições tradicionais herdadas da modernidade

5.1 A ascensão da democracia material como resposta aos abusos de maiorias, em superação da *democracia formal*

Historicamente, a organização da cidade-estado grega foi a origem do poder político fundado no conceito de *igualdade* entre os

---

[205] BECK, Ulrich, *op. cit.*, p. 13 (Em tradução livre do autor).

membros do grupo e, em consequência, na adoção formal do método da *regra da maioria* para a tomada de decisões coletivas, o que configurou, à época, o primeiro exemplo institucional de uma *democracia formal*.

Esta magnífica herança grega ficaria, porém, esquecida por alguns séculos nas sociedades essencialmente *inigualitárias* da Antiguidade e do Medievo, de modo que o ressurgimento de um poder público democrático, embora ainda reverente a maiorias, só seria possível após o Renascimento, entrando em plena Modernidade, como dádiva do pensamento humanista, que proporcionaria o retorno institucional das condições igualitárias e libertárias indispensáveis à passagem a uma nova etapa de aperfeiçoamento das sociedades políticas para o exercício da cidadania, como resultado da institucionalização dos processos de escolha dos governantes pela referida regra da maioria.

À época, esta mesma regra também passou a ser aplicada para as decisões colegiadas dos órgãos de representação política. Em ambos os casos, o número primava sobre o eventual conteúdo de valor posto em questão.

Porém, desde os exemplos históricos pioneiros da democracia, o que se havia acompanhado era não mais que uma contínua construção do conceito e de institutos de uma *democracia formal* – entendida como a referida apenas à escolha de governantes – mas, graças a ela, se galgaria um novo patamar evolutivo com o Estado de Direito, passando a subordinar o poder do Estado às próprias leis por ele editadas.

Era já um avanço, mas, ainda assim, a *democracia* continuava a ser totalmente dependente do nuto arbitrário das maiorias e, por isso, ainda muito frágil, para resistir aos fortes carismas pessoais e às cativantes ideologias totalitárias, que cada vez mais a desafiariam a partir do Século XIX.

De certo modo, esse desenvolvimento vertiginoso das burocracias estatais no período levou a Zygmunt Bauman,[206] lembrando Michel Cozier, a observar que, no fenômeno burocrático, "toda dominação consiste na busca de uma estratégia essencialmente semelhante – deixar o máximo de liberdade de manobra ao dominante e impor ao mesmo tempo as restrições mais estritas possíveis à liberdade de decisão do dominado".

---

[206] BAUMAN, Zygmunt. *Globalização. As consequências humanas*. Rio de Janeiro: Jorge Zahar Editor Ltda., 1999. p. 77. Tradução de Marcus Penchel do original de língua inglesa, *Globalization. The human consequences*. Cambridge/Oxford: Polity Press e Blackwell Publishers, 1998.

Nestas condições, um novo passo adiante deveria ser dado para *salvaguardar as minorias* contra eventuais abusos das maiorias: o tímido início de uma nova epopeia que partiria das primeiras declarações formais de *direitos fundamentais*, enunciando *valores estruturantes* da vida civilizada; tudo isso, ainda na vigência dos, então, Estados de Direito.

Ora, para tanto, os valores não deveriam ser apenas *declarados*, mas *garantidos* e, mais ainda do que simplesmente isso, *promovidos* pelo Estado, pois que se havia comprovado historicamente, que apenas belas declarações retóricas, ainda que solenemente insertas nas Constituições e Tratados, não impediram que esses proclamados direitos fundamentais das pessoas continuassem a ser desprezados e espezinhados por governos, embora escolhidos pela regra da maioria, até mesmo nos Estados de Direito.

Ainda assim, um importante progresso se fazia necessário, mas, para alcançá-lo, a humanidade deveria pagar um alto preço nas sucessivas guerras travadas durante quase todo o Século XX, para que se superasse, afinal, a retórica das declarações e os valores enunciados como direitos fundamentais efetivamente se impusessem sobre as maiorias e os seus governos.

Para isso, tornava-se necessário superar e aperfeiçoar as *instituições políticas do acesso ao poder*, de modo a se contar no aparelho de Estado, não apenas com o acesso a *investiduras políticas majoritárias*, mas, reequilibrando a balança institucional, com o acesso a um reforçado sistema de *investiduras políticas contramajoritárias*.

Nessa linha, amadurecia, para só mais recentemente se desenvolverem, conceitos mais aperfeiçoados de *Estado Democrático de Direito*, que contariam com um *equilíbrio institucionalizado* entre o que deva ser o espaço majoritário e o que se reserve ao espaço contramajoritário.

Foi o que, afinal, se veio a adotar pioneiramente na Lei Fundamental de Bonn, da então recém fundada República Federal da Alemanha, promulgada em 1949, que, ao vir à luz, outorgaria plena *efetividade jurídica* às suas declarações de valor, constitucionalizando, assim, como exemplo a ser seguido pelo mundo livre, o conceito de *democracia material* e culminando o processo histórico de sua afirmação.

Não obstante, se o dotar-se o Estado de uma *Constituição democrática* seria essencial, nem por isso esse passo foi exauriente para a efetiva implantação de uma democracia em seu *sentido integral* – que fosse formal e material.[207]

---

[207] Este *"sentido integral"*, ainda assim, é um conceito relativo a ser contextualizado quanto à evolução do conceito, como se apresenta à luz das teorias democráticas geralmente

A batalha da *plena democratização* prosseguiria (e prosseguirá) com a diuturna estruturação e efetivação de um *Direito democrático*; uma obra que se realiza particularmente conjugando os efeitos das duas Disciplinas Jurídicas especificamente incumbidas de reger tanto o *processo da escolha pública formal dos governantes*, quanto o *processo da escolha pública material da ação dos governos*.

Em seu conjunto de princípios e regras próprios, ambas efetivam as condições de existência de um *regime de Direito plenamente democrático*, ou seja: combinando uma *disciplina eleitoral democrática* – para a justa escolha de *quem* deve governar – com uma *disciplina administrativa democrática* – para a justa escolha de *como* se deve governar – pois, do contrário, no domínio formal das ficções de Direito, qualquer Diploma fundamental formalmente adotado não passará de uma falácia: será meramente decorativo.

Em última análise, haverá de ser apenas uma administração democrática a que imprimirá, cabalmente, *legitimidade* aos governos: *primo*, por sua conformação formalmente democrática; *secundo*, pela observância dos regramentos democráticos da administração pública e, implícita e necessariamente, *tertio*, pela efetiva realização do *resultado administrativo* democraticamente definido.

Para que isso ocorra, essas três fases demandam a submissão do agir administrativo público, que as concretiza, não apenas às tradicionais *regras jurídicas estatais* aplicáveis, portanto, não apenas uma submissão à simples *legalidade*, mas, igual e necessariamente, a elevados *valores jurídicos legitimatórios* congruentes com todo o ciclo político democrático do poder, ou seja, ampliado desde as *escolhas* públicas de governantes e de políticas de governo, até a entrega dos devidos *resultados* ao soberano – o que consistirá, em suma, em submissão à *legitimidade*.

Todavia, tal submissão – da legalidade à legitimidade e, depois, também à moralidade – ampliando o controle do emprego do poder

---

aceitas, que, como se sabe, está muito distante de serem pacíficas a respeito, tantas são "*as contradições e os problemas*" que são suscitados ao buscar-se uma tersa definição do que seria essencial para caracterizar uma democracia – portanto a ideia de um "*essencialismo democrático*". Este provocativo tema foi enfrentado por José María Ruiz Soroa, em monografia sob este mesmo título – no original "El esencialismo democrático". Madri: Ed. Trotta, 2010 – do qual recolheram-se as expressões em itálico empregadas no seguinte resumo editorial de sua orelha: "*El autor examina las contrdicciones y los problemas a los que lleva el 'esencialismo democrático' al hilo del análisis de una serie de tópicos de la filosofía política actual, como son los ya clásicos pares de oposición entre autogobierno y Constitución, o la democracia directa frente a la representativa, o la teoría deliberativa comparada con la contractualista liberal*".

político, demanda um elenco de princípios jurídicos necessários para expressar plenamente as *bases legitimatórias da ação administrativa*.

Em suma: a *juridicidade* plena do agir governativo-administrativo apenas satisfará ao conceito de um Estado *Democrático* de Direito, mas não mais basta para caracterizarem-se governos como democráticos, que os atos do Poder Público apenas procedam de entes ou de órgãos formalmente legitimados, pois o que realmente imprimirá à substância desses atos tal caráter legitimatório, será a observância de princípios jurídicos que prescrevem a *boa governança*, reverenciados no complexo processual da ação governamental e espelhados em seus resultados, com esta vinculação integral ao Direito – formal e material – de todas as fases da ação de Governo, com o que, deverá prosseguir na mesma linha, o ciclo contemporâneo em curso da *juridicização do agir do Estado*.

A este ponto, é conveniente adiantar-se a conclusão parcial de que a *efetiva realização de um Estado Democrático de Direito* muito dependerá do curso dessa paulatina *juridicização da atividade político-administrativa*, de modo a que se reduzam ao mínimo as margens de discricionariedade no tocante a um grande número de decisões que tenham potencial de facilmente mascarar abusos administrativos, arbítrios governamentais, demagogias eleitoreiras com recursos públicos, favoritismo e incompetência, que frustram, no dia a dia de uma pesada burocracia de Estado, essa efetiva realização dos *resultados constitucionalmente devidos* a cargo dos governantes.

Com efeito, nem a excessiva *discricionariedade política*, nem, muito menos, a ampla *discricionariedade administrativa*, são compatíveis com a democracia, podendo servir de dissimulação para a inépcia e para a ineficiência da governança pública, ao deixar de entregar – como decidido, planejado e orçado – os devidos resultados, como gestores públicos.

Afinal, todas as pessoas que devam tomar essas decisões políticas e administrativas, lá estão em seus cargos por sua livre opção e não foram, de modo algum, obrigadas a arcar com as responsabilidades inerentes à satisfação das necessidades e interesses públicos, ou em outros termos: não terão desculpas para serem ineptas e ineficientes na gestão dos interesses públicos que espontaneamente assumiram, pois que voluntariamente essas pessoas se dispuseram a assumir os correspondentes encargos e a se comprometeram a satisfazê-los.

Segue-se, em complemento do exposto, uma apreciação, que se pretende breve, sobre a importância do instituto juspolítico da *participação*, entendida sob todas as suas possíveis formas – eleitorais e administrativas – como instrumento valioso para contribuir na *limitação e no condicionamento democráticos das escolhas públicas*, tanto as governamentais, quanto as administrativas, atuando como instituições auxiliares para o *reequilíbrio da crise representativa*.

5.2 A ampliação participativa como resposta às crises representativas e dos partidos políticos

Em 1992, em estudo sobre a participação política, particularmente no País, depois da Constituição de 1988,[208] partiu-se de uma tríplice premissa metodológica: a origem do poder democrático, o conteúdo do conceito de democracia e os requisitos da legitimidade.

A primeira premissa se remete à própria declaração constitucional da origem do poder político no povo, devendo em seu nome, para ele e com ele ser exercido; a segunda premissa sintetiza a democracia como um tríplice conceito: (1) um conjunto de valores e um modo de vida que os respeita; (2) um regime político que os define e adota; e (3) uma técnica social destinada a compor e a conciliar interesses de sociedades pluralistas à luz daqueles valores fundantes.

É, porém, em referência a esta terceira referência, a *técnica*, que toca à sua dimensão prática – a *institucionalizada* – a que se realiza historicamente pela agregação paulatina dos *valores* cívicos que tornarão efetiva uma sociedade democrática – a *legalidade*, a *legitimidade* e a *moralidade* – a que conduzirá à realização do ideal de *juridicidade do poder* através do diálogo e do consenso, tarefa plenamente possível quando se conta com a *participação* de cada cidadão, cada vez mais intensa e complexa, em todas as formas de exercício do poder político-administrativo.

A cláusula acima – que envolve essa possibilidade de ser *cada vez mais intensa e complexa* – exprime a elevada dimensão cultural que pode atingir cada sociedade nessa escalada para a plena *democraticidade do poder*, uma vez que, como "cada povo tem o governo que merece", se alguma sociedade, ou mesmo algum cidadão se sentirem mal representados, sempre poderão encontrar vias jurídicas adequadas para exporem as suas percepções do mundo, as suas demandas e as suas sugestões.

---

[208] MOREIRA NETO, Diogo de Figueiredo. *Direito da Participação Política – Legislativa. Administrativa. Judicial – Fundamentos e técnicas constitucionais da democracia*. Rio de Janeiro: Editora Renovar, 1992, p. XVII-XVIII.

Desse modo, as *crises de representatividade*, que já estavam embrionárias no próprio conceito rousseauniano da *democracia parlamentar*, sempre existirão *in potentia* nas *democracias formais*, prestes a eclodir quando surjam graves defasagens entre o que o povo demanda e o que os governos proveem.

E qual melhor solução, que a de *ampliar a participação e diversificar suas formas de atuação*, para que sejam restabelecidos os canais de comunicação essenciais ao desejado equilíbrio entre a democracia direta e a indireta, e entre a majoritária e a contramajoritária?

Por outro lado, impende considerar que a instituição de *partidos políticos*, como intermediários necessários para o acesso dos cidadãos aos cargos eletivos, tal como praticada atualmente, é instituto relativamente recente, pois até virem a ser organizadas na Inglaterra, em 1832, essas agremiações não existiam, pois não eram consideradas necessárias na leitura histórica do conceito seminal da representação política.

Com efeito, a prossecução de um incindível *bem comum* na concepção rousseauniana, deveria ser tarefa de *maiorias parlamentares de representantes* e não a expressão de *acordos entre partidos*, pois que, por serem "partidos", portanto, com visões parciais, não poderiam exprimir o que deveria ser o bem comum indivisível.

Desde sua origem, esses partidos políticos mantiveram duas funções básicas:

a) a de congregar os cidadãos em torno de programas de ação destinados a definir o papel do Estado, com suas políticas públicas e suas relações com a sociedade; e

b) a de recrutar, preparar e lançar candidatos a cargos públicos eletivos para os diversos níveis de governo.

Reside, portanto, nesta segunda função – a de intermediação necessária à escolha eletiva – aquela que tradicionalmente lhe confere a importância e a força política que desenvolveram desde seu aparecimento, em quase dois séculos de existência.

Não obstante, deve-se considerar que, há duzentos anos, a educação formal e o acesso aos poucos meios de comunicação existentes eram privilégios de poucos, de modo que, por isso, desde suas origens, os partidos sempre foram *oligárquicos* – uma característica nada democrática que, com pequenas variações, permaneceu nos modelos que se sucederam, curiosamente, até mesmo nos incríveis regimes autocráticos que instituíram e praticaram em vários países essa esdrúxula e paradoxal instituição do "partido único", tendo inaugurado, por isso mesmo, um tema que foi constante objeto de excelentes estudos teóricos.[209]

Mas este quadro viria a receber importantes alterações com o advento do acesso universalizado à educação e com a revolução das comunicações, que contribuíram para minimizar o debate de fins e valores no exercício do poder e priorizar a luta pelo acesso ao poder, desfigurando-os neste sentido ético.

O certo, porém, é que nos países que adotam o *pluralismo partidário*, a intensificação das habituais práticas das alianças, coligações e pactos de apoio recíproco, foram abrindo uma crescente facilidade para os seus dirigentes aliciarem filiados, acenando com legendas para cargos eletivos (em menor número) e com cargos em comissão (estes em maior número), tudo concorrendo para ampliar o poder desses dirigentes partidários, que, muito em razão disso, passaram a dedicar o melhor de sua atenção e tempo às atividades políticas voltadas ao *acesso ao poder*, ou seja, uma escolha pragmática por uma atividade meio, em detrimento das que deveriam se dedicar, a começar pelo *emprego eficiente do poder*, que deveria ser a atividade fim de partidos políticos.

Assim, ao se tornarem os canais quase exclusivos para o acesso aos cargos eletivos, formadores dos quadros de governo, deu-se que o interesse público primário e a ação de governo foram temas que paulatinamente foram perdendo importância no dia a dia dos partidos políticos, de tal modo que os critérios de seleção para o recrutamento dos candidatos partidários passaram a valorizar prioritariamente o emocional e não o racional dos eleitores, com vistas ao desempenho nas urnas, com isso, abandonando o seu básico *papel pedagógico*, o de selecionar, com ampla participação dos filiados, os melhores candidatos, *essencialmente pelo mérito de suas propostas*.

Entre outras consequências, foi essa crise de *autêntica representatividade* dos partidos que levou ao envelhecimento do clássico modelo assembleísta rousseauniano, uma vez que as sociedades já não mais se veem autenticamente representadas e, tampouco, aceitam como

---

[209] Desde Moisei Ostrogorsk (em 1902) e Robert Michels (1911, com obra traduzida para o inglês em 1962, com o sugestivo título *Political Parties: A Sociological Study of the Oligarchical Tendencies of Modern Democracy*), Gaetano Mosca (1936, 1947, que propôs a lei de ferro das oligarquias) a Maurice Duverger (1951, com uma das obras mais importantes existentes sobre partidos), um dos temas centrais tem sido o problema de estarem ou não, os partidos políticos, submetidos à lei sociológica da concentração do poder em grupos minoritários, que, para tanto, se especializariam nas funções de direção.

legítimas, muitas das decisões de seus representantes políticos eleitos para as casas legislativas.[210] Acresce a este quadro, a crescente e generalizada sensação de que os *políticos profissionais* estão muito mais preocupados com assuntos partidários, com a disputa de espaços de influência e até com seus interesses pessoais, do que com os legítimos interesses e reclamos populares, de que deveriam se ocupar. Justifica-se, assim, a tendência levantada pelos pesquisadores de opinião pública, de confiar-se, cada vez menos na classe político-partidária e cada vez mais em outras instituições públicas, que contem em seus quadros com pessoas mais próximas e responsivas ao dia a dia das suas necessidades populares e em maior sintonia com suas aspirações.[211]

Essa sensível perda de representatividade já havia sido observada por Norberto Bobbio,[212] há três décadas, ao registrar as seguintes observações sobre a distinção entre a *participação cidadã direta*, e a modalidade de *participação cidadã indireta*, a que se perfaz por via partidária:

> O desenvolvimento do Estado representativo coincide com as fases sucessivas do alargamento dos direitos políticos até o reconhecimento do sufrágio universal masculino e feminino. Enquanto num sistema político representativo com sufrágio restrito são os indivíduos que elegem um indivíduo (especialmente em eleições realizadas com colégio uninominais) e os partidos se formam no interior do parlamento, no sistema político representativo com sufrágio universal os partidos se formam fora do parlamento e os eleitores escolhem um partido, mais que uma pessoa (especialmente com o sistema proporcional). Esta alteração no sistema de representação induziu a transformação do Estado

---

[210] Agravando mais este quadro, notadamente no caso brasileiro, somam-se os lamentáveis escândalos de corrupção, de acobertamento de irregularidades, de morosidade na atividade legiferante, de abusos legislativos das maiorias parlamentares, de políticas públicas demagógicas e, em alguns casos, de omissão de seu primacial dever de legislar, tudo concorrendo como concausas para seu descrédito.

[211] Pesquisas recentes mostram que 33% da população creem na confiabilidade do Judiciário, enquanto que apenas 20% confiam no Congresso Nacional. Demonstrando também o problema, a confiança nos partidos políticos foi avaliada em espantosos 8% da população nacional. Apenas a título de comparação, a confiança nas Forças Armadas é de 60%, enquanto que a Igreja Católica possui credibilidade de 56%. Esta pesquisa foi feita pela Escola de Direito da Fundação Getúlio Vargas de São Paulo. Fonte: <http://bibliotecadigital. fgv.br/dspace/bitstream/handle/10438/7837/RelICJBrasil4TRI2010%27.pdf?sequence=1>. Acesso em: 21 set. 2011.

[212] BOBBIO, Norberto. *Stato, governo, società. Per uma teoria generale della politica.*Turim: Giuliu Einaudi editore, 1985, na tradução de Marco Aurélio Nogueira *Estado, governo, sociedade. Para uma teoria geral da política.* Rio de Janeiro: Editora Paz e Terra, 1987, p. 117.

> representativo em Estado de partidos, no qual, como no Estado de estamentos, os sujeitos políticos relevantes não são mais os indivíduos singulares, mas grupos organizados, embora organizados não à base de interesse de categoria ou corporativos, mas de interesses de classe ou presumidamente gerais. Max Weber já havia notado que onde se defrontam grupos de interesses, o procedimento normal para o alcance de decisões coletivas é o compromisso entre as partes e não a regra da maioria, que é a regra áurea para a formação de decisões coletivas em corpos constituídos por sujeitos considerados, de início, iguais. Weber tinha feito esta observação a propósito do Estado estamental. Hoje, todos podem constatar o quanto esta observação também vale para os atuais sistemas partidários, nos quais as decisões coletivas são o fruto de tratativas e acordos entre os grupos [...] mais do que votações em assembleia onde vigora a regra da maioria.

Está claro que, em nossos dias, as sociedades amadurecidas adquiriram plena consciência de que o interesse público já não é mais definido, muito menos atendido, pela regra da maioria, se não que é definido por negociações interpartidárias, nas quais o prístino *interesse público primário* será constantemente substituído por um espúrio *interesse público* "terciário": esse que se impõe através de tratativas e de acordos em que predominam os *interesses dos grupos partidários* em manter ou em ascender ao poder, quando não interesses nada públicos e até inconfessáveis, tudo com sensível perda da *legitimidade*, que, autenticamente, pressupõe a submissão do agir estatal não apenas à lei, mas à percepção dos valores, necessidades e interesses do grupo nacional que lhe dá existência.

5.3 A separação de funções como resposta evolutiva ao superado conceito clásico da tripartição de poderes

5.3.1 Origem do conceito da divisão tripartite de poderes

Em breves traços, como é sabido, remonta a Aristóteles a tríplice e mais antiga discriminação das *funções públicas*, então atribuídas à *polis* grega: a deliberação sobre os interesses públicos, a administração de seu atendimento e a distribuição da justiça.

Este mesmo esquema tripartite se repetiu com Maquiavel, em sua *separação* de funções: parlamentares, reais e judiciais. Foi, porém, com Locke, que essa discriminação funcional se converteria no embrião da teoria que seria batizada como da *separação de poderes*, tal como Montesquieu a expôs no Livro VI, de seu *Espírito das Leis*.

Neste famoso escrito, refletiu-se uma arguta observação concreta do Barão de la Brède sobre a experiência política inglesa, na qual, o poder estatal se lhe parecia então distribuído a um Legislativo, um Executivo e um Judiciário, conformando, esses três ramos, o que entendeu serem *poderes* independentes e harmônicos.

Montesquieu recolhia a expressão "poder" na língua inglesa (*power*), e a traduziria para o francês como *pouvoir*, expressão que guarda apenas a acepção de uma *fonte de vontade dotada de capacidade autônoma*, e não, como haveria de ser uma tradução francesa mais precisa, a que usasse a expressão quase sinônima *puissance*, que acrescentaria àquela noção, o exato sentido da *energia*, que é posta em ação no desempenho de uma *função estatal*.

Essa adequada versão francesa seria, porém, a empregada mais tarde na difundida expressão *puissance publique*,[213] mas, lastimavelmente, foi apenas com o anterior sentido, de *fonte autônoma de vontade*, que remanesceu e viria a se tornar a atual sinédoque, amplamente difundida, que, a partir de então, resumiria, como se fora "um postulado", a vitoriosa fórmula política de Montesquieu.

Todavia, a leitura contemporânea, aos poucos vem redescobrindo, na velha fórmula, o novo e mais amplo entendimento em que predomina o sentido *funcional*, o que leva ao correto entendimento de que nela realmente coexiste um *duplo princípio*: (1) o da *especialização funcional* – incrementando a eficiência dos governos dos Estados; e (2) o da *limitação do poder estatal* – que se obtém através de sua compartimentação em expressões *independentes e harmônicas*, dotadas, porém, de *recíprocos controles*. Este, pois, é também o sentido com que a velha fórmula vai aqui reinterpretada e exposta.

O lento amadurecimento e a concretização dessas concepções, que, mais que quaisquer outras, caracterizariam no plano juspolítico o grande progresso atingido na modernidade, se processou historicamente através das três grandes Revoluções Liberais:

1) a que se iniciou com a Revolução Gloriosa (1688-1689) – à qual se deve a contribuição ao modelo inglês que afirmou a independência do Parlamento ante a Coroa;

---

[213] Maurice Hauriou, já em 1900, definiria a *puissance publique* dando-lhe um claro sentido jurídico, de exercício efetivo do poder, claramente de *ação funcional*, como se lê no conceito original: *"une volonté qui exerce les droits administratifs au nom de la personnalité publique des administrations"*. (*Précis de droit administratif et de droit public général*. Paris: P. Larose, 1900 – 1901, p. 227-237).

2) a que prosseguiu com a Revolução Americana (1775 – 1783) – com a importante contribuição da independência da Suprema Corte dos Estados Unidos da América; 3) a que concluiu com a Revolução Francesa (1789-1799) – que conferiu independência ao ramo da Administração Pública – instituindo a proclamada "administration publique à la française".

Esse modelo, que, com algumas variações, seguiria a linha fundada nos conceitos de independência e de harmonia entre as três expressões do Poder Estatal, foi o inspirador da grande maioria das Cartas que se seguiriam, resistindo, até mesmo, ao fatídico renascer de nova forma de *absolutismo*, que não mais era o dos monarcas, mas o de oligarquias, que dominariam por quase todo o século XX e, incrivelmente, ainda sobrevivem.

5.3.2 A releitura contemporânea do conceito de separação e independência de poderes, com o real sentido da separação e da independência de funções

A necessidade sentida de expandir o modelo tripartite para incluir novos centros de poder independentes para o desempenho de *funções contramajoritárias*, além, em auxílio e em complemento do Judiciário, assomou justamente com a geral convicção de que aquela fórmula tripartite clássica *não havia logrado proteger as sociedades contemporâneas do assédio das autocracias absolutistas*, que haviam proliferado e tornado o século XX um sinistro *intermezzo* histórico de holocausto, pavor e sangue, e que, não obstante, persistia de algum modo, aureolada como um postulado intocável.

Com efeito, se havia posto excessiva confiança em que o clássico modelo tripartite de poderes, com as limitações e os condicionantes historicamente introduzidos nas Revoluções Liberais e já dotado da essencial e reconhecida *neutralidade* político-partidária do ramo (ou ramos) judiciário, tal como implantado em diversos países, seria o suficiente para refrear a inefável tendência à *hipertrofia patológica apresentada pelos governos* e constantemente intentada por ditadores e chefes de Estado carismáticos, que surgiam como hábeis manipuladores das existentes instituições de controle do poder, pois que eram, então, muito raras e extremamente vulneráveis, quase decorativas.

Mas como a História não se acomoda, os horrores de duas Guerras Mundiais, a que se seguiria, ainda, uma terceira, a Guerra Fria, mas não menos letal e angustiante, no curso das quais a pessoa humana de pouco ou nada valia ante os donos do poder, exauriram a ingênua confiança novecentista nos modelos liberais clássicos.

Foi essa a dura lição de que necessitariam os povos exaustos e exangues da Europa, a começar dos dois mais atingidos pelas confrontações bélicas – a Itália e a Alemanha – para superar o velho modelo e aperfeiçoá-lo, sem perda das brilhantes conquistas liberais alcançadas.

Tinha-se, pois, como necessário, *recomeçar pela revisão do vínculo entre sociedade e Estado* – para não mais entendê-lo como uma *relação de sujeição* (derivada apenas do conceito orgânico de poder), mas como uma *relação de serviço* (derivada do sentido funcional de poder) – o que devolveria ao indivíduo a devida condição de *cidadão* e não mais apenas a de *súdito*.

Esta mudança, que se iniciou com o término da 2ª Guerra Mundial, impulsionando fortemente a evolução do processo institucional juspolítico e ainda em curso, partiu do modelo tripartite clássico em busca de uma nova fórmula de equilíbrio que absorvesse essa revisão de vínculos e inaugurasse um *novo equilíbrio juspolítico entre as manifestações funcionais do Estado*.

Tal balanceamento haveria de se alcançar, não apenas limitado a atuar entre as três tradicionais expressões de poder *existentes*, mas entre essas e um *conjunto de novas instituições de poder independentes*, que passaram a surgir e a se multiplicar nos modelos constitucionais a partir do Segundo Pós-Guerra, caracteristicamente *dotados de diferentes formas de controles juspolíticos*; tudo em benefício de uma nova dimensão de *cidadania*, que vem despontando como luzeiros, de país a país, marcando a realização de uma mais próxima e luminosa *plenitude da democracia*, resgatando-a das brumas das fatídicas guerras mundiais do Século XX.

Assim, até porque o simples controle político alcançado com a instituição dos processos eletivos para a escolha dos governantes se tinha mostrado insuficiente, as demandas sociais se reorientaram para conquistar uma ampliação institucional dos *controles juspolíticos* da ação do Estado, através da abertura de novos canais funcionais *constitucionalizados*.

Era a providência que se fazia necessária, principalmente para evitar-se uma, ainda possível e sempre perigosa, recidiva das ideologias autoritárias e totalitárias que proliferaram e entorpeceram a sensibilidade ética neste "curto" Século XX, de modo a, efetivamente, garantir-se essa conquista, a duras penas alcançada: do *primado da pessoa humana*, possibilitando uma *canalização ordeira das emergentes demandas*

das sociedades pós-modernas, conscientes, ativas e conectadas, afastando as sombras que teimam a nos rondar atuantes e ameaçadoras.

A esse novo modelo, em construção, caberia multiplicar, especializar e aperfeiçoar esses *canais participativos adequados ao funcionamento de uma cidadania cada vez mais participativa*, independentemente das vias partidárias, notadamente aqueles canais especificamente voltados ao aperfeiçoamento dos velhos *sistemas* existentes de *controle sobre o poder estatal.*

Para este efeito, instituir-se-ia um renovado *complexo funcional, a par dos três tradicionais, conformado por novas e distintas funções, todas constitucionalmente independentes,* que estariam destinadas a atuar como legítimas *extensões da sociedade, inseridas no próprio aparelho de Estado,* postas em paralelo e interagindo com os três poderes tradicionais, independentemente, mas atuando harmonicamente com todos, com seus recíprocos controles constitucionalmente pré-definidos: estava desenhado o essencial do novo modelo vitorioso, *ampliando os canais da cidadania, aperfeiçoando a legitimidade de todo o aparelho estatal e proporcionando a desejada redefinição do equilíbrio entre sociedade e Estado.*

5.4 O desenvolvimento das funções neutrais como resposta democrática às crescentes demandas transpartidárias e à exigência de uma rigorosa tutela dos direitos fundamentais

Como evolução esperada – a par dos órgãos governativos e parlamentares, que, ao menos em teoria, continuam a expressar, *de forma indireta*, a vontade dos vários *segmentos* (por isso denominados *partidários*) do poder popular originário, que operam, todos, segundo o *critério da maioria* – despontou a necessidade de institucionalizarem-se órgãos diferenciados, que atuassem *contramajoritariamente* na sustentação de *valores politicamente indisponíveis*, mesmo antagonicamente.

Tais órgãos, por definição, *neutrais* em relação à atuação político-partidária,[214] inserir-se-iam a partir da sociedade, no aparelho de

---

[214] Os *poderes*, como hoje, melhor dito, as *funções neutrais* do Estado, começaram a ser estudados por Benjamin Constant e, mais recentemente, por Carl Schmitt, porém, como entre nós oportunamente recordou Alexandre Aragão, sua releitura pós-moderna muito deve a autores contemporâneos, como Michela Manetti, Silvia Niccolai e, com merecido destaque, José Manuel Sala Arquer que, como também anota, "livraram a Teoria dos Poderes neutrais das concepções autoritárias que permearam a sua origem, transformando-a em importante instrumento para a compreensão da complexidade

Estado, pela via do *mérito*, e não a eletiva, com a missão de expressar e de sustentar esses valores fundantes e permanentes, que, distintamente dos partidários, não são eventuais nem segmentários, se não que permanentes e indisponíveis, historicamente comuns a *toda a nacionalidade*, destarte, *prevalecendo, até mesmo, contra a vontade de eventuais maiorias.*

A primeira manifestação histórica, assim instituída como uma terceira expressão *contramajoritária* do Poder estatal, se deve à Constituição Americana, com a criação de sua Suprema Corte, desde então, tornada o modelo institucional para todos os tribunais, que, à sua semelhança, se disseminaram; entre estes, o nosso Supremo Tribunal Federal, que foi criado na primeira Carta republicana, de 1891, como cúpula de um Sistema Nacional do Poder Judiciário.

Hoje, porém, além dos órgãos neutrais *judiciários*, pluralizam-se e difundem-se *novos órgãos neutrais constitucionalmente independentes*, com funções contramajoritárias, dirigidas tanto à proteção dos interesses das pessoas, quanto ao controle do Poder Estatal.

No Brasil, já são identificados nada menos que cinco conjuntos de órgãos constitucionalizados com essa natureza, desempenhando diversificadas *funções de zeladoria, fiscalização, promoção, defesa e consultoria jurídica, referidas a interesses constitucionalmente protegidos*, por isso, todos apropriadamente insertos na Carta Política brasileira, em seu Título IV – Da Organização dos Poderes, e assim identificados:

1) o Sistema Nacional de Tribunais de Contas;

2) o Conselho Nacional de Justiça;

3) o Conselho Nacional do Ministério Público;

4) o Sistema Nacional das Funções Essenciais à Justiça (com os subsistemas nacionais da Advocacia, do Ministério Público, da Advocacia Pública e da Defensoria Pública; e

5) o Sistema Nacional da Ordem dos Advogados do Brasil.

Observe-se que, embora majoritariamente eleitos, tanto os representantes parlamentares, quanto os chefes de executivos, na qualidade de *membros dos partidos políticos que lhes guindaram ao poder*, encontram-se constantemente inibidos ou estorvados em suas relações partidárias internas, quando não tolhidos, no desempenho de suas respectivas atuações funcionais de Estado.

---

estatal e social em que vivemos" (ARAGÃO, Alexandre, *O controle da constitucionalidade pelo Supremo Tribunal Federal à luz da Teoria dos Poderes Neutrais*, Revista de Direito PGE/RJ nº 25, jul./set. 2003, p. 29-51).

Como essas inevitáveis influências prejudicam a adequada percepção e a justa aplicação dos valores fundamentais, ocasionalmente em jogo em suas decisões políticas e administrativas, sejam elas colegiadas ou monocráticas, e sem importar em que nível federativo sejam tomadas, evidencia-se uma imperiosa necessidade de existirem essas instituições paralelas de controle, *como um sistema de reforço democrático contramajoritário* proporcionado por órgãos neutrais, por isso, não mais de provimento *indireto e eletivo*, mas, *para serem fiéis aos valores que os justificam*, de provimento *direto e meritocrático*, tal como tradicionalmente tem caracterizado a magistratura.

Assim, a desejada condição positiva possível de Estado *Democrático* de Direito, *entendendo a democracia em seu duplo sentido formal e material*, tem sido *plenamente alcançada* no País com a constitucionalização desse *sistema de equilíbrio juspolítico*, como se expôs, em que são encontradas duas categorias de institutos: de um lado, nos Capítulos I e II do Título II da Constituição, os conjuntos de órgãos independentes, reservados ao *exercício da democracia indireta, de expressão política partidária e majoritária, todos com suas investiduras providas pela via eleitoral*, e, de outro lado, nos Capítulos III e IV do mesmo Título II da Constituição, os conjuntos de órgãos independentes reservados ao *exercício da democracia semi-direta, de expressão política individual e contramajoritária, com suas investiduras providas pela via meritocrática*.

Despiciendo, portanto, insistir-se que a adoção desses institutos, que balizam novos rumos para a democracia substantiva, já disseminados em vários países, em todas as latitudes, e sempre em latência nas reivindicações de legitimidade de diferentes povos, por certo conformarão as sociedades de vanguarda deste século.

6 A policracia institucional como implícita cláusula de plenitude do sistema de garantias constitucionais

6.1 A multiplicação democrática dos controles da sociedade sobre o Estado

Como se expôs, o atingimento do almejado equilíbrio entre sociedade e Estado necessitava, no modelo moderno, não apenas de uma ampliação quantitativa de controles sociais sobre a atividade estatal, mas de uma diversificação qualitativa, para a garantia de sua efetividade: um resultado só obtido satisfatoriamente com a instituição de novas expressões independentes do poder estatal, expandindo o já provecto – e quase mítico – conceito tripartite de Montesquieu, no modelo pós-moderno.

Constatou-se, em síntese, que essas novas funções, que estão sendo introduzidas nos quadros constitucionais da atualidade, não podem manter-se atreladas a orientações ditadas por interesses partidários menores, senão que, para que possam ser exercidas como *lídimas expressões de valores fundantes de toda a sociedade*, elas deverão, à semelhança do que se instituiu para as funções jurisdicionais, ser exercidas com absoluta independência político-partidária, ou seja, na condição de *funções neutrais*.

Como facilmente se depreende, essa *pluralização*, bem como *especialização* de novos controles – politicamente neutros e, de preferência, capilarmente disseminados por todo o corpo social, de modo a bem interpretar os valores em causa – passa a desempenhar um papel essencial, não apenas para manter a legalidade estrita da ação estatal, como, inovadoramente, para assegurar também a sua legitimidade e licitude, ao atuar como sistemas formais ou informais de proteção da *juridicidade*.

6.2 Essencialidade do novo conceito dos controles independentes, formais e informais, exercidos pela sociedade à plenitude da democracia na pós-modernidade

Redirecionados, como estão, todos os controles referidos, de proteção à pessoa humana, com sua vida, sua dignidade e seus bens, disso resulta que as suas novas expressões políticas funcionais se tornaram constitucionalmente *essenciais* à democracia.

Com efeito, leitura atenta da Carta põe este elevado valor político em evidência, não obstante a inversão lógica operada pelo constituinte na redação do artigo 1º, pois, uma vez que o fundamento *sine qua non* é a *dignidade da pessoa humana* (Art. 1º, II), tanto o fundamento da *cidadania*, que equivocadamente o antecede no texto (Art. 1º, II), quanto o fundamento do *pluralismo político*, que acertadamente lhe sucede (Art. 1º, V), são seus evidentes consectários.

Assim, é da existência e da garantia desse duplo fundamento – o da cidadania e o do pluralismo – que se há de dessumir a própria vigência de uma *democracia*, tal como solenemente afirmada nessa designação constitucional caracterizadora dada ao Estado brasileiro como *Democrático* (Art. 1º, *caput*).

Mas, em que pese essa claríssima afirmação, ao que seria uma efetiva realização da democracia, lamentavelmente se opõe uma conhecida e renitente resistência de heranças absolutistas, trazidas como persistentes restolhos da Modernidade à nossa Era; trata-se de uma desconfortável situação, que é ainda mais agravada em razão de nossa conhecida tradição ibérica, um tanto proclive à imperatividade, às imunidades e aos privilégios do poder.

O previsto controle do Estado por seus próprios órgãos de natureza político-partidária – os *parlamentares* e os *executivos* – exerce nada mais que variedades brandas de um *controle interno*, exatamente por se tratarem de órgãos político-partidariamente igualmente comprometidos, por se encontrarem na mesma situação, na qual, obviamente, não têm condições de atender de modo pleno e satisfatório, às exigências de *generalidade* e de *neutralidade*, primaciais para um Estado Democrático, instituído sobre o fundamento da *igualdade* política dos cidadãos.

Disso decorre ser, justamente este princípio axiomático da *igualdade política*, o que legitima os órgãos neutrais a agirem no exercício de um onímodo *controle externo pela cidadania*.

Por outro lado, como o *controle externo neutral, que é tradicionalmente o exercido pelo Poder Judiciário,* só atua *provocado,* tem-se que a solução constitucional para levar-lhe os pleitos nas sociedades complexas, está tanto na pluralização especializada de órgãos de controle de zeladoria, de fiscalização, de promoção e de defesa de interesses protegidos, quanto na pluralização de órgãos de controle conformados por instâncias administrativas intermédias, destinados a aplicar modalidades restritas de fiscalização e correção sobre determinadas áreas e atividades particularmente sensíveis, mesmo sem definitividade de suas decisões, contando, para tanto, com duas características essenciais:

1) de serem dotadas de *iniciativa própria*; e

2) de disporem de *independência funcional*, para o bom desempenho desses novos e importantíssimos papeis de controle nas democracias substantivamente avançadas.

Graças a esses progressos e aperfeiçoamentos introduzidos por esses órgãos essenciais a uma democracia plena, capazes de equilibrar os antigos fundamentos majoritários com os recentes fundamentos contramajoritários, se está integrando no País, tal como em outros, na vanguarda, uma *infraestrutura de proteção de valores indisponíveis*, posta a cargo de *entes ou órgãos aos quais caiba exercer aspectos específicos do poder estatal*, identificados no vanguardeiro *sistema nacional de controles democráticos*, de que hoje se dispõe.

E, como se pode observar, tal *sistema* compreende não só órgãos instituídos *do* Estado – os que exercem as funções tradicionais de *controle interno* – como os instituídos *no* Estado, os mais recentes – que exercitam variedades de controle externo, por serem próprios e uma extensão da cidadania – cumprindo a missão de acrescer à antiga *democracia formal* – aquela referida à escolha dos *agentes políticos* eletivos – a nova *democracia substancial* – a referida à escolha das *políticas públicas* que deverão pôr em ação.

A referência às modalidades exercidas pelos sistemas acima referidos, já implantados com sucesso no Brasil, não significa que não se deva doravante considerar, sempre que a cidadania o reclame, *a criação de mais outros* órgãos desse controle externo da cidadania, que devam ser igualmente instituídos *no aparelho estatal*, tais como, em lista exemplificativa, poderiam ser vários institutos afins, tais como os *ombudsmen* ou *auditorias cidadãs*, os *Bancos Centrais independentes*, os *Conselhos Cidadãos*, os de *recall*, ou revogação de mandatos eletivos, como quaisquer outros já adotados com sucesso em diversos países.

Por outro lado, em que pese permanecer entre nós velhos hábitos de *resistência aos controles* por parte de detentores do poder político, por motivos mais históricos que jurídicos, acompanha-se em nossos dias o avanço do fenômeno, universalmente observado, da inevitável e paulatina *imbricação da política e do direito*, de modo que a atividade política se vai tornando cada vez mais sujeita a controles jurídicos e a atividade jurídica, cada vez mais pervasiva das inefáveis imunidades da velha política.

É o que vem ocorrendo, para dar um exemplo eloquente, com a crescente preocupação cidadã em relação ao exercício de um efetivo controle da *gestão pública*, e não mais apenas restrita a seu *iter* administrativo, senão que estendida a todo o seu percurso juspolítico, ou seja: desde o *planejamento*, passando pela *orçamentação* e pela *execução*, até o efetivo atingimento do *resultado*, evidenciando uma saudável tendência, que se manifesta na própria transformação do Direito Administrativo – de um *Direito do Estado* para tornar-se um *Direito do Cidadão*.

Observe-se, na linha desse exemplo, no tocante à gestão de interesses públicos pelo Estado, que se vai definindo, além do original controle do *ato administrativo* e, adiante, do *processo administrativo*, um expandido controle sobre o *complexo processual das políticas públicas*, desde suas fases da *formulação* – híbrida: política e administrativa – da *execução*, predominantemente administrativa, até a do *resultado*, também híbrida, de modo que, em conjunto, todas as *escolhas públicas* envolvidas se tornam cada vez menos discricionárias e cada vez mais sujeitas aos múltiplos controles de *juridicidade*.

Assim estendido o *controle das políticas públicas*, desde suas fases iniciais – as do *planejamento* e da *orçamentação*, pois que ambas demandam atos coordenados, materialmente administrativos e formalmente legislativos – passando por sua fase *executiva*, que é predominantemente administrativa, até compreender, como entende a mais recente doutrina administrativista, o controle do atingimento concreto de seu consequente e esperado *resultado*.

Em suma, tem-se que quaisquer *políticas públicas* postas em ação pelo Estado para a gestão dos interesses públicos devem ter a sua *previsão genérica* ou específica, na Constituição e sua *definição específica* nas leis de planejamento e de meios, de modo que, sob tais vinculações formalmente positivadas, *nada escape aos controles da cidadania*.

7 O direito administativo e seu papel ante os reptos contemporâneos à democracia

Da concepção de *democracia* fundada na *legitimidade*, ou seja, a que pressupõe a submissão do poder estatal não apenas à lei, mas à percepção dos *valores*, das *necessidades* e dos *interesses* do grupo nacional que lhe dá existência, decorre que não basta o *canal eleitoral*, em que a participação da cidadania na governança do País se dá *indiretamente*, mas deve, contemporaneamente, ser complementada, sempre que possível e razoável, pela sua participação direta, que se poderá dar tanto na formulação e na execução das políticas públicas em particular, como, de modo mais geral, no controle sobre toda e qualquer ação praticada que se funde no exercício do poder estatal.

As sociedades evoluem, adquirindo progressivamente consciência de suas necessidades e sentido crítico sobre como estão sendo feitas as escolhas de governo e geridos os recursos públicos. Ficou no passado o conceito imperial da irresponsabilidade administrativa e da discricionariedade ampla para conduzir os Estados.

Por este motivo, torna-se cada vez mais necessário, como conclui Mario Nigro,[215] "fazer coincidir, o mais possível, realidade

---

[215] NIGRO, Mario. *Il nodo della partetipazione*. Rivista Trimestrale di Diritto e Procedura Civile, p. 228, como apropriadamente recolhido por Gustavo Justino de Oliveira *In: Direito Administrativo Democrático*, Belo Horizonte: Editora Fórum, 2010, p. 32.

social e centros de decisão política e administrativa, em uma expansão progressiva e 'quotidiana' do princípio da soberania popular".

Essa aproximação entre governo e governados oxigenará as decisões tomadas em gabinetes enclausurados e distanciados das realidades que deve atender e, assim tornar o Estado contemporâneo, na previsão de Norberto Nobbio,[216] apto a desenvolver "a função de mediador e de garante, mais do que a de detentor do poder de império, segundo a representação clássica da soberania".

Com efeito, esta concepção implica necessariamente a *pluralização de canais de interação entre a sociedade e o Estado*, em todos os níveis e especializações, de modo que as decisões e as ações de governo e de administração da coisa pública se processem impregnadas da maior legitimação possível, pois isso é *o direito do cidadão e dever do Estado à boa administração*, conforme há quinze anos já se promulgava na *Carta dos Direitos Fundamentais da União Europeia*, a Carta de Nice (18 de dezembro de 2000).

Isto assentado, embora fundamental, será insuficiente que as Constituições proclamem tanto (1) o *direito ao voto*, quanto (2) o *direito à boa administração*, pois a realização dessas altas diretivas dependerá de as legislações disporem adequadamente sobre o *exercício* desses direitos e sobre o *controle* das ações ou omissões do Estado que os perturbem ou tolham.

Por certo, as diretrizes fundamentais devem ser encontradas na Carta Magna de cada país, porém se não houver seguimento legislativo, esses dois direitos fundamentais acima referidos, embora de Direito plenamente *eficazes*, não lograrão serem *efetivos*.

Assim, o *direito ao voto* haverá de estar apropriadamente disciplinado no *Direito Eleitoral* e o *direito à boa administração*, no *Direito Administrativo*, daí a essencialidade desses dois ramos à *efetiva realização da democracia*: ou seja, a um Estado *Democrático* de Direito.

Essa dicotomia corresponde a uma dupla necessidade de legitimação: (1) pela realização da *democracia formal*, que se faz pela disciplina eleitoral da *participação eletiva cidadã*, com a escolha de quem nos deve governar, e (2) pela realização da *democracia material*, que se logra pela disciplina governativo-administrativa, com a escolha de como queremos ser governados, *pela participação administrativa cidadã*.

---

[216] BOBBIO, Norberto. *Estado, Governo, Sociedade*. Rio de Janeiro: Editora Paz e Terra, 1986, p. 26

Torna-se necessário, portanto, para acompanhar a evolução das sociedades pós-modernas, ultrapassar definitivamente a visão estreita do campo da democracia formal – que é aquele em que se realiza a *democracia política* no sentido estrito – para buscar na democracia material – que é o campo em que se realiza a *democracia administrativa*, ainda que também tenha natureza política no sentido amplo, tal como o adiantava pioneiramente na doutrina, há quase trinta anos, a sempre pioneira Odete Medauar,[217] ao observar que: "a preocupação com a democracia política leva, muitas vezes, ao esquecimento da democracia administrativa, quando, na verdade, esta deveria ser o reflexo necessário da primeira".

Assim, em se atendo, esta exposição, ao campo da realização da democracia pelo Direito Administrativo, *portanto, não mais dependente da escolha de quem nos deva dirigir, mas, um passo adiante, da escolha de como atender a nossas necessidades e a nossos interesses*, percebe-se que a realização da democracia material exige um rol cada vez mais amplo e aperfeiçoado de instituições jurídicas: desde aquelas que visam genericamente a *garantir diretamente a pessoa e os bens dos indivíduos*, às que visam especificamente a *garantir a participação construtiva da legitimidade material*.

A este ponto, retorna à baila o tema da *participação* como cerne *substantivo da democracia*, uma vez as ações estatais devem espelhar, ao máximo possível, como exprimiu Mario Nigro na citação supra transcrita, *os valores, as necessidades e os interesses da sociedade*, daí se justificando de pleno a preciosa advertência deixada por Clèmerson Merlin Clève, *ao tratar do cidadão na Constituição de 1988*, então, ainda recentemente promulgada, ou seja, há mais de um quarto de século, assim averbando:

> A cidadania vem exigindo a reformulação do conceito de democracia, radicalizando, até uma tendência que vem de longa data. Tendência endereçada à adoção de técnicas diretas de participação democrática. Vivemos, hoje, um momento em que se procura somar a técnica necessária da democracia representativa com as vantagens oferecidas pela democracia direta.[218]

---

[217] MEDAUAR, Odete. Administração Pública sem democracia. *In: Problemas Brasileiros*, v. 23, nº. 256, p. 37-41, mar/abr 1986.

[218] CLÈVE, Clèmerson Merlin. *O cidadão, a Administração Pública e a nova Constituição. Revista de Informação Legislativa*. V. 27, nº. 106, p. 81-98, abr/jun 1990.

E que melhor momento para exercitar essas práticas e aproveitar as vantagens referidas por Clèmerson, que nesta época, em tempos de *intensa conexão eletrônica* que, pouco a pouco, não apenas vai intensificando como transformando a comunicação em todos os campos do agir humano? E, por que não: especialmente no campo político?

Essa segunda categoria de instituições jurídicas reinaugura e reforça auspiciosamente o *consenso*, como um instrumento preferencial à *imposição* no Direito Administrativo contemporâneo, compreendendo, em lista sempre aberta, os seguintes modelos de participação: a *coleta de opinião*, o *debate público*, a *audiência pública*, o *colegiado público*, a *cogestão paraestatal*, a *assessoria externa*, a *delegação atípica*, a *provocação de inquérito civil*, a *denúncia aos tribunais de contas* e a *reclamação relativa à prestação de serviços públicos*, além, em certo grau, da função participativa implícita no instituto da *regulação* e, em certo grau, nas *licitações públicas*.[219]

A específica *previsão constitucional*, embora em alguns casos necessária, em outros, importante ou, mesmo, conveniente, não é sempre um elemento obrigatório, o que possibilita um variado emprego desses institutos de acordo com as tendências da conjuntura sócio-política, abrindo caminho para um contínuo aperfeiçoamento da democracia direta em nosso País.

Por fim, a importância e o destaque atual que assume o Direito Administrativo para que se vivencie uma autêntica e plena democracia, ainda mais se reforça nestes tempos de globalização, em que a necessidade de institucionalização do *espaço público não estatal* em expansão para além das esferas de poder das duas centenas de Estados existentes, torna-se necessário responder aos imensos desafios de *um mundo com fronteiras políticas cada vez mais esbatidas e interesses transnacionais cada vez mais numerosos*.

É neste quadro que o Direito Administrativo, disciplina que nasceu no Estado e para o Estado, desdobra-se globalmente com um *transadministativismo*, um Direito sem Estado e para as pessoas: um *Direito Administrativo Transnacional*, que inicia a sua formação com a ambição de regrar relações sociais e econômicas que cada vez mais o ultrapassam seus limites estatais, desse modo, vocacionado a expandir a nível planetário os valores conquistados e confirmados pelas sociedades de todas as latitudes durante os seus dois séculos de existência, com isso sinalizando o albor de uma *juridicidade* para o futuro.

---

[219] MOREIRA NETO, Diogo de Figueiredo. *Direito da Participação Política*. Rio de Janeiro: Renovar, 1992.

8 Em conclusão

Como já consignado, no choque entre as expressões instáveis e rebeldes dos contrapoderes informais, com as expressões juspolíticas de poder institucionalizadas, se, por um lado, repete-se o antigo fenômeno do *formal*, confrontando com o *informal*; por outro lado, neles lobrigam-se alguns novos e perturbadores componentes contemporâneos, que suscitam especial atenção para que, afinal, todos se harmonizem democraticamente.

Ontem, como hoje, nem as expressões antigas e formais se tornaram *ipso facto* imprestáveis, nem as novas e informais, apenas por esses motivos, são melhores.

Por outro lado, os movimentos populares, embora nem sempre transcorram desacompanhados de incidentes indesejáveis, o certo é que, por mais radicais e violentos que possam ser, *não são incontroláveis* pelo judicioso emprego do arsenal juspolítico hoje disponível pelos Estados Democráticos de Direito.

Ao contrário, além de uma pluralidade de canais participativos informais disponíveis, existem hoje órgãos instituídos na estrutura do Estado, que poderão atuar como preciosos contrapontos, de que se necessita, para filtrar e submeter as reivindicações e os anseios populares, juridicizadamente, aos órgãos legislativos, governativos e judiciais, quaisquer reivindicações, que harmonizem os direitos propostos com a legislação posta: missão típica de órgãos neutrais independentes.

Ora, tais instrumentos jurídicos não faziam parte do arsenal jurídico nem dos tradicionais canais eletivos político-partidários, nem da estrutura tradicional, na limitada concepção tripartite superada.

Desse modo, a mensagem central que se retira dos movimentos sociais, que se multiplicam na atualidade – *da insatisfação com o desempenho e com os resultados das políticas públicas em curso, compreen-didas as que deveriam atender à tutela administrativa da juridicidade* – poderá encontrar, na reestruturação pluralista e policrática trazida pelos haustos da pós-modernidade, as prontas respostas de que se necessitam, graças à abertura institucional dessas vias ágeis e capilarizadas, necessárias à processualização de sua composição pacífica e ordeira.

Poupa-se, em qualquer País devidamente institucionalizado para construir consensos, dos sofrimentos, incertezas e perdas, que podem advir dos sempre possíveis surtos de radicalismo e de violência, seja por parte de governos, seja de minorias que jamais respeitam limites e confundem reivindicação com violência e a justa indignação, com a sanha colérica, mesmo sabendo que assim nada constroem.

Portanto, abre-se, com a nova disposição constitucional, conforme o que se expôs, impregnada de importantes qualidades, como *a pluralidade, a capilaridade* e *a representatividade social* – estas que qualificam os *canais neutrais* privilegiados por ela abertos – o caminho seguro para que as reivindicações, que se iniciam informais, possam ganhar civilizadamente foros institucionais – contribuindo, afinal, não apenas para aperfeiçoar o *controle cidadão*, como para *renovar os modos de condução da política.*

Afinal, o exercício da política não pode ser nem privilégio nem exclusividade de políticos e de partidos e, nem mesmo, do aparelho governativo do Estado, isto, por ser, sobretudo e definitivamente, uma atividade cívica de interesse do povo e sagrada nas verdadeiras democracias – sendo, por isso, *missão de cada um de nós, como responsabilidade última do cidadão.*

Referências

ARAGÃO, Alexandre. O controle da constitucionalidade pelo Supremo Tribunal Federal à luz da Teoria dos Poderes Neutrais. *Revista de Direito PGE/RJ,* nº 25, jul./set. 2003.

BAUMAN, Zygmunt. *Globalização. As consequências humanas.* Rio de Janeiro: Jorge Zahar Editor Ltda., 1999.

BECK, Ulrich. *Pouvoir et contre-pouvoir à l'heure de la mondialisation.* Paris: Éditions Fammarion, 2003.

BOBBIO, Norberto. *Stato, governo, società. Per uma teoria generale della politica.*Turim: Giuliu Einaudi editore, 1985.

BOBBIO, Norberto. *Estado, Governo, Sociedade.* Rio de Janeiro: Editora Paz e Terra, 1986.

CASTELLS, Manuel. *Redes de Indignação e Esperança.* Rio de Janeiro: Jorge Zahar, Carlos Alberto Medeiros (Trad.), 2013.

CLÈVE, Clèmerson Merlin. *O cidadão, a Administração Pública e a nova Constituição. Revista de Informação Legislativa.* V. 27, nº. 106, p. 81-98, abr/jun 1990.

GURVITCH, George. Sociologia do Direito: resumo histórico-crítico. *In:* SOUTO, C. e FALCÃO, J. *Sociologia e Direito.* São Paulo: Pioneira, 1999.

HARVEY, David *et al. Cidades Rebeldes – Passe livre e as manifestações que tomaram as ruas do Brasil.* São Paulo: Boitempo Editorial, 2013.

HAURIOU, Maurice. *Précis de droit administratif et de droit public général.* Paris: P. Larose, 1900 – 1901.

MEDAUAR, Odete. Administração Pública sem democracia. *In: Problemas Brasileiros,* v. 23, nº. 256, p. 37-41, mar/abr 1986.

MOREIRA NETO, Diogo de Figueiredo. *Direito da Participação Política – Legislativa. Administrativa. Judicial – Fundamentos e técnicas constitucionais da democracia.* Rio de Janeiro: Editora Renovar, 1992.

MOREIRA NETO, Diogo de Figueiredo. *Relações entre poderes e emocracia: crise e superação.* Belo Horizonte: Editora Fórum. 2014.

NIGRO, Mario. Il nodo della partetipazione. *Rivista Trimestrale di Diritto e Procedura Civile,* 1980.

OLIVEIRA, Gustavo Justino de. *Direito Administrativo Democrático.* Belo Horizonte: Fórum, 2010.

SOROA, José María Ruiz. El esencialismo democrático. Madri: Ed. Trotta, 2010.

11º ENSAIO

NOVAS FRONTEIRAS CONSTITUCIONAIS NO ESTADO DEMOCRÁTICO DE DIREITO

UM ESTUDO DE CASO NO BRASIL[220]

1 Introdução

1.1 Apresentação do tema

As mudanças no constitucionalismo, de sua versão moderna à pós-moderna, revelam a forte influência de duas ideias-força juspolíticas contemporâneas, indubitavelmente paradigmáticas: os *direitos humanos*[221] e a *democracia*.

Este ensaio se dedica a identificar alterações introduzidas nas *funções constitucionais do Estado*, a partir do estudo de caso da Constituição brasileira de 1988, que instituiu um modelo de Estado Democrático de Direito inspirado nos referidos paradigmas.

No desenvolvimento mais atual desses processos de mudança é que se vem introduzindo a distinção inovadora entre *funções do Estado* e *funções no Estado*, em que se destacam diferenças entre, de um lado, aquelas atividades que proveem a *governança* e a *justiça públicas*, que são as tradicionais funções *do* Estado, e, de outro lado, as atividades que

---

[220] Este modesto estudo rende uma homenagem ao eminente publicista Professor Doutor Jorge Miranda, glória e orgulho das letras jurídicas portuguesas, por ocasião de sua jubilação, em 2011, como singelo contributo à obra coletiva coordenada pelos Professores Doutores Marcelo Rebelo de Souza, Fausto de Quadros e Paulo Otero.

[221] Jorge Miranda observa que o emprego da expressão *direitos humanos* é usual em linguagem corrente, ainda porque "não é por acaso que isso sucede, porque da Declaração dos Direito do Homem e do Cidadão, de 1789 à Declaração Universal dos Direitos Humanos se desenvolve o percurso decisivo na aquisição jurídica dos direitos fundamentais..." (*Manual de Direito Constitucional*, Tomo IV. Lisboa: Coimbra Editora, 2000, p. 52).

proveem a *zeladoria*, o *controle* e a *promoção da justiça*, aqui apontadas como novas funções *no* Estado, que se apresentam com natureza híbrida, pois são em parte sociais e em parte estatais, uma vez que, não obstante exercidas no *direto interesse da sociedade*, necessitam, como quaisquer funções estatais, para que o seu desempenho seja eficaz e independente, da *autoridade* que só lhes é conferida pela *investidura pública*.

Esboçar-se-á, em sequência, para o enquadramento doutrinário deste estudo, o panorama atual das mudanças que levaram à definição de novas funções constitucionalmente independentes, fundamentando uma apresentação sistemática da atual configuração constitucional do modelo brasileiro, que as caracteriza como *funções neutrais*.

1.2 Uma nova compreensão das funções estatais

Para captar o sentido e o alcance de todas as mutações jurídicas por que passou e ainda vem passando o *Estado Moderno*, na secular tarefa de construir um modelo de organização política menos autoritária, menos arrogante, menos intimidante, mais próxima do cidadão, mais eficiente, mais controlada e, portanto, mais humana, como requer um Estado que incorpora valores pós-modernos, sabendo-se que tal compreensão não emerge com plena evidência das leituras que se possa fazer da prodigiosa produção acadêmica amealhada ao longo desse período de transição, cumpre direcionar as pesquisas para uma apreensão intertextual desses paradigmas científicos em mutação, que influenciam diretamente a Política e o Direito contemporâneos.

Para identificar o fio condutor de coerência conceitual na maranha de tantas mensagens, destacadamente aquelas que buscam orientar ou explicar a renovação ocorrida nos últimos cinquenta anos, é preciso meditar despreconceituosamente sobre certos *aspectos essenciais da evolução do próprio Direito*, de modo a que seja possível identificar, para descartar velhos *mitos*[222] acumulados nesses cinco séculos de Estado Moderno, sobre os quais a dogmática jurídica arrimou fortemente duas heranças: a autoritária, do *absolutismo*, e a arrogância epistemológica, do *racionalismo*, responsáveis ambas pelo conceito sombrio, imperial e

---

[222] Exemplarmente, sobre o tema, a obra de Paolo Grossi. *Mitologie Giuridiche della Modernità*, Milão: Giuffrè, 2001, traduzida em português como *Mitologias Jurídicas da Modernidade*, Florianópolis, Fundação Boiteux, 2004, que versa especificamente sobre a perda do acervo jurídico medieval e a construção de esquemas simplistas e de lugares comuns, impregnados de autoritarismo e estatocentrismo, na cultura jurídica moderna, notadamente na europeia.

ameaçador de uma suposta *supremacia do Estado sobre a Sociedade*, a que, não obstante, não deve mais que servir.[223]

A partir dessas lições, evidencia-se que o expurgo de avelhantadas concepções juspolíticas, que se vem processando desde o iluminismo e se acelerando a partir da segunda metade do século XX, veio abrir espaço para uma reavaliação contemporânea das relações entre esses dois históricos atores da *Política* e do *Direito* – a *sociedade* e o *Estado*.

Aliviados ambos da opressão acumulada pelos persistentes mitos, o pesado entulho a entravar seu aperfeiçoamento institucional em direção a modelos avançados de *cultura jurídica*, deu-se a condição necessária para ultrapassar definitivamente, tanto o fatídico conceito de *primado do Estado*, quanto o de sua *ilimitada soberania*, presunções que muito custaram à humanidade em vidas e dolorosos equívocos reminiscentes de incontáveis abusos e barbáries, para que se abrisse uma Era, que se pode qualificar inversamente como a do *primado do cidadão*.[224]

Assim é que, despido do arcano véu dissimulador de mitos, essa revigorada percepção que se nos chega, de uma ordem jurídica adequadamente referida a uma sociedade de homens livres, com extrema simplicidade, mas com não menos rigor científico, hoje, na expressão de Grossi, "resgata o Direito da sombra condicionante e danosa do poder e o devolve ao regaço materno da sociedade, convertendo-se desta maneira em sua própria expressão".[225]

Assim é que, nada mais apropriado do que desenvolverem-se e propagarem-se meditações dessa ordem de atualidade e de importância, pois calham como antecedentes em quaisquer preleções ou cursos em que a pós-modernidade jurídica seja versada, pouco importando se são estudos elementares ou avançados, genéricos ou específicos, pois a utilidade desses alumbramentos não está em serem meramente informativos, mas, fundamentalmente, formativos de espíritos livres e despreconceituosos, tão importantes para a edificação do novo jurista, de que necessitará o século XXI.

Com efeito, sobre esses novos profissionais, com formação habermasiana, que devem prover a prática de um Direito afeiçoado a

---

[223] GROSSI, Paolo. *Prima Lezione di Diritto*, Roma-Bari: Laterza, 2003, também com tradução em português, *Primeira Lição de Direito*, Rio Janeiro: Forense, 2006.

[224] Paolo Grossi, denominou esse "entulho", no livro acima, de "extemporâneos embalsamamentos a que se tinham submetido a complexidade e a vivacidade da história pelos mitos..." (*apud*, do Autor, *La primera lección de Derecho*. Madri: Marcial Pons, 2008, p. 20).

[225] ROSSI, Paolo. *Mitologie giuridiche della modernità*. Roma-Bari: Laterza, 2001, *apud*, do Autor, *La primera lección de Derecho*. Madri: Marcial Pons, 2008, p. 25.

sociedades politicamente demandantes e responsivas, pesam novos e sérios encargos substantivos, raramente exigidos de seus antecessores, geralmente muito ocupados com questões predominantemente formais, enquanto que os de hoje são convocados a sustentar a *integridade dos valores humanistas* em sociedades cada vez mais *pluralistas*.[226]

Não se incorrerá, portanto, em exagero, em se considerar que certas visões acadêmicas pós-modernas, como, entre outras, as que nos proporcionam pensadores do Direito do calibre de Paolo Grossi e de Pierre Pescatore, que cabem sem galas em suas breves e simples lições, são valiosas para a formação dos seus jovens cultores, assim como serão úteis, em geral, a quem quer que se dedique à compreensão desse complexo mundo jurídico que emerge de nossos tumultuados, mas fascinantes, tempos de transição, sempre nos surpreendendo, tantas são as mudanças de paradigmas em curso, notadamente quando o que se objetiva, como aqui, possa ser não mais que esboçar um conceito compreensivo do que se deva entender por um *Estado Democrático de Direito* e, em consequência, sobre as correspondentes *funções* que lhe caiba desempenhar.

O essencial se concentra na redescoberta do que deva ser a autêntica e elementar *natureza fundamentalmente social do Direito*, entendido como ordenamento da vida em sociedade, portanto, despido de pré-compreensões, de noções de sebentas e de princípios dogmáticos acumulados no curso de toda a Idade Moderna, longo tempo em que prosperou o *voluntarismo autocrático:* a princípio, evidente na pessoa dos reis; depois, diluído, mas vestigialmente persistente nas assembleias políticas, para, finalmente, escancarar-se e difundir-se em ditaduras de todos os matizes, robustecendo o conceito antagônico, da *natureza estatal do Direito,* visto como uma *ordem artificial soberanamente imposta* à *sociedade,* diametralmente oposta à que originalmente se tinha, ou seja: da *natureza social do Direito,* como uma *ordem espontaneamente gerada em sociedade.*[227]

Possivelmente, pode ser esta a principal mudança que nos brinda a pós-modernidade – *a correta compreensão da autêntica gênese do Direito* – que, adequadamente entendida, ao se refletir sobre todas as suas inumeráveis instituições, explica, em última análise, porque o

---

[226] Esta é a *responsabilidade metódica* de uma permanente reconstrução axiológica, que o eminente jusfilósofo Pierre Pescatore apresenta a partir de um *direito de natureza* para um *direito de cultura* (*in* Prefácio de *La philosophie du droit au tournant du millénaire*. Bruxelas: Bruylant, 2009, p. 5).

[227] Em Pierre Pescatore, sobre Hegel, *op. cit.,* p. 7, 24, 27, 75 e 115.

Estado de Direito, sustentado apenas no conceito limitado de *legalidade* do poder, era incompleto e deveria evoluir, como ocorreu, para tornar-se o *Estado Democrático de Direito,* passando a ser sustentado também na *legitimidade* do poder, vale acrescentar, na *juridicidade,* como síntese de ambas as qualificações, para se tornar a organização política que mais adiantada o Homem tem logrado criar, em seu curso civilizado, para a realização da *justiça.*

E, nessa linha, do *ideal de justiça* – precisamente por se cogitar de um Estado democrático – que este valor não pode nem deve ser monopolizada pelo *Estado,* mas, por ser gerado na própria *sociedade,* deverá ser também, por ambos, compartilhada e solidariamente realizada. Para essa desejável atuação solidária e concertada, as pessoas que hajam feito a opção de servir à realização do *Direito,* atuando como cidadãos ou como agentes públicos, qualquer que haja sido o papel escolhido na amplíssima, diversificadíssima e democraticamente aberta comunidade de seus intérpretes e aplicadores, todos, não prescindirão, para exercê-lo legitimamente, *através da ação comunicativa processualizada,*[228] de uma clara compreensão sobre essa criativa e salutar tensão que permanentemente se instaura entre o direito posto – pelo Estado – e o anteposto – pela sociedade – o que vem a ser, em suma, o permanente e criativo diálogo aplicativo entre a *lei* e o *Direito.*

1.3 Necessidade de uma revisão de funções estatais no neoconstitucionalismo

Claras, portanto, as razões pelas quais, no agitado curso do "século curto", entraram em crise os *mitos desenvolvidos pelo racionalismo,* que, entre outras consequências, reduziram o Direito moderno a um mero *ordenamento estatizado,* a não mais que uma coleção de normas, nada espontâneas, a que faltam a autêntica negociação de interesses no cadinho das vivências sociais, senão que limitadas a uma *expressão puramente voluntarista de governantes:* nada mais que uma *legalidade* imposta apenas pela vontade positivada de assembleias e de chefes-de-estado, quando não pelo arbítrio destes últimos – que, com o tempo, se acumularam em colossais acervos legislativos – invariavelmente profusos e superabundantes, quando não caoticamente e desnecessariamente produzidos, mas ironicamente apresentados como uma conquista do Direito moderno.

---

[228] Em Pierre Pescatore, sobre Habermas, *op. cit.,* p. 12, 15, 30, 60, 70, 76, 94, 114, 116 e 117.

Oposta a esta percepção, uma nova ganhava nitidez a partir da segunda metade do século passado, inspirada pela revolucionária mudança de paradigmas promovida pelos *direitos humanos*, evoluindo de tímidas *declarações*, de início proclamações programáticas juridicamente impotentes, para amadurecerem como *normas* dotadas de eficácia e, finalmente, *constitucionalizadas* e *globalizadas* como *direitos fundamentais*. Daí a convicção de ter sido uma grave perda juspolítica o secular distanciamento e descomprometimento do Direito com a autêntica vontade das sociedades, ou seja, da *legitimidade* esquecida e ofuscada desde a velha sedução imperial exercida pelas Institutas de Justiniano sobre os eruditos do Renascimento.

Agregue-se o fato, não menos relevante, de que um grande número de sociedades também se havia transformado rapidamente, no curso do último século, para se tornarem cada vez mais *complexas, pluralistas* e *conscientes,* fato este que concorria para a reversão das expectativas com a ressurreição da prístina concepção pretoriana de criação do *Direito* como espontâneo e lídimo produto da vida social.

Em suma, o resultado juridicamente mais relevante dessas alterações foi o ressurgimento da *legitimidade* enquanto *valor jurídico* e não apenas como qualificação *política,* uma vez que, para superar a limitação conceitual racionalista da *legalidade* à mera produção legislativa, se havia tornado necessário recorrer a uma expressão mais rica, complexa, flexível e abrangente de valores, que é a que hoje oferece a *juridicidade.* Com efeito, esta expressão – entendida como o resultado da integração da *legalidade* com a *legitimidade,* a que se agregou o reforço da quase abandonada ideia de *licitude* – foi que, após tanto tempo desprezada pelo positivismo jurídico, auspiciosamente ressurgiu no bojo desse longo processo evolutivo como o indispensável *norte ético do Direito,* que, sem aposentar a conquista moderna da *racionalidade,* o possibilitava a conviver comodamente com a conquista pós-moderna da *razoabilidade.*

Cabe apreciar, a seguir, o reflexo histórico dessas mutações sobre as funções do Estado pela comparação de três períodos: o do *Estado pré-constitucional,* que existiu até o século XVIII; o do *Estado do constitucionalismo clássico,* que prevaleceu até a segunda metade do século XX, e o do *Estado neoconstitucional,* que vem marcando o atual.

2 Três tempos da evolução dos conceitos de poder e de funções do Estado

2.1 Funções do Estado pré-constitucional

Desde logo, a concepção que se tinha sobre o *poder do Estado* antes do constitucionalismo era de sua irrestrita *unidade e concentração*, personificado na figura central do monarca absoluto.

Tão somente ao Rei cabia a opção de exercer pessoalmente todas as funções decorrentes ou de delegá-las a quem lhe aprouvesse e em que medida, sem conhecer limitações para fazê-lo. Mas, com o tempo, as limitações materiais tornaram as *delegações* uma solução indispensável e, para facilitá-las, elas passaram a ser legalmente *institucionalizadas*; tudo, porém, ainda sem perda da unidade conceptual do poder político.

A partir da Revolução Gloriosa na Inglaterra, as funções legislativas se destacaram das prerrogativas da realeza e vieram a ser reconhecidas como a expressão de um *poder autônomo*, que seria próprio do Parlamento e que o exerceria legitimamente por força da teoria da representação; um aporte iluminista que abriria espaço para subsequentes desenvolvimentos que resultaram na consolidação da *separação de poderes*, como doutrina que inspiraria o constitucionalismo e o dominaria, mantendo uma forte ênfase na visão *orgânica*, ou seja, sobre o órgão que detém poder.

2.2 As funções do Estado no constitucionalismo clássico

O modelo constitucional inaugurado pelos Estados Unidos da América inovou uma revisão analítica, tanto dos *órgãos*, quanto das *funções* afetas ao Estado,[229] ensejando uma definição mais acurada de suas respectivas atribuições.

Com esta abertura analítica, se avançava não apenas quanto à desejada *limitação de poder* do Estado, como quanto à sua *distribuição* por distintos órgãos, produzindo-se o entretecido de uma *rede de controles recíprocos* entre os três complexos orgânicos independentes

---

[229] A referência se dirige às clássicas contribuições de Locke, Bolingbroke e Montesquieu, que deram origem ao que Nuno Piçarra designou adequadamente como uma *doutrina* da separação de poderes, que somente mais tarde, inspiraria sua atual compreensão, como um *princípio* constitucional que diz respeito à estrutura do poder político estatal, tal como proclamado a partir da Constituição de Massachusetts, de 1780 (*A separação dos poderes como doutrina e princípio constitucional: um contributo para o estudo das suas origens e evolução*. Lisboa: Coimbra editora, 1989, ps 231 e 232).

então instituídos – por metonímia, os assim denominados "poderes" do Estado.

O certo é que, não obstante toda a aparência fosse de que se *tripartira o poder estatal,* a proposta não teria sido então dividi-lo, senão que, apenas, limitá-lo e discipliná-lo no desempenho de suas respectivas *funções* derivadas. Porém, como se conservava ainda o velho hábito de pensar o poder em termos orgânicos, com foco em quem o exerce, as interpretações doutrinárias penderam pela formulação de um rigoroso *princípio de tripartição de poderes orgânicos,* que se manteve mesmo sob as críticas que se seguiram.

Não há dúvida de que esse *princípio da tripartição* viera radicalizar o que original e autenticamente seria apenas uma *doutrina de separação de funções,* não somente vedando a criação de novos órgãos e funções independentes, como, ao mesmo tempo, limitando o desenvolvimento de novas alternativas de *controles recíprocos,* não obstante ser esta uma crescente exigência ditada pela complexidade dos Estados contemporâneos, que viria a se tornar uma das razões para a redistribuição de funções e de controles constitucionais promovida pelo *neoconstitucionalismo.*[230]

2.3 Funções do Estado no neoconstitucionalismo

A brilhante afirmação juspolítica contemporânea da *supremacia dos direitos humanos* – que em sua dupla caracterização, tanto a estatal, constitucionalizada, quanto a extraestatal, globalizada, se erige a *direitos fundamentais* – precipitou a releitura do suposto "princípio" da tripartição, possibilitando a incorporação de novos tipos de funções constitucionais que lhes fossem direta e especialmente referenciadas.

Por sua vez, também a *democracia,* outro valor apontado como essencial ao Estado pós-moderno, exigia *novos canais de participação da cidadania,* que, transcendendo as limitações do sufrágio periódico tradicional, levassem-na a expressar mais intensa e constantemente sua vontade primordial e a multiplicar os seus controles sobre o poder estatal, aprimorando a *legitimidade* no processo.

Mas essas novas funções que despontavam, se, por um lado, para atuar com *efetividade,* não poderiam dispensar a investidura de *autoridade,* a qual somente o *Estado* as poderia ungir de modo a serem

---

[230] Para o desenvolvimento do tema, a excelente obra coletiva coordenada por Miguel Carbonell, *Neoconstitucionalismo(s).* Madri: Trotta, 2003.

executadas como uma *expressão diferenciada do poder estatal,* por outro lado, deveriam todas *justificar sua legitimidade* não apenas em razão do *título do agente,* mas principal e permanentemente *pelos resultados das ações:* sempre em defesa prioritária e absoluta dos *interesses da sociedade,* operando *direta e tecnicamente,* e, sobretudo, *sem intermediação ou intervenção partidária* de qualquer sorte, concentradas no interesse direto ou indireto do corpo social, individual ou coletivamente considerado, para o fiel desempenho da tarefa tipicamente pós-moderna de *harmonizar os protagonistas da democracia:* a sociedade e o Estado.

Em consequência, assim destacadas por estarem especialmente *dirigidas a uma realização direta, eficaz e legítima dos direitos fundamentais e da democracia,* essas novas funções vieram ampliar extraordinariamente os instrumentos de *participação* da sociedade no exercício do poder do Estado, superando todos os modelos de *controle* até então instituídos durante a modernidade, até mesmo os mais avançados, como os que haviam sido posteriormente introduzidos no Estado de Direito, pois que, sob critério *participativo,* pouco se havia logrado além da limitada prerrogativa cidadã do sufrágio eleitoral e, ainda assim, restrita ao preenchimento periódico de certos cargos políticos.

Rompia-se um paradigma do Estado moderno, considerado como um tabu político, segundo o qual *todas as atribuições deveriam gravitar em torno da lei* e *sempre contidas em algum dos três complexos orgânicos tradicionais.* Era a dimensão global do Direito, inaugurando uma avançada ordem referida à proteção da *pessoa humana,* e afirmação da *democracia,* que passava a exigir um leque de *novas funções de vigilância, controle e promoção de seus interesses individuais e coletivos.*

Para tanto, tornou-se necessário transcender a estreiteza funcional de dois esgotados paradigmas da modernidade: a *exclusividade da produção do Direito atribuída ao Estado* e o "dogma" da *tripartição de* "poderes". De fato, as *funções* de que carecia um Estado pós-moderno já não mais se poderiam confinar aos dois campos de atividade até então convencionais – *a criação e a aplicação da lei* – nem, tampouco e até com maior razão, reduzidos a uma atuação centralizada, monopolizada, fechada em si mesma e concentrada somente em uma convencional *trindade* de "poderes".

Além destas considerações, o fato de que dois, desses três tradicionais complexos orgânicos independentes, os "poderes" Legislativo e Executivo, atuam necessariamente e sempre *em condições politicamente restritivas,* simplesmente porque, por definição, ambas são *expressões funcionais partidariamente comprometidas* (até mesmo em eventuais conformações camerais majoritárias), rompia também outro mito: o da *suposta obrigatoriedade de uma intermediação partidária para a legitimação democrática.*

Na realidade, hoje é indiscutível que este processo de *legitimação pela intermediação partidária*, datado de meados do século XVIII, que era um notável progresso para as revoluções americana e francesa, se tornou insuficiente para países que desenvolveram uma imensa complexidade social, que não mais se esgota apenas em oferecer canais participativos para a mera *escolha de pessoas que devem governar*, necessitando de novas vias democráticas para a *escolha de como essas pessoas devem governar*.

Assim, é mais do que evidente que, o que se poderia adequadamente denominar de *novas missões de legitimação*, são defluentes corolários dos paradigmas neo-humanistas, *que deslocaram do Estado para a sociedade o centro de gravidade do Direito contemporâneo*, rompendo o velho *ciclo de legalidade positivista*, até então limitado à criação e à aplicação da *lei*.

Como um requisito dos novos tempos, essas missões passaram a se dirigir à *plena realização dos valores fundamentais e permanentes da sociedade*, que lhe são inerentes, e, portanto, não se podem limitar à concretização de objetivos e de valores outros que procedem de imposições voluntaristas e contingentes de governantes ou, mesmo, de decisões de eventuais maiorias plebiscitárias, ordinariamente sob o pretexto de "interpretação" da vontade popular.

Daí em diante, a multiplicação e o reforço dos *canais institucionais regulares de participação da sociedade* vem, aos poucos, contendo o *arbítrio* casual, atuando cada vez mais como *fonte de complementação, suplementação e fortalecimento da legitimidade democrática,* no desempenho dessa missão fundamental de sustentar os valores complexos da juridicidade no Estado Democrático de Direito.

Em última análise, a síntese de valores que compõem o conceito de *juridicidade* – e por isso esta é uma *finalidade do Direito* – se sintetiza na *justiça*, que *não se esgota na legalidade ditada e imposta exclusivamente pelo Estado*, senão que, sempre mais, para a sua plena e efetiva realização, necessita da constante e permanente inspiração que provém da renovação e da transcendência axiológica que somente os valores da *legitimidade* e da *licitude* podem transfundir, com viço e atualidade, a partir de sua fonte autêntica – a *sociedade* – no dinâmico e fecundo crisol das cambiantes vivências sociais, *desde que para tanto dotada de órgãos híbridos e capilarmente nela difundidos* para, a partir dessas, especificarem-se os cometimentos político-administrativos do Estado.

Acresce que, com o neoconstitucionalismo inspirando a missão de *redefinir um Estado centrado na justiça,* se estará também recuperando o princípio original de sua *unidade de poder,* pois que continua indiviso, uma vez que unitária é sua origem no povo, *admitindo, embora, uma ponderada pluralidade de expressões funcionais,* tantas quantas sejam necessárias para convergirem harmonicamente para a realização integral de todo o elenco de seus cometimentos constitucionais, se inaugura uma fase de declínio do primado do concepto *orgânico* – quem age, e ênfase do *funcional* – para que age.

3 Uma nova configuração constitucional das funções que exercitam o poder estatal nos Estados democráticos de direito

3.1 São propostas três categorias de funções estatais constitucionais

Para que a resposta institucional compatível com essa nova configuração *funcional* dos Estados Democráticos de Direito – portanto, os que se encontram na via certa para se tornarem plenamente *Estados de Juridicidade* – possa refletir com fidelidade *uma cada vez mais estreita, intensa, complexa e pluralizada interação democrática entre a sociedade e o Estado,* as suas funções constitucionalmente previstas devem logicamente resultar de uma igualmente *complexa e pluralizada* combinação de três categorias de *funções estatais* – tanto as exercidas *pelo* Estado, quanto as exercidas *no* Estado, mas, em ambos os casos, sempre "nos termos da Constituição".[231]

A este ponto, uma classificação que parta da observação da *evolução positiva* da Constituição brasileira de 1988, com suas setenta Emendas, e, mais, da observação da *evolução jurisprudencial,* resultado de uma longa série de interpretações constitucionais elaboradas pela Suprema Corte, identifica as seguintes três categorias de funções estatais constitucionais:

1º categoria: *funções estatais exercidas no Estado* diretamente por *cidadãos,* instituídas com vistas à *definição do poder político e de seu exercício,* que são as *constitucionalmente reconhecidas* como geratrizes democráticas do próprio poder estatal;

---

[231] Art. 1º, parágrafo único da Constituição da República Federativa do Brasil: "Todo o poder emana do povo, que o exerce por meio de representantes eleitos ou diretamente, nos termos desta Constituição".

2º categoria: *funções estatais exercidas pelo Estado* através de *agentes,* legalmente investidos em distintos modos de atuação do poder estatal, expressados em diversos tipos de *competências* constitucional ou legalmente previstas, *com vistas à realização dos interesses públicos que lhe são constitucionalmente cometidos,* caracterizando os *dois tipos tradicionais de funções públicas:* a de *provedoria de governança* e a de *provedoria de justiça;* e

3º categoria: *funções estatais exercidas no Estado* por *agentes,* legalmente investidos no exercício de específicos modos de atuação do poder estatal, ou seja, de competências constitucional ou legalmente previstas, para prover *diretamente, como preconiza a Constituição* (v. Nota 11), *a realização de interesses da sociedade,* caracterizando *novas funções independentes de zeladoria, controle e promoção de justiça.*

Desconsiderando-se as *funções estatais da primeira categoria,* que se referem ao exercício da cidadania e voltadas diretamente à prístina *definição do poder político e de seu exercício,* se pode notar, a partir da classificação aqui oferecida, que as demais – as *funções estatais classificadas como as da segunda e da terceira categorias* – devem ser exercidas por *agentes públicos.*

Embora estejam, ambas, genericamente incumbidas de cometimentos estatais, como, para cada uma delas são definidas *missões distintas,* conforme a natureza dos *interesses que devem satisfazer,* elas se desdobram em dois tipos funcionais: o de *funções do Estado* caracterizadas como *finalísticas* e o de *funções no Estado* caracterizadas como *instrumentais* em relação às anteriores.

3.2 A categoria de funções finalísticas do Estado

No exercício de suas funções *finalísticas,* ao Estado se cometem a *provedoria de governança* e a *provedoria de justiça pública.*

A *provedoria de governança* se dirige à realização das finalidades político-administrativas do Estado, obedecendo ao *princípio legitimatório representativo* e refletindo os diversificados interesses da sociedade, *sempre segundo a interpretação dos partidos políticos.* Estas funções estão distribuídas, por tradição moderna, entre dois tradicionais blocos de poder político partidariamente vinculados – o *Legislativo,* de formação colegiada, e o *Executivo,* quase sempre unipessoal – para o desempenho de incumbências que lhes são *respectiva e analiticamente assinadas* pela Constituição.[232]

Essas funções se destinam ao provimento das duas *atribuições finalísticas* que compõem a atividade estatal da governança – as *legislativas* e as *administrativas* – nelas incluídas tanto as externas – consideradas como *funções extroversas*, necessárias à segurança das pessoas e de seus bens e à prestação de serviços públicos – como as internas – as *funções introversas*, dirigidas à própria segurança institucional.

Distintamente de ambas, o exercício das funções finalísticas do Estado destinadas à *provedoria da justiça pública*, obedece ao *princípio legitimatório do mérito*, de modo a assegurar a investidura e a atuação de seus agentes políticos *com absoluto descomprometimento e distanciamento em relação aos interesses político-partidários*.

Essas funções se encontram todas no bloco do poder *Judiciário*, nele concentradas exclusivamente para o desempenho das específicas funções constitucionais que lhes são assinadas.[233] Como se depreende do rol de suas competências constitucionais típicas e exclusivas, tais funções cumprem a missão de prover as atribuições finalísticas do Estado necessárias à distribuição da *justiça pública*, sob todas as suas modalidades constitucionalmente articuladas,[234] através de juízes, tribunais e respectivos órgãos de apoio.

4 As funções neutrais do Estado e no Estado

Todas as *funções estatais* demandam, como se discorreu, a intermediação de distintas categorias de *agentes legitimados* – cidadãos ou *agentes públicos*. Aos *cidadãos* cabe exercitar as *funções políticas referidas ao Estado*, inerentes à soberania popular. Aos *agentes públicos* cabem todas as *funções públicas*, classificadas, consoante o seu comprometimento político-partidário, em duas classes: de *funções partidariamente comprometidas* e de *funções partidariamente descomprometidas* e, por este motivo, denominadas estas de *funções neutrais*.

Do mesmo modo, como apresentado, as *funções governamentais* são as que incumbem ao *governo* e à *administração pública*, desempenhadas por pessoas investidas em *cargos públicos*, que podem ser ou *cargos*

---

[232] Constituição da República Federativa do Brasil, Título IV, Capítulo I, para o Legislativo, e Capítulo II, para o Executivo.

[233] Constituição, Título IV, Capítulo III, para o Judiciário.

[234] Constituição, Título IV, Capítulo III, art. 92.

eletivos, para as funções governativas, ou *cargos administrativos*, para as funções administrativas. Estes agentes deterão, portanto, respectivamente, ou o *status* de *agentes políticos* ou o de *agentes administrativos*, incumbidos das várias atribuições que conformam o que hoje se entende como a *governança pública*, desdobrada em todas as suas etapas processualizadas: *desde o debate político parlamentar* sobre as políticas públicas à sua *execução administrativa*, tudo conforme a competência das respectivas entidades e órgãos em que esses agentes se distribuam.

Tratou-se também da função estatal de *provedoria de justiça* que, distintamente das duas outras, são *político-partidariamente neutras*, inserindo-se, assim, entre as *funções neutrais*,[235] uma vez que devem ser desempenhadas exclusivamente por *agentes políticos partidariamente descomprometidos*, atuando em áreas constitucionalmente definidas para as quais é necessário um desempenho *partidariamente neutro*, em que devem ser aplicados não mais valores e soluções meramente políticos, mas *conhecimentos técnicos específicos*, notadamente *jurídicos*, vinculados à preservação plena da *juridicidade*.

Cabe, assim, em prosseguimento, examinar o bloco de funções acima indicadas como as da *terceira categoria*, caracteristicamente pósmodernas, por isso, duplamente sujeitas: ao princípio *democrático* e ao de *juridicidade*.

5 Funções estatais neutrais

Estas funções, como se indicou, também devem ser desempenhadas por *agentes do Estado*, mas que se distinguem pelo exercício de *competências constitucionais prioritariamente afetas ao interesse direto da sociedade*, embora, sempre que *legitimamente compatível, possam também estar afetas ao interesse do próprio Estado*, em seus desdobramentos

---

[235] Assim sintetiza, a respeito, Alexandre Santos Aragão, a origem e a evolução: "A Teoria dos Poderes Neutrais não é nova, devendo grande parte da sua construção a Benjamin Constant e a Carl Schmitt. Todavia, a sua importância só veio a ser notada com maior intensidade pela pena da mais moderna doutrina alemã, sobretudo através de Fichtmuller, italiana, com destaque para Michela Manetti e Silvia Niccolai, e espanhola, na qual José Manuel Sala Arquer merece especial citação por seu pioneirismo, que livraram a Teoria dos Poderes Neutrais das concepções autoritárias que permearam a sua origem, transformando-a em importante instrumento para a compreensão da complexidade estatal e social em que vivemos"(artigo *O controle da constitucionalidade pelo Supremo Tribunal Federal à luz da Teoria dos Poderes Neutrais*, item II, *in Revista on Line de Direito e Política*. Instituto Brasileiro de Advocacia Pública – IBAP, Edição nº 1 – julho/setembro de 2003. (Recolhido no sítio <*http://www.ibap.org/rdp/00/18.htm*> em 10.07.2010).

políticos e administrativos, constituindo-se, igualmente, como um segundo bloco constitucional de *funções estatais neutrais*.

A institucionalização desse terceiro bloco de funções – que ostenta a característica distintiva de serem *político-partidariamente neutras* – vem a ser o resultado de várias mutações juspolíticas ocorridas notadamente na teoria dos *interesses públicos*, dissipando a antiga confusão categorial gerada pela falta de uma nítida distinção entre os *interesses públicos originais*, ou *primários*, afetos às pessoas em sociedade, e os *interesses públicos derivados*, ou *secundários*, afetos às pessoas do Estado.

Com efeito, os sistemas de produção legislativa através de grandes colegiados – *os aparelhos de Estado parlamentares* – criados para a produção do *direito-legalidade*, historicamente só funcionaram a contento enquanto não haviam sido claramente diferenciadas as categorias específicas de *interesses públicos*, até então consideradas em bloco, sob a designação de *interesses gerais* e, por este motivo, deveriam ser exclusivamente definidos pelos órgãos investidos no poder de manifestar a presumida "vontade geral" da sociedade: as assembleias populares, decidindo por seus grupos majoritários.

Com o crescimento e a diversificação dos interesses das sociedades, notadamente a partir das Revoluções Industriais, que marcaram o fastígio e o início do fim da modernidade, esses interesses se foram de tal modo se multiplicando, fragmentando, setorializando e especializando, que o sistema legislativo de tipo parlamentar, não tendo como acompanhar essa evolução – o que demandaria diversificar-se também suficientemente, de modo a manter um justo equilíbrio na produção das leis – mergulhou em *crise de legitimidade*.[236]

Vale dizer que, por não mais poder definir e atender adequadamente, através de sua *função legislativa*, a complexa massa de reivindicações que conformariam *interesses realmente gerais* em tese – não houve como evitar que o clássico *processo legislativo* passasse a

---

[236] Elio Chaves Flores e Joana D'arc de Souza Cavalcanti, citando Norberto Bobbio (*A Era dos Direitos*. Rio de Janeiro: Campus, 1992), dão três razões para este preocupante fenômeno: 1) a representação política nos Estados democráticos está em crise, principalmente porque a instituição parlamentar na sociedade industrial avançada não é mais o centro do poder real, mas quase somente uma câmara de ressonância de decisões tomadas em outro lugar; 2) os mecanismos institucionais de escolha fazem com que a participação popular se limite a legitimar, em intervalos mais ou menos longos, uma classe política que tende à autopreservação e que é cada vez menos representativa; e 3) devido ao poder de manipulação por parte de poderosas organizações privadas e públicas. (*O fardo da legitimidade: a democracia para além dos parlamentos*. Prim@facie – ano 5, n. 9, jul./dez. 2006, p. 64-72).

negligenciar sua precípua missão de cuidar dos *interesses primários* (os da *sociedade*), bem como a de zelar pelos *interesses secundários* (os do *Estado*), para se aplicar cada vez mais ao *jogo do poder político-partidário*, que se trava entre interesses de representantes, acólitos e de suas respectivas agremiações partidárias, todos, geralmente, muito distantes das necessidades do povo.

Em suma, assim aplicando e estendendo a conhecida classificação de interesses públicos, observa-se que os parlamentos, por se dedicarem a uma atuação cada vez mais voltada à satisfação de *interesses terciários* (entendidos como *os dos próprios partidos políticos* em sua atuação na busca de poder), vão com isso produzindo *resultados* que, não obstante *formalmente democráticos* – um aspecto que poderia ser suficiente sob uma óptica juspositivista – em nada servem à sua clássica missão de conferir o que se possa qualificar de uma *autêntica legitimação democrática quanto à substância* – entendida sob a óptica ampliada e pós-positivista da *juridicidade*.

Porém, além dessas razões, os aparelhos parlamentares foram perdendo condições – em termos de *tempo* e de *técnica* – para exercerem suas importantes *funções de controle,* como por tradição, sempre as desempenhavam.

Condições de *tempo,* pois a pletora legislativa crescia além da possibilidade de um adequado seguimento fiscalizatório sobre o governo e sua administração através de comissões parlamentares de inquérito, de convocação de autoridades e dos demais instrumentos tradicionais.

Condições de *técnica,* pois a diversidade e a especialidade dos *interesses originais,* bem como as dos temas a serem enfrentados, escapavam aos conhecimentos generalistas que normalmente se espera de parlamentares, que, por isso mesmo, tendem a considerar limitadamente esses problemas, meramente sob os aspectos *político-partidários,* escapando-lhes o manejo de critérios outros, que seriam essenciais a uma autêntica legitimação democrática de suas decisões.

Portanto, a teoria dos "poderes neutrais" – que, mais apropriadamente, hoje assim não mais se definirão, mas como "funções neutrais",[237] em razão da *unicidade do poder estatal,* e entendida não como uma neutralidade genérica, mas como uma neutralidade específica, ou

---

[237] Como o *poder do Estado* é uno e indivisível, é o seu *exercício* que se fraciona e se distribui em *funções,* devendo a expressão plural de usança histórica – "Poderes do Estado" – ser entendida apenas como um tropo de linguagem.

seja, apenas restrita aos assuntos político-partidários – parte da constatação dessa paulatina *erosão da legitimidade* das assembleias políticas, as quais, muito embora formalmente eleitas, perdem *legitimidade* quando se trata de aferir, com imparcialidade e independência, a pletora de valores em constante concorrência nas sociedades contemporâneas.

Portanto, o Direito pós-moderno, ao cometer, em dois níveis, o *político e o administrativo* – respectivamente, a órgãos constitucionalmente independentes e a órgãos *administrativamente autônomos* – o desempenho de *funções neutrais,* acorreu com atualidade e eficiência para superar esse impasse de legitimação, *priorizando os interesses públicos primários sobre todos os demais e garantindo equidistância decisória na ponderação concursal entre múltiplos valores,* legitimando-se plenamente, tanto em termos correntes, quanto em termos finalísticos, mas tudo sem interferir nas atividades partidariamente orientadas, a cargo dos órgãos governamentais do Estado.

Se, no curso da modernidade, sob o conceito de *legalidade,* então hegemônico, a *noção de direito subjetivo* – portanto *sempre legalmente referida* – era dominante, diferentemente, com o advento da pós-modernidade e a expansão do paradigma da *juridicidade* passou a prevalecer a *noção de direitos fundamentais,* agora *supralegalmente referida:* à *constitucionalização dos direitos humanos* atinentes à *liberdade,* seguindo-se à dos atinentes à *igualdade,* para, como último desdobramento, à dos atinentes à *cidadania.*

Assim é que, com o objetivo de maximizar a efetivação desses *direitos fundamentais da cidadania,* como auspicioso rebento que veio a florescer nos *Estados Democráticos de Direito,* conheceram extraordinário desenvolvimento contemporâneo as *funções neutrais,* sobrevindas para ampliar e processualizar os *canais participativos,* concorrendo para possibilitar cada vez maior *visibilidade* e *controle* sobre as *funções de governança,* com o que, atendem à sua primária *destinação societal,* tudo com ampliados ganhos, tanto de *legitimidade corrente,* quanto de *legitimidade finalística,* que, com as novas funções, lograram destaque.

É razoável, portanto, afirmar que a renovação juspolítica sistemática proporcionada por esta expansão da *juridicidade,* ultrapassando o tradicional e concentrado, quando não autocrático e elitista, *sistema de produção da lei,* veio possibilitar o surgimento e a multiplicação de novos, variados e ampliados *sistemas de produção do Direito.*

Este fenômeno pós-moderno vem a ser não apenas a mais revolucionária como a mais importante das mutações jurídicas contemporâneas, por ter informado brilhantes construções jurídicas derivadas, como, entre tantas outras, o neoconstitucionalismo, a democratização da aplicação do Direito por uma sociedade aberta de intérpretes[238] e a legitimação de todo tipo de decisões, que, embora necessariamente revestidas do poder estatal, não devem estar atreladas a interesses partidários: um elenco de novas *funções estatais neutrais,* cuja concepção eticamente avançada tanto veio a enriquecer, a robustecer e a aperfeiçoar as *alternativas decisórias* praticadas no Estado, quanto, no mesmo nível de importância, os seus instrumentos de *controle recíproco.*

Com essas *funções neutrais* voltadas a recolher em suas origens difusas, por toda a sociedade, o puro e legítimo sentido social de *justiça,* reacende-se um novo e forte luzeiro, absolutamente necessário nas sociedades pluralistas pós-modernas, para iluminar e validar quaisquer aplicações das leis: tanto as que devam atuar voltadas ao *ordenamento* do estamento social, quanto as que devam produzir resultados de *controle* sobre o estamento estatal.

Essas atividades, que progressivamente se estão impondo, como se percebe, vêm tangidas pelos ventos da *consensualidade* e da *flexibilidade,* para o fim de atender a *demandas próprias da complexidade e do pluralismo contemporâneos,* como são as encontradas em sociedades cada vez mais densas, conscientes, atuantes e que se destacam por suas rápidas e profundas mutações em todos os campos da interação humana, tudo no bojo de um irresistível processo de globalização *que expande os valores do constitucionalismo,* como *criação cultural por excelência [...] da humanidade como um todo.*[239]

No processo de renovação, essas e outras características juspolíticas emergem não apenas para legitimar, mas para suavizar e humanizar a aplicação do novo *Direito,* aos poucos desfigurando o envilecido estereótipo que dele havia conformado a percepção do homem comum durante a modernidade: como reduzido apenas à cega e inflexível coleção de *leis* emanadas do Estado – a *dura lex, sed lex* – friamente aplicada por agentes que, por isso mesmo, são tantas vezes incompreendidos, quando não aborrecidos e importunos, uma vez que, não por outra razão, eles apenas "sabem a poder e a mando autoritário".[240]

---

[238] *Cf.* HÄBERLE, Peter. *Hermenêutica Constitucional – a sociedade aberta dos intérpretes da constituição: contribuição para a interpretação pluralista e procedimental da constituição.* Tradução de Gilmar Ferreira Mendes. Porto Alegre: Sérgio Antônio Fabris Editor, 1997, p. 13 e ss.

[239] A referência aqui é também a Peter Häberle, em intervenção na *Conferência Internacional sobre a Constituição Portuguesa,* promovida pela Fundação Calouste Gulbenkian, Lisboa, 26 de abril de 2006, inédita, a p. 6 da versão policopiada, *apud* Paulo Ferreira da Cunha, que a recolhe e a cita em obra sua, a tratar da vocação universalista e do universalismo do Direito Constitucional (*Pensar o Estado.* Lisboa: Quid Juris, 2009, p.165 e 166).

[240] GROSSI, Paolo. *La primera lección de Derecho. Op. cit.,* p. 18.

As funções atribuídas a esta categoria de *agentes* exercentes de *funções estatais neutrais,* duplamente legitimados, tanto pelo *mérito em seu acesso* – que é *uma legitimação originária* – quanto pelo *exercício político-partidariamente isento de suas funções* – que é *uma legitimação corrente* – por atuarem no *interesse direto da sociedade,* o que lhes confere essa *legitimidade,* e dotados de *investidura estatal,* o que lhes confere *autoridade,* vêm suprir as deficiências crônicas na *percepção* e no *atendimento* dos *legítimos interesses gerais da sociedade pós-moderna.*

Assim, os *agentes neutrais,* robustecidos por essas várias atuações paralelas – mas, frisem-se, *independentes* daquelas a cargo dos tradicionais estamentos estatais político-partidários – para obter esse resultado, se vão difundindo e se capilarizando por toda a *sociedade,* encontrando a sua mais autêntica e poderosa validação no exercício de *funções constitucionalizadas* de *zeladoria,* de *controle* e de *promoção de justiça.*

6 As funções de zeladoria, de controle e de promoção de justiça

O modelo brasileiro de *funções constitucionais neutrais,* tal como adotado na Constituição de 1988, com suas sucessivas emendas, funda-se em *doutrina* de atualizadas correntes juspublicistas contemporâneas, bem como na *jurisprudência* renovadora desenvolvida por duas décadas pelo Supremo Tribunal Federal.

Embora, topograficamente, a *distribuição de funções* na Constituição de 1988 siga ainda uma modelagem tradicional, patenteia-se a intenção de conferir superior destaque ativo aos *direitos fundamentais*: manifestado, desde logo, em seus dois primeiros Títulos – no *Estatuto da República* (Título I) e no *Estatuto das Pessoas e da Sociedade* (Título II) – ambos, portanto, com significativa precedência axiológica ao *Estatuto do Estado* (como se desenvolve ao longo dos demais Títulos, do III ao IX).

Não ficam apenas nessa disposição tópica, porém, mais claramente, na *descrição das funções,* as inovações mais significativas quanto à distinção entre funções públicas *do Estado* e funções públicas *no Estado,* sendo essas últimas – como *categorias constitucionais de funções neutrais,* aqui sob exame – as que se encontram diretamente voltadas ao conceito de *realização da justiça na sociedade*: não mais, como se a concebia, ou seja, essencialmente vinculada à *legalidade,* mas ampliada à *juridicidade.*

Assim, pela ordem, identificam-se *cinco tipos de funções neutrais constitucionalmente independentes* de *zeladoria,* de *controle* e de *promoção de justiça,* todas referidas à *aplicação estatal do Direito* e, por isso, insertas, apropriadamente na Carta no seu Título IV – *Da Organização dos Poderes*:

1º) *funções neutrais constitucionalmente independentes* de fiscalização contábil, financeira e orçamentária, voltadas explicitamente à tutela da legalidade, da legitimidade e da economicidade da gestão administrativa,[241] e, implicitamente, também à tutela da impessoalidade, da moralidade, da publicidade e da eficiência da gestão pública, categorizadas como atividades de *zeladoria* e de *controle*, cometidas ao sistema nacional de *Tribunais de Contas;*[242] [243]

2º) *funções neutrais constitucionalmente independentes* de controle da atuação administrativa e financeira do Poder Judiciário e do cumprimento dos deveres funcionais dos juízes, de custódia da autonomia do Poder Judiciário, do cumprimento do Estatuto da Magistratura e da observância dos princípios da administração pública, de promoção de justiça em casos de crime contra a administração pública, abuso de autoridade e atribuições correlatas,[244] categorizadas como de *zeladoria, controle e promoção de justiça* e cometidas ao *Conselho Nacional de Justiça;*

3º) *funções neutrais constitucionalmente independentes* de controle da atuação administrativa e financeira do Ministério Público e do cumprimento dos deveres funcionais dos seus membros, de custódia da autonomia funcional e administrativa do Ministério Público, e da observância dos princípios da administração pública, e atribuições correlatas,[245] categorizadas como de *zeladoria* e *controle* e cometidas ao *Conselho Nacional de Justiça;*

4º) *funções neutrais constitucionalmente independentes* e definidas como *essenciais à justiça*, categorizadas como de *controle, zeladoria* e *promoção* de interesses juridicamente qualificados de toda natureza, cometidas, respectivamente, conforme a especificidade dos interesses, a quatro complexos orgânicos distintos: ao *Ministério Público,*[246] à *Advocacia de Estado,*[247] à *Advocacia*[248] e à *Defensoria Pública;*[249] e

---

[241] Art, 70, *caput*, Constituição da República Federativa do Brasil.

[242] Art. 70 a 75, Constituição da República Federativa do Brasil.

[243] Art. 37, *caput*, Constituição da República Federativa do Brasil.

[244] Art. 103-B, §4º, Constituição da República Federativa do Brasil.

[245] Art. 130-A, §2º, Constituição da República Federativa do Brasil.

[246] Art. 129, Constituição da República Federativa do Brasil.

[247] Art. 131, CF (da União) e art. 132, Constituição da República Federativa do Brasil (dos Estados e do Distrito Federal).

[248] Art. 133, Constituição da República Federativa do Brasil.

[249] Art. 134, Constituição da República Federativa do Brasil.

5º) *funções neutrais constitucionalmente independentes,* categorizadas como de *controle, zeladoria* e *promoção* de interesses específicos relativos à inconstitucionalidade de lei ou ato normativo federal ou estadual ou à constitucionalidade de lei ou ato normativo federal,[250] bem como a concursos públicos de ingresso na magistratura,[251] no Ministério Público[252] e nas Procuradorias dos Estados e do Distrito Federal,[253] cometidas à *Ordem dos Advogados do Brasil.*

Como se observa, reside no *endereçamento à justiça – explícito,* com relação a algumas dessas funções e *implícito,* com relação às demais – *a mais elevada referência axiológica juspolítica* registrada em documentos constitucionais, pois, na ausência deste supremo valor, perdem os povos, o cimento da *confiança,*[254] indispensável à construção da vida civilizada; daí ser o maior bem que o Estado pode proporcionar às sociedades.

7 Observações finais

7.1 Uma digressão sobre a utilidade da sistematização proposta sobre a constitucionalização de novas funções sob o signo da cidadania

Pois que é de sabença geral que nada é imutável, desde logo há de se considerar que sempre será útil especular a respeito das vantagens de se levantar, categorizar e sistematizar essas novas funções revestidas de poder público, exercidas no Estado Pós-Moderno e especialmente voltadas ao valor *justiça.*

Todavia, algumas vantagens teóricas e práticas podem ser lembradas, em rol exemplificativo, como, o *ganho teórico* que proporciona a *compreensão científica* dos complexos fenômenos envolvidos na definição de novas *funções constitucionalizadas,* em que se expressa de algum modo o *poder estatal,* como aqui se apontou.

Sob o aspecto *prático,* sobreleva o proveito sistêmico de se caracterizar institutos que se classificam como uma categoria constitucionalmente implícita de *direitos fundamentais políticos,* assim entendidos

---

[250] Art. 103, VII, Constituição da República Federativa do Brasil.

[251] Art. 93, I, Constituição da República Federativa do Brasil.

[252] Art. 129, §3º, Constituição da República Federativa do Brasil.

[253] Art. 132, *caput,* Constituição da República Federativa do Brasil.

[254] Alain Peyrefitte. *La Societé de Confiance,* Paris: Odile Jacob, 1995.

os que inovam *garantias cidadãs multimodalmente alocadas à efetividade dos condicionamentos e das limitações impostos ao poder estatal e às suas expressões funcionais ativas,* o que vale dizer serem *essenciais ao Estado Democrático de Direito.*

Este notável *aspecto político ativo* assumido pelos *direitos fundamentais* – que, por sua própria natureza e em razão de sua reconhecida *supraconstitucionalidade,* não estão enclausurados em rol fechado – define tanto o conceito humanístico da *inserção valiosa das pessoas na vida político-administrativa dos respectivos países* em que tais valores sejam acolhidos, quanto, e principalmente, redefine o que hoje se apresenta como uma *cidadania* ampliada.

Contudo, estes breves apontamentos não estariam acabados sem que se aludisse às específicas incidências da *globalização,* como *fato,* claramente observado e conotado à linha do *primado da pessoa humana,* que já desponta com nitidez no travejamento de um *Direito Constitucional que se universaliza* em seus métodos e instituições, mas, sobretudo, em seus *valores.*

No que toca à *universalização,* igualmente é tomada como um dado de *fato* e como tal estudado por autores de vanguarda, uma vez que "as Constituições tornaram-se elementos normais, correntes, dos Estados [...] porque "vivemos um tempo de 'Estado constitucional' afinal geral".[255]

Ora, uma das decorrências desses fenômenos (em lista não fechada) não é outra que a reiteradamente observada *pluralização das fontes de Direito* – que, quanto à origem das normas, são desdobradas em fontes *societais, estatais e híbridas* – um fenômeno que se vem densificando e gerando uma inovada *juridicidade em plena expansão,* além das fronteiras políticas e, até mesmo, dos espaços etno-geográficos do planeta, de modo que, rompendo com uma milenar contenção a uma estatalidade singular, o *Direito* pós-moderno pode hoje prescindir de qualquer vinculação política e geográfica para ancorar a sua vigência.

Com efeito, mesmo considerando que os critérios de identificação do *interesse público* foram sempre polêmicos e se mantiveram na primeira linha dos debates teóricos, já é pacífica a superação da clássica sinonímia com os *interesses gerais,* um conceito produto da modernidade, pois que sua referência eram as *sociedades politicamente fechadas,* nas quais sua identificação incumbia ao Estado-Nação, como expressão privilegiada, senão exclusiva, da *sociedade.* Portanto, hoje, com o

---

[255] FREITAS DO AMARAL, Diogo. *Estado. In*: Pólis, Enciclopédia Verbo da Sociedade e do Estado, vol. II. Lisboa: Verbo, 1984, col. 1126 ss.

surgimento e a expansão *das sociedades abertas*,[256] estende-se ilimitadamente a possibilidade de definir *funções neutrais*, que atuem como coadjuvantes na constante identificação de interesses públicos a serem protegidos e sustentados, com diversificadas atribuições de *zeladoria, controle, promoção* e de *provedoria*, até mesmo em escala mundial.

Outra incidência desses fenômenos universalistas, já bem nítida no plano dos fatos – e não apenas das conjeturas e das antecipações dos pensadores do Direito – diz respeito à corolária *mundialização dos valores do Direito*. Com efeito, observa-se a saudável disseminação de *uma axiologia juspolítica não mais estatocêntrica, mas marcadamente antropocêntrica* e, como tal, capaz de projetar uma poderosa e crescente *influência homogeneizadora* sobre os inúmeros ordenamentos jurídicos do planeta, notadamente, pelo efeito-demonstração produzido pela mídia global, sobre as fontes pluralizadas dos vários sistemas jurídicos; no caso, pouco importando se teriam sido originariamente aparelhados sobre valores dogmáticos locais – políticos, econômicos, étnicos ou religiosos.

Finalmente, focando agora o mais elevado plano normativo do Direito do Estado, que é o do *constitucionalismo,* também se o contempla, auspiciosamente, como receptáculo último dessas inelutáveis contingências histórico-culturais que se cristalizam no *pluralismo das fontes* e na afirmação de *valores universais,* ambos, por sinal, muito aproximados em substância dos sustentados pelos jusnaturalistas de tantas épocas e correntes.

Não resta dúvida de que, sob tal aspecto, a consequência mais importante, por isso destacada pela quase unanimidade dos doutrinadores pós-modernos, é o advento do *neoconstitucionalismo,* com uma corolária globalização de suas técnicas, a partir dos fundamentos teóricos edificados na segunda metade do século XX e manifestados em várias Constituições do Segundo-Pós-Guerra, como, pioneiramente, as da Itália e da Alemanha.

Em síntese, o entendimento do que se tinha por *legalidade* – que no constitucionalismo clássico dispensava as qualidades de *legitimidade e licitude,* pois que se a entenda como um *puro produto estatal* a ser expresso pelos soberanos absolutos e, mais tarde, pelos parlamentos e chefes-de-Estado ou de governo – reduziu-se conceptualmente, com o advento e a propagação do *neoconstitucionalismo,* para referir-se, tão somente, à específica atuação normativa do Estado que é produzida no

---

[256] Expressão empregada por pensadores da estatura de Hayek, Popper e Häberle, contraposta às sociedades em que o Direito não reconhece a transcendência dos valores inatos ao homem.

espaço de juridicidade delimitado pela competência normativa que lhe abre a Constituição, por ela rigorosamente compartimentado.

Isso significa, posto em outros termos, que a *constitucionalidade*, como expressão máxima da *juridicidade* nos âmbitos dos ordenamentos máximos de cada País, há de ser entendida não apenas como *inspiração, motivação, balizamento e orientação* da ação do Estado, mas, principalmente, como o seu inultrapassável *limite da legalidade*.

8 Conclusão

Sociedades plurais e complexas certamente demandam *centros de poder* pluralizados e complexos. A diáspora do poder político-administrativo é uma insopitável tendência global: paradoxalmente, não apenas quanto à formação de instâncias políticas *supraestatais*, como para o progressivo reforço das instâncias políticas *infraestatais*, um fenômeno observável claramente na experiência recente da Comunidade Europeia.[257]

Como última consideração a este respeito e pelo inestimável valor prospectivo de sua obra, este ensaio se encerra com um tributo à visão juspolítica inspiradora, pioneira em seu tempo, de Massimo Severo Giannini, sempre abrindo caminhos luminosos para o aperfeiçoamento da democracia e do controle do poder no mundo policrático da pós-modernidade, como o fez sinteticamente ao concluir, há quase um quarto de século, o Primeiro Volume do *Tratado de Direito Administrativo*, com a observação de que:

> [...] é certo que as duas formas modernas do Estado pluriclasse, em cinquenta anos estarão substituídas por formas muito mais sofisticadas, nas quais as instituições da representação política serão cercadas por *muitas outras instituições representativas dos valores técnicos*, as quais terão assumido poderes políticos muito maiores em relação aos de hoje.[258]

---

[257] Santiago Muñoz Machado, no tocante ao fenômeno da *descentralização*, que examina vestibularmente em seu ultimado *Derecho Público de las Comunidades Autónomas*, em item que denomina de *Outros elementos da crise da centralização* (Cap. I, item IV) refere-se à crise do modelo disseminado pela Revolução francesa e pela obra napoleônica, encontrando em Maurice Hauriou, em 1985, o primeiro difusor da ideia oposta e, no mesmo item, conotando-a, como ecos da experiência norte-americana captada por Alexis de Tocqueville, à emergência, naquele País, da participação cidadã, uma característica sempre apontada nas *sociedades abertas* (Madri: Iustel, 2ª edição, 2006, p. 67-79).

[258] Massimo Severo Giannini. *Trattato di Diritto Amministrativo* Direção de Giuseppe Santaniello. Pádua: Cedam, 1988, Volume I, p. 142. Segue no original todo o parágrafo do qual se retirou a profética citação (com n/ destaque, em itálico, das passagens em tradução

Na verdade, hoje não mais alguém dirá "que são utopias", pois que já "vamos na sua direção": no caminho da pluralização, da tecnicização e da democratização das funções públicas constitucionais.

Referências

ARAGÃO, Alexandre Santos. O controle da constitucionalidade pelo Supremo Tribunal Federal à luz da Teoria dos Poderes Neutrais. *In: Revista on Line de Direito e Política*. Instituto Brasileiro de Advocacia Pública – IBAP, Edição nº 1 – julho/setembro de 2003. Disponível em: *<http://www.ibap.org/rdp/00/18.htm>*. Acesso em: 10.07.2010.

BOBBIO, Norberto. A Era dos Direitos. *In*: FLORES, Elio Chaves; CAVALCANTI, Joana D'arc de Souza. *O fardo da legitimidade*: a democracia para além dos parlamentos. Prim@ facie – ano 5, n. 9, jul./dez. 2006.

CARBONELL, Miguel (Coord.). *Neoconstitucionalismo(s)*. Madri: Ed. Trotta, 2003.

CUNHA, Paulo Ferreira da. *Pensar o Estado*. Lisboa: Quid Juris, 2009.

FREITAS DO AMARAL, Diogo. *Estado*. *In*: Pólis, Enciclopédia Verbo da Sociedade e do Estado, vol. II. Lisboa: Verbo, 1984.

GIANNINI, Massimo Severo. *Trattato di Diritto Amministrativo*. Vol. I. Giuseppe Santaniello (Dir.). Pádua: Cedam, 1988.

GROSSI, Paolo. *Mitologias Jurídicas da Modernidade*. Florianópolis: Fundação Boiteux, 2004.

GROSSI, Paolo. *Primeira Lição de Direito*. Rio Janeiro: Forense, 2006.

HÄBERLE, Peter. *Hermenêutica Constitucional – a sociedade aberta dos intérpretes da constituição*: contribuição para a interpretação pluralista e procedimental da constituição. Gilmar Ferreira Mendes (Trad.). Porto Alegre: Sérgio Antônio Fabris Editor, 1997.

MACHADO, Santiago Muñoz. *Derecho Público de las Comunidades Autónomas*. 2. ed. Madri: Iustel, 2006.

MIRANDA, Jorge. *Manual de Direito Constitucional*. Tomo IV. Lisboa: Coimbra Editora, 2000.

PEYREFITTE, Alain. *La Societé de Confiance*, Paris: Odile Jacob, 1995.

PESCATORE, Pierre. *La philosophie du droit au tournant du millénaire*. Bruxelas: Bruylant, 2009.

PIÇARRA, Nuno. *A separação dos poderes como doutrina e princípio constitucional*: um contributo para o estudo das suas origens e evolução. Lisboa: Coimbra editora, 1989.

---

livre acima oferecidas): "Quanto alla forma di governo, ovunque si propongono grandi o piccole riforme. Non è qui che dobbiamo occuparcene, ma quel *che è certo è che le due forme odierne dello Stato pluriclasse fra cinquanta anni saranno sostituite da forme molto più sofisticate, in cui le instituzioni della rappresentanza politiche saranno contornate da molte altre istituzioni rappresentative delle valenze tecniche, le quali avranno assunto potere politico molto maggiore rispetto ad oggi*; che nel frattempo gli Stati si saranno ridotti a membri di ordinamenti superestatali sempre più petenti; che i pubblici potere interni si saranno ridotti a pochi ma fortemente coesi. Qualcuno dirà che queste *sono utopie*; eppure *si va nella loro direzione".*

12º ENSAIO

DIREITO ADMINISTRATIVO E POLICENTRISMO DE SUAS FONTES

INSERÇÃO NO ORDENAMENTO JURÍDICO PÓS-MODERNO

"La paradoja no constituye algo insólito en la actividad de razonar y definir, críticamente. La actitud paradójica debe suponer para un filósofo del derecho un esfuerzo para eludir los caminos trillados de la rutina y de las ideas preconcebidas y carentes de fundamento"

Antonio-Enrique Pérez-Luño[259]

Apresentação

Fatos importantes, como o que nos congrega e justamente nos orgulha, a realização do *Primeiro Congresso do Instituto de Direito Administrativo do Estado do Rio de Janeiro*, merecem ser destacados: desde logo, em razão do justo prestígio dos publicistas que compõem o quadro da nossa jovem instituição acadêmica fluminense, que decidiram levar avante a tradição científica e os ideais semeados neste centro cultural de nosso País por insignes administrativistas do renome de Augusto

---

[259] PÉREZ LUÑO, Antonio-Enrique. *Nuevos retos del Estado Constitucional:* valores, derechos, garantías. Alcalá de Henares (Madri): Universidade de Alcalá, 2010, p. 37.

Olímpio Viveiros de Castro, Olavo Bilac Pereira Pinto, Miguel Seabra Fagundes e *Caio Tácito* Sá Viana Pereira de Vasconcelos e transformados em realidade, nesta geração, por Marcos Juruena Villela Souto, que tanta falta nos faz, e Jessé Torres Pereira Júnior.

Portanto, em razão mesmo dessa importância, é que nosso Instituto e, particularmente este encontro, oferecem o foro adequado e oportuno para que se inicie a segunda década deste século com a inserção em sua agenda da consideração e do estudo do extraordinário fenômeno da *expansão policêntrica das fontes do Direito Administrativo,* cujos desdobramentos, referidos ao *espaço jurídico global,* às alternativas de *governança global* e ao *Direito Administrativo Global,* ocuparão, cada vez mais, os debates acadêmicos, políticos e midiáticos nos próximos anos.[260]

É sobre este admirável tema emergente na Pós-Modernidade, que se apresenta esta breve notícia, desenvolvida nos seguintes seis tópicos: (1) uma introdução sobre a Era dos direitos fundamentais; (2) as transformações do ordenamento jurídico; (3) as transformações do constitucionalismo; (4) as transformações do Estado; (5) as transformações do Direito Administrativo e (6) uma conclusão sobre a necessidade de considerar-se prospectivamente a expansão da dimensão extranacional e mundializada que ganha o Direito Administrativo contemporâneo.

---

[260] Somente nesta primeira década deste século, entre diversos trabalhos versando sobre estes temas, destacam-se as seguintes contribuições para aprofundamentos: no ano 2001 – M. Shapiro, *Syposium: Globalization,Accountability, and the Future of Administrative Law: Administrative Law Unbounded; Reflections on Government and Governance.In* Indiana Journal of Global Legal Studies, 8, primavera 2001, 369; no ano 2003 – de S. Cassese, *Lo Spazio Giuridico Globale,* Roma-Bari: Laterza; A. Alesina e E. Spoladore, *The Size of Nations,* Cambridge: The MIT Press; S. Battini, *Amministrazione Senza Stato,* Milano: Giuffrè; G. Della Cananea, *I pubblici poteri nello spazio giuridico globale,* Rivista Trimestrale di Diritto Pubblico, Roma, v. 1, p. 1 a 34; no ano 2005 – E. Riedel, *The Development of International Law Alternatives to Treaty-Making? InternationalOrganizations and Non-State Actors, inDevelopments of International Law in Treaty Making,* Berlin: Springer; *Managed Mutual Recognition Regimes: Government without Global Governance,* New York: University School of Law, Working Paper 2005/6; B. Kingsbury, N. Krisch e R. Stewart, *The Emergence of Global Amministrative Law, in* Law and Contemporary Problems, summer/autumn, 2005, 3-4, p. 15; S. Roberts, *After Government? On Representing Law Without the State, in* The Modern Law Review, 68, 2005, 1; no ano 2006 – S. Battini, *L'impatto della globalizzazione e sul diritto amministrativo: quatro percorsi. In* Giornale di Diritto Amministrativo, nº 3, p. 339 e ss.; S. Cassese, *Oltre lo Stato,* Roma-Bari: Laterza; no ano 2008 – L. F. Colaço Antunes, *O Direito Administrativo Sem Estado – Crise ou fim de um paradigma?*Coimbra: Coimbra Editora; e no ano 2009 – E. Bittencourt Neto, *Direito Administrativo Transnacional,* Salvador: REDAE, IDP, nº 18, maio/junho/julho de 2009, um artigo disponível por acesso à Internet (<htpp://www. direitodoestado.com/revistaREDAE-18-MAIO-2009-EURICO-BITTENCOURT.pdf>).

1 Introdução

Esta apresentação do Direito Administrativo de hoje – e, em parte, o de amanhã – requer uma dupla introdução: a primeira, sobre o fenômeno da *globalização*, e a segunda, sobre o percurso histórico do conceito de *direitos humanos* ao de *direitos fundamentais*, como molduras para o enquadramento dos tópicos acima indicados, a serem desenvolvidos.

2 A globalização

Fenômeno relevante para as Ciências Sociais, *a globalização*, para os efeitos deste ensaio, comporta duas linhas de compreensão: como *fato* e como *valor*. Enquanto *fato*, ela pode ser considerada historicamente, como uma *dilatação dos horizontes de interesses das sociedades humanas*, o que, afinal, não é um fenômeno novo, mas, em verdade, muito antigo, pois segue a lógica inexorável da *expansão dos interesses* e de sua consequente e inevitável instrumentação pelo *poder*.

Com esse sentido, ela se tem manifestado com grande nitidez, marcando alguns períodos históricos de intensa *difusão cultural* e dinamismo do poder, ora com a *ampliação de fronteiras políticas*, ora com o *desenvolvimento dos intercâmbios econômicos*, ora com a *propagação religiosa*.

Por isso, a globalização foi, em distintas épocas, ou predominantemente *cultural*, pelo poder do exemplo, como se deu no mundo helênico; ou hegemonicamente *política*, pelo poder da espada, como na expansão do mundo romano; ora notadamente *econômica*, pelo poder das riquezas, como ocorreu na dilatação do mundo ibérico pelos descobrimentos, ou preponderantemente *religiosa*, pelo poder da fé, como sucedeu na propagação do cristianismo.

Outros movimentos globalizantes apresentaram também algumas combinações entre esses interesses, como, exemplificativamente, são identificados nos fenômenos assemelhados da *expansão do Islã* e do *imperialismo* moderno, este último, desdobrado em submanifestações específicas, nos distintos caminhos do imperialismo inglês, do norte-americano e do soviético.

Ocorre, porém, que a *atual globalização* ultrapassa todas essas experiências, não só por ser mais *ampla* e mais *diversificada* que as anteriores, como, sobretudo, mais *profunda*, por ser consequência da *Revolução das Comunicações*, deflagrada no Segundo Pós-Guerra do século XX e ainda em curso, um movimento tão intenso que vem promovendo mudanças radicais nas características da civilização dominante no planeta, inaugurando a Era Pós-Moderna e, por isso, transformações sob o signo da permanência.

Sob seu influxo, com novos meios e novas mensagens, o mundo se vai encolhendo e os indivíduos, os grupos, as sociedades e os Estados, ficando cada vez mais próximos e interagentes em uma comunidade global em que o acelerado desenvolvimento científico e tecnológico, sem precedentes, integra em rede e que, notadamente nos últimos cem anos, disseminou ecumenicamente o conhecimento, inovou métodos de pesquisa e possibilitou a eclosão dessa nova etapa civilizatória a que vivemos, que o sociólogo espanhol Manuel Castells batizou de *Era da Informação*.[261]

Os *desdobramentos sociais* deste fenômeno são complexos e vertiginosos: as populações passam, sucessivamente, a ter um amplo *acesso ao conhecimento*, a tomar *consciência de seus interesses*, a *reivindicar participação* e, cada vez mais, a se *organizar* e a exigir *eficiência* no atendimento de suas necessidades. Fácil identificar, nesta sequência causal, a íntima conotação da *globalização* com a *democracia*, aqui tomada em seu sentido material: enquanto *realização de valores convivenciais*, e não apenas em seu sentido formal, como mera *técnica de sufrágio* popular.

E, a este ponto, se considera a segunda acepção da expressão *globalização* – tomada como *valor* – o que remete à eriçada polêmica que a acompanha na mídia e na linguagem coloquial, uma vez que, conforme os ângulos de entendimento que o conceito possa comportar, compreende diferentes conteúdos valorativos e ser vista, ora como um bem, ora como um mal; ora como um anátema, ora como uma esperança para um mundo melhor.

Por isso é que, diante da irredutível ambivalência da voz *globalização* – por ser inteligível simultaneamente como *fato* e como *valor* – ela deve ser precisada e delimitada para os fins e os limites do discurso que se pretenda apresentar: ora como *fato* e, por isso, um dado objetivo, como será tratado, sem muita margem para dissenso, ora como *valor*, e, sob esse aspecto, um dado subjetivo, este sim, passível de discussões que escapam a este estudo.

3 A era dos direitos fundamentais

A *tradição humanista*, que se havia firmado na sucessão de manifestações históricas que culminaram com a positivação dos *direitos*

---

[261] CASTELLS, Manuel. *A Era da Informação – Sociedade, Economia e Cultura*, tradução do original em inglês, São Paulo: Paz e Terra, 1999, 3 volumes.

humanos, partida da célebre *Declaração dos Direitos do Homem e do Cidadão* pela Assembleia Constituinte da França revolucionária, em 1789, passando pelo amadurecimento promovido pela positivação das *liberdades e garantias individuais* e pelo surgimento do *constitucionalismo,* viria a receber um forte influxo no campo social com o reconhecimento das *dimensões sócio-econômicas desses direitos,* que se integraram nas solenes Declarações, enunciadas a partir da Constituição mexicana, de 1917, e da importante consolidação, que se seguiu, com a Constituição alemã de Weimar, de 1919.

Até então, e perdurando por mais algum tempo, essas positivações constitucionais, embora, indubitavelmente, marcos da evolução histórica dos *direitos humanos,* eram ainda meramente *enunciativas,* não indo além, em termos de efetividade, de uma indicação pomposa de *programas* a serem seguidos pelos governos, sem que gerassem direitos subjetivos públicos para as pessoas, salvo em casos expressamente previstos, que esporadicamente, estabeleciam algumas garantias contra suas violações.

Quanto aos *direitos fundamentais,* como síntese juspolítica desses processos, aparece "como a fase mais avançada de positivação dos direitos naturais nos textos constitucionais do Estado de Direito",[262] desde logo, indicando a inexistência de uma perfeita identidade entre os dois conceitos, uma vez que quaisquer *direitos* só são considerados *fundamentais* em relação ao contexto sistemático de uma determinada *Constituição.*

Ganha, assim, importância prática, a ideia de *sistema constitucional de direitos fundamentais,* pois com ela se define a *fonte jurídica primordial de sistematicidade de todo o ordenamento jurídico no âmbito de cada Estado,* um fenômeno seminal do jurismo, amplamente estudado desde Santi Romano, Hans Kelsen e Norberto Bobbio, com sua exposição contemporânea em Niklas Luhmann, que constrói uma rica ponte metodológica com sua *teoria dos sistemas,* embora mantendo seus respectivos enfoques doutrinários, porém convergentes no que toca à sua *essencial articulação sistemática,* o que vale dizer: quanto à *interdependência, intercausalidade* e *recíproca implicação entre esses direitos* e à sua *repercussão sistêmica* sobre todo o *ordenamento jurídico.*

Destarte, após analisar o estado da arte do impacto tético dos *direitos fundamentais* sobre os *ordenamentos jurídicos,* este ensaio

---

[262] PÉREZ LUÑO, Antonio-Enrique. *Los Derechos Fundamentales.* Madri: Tecnos, 9ª edição, reimpressão, 2005, p. 43-44.

se volta a considerar algumas decorrências incidentes sobre duas macroinstituições juspolíticas: o *constitucionalismo* e o *Estado*.

4 As transformações do ordenamento jurídico

Quanto ao *ordenamento jurídico*, entendido como um *sistema*, as transformações nele ocorridas podem ser deduzidas de uma análise das diferenças entre a configuração alcançada no positivismo jurídico e a sua caracterização contemporânea, tal como vem renovada no jurismo pós-positivista.

Todavia, essa evolução, popperianamente considerada,[263] não se faz destruindo as conquistas doutrinárias alcançadas, mas harmonizando-as com novos valores, novas referências etiológicas, bem como os respectivos instrumentos operativos, de modo que o pós-positivismo, partindo da secular estabilidade trazida pelo conceito de *legalidade*, vem enriquecer o Direito com as readquiridas dimensões éticas da *legitimidade* e da *licitude*, exigidas pela irresistível pressão dos fatos e pela própria evolução moral das sociedades humanas.

Um cotejo esquemático, de valia meramente didática, arrola, nos itens seguintes, o que seriam, de um lado, as seis características dominantes do *ordenamento jurídico positivista* – as marcas de sua modernidade – e, de outro lado, as seis características dominantes do *ordenamento jurídico pós-positivista* – as conquistas da Pós-Modernidade.

4.1 Seis características do ordenamento jurídico positivista

O *ordenamento jurídico* é uma brilhante construção da Modernidade e um ganho permanente da Ciência do Direito. Originalmente assentado nas *normas legais*, segundo a compreensão positivista do Direito, como classicamente sustentado pelo normativismo kelseniano, teve seu entendimento revisto, mais recentemente, como um *sistema de normas*, na obra de Norberto Bobbio,[264] mantendo, todavia,

---

[263] Karl Popper, possivelmente o mais importante filósofo do século XX, tanto no campo da epistemologia, pelo *falsificacionismo*, como critério da demarcação entre a ciência e a não ciência, pondo ênfase na eliminação em vez da verificação de hipóteses (v. em português, *Conjecturas e refutações – O progresso do conhecimento científico*. Brasília: Editora UNB, 1994.) e, por uma consequência lógica deste pensamento, no campo político, por sua defesa da *sociedade aberta*, na qual, o livre trânsito e confronto das ideias tornam possível a sua contínua crítica e, assim, seu permanente aperfeiçoamento (v. em português: *A sociedade aberta e seus inimigos*. São Paulo: Editora USP, 1974).

[264] BOBBIO, Norberto. *Teoria della Norma Giuridica*. Turim: G. Giapichelli, 1993, com tradução em português, *Teoria da Norma Jurídica*, de Fernando Pavan Baptista e Arion Bueno Sodani. São Paulo: Edições Profissionais Ltda., 2001.

como fundamentais à sua compreensão, algumas de suas básicas características estruturais.

Assim, para descrever o *ordenamento jurídico positivista*, tal como se apresentou em seu fastígio, pelos meados do século XX, destacam-se algumas dessas características que, em síntese, lhe conferem *unidade, plenitude* e *coerência*, por isso, tidas como os principais atributos que o definem como um todo autocontido, sem lacunas e contradições.

Quanto à visão instrumental desse *sistema*, o *processo*, como seu conceito central, se definia apenas como o *locus* no qual se formaliza o silogismo apofântico, supostamente, o requisito necessário e suficiente para a aplicação da *lei*.

Assim, para os fins deste estudo, serão examinadas cinco características, selecionadas ampla em lista aberta: a *estatalidade*, a *exclusividade*, a *unidade*, a *plenitude* e a *suficiência*.[265]

4.1.1 A estatalidade do ordenamento jurídico

O Estado moderno tomou a si a produção da *norma legal*, tendo nele passado a função legiferante das pessoas dos reis e dos príncipes às assembleias de representantes do povo, mas sempre com a indispensável participação estatal.

4.1.2 A exclusividade do ordenamento jurídico

Assim, como compete ao Estado definir com *exclusividade* o que deva ser uma *norma legal*, a validação de qualquer outra no ordenamento jurídico, ainda que produto consuetudinário, também dependerá de sua chancela.

---

[265] Norberto Bobbio, em sua obra clássica, *Teoria do ordenamento jurídico*. Tradução de Maria Celeste Cordeiro Leite dos Santos. 10ª ed. Brasília: UnB, 1999, considera três características no Ordenamento Jurídico da modernidade: a *unidade*, a *coerência* e a *completude*. A *unidade*, tanto observada sob o aspecto estático, entendido como o substantivo e referido aos princípios, como sob o aspecto dinâmico, referido às regras positivadas; a *coerência*, tanto considerada a superação de antinomias sob o critério cronológico, caso em que, entre normas incompatíveis, terá validade a posterior, como sob o critério hierárquico, caso em que, entre normas incompatíveis, valerá a proveniente de fonte superior, e o da especialidade, caso em que, entre normas incompatíveis, em que uma é geral e a outra especial, esta prevalece; e a *completude*, que tanto pode ser caracterizada pela desconsideração de um hipotético vazio jurídico, quanto pela submissão ao sistema de qualquer situação análoga à especificamente legislada.

4.1.3 A unidade do ordenamento jurídico

O *ordenamento jurídico*, ao cabo de sua evolução na Modernidade, já não mais era considerado como uma simples coleção de *normas*, que dele faziam parte pelo simples fato de serem enunciadas pelo Estado, com uma limitada aceitação interpretativa dos princípios gerais do direito, da ordem pública e dos bons costumes, mas, mesmo assim, ainda se definia claramente como um sistema unitário, fechado, lógico e coeso: "um todo único, claramente delimitado e específico, cujas características informam e se manifestam em cada um dos elementos que o integram".[266]

4.1.4 A plenitude do ordenamento jurídico

Como deve conter, em teoria, todas as previsões legais para regrar quaisquer situações que apresentem relevância jurídica, o sistema deve ser *pleno*, ou seja: não admitir *lacunas* e *contradições*, que deveriam ser superadas por uma hermenêutica introspectiva, entendida como a que esteja implícita no próprio ordenamento jurídico, tanto pelo recurso a analogias, quanto por regras subsuntivas autorreferenciadas.

4.1.5 A suficiência do ordenamento jurídico

O ordenamento jurídico, por ser pleno, vale dizer, por conter hipoteticamente todas as normas aplicáveis, para tanto exclusivamente produzidas pelos órgãos legiferantes do Estado, supostamente, para tanto legitimados, em razão da natureza representativa de sua investidura política, para o desempenho de funções legislativas, o ordenamento jurídico da Modernidade era considerado o *bastante* para assegurar, pela estrita *legalidade,* a satisfação da *justiça,* proscrevendo, por isso, quaisquer recursos hermenêuticos, com finalidade integrativa do sistema, que demandassem uma atuação criativa dos órgãos judiciários, pois, para tanto, não lhes bastaria a legitimidade de sua investidura pelo regime do mérito e, até mesmo, por serem órgãos funcionalmente neutrais – aplicadores e não declaradores de valor. Em suma: o que se afirmava, então, era a suficiência da *mens legis* instituída pelos legisladores e o repúdio de qualquer integração a cargo dos juízes.

---

[266] PÉREZ LUÑO, Antonio-Enrique. *Nuevos retos del Estado Constitucional:* valores, derechos, garantías. Alcalá de Henares (Madri), 2010, p. 10.

4.2 As novas seis características do ordenamento jurídico pós-positivista

Na Pós-Modernidade, sob o renovador influxo axiológico aportado por uma combinação das teorias dos *direitos humanos* e da *democracia substantiva*, que, na visão de Peter Häberle,[267] passaram a conformar um "sistema de liberdades", os seus tradicionais atributos fundamentais sintetizados na trindade – *unidade, plenitude legislativa* e *coerência do sistema* -, se deslocam, respectivamente, em direção a três novos paradigmas – *pluralidade, integração jurisdicional* e *reconstrução argumentativa do sistema.*

Quanto à visão instrumental neste novo *sistema,* o *processo* já não mais se conceituaria apenas como o *locus* de onde meramente se retira o silogismo apofântico da aplicação da *lei,* mas passa a ser considerado o *instrumento fundamental da ordenação formal do discurso argumentativo* conducente a uma aplicação democrática do *Direito.*

Consequentemente, este ensaio prossegue com o exame das cinco características resultantes da mutação operada: a *extraestatalidade,* o *compartilhamento,* a *pluralidade,* a *abertura* e a *integração.*

4.2.1 A extraestatalidade do ordenamento jurídico

O Estado pós-moderno, mantendo embora a produção da norma legal, já não mais deve chancelar, por seus órgãos legiferantes, todas as normas jurídicas aplicadas por seus órgãos judicantes, de modo que o ordenamento jurídico, com isso, se vem tornando *transestatal,* passando a incluir tanto *normas estatais,* quanto *normas extra-estatais.*

Por este motivo, o emprego da qualificação *transestatal* referida ao *Direito,* considera a possibilidade de sua *aplicação* além das bases territoriais das ordens jurídicas nacionais, extensiva a pessoas físicas e jurídicas, inclusive os próprios entes estatais, ainda que norteada por valores globalizados, evidenciando, em consequência, *três classes de ordenamentos jurídicos pós-modernos:*

1) Os tradicionais *ordenamentos jurídicos nacionais* (esfera do direito estatal nacional interno, aplicável no âmbito de cada Estado independente);

---

[267] HÄBERLE, Peter. *Pluralismo y Constitución, Estudios de Teoría Constitucional de la sociedad abierta.* Madrid: Tecnos, 2002.

2) Os, já bastante desenvolvidos, *ordenamentos jurídicos internacionais* (esfera do direito internacional, aplicável aos Estados, que o instituam por acordos, e às entidades públicas ou privadas por eles instituídas), incluída a modalidade mais avançada de associação de Estados, de que é exemplo mais adiantado a União Europeia, e

3) Os mais recentes *ordenamentos jurídicos globais* (esfera do direito extraestatal, aplicável ao espaço global em que proliferam entidades privadas, cuja autoridade provém de pactos de autorregulação), como uma instituição transestatal consensual, em plena fase de edificação e de afirmação.

Esta nomenclatura – que segue uma classificação recente, ainda sem aceitação unânime, encontra variações, mas que não comprometem a essência do exposto – leva à identificação de uma terceira classe de ordenamentos, a de um *Direito Transadministrativo* – ou *Direito Global* – como expressões mais usadas de quantos se debruçaram sobre este fenômeno.[268]

4.2.2 O compartilhamento do ordenamento jurídico

Não mais cabendo ao Estado definir com exclusividade o que se põe como *norma jurídica*, pois a aceitação de qualquer expressão de normatividade já não mais depende, unicamente, de definições abstratas emanadas dos órgãos de representação político-partidária, mas de uma atuação integrativa desenvolvida dialogicamente por um sistema paralelo e essencial de órgãos neutrais, instituídos no corpo do próprio Estado, com cidadãos, para tanto investidos pelo sistema do mérito, que os legitima democraticamente, em funções indispensáveis para a realização procedimentalizada e concreta da justiça, tem-se que, em consequência, se observa que os diversos ordenamentos jurídicos pós-modernos passam, pouco a pouco, a compartilhar princípios e valores provenientes de outros ordenamentos, com isso, a se beneficiar de um hibridismo estimulante e enriquecedor.

---

[268] A expressão *Direito Administrativo Global* é adotada por seu pioneiro e mais conspícuo estudioso, Sabino Cassese, em *Il Diritto Amministrativo Globale: uma introduzione*, e divulgada em língua inglesa no artigo *Global Administrative Law: An Introduction, in Journal of International Law and Politics* (2005, verão, vol. 37, n. 4, p. 663-694) Em vernáculo, a preferida por Eurico Bittencourt Neto em seu trabalho pioneiro: *Direito Administrativo Transnacional. In: Revista Brasileira de Direito Público*, Ano 7, n. 24, jan./mar. 2009, Belo Horizonte: Editora Fórum.

4.2.3 A pluralidade do ordenamento jurídico

A tradicional *unidade do ordenamento jurídico estatal*, que se afirma por sua delimitação e especificação *constitucional*, *embora* continue a existir, passa a coexistir com normas *transestatais* – tanto *internacionais*, quanto *transnacionais*, que se incorporam ao ordenamento jurídico de cada país.

Combinam-se, assim, as normas estatais, as produzidas pelo Estado, com as *não estatais*, provenientes de diferentes origens, pois que esse *pluralismo* vem expressamente garantido na própria pré-ordenação dos *fundamentos constitucionais*,[269] e todas integradas, tanto por absorção de *normas internacionais*, neste caso por força de acordos internacionais, como por *normas transnacionais* que se encontrem harmonizadas com o regime e com os princípios constitucionalmente adotados.[270]

Assim, interna e externamente, prevalece a *pluralidade normativa*, enquanto valor fundamental, o que vale dizer que o fenômeno não toca apenas à *estrutura* de cada ordem jurídica estatal, mas a todo o seu *conteúdo*, pois se nutre da própria pluralidade de ordens jurídicas – nacionais, internacionais e globais – emanadas das mais distintas fontes – estatais e extraestatais – que, assim, se entrelaçam e se fertilizam reciprocamente.

Perez Luño, entre os autores que têm captado em recentes estudos o fenômeno do *policentrismo das fontes* nos ordenamentos jurídicos, demonstra a necessidade de substituição da concepção teórica da imagem piramidal da construção kelseniana, "vale dizer, hierarquizada da ordem normativa, por um horizonte em que a totalidade do sistema se obterá pela intersecção de uma pluralidade de estruturas normativas, de procedência heterogênea",[271] por uma *imagem reticular* e fontes possíveis, contemporaneamente mais apropriada.

4.2.4 A abertura do ordenamento jurídico

A *plenitude*, uma situação em que cada ordem jurídica nacional se bastava hermeneuticamente a si mesma, cede passo à *abertura integrativa*, posta a cargo de uma nova concepção hermenêutica. Assim, lacunas e contradições continuam, do mesmo modo, inadmitidas, mas

---

[269] *E. g.*, art. 1º, V, da Constituição da República Federativa do Brasil.

[270] Art. 5º, §2º, da Constituição da República Federativa do Brasil.

[271] PÉREZ LUÑO, Antonio-Enrique. *Nuevos retos del Estado Constitucional*: valores, derechos, garantías. *Op. cit.*, p. 33.

com a diferença de que passam a ser superadas, não mais apenas pelo emprego de uma hermenêutica introspectiva, quando não redundante, que buscava as soluções exclusivamente na ordem jurídica estatal, mas, extensivamente, a qualquer delas, com um apelo ampliado a uma *hermenêutica aberta*, já que o próprio ordenamento jurídico, ao tornar-se pluralista,[272] *expressamente se abriu a novas fontes, não mais exclusivamente as da lei, mas as do Direito.*

Ao combinar essas duas novas características – a do *pluralismo* e a da *abertura* – chega-se, necessariamente, à conclusão, com Häberle, de que o *processo hermenêutico constitucional* deve ser uma instância crítica, que ultrapasse o monopólio metodológico, com suas categorias fechadas e estáticas (kelseniano), para substituí-lo por um *pluralismo metódico*, com categorias abertas e dinâmicas, permanentemente franqueado ao pensamento de novas possibilidades interpretativas (*Möglichkeitsdenken*).[273]

4.2.5 A integração do ordenamento jurídico

Assim enriquecida e não mais fechada em si mesma, a ordem jurídica pós-moderna, com vistas a superar inevitáveis lacunas e contradições, passa a ter uma aplicação expandida e, por isso, enriquecida de possibilidades pela permanente e sempre renovada *reconstrução argumentativa.*

Este é o ônus que a Constituição comete à *comunidade de intérpretes habilitados de direito,*[274] ao reservar a última palavra aos órgãos do aparelho judiciário, embora *todos* desempenhem, quer nas judicaturas quer nas procuraturas, as suas respectivas funções – *neutrais e independentes* – ambas estas qualidades, instituídas como requisitos constitucionais e garantias cidadãs.

Em suma: superam-se, simultaneamente, por um lado, a romântica, mas elitista suficiência da *mens legis* cameral, enquanto produto exclusivo de legisladores, ungidos por uma representação

---

[272] V. as duas notas anteriores para o sistema constitucional brasileiro.

[273] HÄBERLE, Peter. *Pluralismo y Constitución. Estudios de Teoría Constitucional de la sociedad.* Madri: Tecnos, 2002, *passim.*

[274] A *habilitação técnica* é condição *sine qua non* para participar da comunidade intitulada à permanente recriação habermasiana do Direito, como se pode constatar, no caso brasileiro, tanto nas *condições constitucionais de investidura nas judicaturas* – arts. 93, I; 94; 101;104, parágrafo único; 107, I; 115, I; 119, II; 120, III, e 123, parágrafo único, I – quanto nas *condições constitucionais de investidura nas procuraturas* – arts.129, §3º; 131, §2º; 132; 133 e 134, §1º.

assustadoramente elástica e sempre dependente do regime político, de lideranças nem sempre confiáveis e de forças partidárias eventualmente hegemônicas, e, por outro lado, o autocrático repúdio da *mens legis*, como resultado de uma interpretação de juízes, a tanto tecnicamente habilitados, por lhes faltar a escolha eleitoral.[275]

Como soe acontecer em tantas questões semelhantes, a solução adequada não deve seguir opções radicais, mas provir de uma sábia combinação das melhores qualidades de cada uma das soluções para preenchimento de cargos públicos.

5 As transformações do constitucionalismo

O percurso cratológico percorrido pelo constitucionalismo – partindo da modernidade, com o superado conceito de constitucionalidade reverente à *legalidade*, para chegar à pós-modernidade invertido, com o conceito de legalidade reverente à *constitucionalidade* – veio acompanhado de profundas transformações, que atingiram o seu núcleo doutrinário e deram surgimento ao *neoconstitucionalismo*.

Enquanto *fenômeno*, o neoconstitucionalismo recebe da pena precisa de Luis Roberto Barroso uma análise compreensiva, que se reparte em três vertentes: a *histórica*, que apresenta como principal referência as mudanças introduzidas pela *Lei Fundamental* de Bonn; a *filosófica*, que aponta a devolução de valores ao conteúdo do Direito, em que sobressaem a legitimidade e a licitude, embora "sem recorrer a categorias metafísicas, mas inspiradas por uma teoria da justiça", e a *teórica*, que resulta de um "conjunto de mudanças que incluem a força normativa da Constituição, a expansão da jurisdição constitucional e o desenvolvimento de uma nova dogmática da interpretação constitucional".[276]

A *vontade geral*, ideia-força do constitucionalismo tradicional, que vigorou durante a Modernidade, como tal, exclusiva e soberanamente

---

[275] Conforme acima exposto, tanto a investidura púlbica *eletiva*, como a investidura pública pelo *mérito*, elevam cidadãos a cargos públicos, portanto, sem importar em qualquer diferença de importância, legitimando-os democraticamente, pelo simples fato de que a democracia não despreza, senão que, para certas funções, exige comprovação de qualificações especiais.

[276] BARROSO, Luís Roberto. *Neoconstitucionalismo e Constitucionalização do Direito. (O triunfo tardio do Direito Constitucional no Brasil)*. *In* Revista Eletrônica sobre a Reforma do Estado, nº 9, março/abril/maio, 2007, passim. Salvador: Instituto Brasileiro de Direito Público. Texto disponível pela Internet: <*http://www.direitodoestado.com.br/rere.asp*>. Acesso em: 27 set. 2010.

captada e interpretada pelas Assembleias de representantes populares, para ser *conjunturalmente* expressada através de suas *leis* (uma prática que ainda hoje persiste no modelo inglês), perdeu vigência com o surgimento vitorioso do conceito de *vontade constitucional*, de natureza totalmente distinta, pois que se trata de um *consenso original*, que institui e organiza politicamente os Estados em cada sociedade e disciplina as relações entre ambos, expressada *transtemporalmente* em suas respectivas *Constituições*.

Analise-se, a seguir, alguns aspectos deste conteúdo inovador introduzido no conceito revisto de *constitucionalidade*, com algumas de suas mais interessantes consequências.

5.1 As novas conquistas transformadoras do neoconstitucionalismo

Em rol aberto e aqui resumido, tem-se a *supremacia constitucional*, a *efetividade constitucional*, a *abertura constitucional* e a *democracia constitucional*, entre tantas e tão importantes conquistas, como os tópicos, selecionados por seu impacto, a serem a seguir analisados. Não obstante, outros poderiam ser acrescentados, tais como, materialmente, a expansão do próprio *conceito de constitucionalidade*, e, formalmente, uma consequente dilatação da *jurisdição constitucional*.

É perceptível, desde logo, ter ocorrido a *constitucionalização* de temas, antes limitados aos debates específicos nas cortes civis, penais e administrativas, e, instrumentalmente, e que hoje são objeto de *cortes constitucionais* que se multiplicaram, inseridas ou não nos sistemas judiciários, e, ainda, como corolário, o desenvolvimento de uma *hermenêutica constitucional* própria e diferenciada, que tem acolhido as conquistas substantivas.

5.1.1 Supremacia constitucional

Este conceito, que conta com uma história bisecular de evolução, muito mais do que uma lenta conquista da *racionalidade jurídica*, representa a superação do longevo primado do voluntarismo político nas relações humanas, que se deve à paulatina *juridicização* de um sistema articulado, voltado à *limitação* e ao *condicionamento* da *vontade política*, para submetê-la a um elenco de *valores constitucionalizados*, entedidos e postos como indispensáveis *fundamentos* de um *Estado Democrático de Direito*.

5.1.2 Efetividade constitucional

A efetivação de tais limitações e condicionamentos só se tornou possível com a afirmação da *idêntica natureza normativa*, tanto dos *princípios*, quanto das *regras constitucionais*, considerando-os ambos, normas dotadas de *eficácia* jurídica.

Superava-se, assim, o velho conceito, preponderantemente *político*, que até então dominava, em relação às *Constituições*, para que se passasse a entendê-las como *complexos fenômenos juspolíticos*, ou seja: como *diplomas políticos que gozam de eficácia jurídica normativa própria*, a fórmula apropriada para varrer o *arbítrio* da atuação do poder estatal, graças às limitações e aos condicionamentos por elas efetivamente impostos.

Com efeito, a afirmação capital de que *todo poder emana do povo*[277] deve ser entendida como o inequívoco reconhecimento de que é *este, o único titular do poder político nas sociedades organizadas*, o que redimensiona, em consequência, todas as *funções do Estado*, para redefini-las, sem exceção, como atividades absolutamente reverentes ao Direito, pois que são todas, afinal, nada mais que *manifestações funcionais de um poder delegado pelo povo*, embora, na transição oitocentista do autoritarismo para o liberalismo, portanto, ainda com insuficiente inspiração democrática, essas manifestações funcionais houvessem sido pomposamente batizadas, por metonímia, de "poderes do Estado". Pomposa, mas errônea, pois que o *poder estatal* é uno em sua origem popular e igualmente uno, o que é delegado ao Estado; errônea, ainda, porque fundamentalmente, o poder é do *povo* e não do Estado, que dele o recebe, e errônea, enfim, por que, afinal o que é exercido pelos diferentes órgãos estatais, não são *poderes,* mas *funções* do Estado.

5.1.3 Abertura constitucional

Porém, esta feliz abertura do neoconstitucionalismo não se processou apenas internamente, pelo reconhecimento da suprema importância de *valores* transcendentais das pessoas, expressados como *princípios fundamentais nas Constituições dos povos*, mas, também, externamente, pelo extensivo reconhecimento, ora explícito,[278] ora implícito, da existência e validade de todo um *sistema informal e aberto de princípios fundamentais metaconstitucionais e globalizados.*

---

[277] Na Constituição brasileira, expressada no art. 1º, parágrafo único.

[278] Como o faz a Constituição brasileira, no seu art. 5º, §2º.

5.1.4 Democratização constitucional

Ora, com a vigorosa *afirmação humanista* revisitada dos fundamentos constitucionais no contexto dos *Estados Democráticos de Direito* e, como corolário da expressada *titularidade popular do poder político,* tem-se que, cada *sociedade,* que se identifique singularmente pela combinação de uma cultura e de uma história comuns, tem direito a *instituir* seu próprio *ordenamento constitucional,* do que decore o de *atualizá-lo permanentemente,* desde que obedeça às formalidades nele consensualmente previstas, de modo a que se nele se mantenha uma fiel correspondência aos *valores* e *aspirações* permanentes de sua cultura e história.

Assim, o conceito corolário de *Constituição permanente* não deve ser entendido como um produto eventual e singularizado da vontade momentânea e conjuntural de um determinado corpo eleitoral, portanto, restritamente entendido como uma expressão plebiscitária da vontade de um povo – mas como uma expressão constantemente sintonizada com o seu grau de desenvolvimento moral e cívico, ou seja, permanentemente aberto à renovação, que se alimenta da livre e estável expressão popular, com atualização assegurada não apenas formal, pelos instrumentos políticos de reforma admitidos, mas, materialmente, pelo livre debate das ideias, através de todos os canais de manifestação da vontade nacional, sejam formais ou informais, políticos ou técnicos, regulares ou esporádicos.

Portanto, o cerne do *conteúdo material da Constituição* está sintetizado nos *valores fundamentais* que a inspiram, assim como na possibilidade atemporal de serem sempre nela reinterpretados e revisitados, de modo a espelhá-los fielmente, tanto pela sociedade – que retém todo o *poder remanescente* que não houver sido atribuído ao Estado -, quanto pelo próprio Estado, este, na exata medida do exercício das *funções* que lhe forem cometidas.

Paralelamente, o *conteúdo formal da Constituição* está manifestado nas *competências* por ela definidas e outorgadas, que deverão fazer a discriminação ou a rediscriminação explícita da *quantidade ou qualidade do poder* atribuído ao Estado, bem como a cada um de seus entes e órgãos, para desempenharem as funções de guarda e promoção dos valores fundamentais que constituem o seu *conteúdo material.*

Em suma, a Constituição é muito mais e é muito maior do que um breve momento seminal de criação de um Estado-instrumento, mas a lídima expressão da aspiração de *permanência dos valores e da vontade livre de um povo,* que lhe conferem individualidade e continuidade históricas.

5.2 As consequências reformadoras

Cuida-se, aqui, também, sem preocupação de oferecer um rol acabado, nem de ilustrá-lo com exemplos, de examinar algumas consequências pontuais dessas reformas, que se limitará a três, bastante caracterizadoras desses tempos de globalização: o esvaziamento das *razões de Estado*, a insuficiência das *Constituições* nacionais e o seu *reposicionamento epistemológico* no mundo globalizado.

5.2.1 O esvaziamento das razões de Estado

Nas Constituições pós-modernas, democráticas e de direito, não há espaço para invocar as tão costumeiras e surradas *razões de Estado*, expressão que, na tradição voluntarista, remonta às próprias origens do Estado moderno, como registra *O Príncipe* de Maquiavel, que primeiro ministrou esta clássica, mas terrível lição absolutista de tão longa vigência: de como governar superando *arbitrariamente* quaisquer crises ou ameaças, internas ou externas, não importando de que monta ou se reais ou fictícias.

Esta panaceia política ganharia sua roupagem moderna com o racionalismo e alcançaria seu zênite entre a primeira metade do século XIX, com a elaboração que lhe deram os filósofos alemães, notadamente da vertente dos historiadores, como Hegel e Treitschke, e a segunda metade do século XX, já com o impulso que emprestaria a tradição pragmática norte-americana, em que pontificaram Morgenthau, Kiessinger, Kaplan e Raymond Aron, como fundadores de uma doutrina de *segurança nacional*, que gravitava em torno de um entendimento radical de *soberania* e de *supremacia do Estado*, comum às duas instituições típicas da Guerra Fria, que pioneiramente a difundiram: o *Imperial College of the Armed Forces*, do Reino Unido, e o *Instituto Voroshilov*, da extinta União Soviética.[279]

Com efeito, em nome da *segurança do Estado* e, por extensão, das próprias matrizes de ordem da convivência política civilizada, centradas no monopólio da força, explica-se essa duradoura e tolerada aceitação da prática do *arbítrio* como *ultima ratio* da política, mesmo com o emprego de meios radicais, como se patenteia na desvirtuada

---

[279] A evolução do conceito se encontra historiada, com toda sua mestria, por Norberto Bobbio, no verbete *Ragion di Stato*, de seu *Dicionario di Política* (Turim: Ed. UTET, 1993, p. 944 e ss.). Note-se que a designação oficial do *Instituto Voroshilov* era *Academia Voroshilov – Academia Militar Superior do Estado-Maior Geral*, com sede em Moscou .

tendência de homens de Estado a se valerem, até mesmo, da violência extrema e da mentira sob tais pretextos.

Assim, o previsível esvaziamento das razões de Estado, segundo Bobbio, finca, de um lado, as suas *raízes históricas* no surgimento do *federalismo norte-americano*, ao admitir que Estados independentes pudessem firmar entre si um pacto político de união, compreendendo a negociação política de uma *partilha de poder inerente à soberania*, e, de outro lado, o seu *fundamento teórico* em Kant,[280] que, partindo da observação de que a superação da anarquia e do arbítrio entre os homens só se havia tornado possível pela instituição de efetivos *centros de poder locais*, sustentou a possibilidade de obter o mesmo efeito – ou seja, de superar a anarquia e o arbítrio entre Estados – através da criação de um *centro de poder global*, como uma federação universal, que, dotada de autoridade supraestatal, poderia limitar e condicionar as soberanias nacionais de modo a todas atingirem, harmonicamente, os fins comuns às unidades nacionais pactuantes.

Tornaram-se, assim, patentes, na Pós-Modernidade, as duas causas, a externa e a interna, de um paulatino esvaziamento das razões de Estado: *internamente,* pois todas as razões que pudessem estar referidas à sua segurança institucional *já se encontrariam constitucionalizadas,* o que tornariam ou ociosas ou inconstitucionais quaisquer outras que acaso viessem a ser invocadas;[281] e, *externamente,* pois a proliferação de inúmeros *centros de poder administrativos extraestatais,* regionais e globais, que atuam tanto com relativa autonomia, quanto, em alguns casos, como polos independentes, prenunciam um caminho previsivelmente ainda longo, mas certamente trilhável e, quiçá, sem volta, de um federalismo universal da visão kantiana.

5.2.2 Insuficiência das Constituições nacionais

A insuficiência das Constituições nacionais para estabelecer uma ordem jurídica transnacional, desde logo, porque historicamente

---

[280] BOBBIO, Norberto. *Op. cit.*, no verbete *Ragion di Stato*, p. 944.

[281] Assim o expõe Paulo Ferreira da Cunha: "A alguns claramente parece que ela não mais pode ter lugar. O seu sentimento democrático, de apego à legalidade, ou de defesa da Constituição, impede-os de conceberem a possibilidade de algo que, precisamente, para falar com clareza, fere a democracia, atropela a legalidade e infringe a Constituição. Pelo menos, na sua concepção de razão de Estado. Pois se algo estivesse de acordo com esses três parâmetros, já não seria razão de Estado". E, adiante, lança a indagação retórica: "[...] e se pensarmos com a Constituição espanhola, que os valores políticos superiores são (essencialmente) a Liberdade, a Igualdade e a Justiça, o que fica para a acção da razão de Estado? (*Pensar o Estado*. Lisboa: Quid Juris – Sociedade Editora, 2009, p.75).

não foram criadas para este fim, mas para instituir as ordens jurídicas *internas* e individualizadas para cada uma das quase duas centenas de Estados existentes no mundo, tem como óbvia decorrência a própria dificuldade dos respectivos Estados nacionais para regularem, com uma *concertação política instituidora de centros de poder eficientes,* os mecanismos jurídicos necessários e suficientes para regular e dirimir *todos* os inumeráveis aspectos conflitivos da convivência humana, em mundo cada vez mais interligado e interdependente, em uma palavra, *globalizado.*

Ao abrir a sua mais recente monografia sobre o Estado, provocativamente intitulada *Além do Estado*,[282] editada quatro anos após a publicação de sua incitante *A crise do Estado,* Sabino Cassese, o ilustre administrativista de *La Sapienza,* propõe uma indagação retórica: à globalização econômica, que é um fato, vem acompanhada de uma globalização jurídica, ou a primeira se estaria desenvolvendo fora do direito?[283]

Adiante, o Mestre romano responde que a aparente assimetria entre ambas as globalizações setoriais, ou seja, de um lado, entre uma *economia que se desenvolveu sem limites,* e, de outro, um *direito limitadamente desenvolvido,* porquanto se apresenta fragmentariamente restrito ao âmbito de cada uma das nações independentes, é, em verdade, ilusória, dissipando-se quando se toma conhecimento da existência de uma extensa *rede jurídica global* da qual não se tem uma clara percepção de seu tamanho e importância.

Esta rede está conformada por cerca de *duas mil organizações transnacionais* e por *outros tantos órgãos quase-jurisdicionais transnacionais,* com a mesma natureza, produzindo e aplicando um imenso número de *normas* voltadas a disciplinar outras tantas atividades, sociais e econômicas, muitas atuando em setores coincidentes com o de contrapartes similares no âmbito das administrações dos Estados nacionais, notando-se que todas essas organizações, tanto públicas, quanto privadas, valem-se de um direito administrativo transestatal: ou de um *direito administrativo internacional,* para as públicas, ou de um *direito administrativo global,* para as organizações privadas.[284]

---

[282] CASSESE, Sabino. *Oltre lo Stato.* Roma-Bari: Editori Laterza, 2006, que recebeu este sugestivo título homenageando o trabalho homônimo de Santi Romano, que foi sua Aula Inaugural do ano acadêmico de 1917-18, do *Instituto Cesare Alfieri,* de Florença, em que o grande Mestre italiano prenunciou a Comunidade e, hoje, União Europeia.

[283] CASSESE, Sabino. *La crisi dello Stato.* Roma-Bari: Ed. Laterza, 2002, p. 3.

[284] CASSESE, Sabino. *Oltre lo Stato. Op. cit.,* p. 3; dados numéricos de 2006.

Esses corpos e normas – que continuam a proliferar fora e além dos Estados-nações em que se reparte o planeta – prossegue o autor,

se estendem aos setores mais diversos: da defesa à moeda, à polícia, às ferrovias, aos correios, ao transporte aéreo, à saúde, ao uso da plataforma marítima, do espaço e do mar, à meteorologia, às fontes de energia, ao trabalho e à política social, ao comércio de bens e serviços, à ciência, à energia nuclear, ao ambiente, à internet, ao terrorismo, às doenças epidêmicas, ao uso dos recursos escassos e aos contratos públicos.

Rol em constante aumento, ao qual se acrescentam outros setores importantes, como a amplíssima administração global sobre os esportes de todas as modalidades, inclusive olímpicas, a salvaguarda da vida no mar, a pesca de espécies ameaçadas, as migrações humanas, a proteção da infância, o escotismo e a assistência médica (tais como a *Cruz Vermelha Internacional* e os *Médicos sem Fronteiras*), para exemplificar com alguns dos setores mais conhecidos.[285]

Torna-se, portanto, cada vez mais evidente, que os ordenamentos jurídicos nacionais, instituídos e mantidos pelas respectivas Constituições nacionais, serão inúteis para regular eficazmente essa crescente interconexão de relações, em inúmeros setores que demandam *juridicização centralizada* e que conte com instituições cuja eficácia transcenda as fronteiras políticas existentes. Essa constatação, da necessidade de *centros de poder global*, adequados e eficientes para a disciplina desses setores, explica o insopitável desenvolvimento não apenas de um *direito administrativo estatal internacional*, como de um *direito administrativo extraestatal global*.

5.2.3 Reposicionamento do constitucionalismo no mundo globalizado

Ao se considerar o desenvolvimento dessas três ordens de sistemas jurídicos existentes: *primo, os sistemas estatais nacionais constitucionalizados; secundo, os sistemas estatais internacionais* e, *tertio, os sistemas extraestatais globalizados,* já é possível retirar-se algumas conclusões sobre tendências que apresentam.

---

[285] Fonte permanente de várias modalidades de associações internacionais, com grande parte delas exercendo atividades administrativas extroversas, é a União de Associaações Internacionais (*Union of International Associations*), em atuação desde 1907, responsável pela publicação do *Anuário das Organizações Internacionais* e o *Jornal das Associações Transnacionais.*

Desde logo, *a convergência e o compartilhamento de valores e de instrumentos entre os três sistemas,* aponta o que mesmo quem não seja estudioso do fenômeno jurídico, se não intui, ao menos suspeita: a *universalidade do direito.*

Com efeito, expande-se a circulação, a elaboração e a difusão universal de *institutos jurídicos assemelhados,* notadamente os produzidos pela cultura ocidental de raízes europeias, alcançando mesmo sistemas juspolíticos culturalmente distantes, graças a uma troca de experiências cada vez mais intensa em termos de *princípios substantivos,* de *organização,* de *funções,* de *métodos* e de *processos* oriundos do *Direito científico,* que, como toda Ciência, é universal.

Não obstante, este desenvolvimento, do que se apresenta como uma *rule of law globalizada,*[286] se produz com vários atrasos e sob inúmeras limitações, entre as quais, para ficar com o mais eloquente destaque exemplificativo, mencione-se a persistência da aplicação do tradicional conceito político de *soberania,* com vistas a dirimir o que hoje são problemas técnicos, uma prática que amesquinha a amplitude aplicativa dos direitos humanos.

E é ainda o próprio Sabino Cassese que, mesmo admitindo com otimismo uma "maturidade do Direito Administrativo Global",[287] nele reconhece o *déficit de legitimação* dos seus centros de poder, regionais e mundiais, *por serem ainda carentes de sistemas institucionalizados de participação,* que, ao revés, em muitos sistemas nacionais e internacionais, já se encontram bastante desenvolvidos na aplicação de desdobramentos do princípio do *due process.*

Por certo, no estádio atual, essa maturidade, não obstante já existam promissores princípios e processos universalizados e em vias de universalização, deixa ainda muito a desejar em termos de *participação,* de modo que a *legitimação* dessa extensa *rede de gerenciamento administrativo público extraestatal global* acaba bastante, quando não completamente dependente de um *efetivo atingimento dos resultados* apresentados por seus centros de ação.

Em resumo, se, em sua origem renascentista, o *conceito de ordem jurídica* estava exclusivamente relacionado ao *primado do Estado,* orbitando todo o sistema em torno do conceito da *legalidade* por ele produzida, observa-se, com a mudança de paradigmas iniciada nos

---

[286] "Existe um 'Estado de Direito' além do Estado?" – Esta é outra indagação que lança Sabino Cassese e que ele próprio responde positivamente, observando que "alguns dos institutos característicos do 'Estado de Direito' estão presentes na ordem jurídica global". *Op. cit.,* Cap. VI, p. 109-116.

[287] CASSESE, Sabino. *Op. cit.,* p. 172-116.

meados do século XX, que isso se alterou radicalmente a partir da afirmação do *primado da pessoa sobre o Estado*, passando a orbitar em torno do conceito de *constitucionalidade*.

Destarte, é previsível, com o prosseguimento das tendências observadas de *afirmação universal dos direitos humanos*, que este auspicioso primado do homem, já cabalmente conquistado em ordenamentos jurídicos mais avançados, tenda a se estender, cada vez mais e com maior intensidade, sobre todas as manifestações das pessoas em sociedade – sejam políticas, econômicas ou sociais – não importa em que grau ou em que latitude se produzam, o que certamente levará todas as ordens jurídicas planetárias, estatais e transestatais, a orbitar em torno de um *conceito* ainda mais complexo, eticamente enriquecido e consensualmente mundializado: o de *juridicidade*.

A esta altura, que se espera não estar distante, todos os remanescentes de *supremacia* e de *arbítrio*, que caracterizaram o Estado absolutista e contaminaram os modelos que o sucederam, serão apenas vestigiais, quando não inócuos, e, auspiciosamente, se estará no caminho da realização do *Estado de Justiça*.

6 As transformações do Estado

Se o *ordenamento jurídico* e o *constitucionalismo* têm experimentado tantas e tão importantes transformações, aceleradas desde o desaparecimento das monarquias absolutas,[288] o que dizer da *instituição estatal*, com mais de meio milênio de existência, da qual tanto passaram a depender as sociedades humanas ocidentais? Segue-se, assim, um exame conjuntural para identificar algumas mudanças importantes no Estado-nação para, sobre elas, adiantar, por sua vez, algumas consequências que afetarão, como se deduzirá adiante, o conceito contemporâneo do *Direito Administrativo*.

6.1 Algumas mudanças a serem consideradas

6.1.1 Esvaziamento do Estado

Considerem-se dois tipos de esvaziamento: o consentido e o suportado. *Consentido* é o esvaziamento produzido pela conveniência dos Estados em firmar pactos internacionais que lhes reduzam ou

---

[288] Embora alguns Estados ainda mantenham, de direito ou de fato, anacrônicos regimes autoritários remanescentes.

condicionam as competências e as opções imanentes ao conceito que a modernidade atribuiu à soberania política, como um apanágio do Estado independente. *Suportado*, distintamente, é o esvaziamento determinado por circunstâncias inelutáveis que levam às mesmas reduções e condicionamentos de competências e de opções soberanas. Quanto ao esvaziamento consentido, a convivência internacional leva a enfrentamentos de interesses que podem ser civilizadamente compostos mediante concessões recíprocas negociadas, tratando-se, portanto, de uma demissão voluntária de poder entre Estados parceiros. Inevitavelmente, quanto mais integrado um Estado no processo de globalização e, assim, mais comprometido internacionalmente, mais esvaziado se vai tornando quanto ao exercício de sua própria soberania. É um processo que pode se desenvolver em sucessivas fases de assunção de obrigações e de perda de poderes, desde os simples pactos econômicos, como o são as uniões aduaneiras, até os pactos políticos federativos de todo tipo.

Quanto ao esvaziamento suportado, resulta das mesmas circunstâncias comuns à convivência globalizada, com a diferença de que há perdas indesejáveis do poder decisório, econômico e social e, ao cabo, do político; um esvaziamento camaleônico, que assume uma vasta gama de tipos, desde as perdas, de fato, de capacidade decisória na área econômica, à submissão de direito, como Estados satélites ou anexados.

Há hipóteses de esvaziamento híbridas, parte consentido e parte suportado, como decorrência da tendência ao *policentrismo de fontes do direito*, em curso, pois este fenômeno implica em *abertura dos sistemas constitucionais dos Estados*,[289] que, conforme as circunstâncias em que ocorram, ora resultará de uma *negociação* oportuna, ora de uma *imposição* irresistível, pois o fenômeno da "supraestatalidade normativa", deslocando o centro de gravidade "no processo de determinação das fontes jurídicas",[290] aponta uma tendência de difícil reversão.

6.1.2 Enfraquecimento do Estado

Entre as consequências da globalização da economia e as da difusão de novos paradigmas na ciência e na tecnologia, parece pacífico apontar-se o *enfraquecimento* do Estado nacional. As fronteiras nacionais

---

[289] HÄBERLE, Peter. *Pluralismo y Constitución, Estudios de Teoría Constitucional de la sociedad abierta.* Madri: Tecnos, 2002, p. 103.

[290] PÉREZ LUÑO, Antonio-Enrique. *Nuevos retos del Estado Constitucional:* Valores, derechos, garantías. Alcalá de Henares (Madri), 2010, p. 12 e 23.

já não são barreiras para o capital anônimo, que inunda o mundo e influencia as decisões políticas em todas as latitudes.

É um quadro que, já no início da primeira década deste século, levou o sociólogo Manuel Castells a assentar com convicção: "A capacidade instrumental do Estado-Nação está comprometida de forma decisiva pela globalização das principais atividades econômicas, pela globalização da mídia e da comunicação eletrônica e pela globalização do crime".[291]

Entre os aspectos específicos mais problemáticos que levam a esse enfraquecimento, valem como exemplos os *mercados financeiros*, o *terrorismo*, a *pirataria* e, mais recentemente, a *guerra cambial*.

Os *mercados financeiros* abrem esse rol exemplificativo, por já terem demonstrado, no deplorável quadro de anomia do setor, a capacidade destrutiva da especulação financeira. Andrea Rizzi, com sua autoridade de analista de um dos mais importantes jornais da Espanha e da Europa – *El País*, afirma que "a luta de vida ou morte entre a política e os especuladores está no centro do debate político"... "As fibrilações provocadas nos mercados de capitais – do Lehman Brothers a Atenas – são a imagem mais atual da tremenda fragilidade dos Estados nacionais na era da globalização".[292]

Em outro depoimento, o ilustre filósofo e sociólogo da Universidade de Munique, Ulrich Beck, em artigo publicado no jornal *Le Monde*, intitulado "Pensar a sociedade do risco global", deixa consignado convergentemente com o que aqui se expõe: "Em outros termos: a globalização dos riscos financeiros poderá assim dar origem a "Estados fracos", mesmo nos países ocidentais".[293]

Antes mesmo das crises financeiras globais, os Estados, até dos mais poderosos, se revelaram impotentes diante do avanço do *terrorismo*, sob todas as formas em que se apresentam, notadamente os gerados por radicalismos étnicos e religiosos, a que agregam os financiados pelo narcotráfico.

---

[291] CASTELLS, Manuel. *A Era da Informação*, Vol. 2 – *O poder da identidade*. 3ª edição. São Paulo: Paz e Terra, 2002.

[292] RIZZI, Andrea. *A impotência do Estado do Século XXI*. Rio de Janeiro: *O Globo*, edição de segunda-feira, dia 28 de junho de 2010, 1º caderno, p. 6. Uma das chamadas, destacadas do texto pelo editor brasileiro, acrescenta: "A globalização torna a inovação financeira mais rápida que os reguladores", possibilitando o entendimento do fracasso dos reguladores estatais e da necessidade de encontrar alternativas de compromisso entre os complexos interesses em jogo, como bem poderia ser o instituto da *autorregulação regulada*, para a disciplina do setor.

[293] BECK, Ulrich. *Penser la Societé du Risque Global*. Le Monde, edição de 23 de outubro de 2008 (n/tradução).

Ante esta preocupante agressão, a força legalmente monopolizada pelo Estado se mostra insuficiente para garantir a segurança das populações, seja em uma superpotência nuclear ou em uma pequena e miserável nação subdesenvolvida, contra esta violência, de atentados em grandes capitais do planeta, a conflitos tribais.[294] Outro setor que também desafia ousadamente a eficiência dos Estados contemporâneos é a *pirataria*, que, já estimada em 36% do PIB Mundial, além de desastrosos efeitos econômicos, com a perda de bilhões de dólares em impostos, que poderiam ser aplicados em benefício das populações, que perdem postos de trabalho com o fechamento de empresas por não suportar a concorrência, estimula a irresponsabilidade social ao expor a impotência dos Estados para combatê-la.

Dentre inúmeros exemplos que poderiam ser trazidos, a *guerra cambial* é modalidade atual e paradoxal, pois nela os próprios Estados são os predadores do comércio entre as nações e das respectivas economias, ao desvalorizar deliberadamente a própria moeda para obter ganhos imediatistas, especulativos e eleitoreiros, com a exportação de seus produtos de preços aviltados a países que praticam o livre câmbio, desvirtuando o comércio mundial, distorcendo o seu próprio parque produtivo e abalando sua credibilidade institucional. Põe-se em evidência o enfraquecimento dos Estados sob agressão econômica, para enfrentá-la apenas com os argumentos de proteção da sua *soberania*,[295] como bem atesta o intenso acompanhamento pela imprensa desse novo risco à estabilidade econômica mundial.[296]

---

[294] MOREIRA NETO, Diogo de Figueiredo. *Sociedade, Estado e Administração Pública*, Rio de Janeiro: Topbooks, 1996, p. 72-73 – em tópico que discorre sobre a ascensão da violência privada.

[295] "No âmbito externo, o Estado enfrenta uma perda jurídica e real de soberania. A primeira deriva da cessão voluntária, por parte dos Estados, de parcelas de soberania a instituições e organizações supraestatais. A segunda se manifesta ao observar que as decisões de um Estado, com um poder limitado territorialmente, não podem fazer frente a desafios postos por uma economia globalizada, dominada por grandes corporações que operam em âmbito internacional. No âmbito interno, não se discute a soberania jurídica do Estado, mas se põe em relevo a falta de concordância entre seu reconhecimento formal e a capacidade real do Estado de impor suas decisões. O poder do Estado, os recursos que possui para realizar seus objetivos, notam-se apequenados em face dos novos poderes sociais. A capacidade e as influências destes sobre o Estado, a dimensão de seu poder, é cada vez maior em comparação com o poder estatal". (DARMACULLETA I GARDELLA, Mª Mercê. *Autorregulación y Derecho Público: la Autorregulación Regulada*, Madri-Barcelona: Marcial Pons, 2005, p. 38, n/tradução).

[296] Para uma informação mais completa, a edição dominical de 10 de outubro de 2010, de *O Globo*, dedica três páginas de seu suplemento especializado *Economia* ao tema sob a

No centro do debate, está uma nova onda protecionista, deflagrada pelos Estados Unidos com apoio de seu Congresso, desvalorizando, por sua vez, a sua moeda, o dólar, como resposta à política monetária chinesa, que vem mantendo artificialmente inalterado o valor de sua moeda, como política que serve de suporte para a invasão de seus produtos nos mercados de todo o mundo e a sustentação de suas espetaculares taxas de crescimento.

Nessa disputa, à já reconhecida inanidade das respostas nacionais, mesmo por parte de países com economia de grande porte, soma-se a dificuldade que encontram os órgãos internacionais especializados, como o *Fundo Monetário Internacional* e o *Banco Mundial*, de promoverem ações corretivas, remetendo ao nível político, como o *G-20* e a *ONU*, a difícil discussão dos termos de uma paz cambial, que poderia resultar de uma solução regulatória concertada, na linha dos esforços exitosos alcançados pela *Organização Mundial do Comércio* nas disputas protecionistas mercantis tradicionais.

Nesta questão cambial, como em tantas outras que apresentam dificuldades semelhantes, em que a invocação da soberania estatal a nada leva e as ações estatais, diretas ou por intermédio das organizações internacionais existentes se mostram ineficientes, ainda resta o recurso a uma solução regulatória híbrida que se possa acrescentar aos esforços envidados.

6.1.3 Reposicionamento do Estado

Tudo indica que, tanto o esvaziamento do *Estado* como o seu enfraquecimento, fenômenos paralelos, prenunciam um *reposicionamento*, antes que haja uma *obsolência* da instituição; uma conclusão, bastante difundida, que parece ter poucas divergências. Neste sentido e, possivelmente, pela maioria dos analistas, prognostica-se a subsistência do Estado como um *centro de poder* territorial, em coexistência com outros centros de poder: flexíveis, especializados e técnicos, tanto internos, quanto externos, que continuarão a se desenvolver nos espaços anômicos deixados no recuo das estruturas de poder monolíticas, generalistas e predominantemente políticas herdadas da Modernidade.

---

manchete "Câmbio como arma protecionista", com artigo de fundo assinado por Martha Beck e Vivian Oswald, onde se encontram depoimentos colhidos de vários especialistas e políticos.

É uma conclusão bastante plausível, que aponta para interessantes *possibilidades reformadoras* da instituição estatal, que, certamente, mesmo mantendo suas bases territoriais e principais instituições, poderá se guiar por *novos valores*, que a aproximarão e a identificarão com as sociedades que organizam e dirigem.

Por outro lado, a possibilidade de multiplicação de *poderes públicos sem governos* emerge como outro fator conducente a um reposicionamento do Estado em nível global, pois, como observa Sabino Cassese, "a ordem jurídica global não se sobrepõe, assim, como outro estrato, à estatal", pois não há dois níveis de governo, senão que um único nível, em que *as relações horizontais se dão cruzadas reticularmente*, de modo que nenhuma dessas centrais deterá um monopólio absoluto das relações entre as partes que compõem esta rede.[297]

Este reposicionamento do Estado o inserirá com mais flexibilidade e eficiência nessas complexas relações em rede, cada vez mais globais, complexas e intensas, de modo que, embora conservando suas prerrogativas públicas, ele estará ampliando, com grande proveito, a sua ação organizadora, reguladora e fomentadora sobre a sociedade, bem como a sua influência no diálogo mundial.

6.2 As consequências reformadoras

Como o Estado que emergirá dessas reformas, por certo apresentará características distintas das que habitualmente lhe são conotadas, tudo indica que, entre outras, apresentará, como marcas, a *instrumentalidade,* a *abertura democrática substantiva,* o *diálogo,* a *argumentação,* a *consensualidade* e a motivação.

6.2.1 O Estado instrumental

A *instrumentalidade* do Estado contemporâneo se pôs em evidência, como jamais historicamente havia logrado até o superior reposicionamento jurídico alcançado pelos *direitos fundamentais,* que, transcendendo sua *função limitativa* do exercício do poder político, impôs-se como um guia de valores a direcionar a ação dos poderes públicos, com uma inovadora *função diretiva,* assim, na elegante expressão de Perez Luño:

---

[297] CASSESE, Sabino, *Op. cit.,* p. 10. *A metáfora da horizontalidade* é preferida pelo Autor, que se louva em artigo de P. Costa, mencionado na Nota 19.

Na medida em que o Estado liberal de Direito evoluiu para as formas de Estado social de Direito, os direitos fundamentais dinamizaram sua própria significação ao acrescentar à sua função de garantia das liberdades existentes, a descrição antecipativa do horizonte emancipatório a alcançar.[298]

Nesta linha, os sistemas constitucionais de *direitos fundamentais* não mais podem ser considerados meras construções retóricas ou, na melhor das hipóteses, generosos catálogos de intenções, mas reais conquistas do Direito, em benefício das sociedades avançadas, em que culminam alcançando uma *tríplice funcionalidade*: a função *declarativa*, como a mais antiga; a função *protetiva*, que caracterizou a fase intermédia efetivadora de sua garantia cidadã, e, prospectivamente, a função *proativa*, que orienta a sua mandatória e efetiva realização na sociedade.

6.2.2 O Estado democrático

Como uma superação prática das imensas dificuldades de conceituar a *democracia*, a definição mínima de Norberto Bobbio fornece a chave de seu entendimento, de modo que Gustavo Justino de Oliveira, em sua monografia sobre *O Direito Administrativo Democrático*, acresce à sua síntese: "A democracia estaria, assim, essencialmente relacionada à *formação* e à *atuação* do governo".[299]

Portanto, com respeito à *formação* da autoridade governante, a democracia tem sido entendida, desde a Modernidade, como a possibilidade da escolha popular de *quem* deve governar, ou seja, tomada em seu aspecto instrumental, do *acesso* das pessoas ao poder público: esta é a *democracia formal*, a que se realiza, fundamentalmente, tanto pela periódica eleição de agentes políticos, quanto pela seleção por mérito de agentes neutrais.

Essa democracia *formal*, uma vez satisfeitos os ritos prescritos, atende aos requisitos jurídicos da *legalidade* da investidura da autoridade pública.

Por outro lado, relativamente à *atuação* da autoridade governante, a democracia também passa a ser entendida, a partir da Pós-

---

[298] PÉREZ LUÑO, Antonio E. *Op. cit.* p. 21.

[299] JUSTINO DE OLIVEIRA, Gustavo. *Direito Administrativo Democrático*. Belo Horizonte: Editora Fórum, 2010, p. 18, com nosso destaque em itálico, no qual transcreve a definição mínima de Bobbio, retirada de *O futuro da democracia*: uma defesa das regras do jogo (5ª ed., Rio de Janeiro: Paz e Terra, 1992).

Modernidade, como a possibilidade da escolha popular do *como* governar, ou seja, da *participação* das pessoas no *exercício* do poder público: esta é a *democracia substancial*, a que se realiza, fundamentalmente, pela permanente instilação de valores, interesses, necessidades e aspirações na ação *política*, bem como pelo constante acompanhamento e controle exercido diretamente pela sociedade ou indiretamente, esta por órgãos de ação neutral, constitucionalmente independentes e instituídos no aparelho do Estado para este fim.

Essa democracia *material*, em sua prática livre e contínua, atende ao requisito jurídico da *legitimidade* do exercício de qualquer que seja a autoridade pública.

6.2.3 O Estado do diálogo

Assim entendida, a *democracia*, em sua faceta substantiva – como o *permanente diálogo da sociedade com o seu instrumento governante* – será pela *interação*, formal e informal, mantida entre todos os órgãos, públicos e privados, estendida a toda a cidadania, que as decisões tomadas no exercício de funções estatais se tornarão não apenas *legais*, mas, sobretudo, *legítimas*, no sentido de que aplicam sua respectiva parcela de poder estatal harmonicamente com a percepção dos valores, interesses, necessidades e aspirações do grupo nacional.

Como bem anota Gustavo Justino de Oliveira, em seu *Direito Administrativo Democrático*, valendo-se, de permeio, de citação de Nicole Belloubet-Frier e de Gérard Timsit,

> ...alude-se à figura de um Estado 'que conduz sua ação pública segundo outros princípios, favorecendo o diálogo da sociedade consigo mesma'[...] aponta-se para o surgimento de uma Administração Pública dialógica, a qual contrastaria com uma Administração Pública monológica, refratária à instituição e ao desenvolvimento de processos comunicacionais com a sociedade.[300]

6.2.4 O Estado da argumentação

Para tanto, o devir do *Estado democrático* não será apenas cada vez mais guiado pelo permanente diálogo com a sociedade, como dependerá, sempre mais, do respeito recíproco de governantes e

---

[300] JUSTINO DE OLIVEIRA, Gustavo. *Op. cit.*, p. 217.

governados, o que exige, além da observância da legalidade e da legitimidade, a da *licitude,* ou seja: a que visa à edificação de um Estado moralmente respeitável e respeitado, que zela, em cada decisão que profira, indiferentemente de ser em abstrato ou em concreto, por uma assintótica aproximação da desejável certeza lógica, que se garante pelo livre exame e crítica das diferentes premissas que possam ser levantadas, sempre com vistas à aplicação *justa* do poder público. É este, o Estado que valoriza a *argumentação,* como caminho do acerto e da integridade de suas decisões, não apenas lógica, mas, sobretudo, moral.

6.2.5 O Estado consensual

Essas posturas, sob outro ângulo e complementarmente, indicam o caminho da busca incessante de soluções *negociadas,* nas quais a consensualidade aplaina as dificuldades, maximiza os benefícios e minimiza as inconveniências para todas as partes, pois a aceitação de ideias e de propostas livremente postas sob argumentação e livremente discutidas é o melhor reforço que possa existir para o cumprimento espontâneo e frutuoso das decisões tomadas.[301]

Assim, o Estado que substituir paulatinamente a *imperatividade* pela *consensualidade* na condução da sociedade será, indubitavelmente, o que mais facilmente garantirá a plena *eficiência* de sua governança pública e, como consequência, estenderá os benéficos efeitos de seu exemplo à atividade privada, em todos os seus setores.

6.2.6 O Estado da motivação

Finalmente, para encerrar, embora longe de esgotar, esta relação de consequências reformadoras por que passa o Estado, tem-se que a *juridicidade,* enquanto valor compósito da legalidade, da legitimidade e da licitude no desempenho das atividades públicas, de qualquer natureza, de governança ou de controle, não importa se das mais importantes ou das mais comezinhas, se se trata da formulação de uma importante política pública em âmbito nacional ou se da aplicação de uma pequena sanção administrativa em âmbito local, ela exige que qualquer decisão deva estar *justificada.*

---

[301] A respeito da excelência prática da *vinculação consensual,* como um dos caminhos para lograr sua eficiência administrativa, já é clássico e sempre útil o estudo de Jean-Pierre Gaudin na obra, *Gouverner par Contrat:* l'action publique en question. Paris: Presses de Sciences Po, 1999.

A ausência ou a falha na *motivação* pode violar comando essencial, como nas sentenças e decisões administrativas, notadamente as discricionárias, acarretando ilegalidades, bem como, se vulnerar valores democráticos, produzir ilegitimidades e, ainda, se desvirtuada de seus fins, revelar ilicitudes, todas elas levando a consequências desconstitutivas e até punitivas.

A *motivação* dos atos do Poder Público constitui-se em *direito fundamental* das pessoas, do qual dependem outros direitos fundamentais, tais como o direito ao devido processo legal (art. 5º, LIV, da Constituição da República Federativa do Brasil) e o direito ao contraditório e à ampla defesa (art. 5º, LV, da Constituição da República Federativa do Brasil), assim como um correspondente *dever* do Estado, que em cada um reconheça e reverencie um cotitular do poder político do País (como inequivocamente se expressa no art. 1º, parágrafo único, da Constituição da República Federativa do Brasil).

7 Transformações do direito administrativo

Filha do Estado napoleônico, a bicentenária Disciplina da juridicização da aplicação do poder se aparelha para, depois de racionalizar, sucessivamente, o *ato* e o *processo* administrativo, enfrentar, com um maior grau de improvisação, o voluntarismo gerencial e o arbítrio no emprego do poder, assediando, assim, o último baluarte imune ao controle, pela *racionalização do complexo juspolítico procedimental constitucionalizado da formulação, planejamento, orçamentação* e *execução das políticas públicas*.

É certo que, de há muito, se sabe o que se tem a fazer para disciplinar e harmonizar eficientemente as fases elaborativas e implementadoras dessas políticas, evitando custosas omissões, conflitos e desperdícios, mas sempre tem faltado dar o passo decisivo à frente, com a exigência de que os direitos e os deveres no processamento das *políticas públicas* sejam explicitados, com suas respectivas consequências, pelos corpos legislativos, de modo a serem devidamente cristalizados, com precisão e clareza, nas normas jurídicas. Eis a necessidade que se vai tornando evidente e imperiosa em todos os Estados de um planeta, que chega à espantosa população próxima a sete bilhões de habitantes, mas ainda com um bilhão vivendo em penúria extrema, em meio a uma iníqua desigualdade.

Por isso, o humanismo praticado em nível estatal deve ceder ao *humanismo global*, e dotado de sua face jurídica – em que direitos e deveres são definidos com suas consequências. Assim, o Direito Administrativo se desdobra para se tornar tão complexo como o será o próprio mundo de amanhã, de modo a atender desde as exigências jusgerenciais das menores circunscrições político-administrativas – como um *Direito Administrativo Municipal*, passando pelas circunscrições político-administrativas intermédias – como um *Direito Administrativo Estadual* ou *Provincial*, ascendendo às circunscrições territoriais político-administrativas dos Estados independentes – como um *Direito Administrativo Nacional*, para se estender às circunscrições territoriais político-administrativas plurinacionais – como um *Direito Administrativo Internacional*, e, em seu último estádio, abarcando todos os centros de poder administrativo extraestatais e mundiais – como um *Direito Administrativo Transnacional*, hoje ainda difuso e desagregado, porém, seguramente, em via de afirmação, pois a disciplina da gestão dos interesses públicos, quaisquer que sejam ou como quer que se definam, é uma necessidade imperiosa do processo civilizatório.

Nesse percurso, o Direito Administrativo acrescenta suas novas dimensões para este século XXI para o *controle* do exercício do poder público, a seu cargo: quanto a seu *objeto*, quanto a seu âmbito de atuação, quanto à sua *sujeição positiva* a esse controle e quanto a seu *conteúdo* normativo, como se segue.

7.1 Transformação do objetivo do controle

Em sua origem, um ramo do Direito *específico* para o controle de *legalidade* do emprego do poder político-administrativo dos Estados, em sua missão gerencial dos interesses públicos cometidos ao Estado, aplicando as políticas públicas governamentais e, mais recentemente as políticas públicas constitucionais, o Direito Administrativo evoluiu para se tornar um ramo jurídico que tem a seu cargo um *controle genérico de juridicidade sobre quaisquer relações assimétricas de poder*, políticas ou não e onde quer que existam.

Ao escapar da órbita estatal, o Direito Administrativo torna-se *transnacional*, sem perder as características e os atributos adquiridos em seu percurso histórico, como uma disciplina jurídica da gestão da *res publica*, mas adquire novos predicados, que são os necessários para garantir um quadro jurídico suficientemente eficaz para harmonizar as complexas relações que passam a enlaçar os antigos centros de poder estatais, os novos centros de poder extraestatais e os respectivos administrados.

7.2 Transformação do âmbito do controle

Especificamente, quanto ao âmbito de atuação, altera-se a situação enciclopédica do Direito Administrativo, ao deixar de ser apenas um sistema de *direito interno nacional,* para incorporar a nova dimensão de um *direito globalizado transnacional,* pois o administrador dos interesses públicos não é mais apenas o *Estado* e os seus desdobramentos personalizados, nem as *organizações internacionais* por eles criadas, mas, cada vez mais e além dessas entidades, serão quaisquer *organizações extraestatais* que disponham de suficiente *poder* – não imposto, mas *consensualmente gerado* – para administrar quaisquer segmentos específicos de atividades humanas, que necessitem de um *centro de autoridade* necessária e suficiente para impor normas de conduta que tragam gerais benefícios para o respectivo setor.

7.3 Transformação da sujeição positiva ao controle

O Direito Administrativo, de um ramo de direito interno, exclusivamente *subordinado às Constituições dos respectivos Estados,* se amplia com a disseminação sem fronteiras de seus institutos, tornando-se, em acréscimo, um ramo de direito transestatal, *sujeito a valores expressos como princípios globalizados.*

Sabino Cassese, examina o fenômeno, sob o subtítulo "Uma administração sem base constitucional", e, comentando o tema, anota o prometedor aparecimento de um também *ampliado aspecto da cidadania* na seguinte passagem:

> O direito administrativo se põe, assim, fora de sua área natural, a estatal, em um espaço no qual se negava que se pudesse exercer a cidadania. Desenvolve-se rapidamente, logo perdendo o caráter embrionário inicial e assumindo, de repente, uma fisionomia peculiar que o distingue do direito administrativo estatal. Mas na ordem jurídica global, com diferença do que ocorre na interna, o direito administrativo não tem uma base constitucional.[302]

Assim é que, nesse novo espaço, embora defectivo da segura moldura constitucional, regem os *princípios* – tais como os que derivam do reconhecimento universal dos direitos humanos, aos quais se acrescem outros, estabilizados de mais tempo no direito privado para

---

[302] CASSESE, Sabino. *Op. cit.,* p. 62 (n/ tradução).

relações não estatais – um fenômeno disseminado, que vem sugerindo aos estudiosos o desenvolvimento de um "quadro geral de direito privado" para essas instituições extraestatais, que, não obstante, são realmente *públicas* no que se refere aos interesses a seus cuidados.[303]

7.4 Transformação do conteúdo normativo

Como quarta mudança a ser lembrada, não porque outras possam ser menos relevantes, mas por considerar que a exemplificação oferecida já seja suficiente para caracterizar esse fascinante percurso do Direito Administrativo no século XXI, cabe uma referência à variação do *conteúdo normativo* que se apresenta entre o ramo estatal e o extraestatal do Direito Administrativo.

Com efeito, se como ramo de direito interno, tem sido tradicionalmente um sistema *preceptivo de condutas,* dotado de normas que as definem de modo acabado e taxativo para a disciplina coativa do *comportamento* dos atores públicos e privados, distintamente, como ramo de direito extraestatal, se vale de normas mais fluidas e flexíveis, privilegiando a negociação, a autorregulação e a *soft law,* como um sistema *preceptivo de valores* e de *métodos,* predominantemente voltados à *orientação* de condutas.

7.5 Os novos métodos de atuação do Direito Administrativo

Em razão das transformações apontadas e, em certa parte, sob a influência das novas características que são desenvolvidas em seu ramo globalizado, o Direito Administrativo pós-moderno vem adotando com êxito novos *métodos operativos,* que, em parte, flexibilizam ou substituem os tradicionais, sabidamente de perfil fortemente imperativo.

Assim é que se percebe uma rápida ascensão às rotinas administrativas de *interesses públicos* de certos institutos, novos ou renovados, alguns deles até recentemente tidos como incompatíveis com a tradição de supremacia e de imperatividade do Direito Administrativo tradicional, como os adiante brevemente examinados da *regulação,* da

---

[303] A respeito, Sabino Cassese lembra, de Moellers, no artigo *Transnational Governance without a Public Law,* a seguinte elucidativa passagem: "a espontânea constitucionalização privatística produz seu próprio direito público que vem integrá-la" (*Apud* op. cit., p. 62-63, nota 49, n/ tradução).

negociação, da *motivação* e, como exemplo de instituto sancionatório, da penalidade de *exclusão.*

7.5.1 A regulação

A regulação se apresenta como uma terceira opção, de compromisso entre a imposição de uma normatividade *vinculante,* de fonte exclusivamente legal e uma normatividade com abertura de espaços regulamentares para permitir uma atuação *discricionária* do administrador, predominantemente nos setores econômicos e sociais que, em comum, apresentam alta complexidade e alta mutabilidade, para os quais, ambas as opções se mostram insuficientes para fundar uma atividade gerencial eficiente.

Com efeito, se por um lado, o emprego exclusivo da *norma legal,* embora possa oferecer a segurança inerente à reserva de lei, acaba entorpecendo e prejudicando as atividades econômicas e sociais em inúmeros setores, em razão da impossibilidade de as casas legislativas acompanharem satisfatoriamente o dinamismo contemporâneo.

Por outro lado, o emprego preferencial da *delegação legal,* abrindo escolhas discricionárias para a decisão de agentes executivos, embora possa solucionar melhor as dificuldades de acompanhamento da dinâmica desses setores, acabam abrindo um campo de ação regulamentar, no qual, ao serem substituídos os debates nos colegiados democráticos por deliberações administrativas, tomadas com escasso ou nenhum diálogo, sem trabalho argumentativo e motivação satisfatória, possibilitam a imposição da unilateralidade decisória, quando não, da prática do arbítrio.

A *regulação,* técnica decisional de origem anglo-saxônica, pode superar ambos os inconvenientes: tanto por prescindir de novos pronunciamentos do legislador, a cada novo aspecto que demande uma norma adequada, atendendo, assim, perfeitamente, aos requisitos de atualização e presteza; quanto por adotar a processualização aberta da decisão administrativa, reduz sensivelmente os costumeiros inconvenientes da unilateralidade e do arbítrio decisórios, satisfazendo os requisitos de juridicidade.

Assim é que a *regulação* – seja na modalidade de *heterorregulação,* imposta, ou na modalidade de *autorregulação,* pactuada, ou, ainda, em sua mais nova e promissora modalidade, de regulação híbrida, por isso também denominada de *autorregulação regulada,* parte imposta, parte negociada – se apresenta como um método decisional ideal para setores nos quais se pretenda uma atuação administrativa, tanto a introversa, quanto a extroversa, dotada da *máxima flexibilidade de regras* aliada à *máxima segurança de princípios*.

7.5.2 A negociação

Este método, de extenso emprego, tanto às decisões políticas de governo, quanto às decisões administrativas gerenciais, segue, preferentemente, a linha da busca do *consenso* entre os interessados, um dos quais será o ente administrativo competente.

A decisão, a que se visa, uma vez tomada, exatamente por vir *consensualmente flexibilizada* pela discussão aberta e processualizada das alternativas disponíveis franqueada a todos os interessados, terá sempre a vantagem de poder ser mais fácil e rapidamente implementada, com uma reduzida contrariedade e possibilidade de descumprimento.

7.5.3 A motivação

Complementando o já exposto sobre o tema em referência ao Estado, a *motivação*, desdobramento amplamente aceito da cláusula geral do devido processo legal, envolve o direito fundamental à ampla defesa de quem se sinta agravado ou ameaçado, atendido pela *vinculação lógica* necessária das *decisões* administrativas a *razões* declinadas.

Qualquer órgão ou agente administrativo, estatal ou extraestatal, tem o dever de indicar os pressupostos de fato e de direito sobre os quais fundamenta a sua decisão, sob pena de nulidade de seu ato.

O longo caminho trilhado por esta, hoje quase intuitiva, obrigação de quem toma decisões públicas, termina, internamente, com a constitucionalização do correspondente princípio nos Estados Democráticos de Direito, e, externamente, com o princípio explícita ou implicitamente adotado pelas agências extraestatais, assim como já o é na prática processual das arbitragens, como demonstra Sabino Cassese, examinando o que trata como uma "obrigação global de motivar decisões" e oferecendo, como importante exemplo, as regras baixadas pela *Organização Mundial do Comércio*.[304]

---

[304] CASSESE, Sabino. *Op cit.*, p. 113 (*L'obbligo globale di motivare le decisone*).

7.5.4 A exclusão

No Direito Administrativo interno, sanções de variadas naturezas poderão ser legalmente prescritas para infrações, e aplicáveis, desde que observados os limites constitucionais para o exercício do poder punitivo estatal. Assim, a escolha desta ou daquela punição administrativa para uma determinada espécie de infração é matéria de reserva legal, por uma extensão doutrinariamente pacífica do princípio penal homólogo.

Distintamente, no Direito Administrativo transnacional, como os centros de poder extraestatais não dispõem de poder suficiente para a imposição de sanções que seriam, hipoteticamente, mais adequadas para atingir efeitos repressivos mais rigorosos, as alternativas se apresentam bem mais restritas, embora não menos eficazes.

Assim, como um dos efeitos da globalização é a pluralização de *interdependências,* o isolamento acaba representando uma indesejável *limitação,* que, se de algum modo, vier a ser imposta a países ou a pessoas, poderá privá-los de benefícios políticos, econômicos ou sociais próprios da interação sinérgica com associados ou parceiros. Esta é a consequência indesejada, o *efeito punitivo,* que faz da pena de *exclusão* uma medida sancionatória eficaz e extrema, se aplicada pelos centros de poder extraestatais para garantir a autoridade de suas decisões.

Mas, mesmo sem que venha a ser efetivamente aplicada, bastará a simples possibilidade de ser imposta uma *exclusão,* ainda que parcial ou temporária, como uma sanção intermédia, para reforçar a autoridade transnacional para a aplicação de uma gama de penalidades menores, tais como, entre outras, dependendo da especificidade do setor: a *suspensão,* a *redução de direitos* e as *multas.* Em suma, no direito administrativo globalizado, há também normas completas, dotadas de preceito e de sanção.

8 A exploração prospectiva da nova dimensão transnacional do direito administrativo, como condição de atuação eficiente ante o policentrismo das fontes normativas

8.1 A dimensão prospectiva

A globalização é, ao mesmo tempo, causa e resultado da *intensificação dos processos econômicos e sociais,* notadamente os *financeiros,* em um mundo em que o volume de capital privado transacionado nos mercados mundiais já é muitas vezes superior ao volume somado de todos os orçamentos dos mais de duzentos Estados nacionais.

Não obstante, em contraste, observa-se que *os instrumentos políticos e jurídicos que deveriam regrar esses processos globais, mostram-se ineficientes* e perdidos na voragem dos fatos, tudo indicando a possibilidade de uma sucessão de *crises,* sem fronteiras e sem controles eficientes, como as recentemente experimentadas: a americana, da bolha imobiliária, e a grega, da inadimplência.

Estes e outros exemplos recentes revelam um mundo – países, organizações e populações – que são tomados de surpresa pela falta de previsão, pela velocidade e pela falta de prontas alternativas de controle dos acontecimentos, de que resultam essas crises globais. Tornaram-se patentes, tanto a *deficiência do monitoramento,* quanto a *deficiência regulatória no plano global,* ante a insuficiência de sistemas nacionais e internacionais regulatórios atuantes.

Como as ordens jurídicas estatais – nacionais e internacionais – não dispõem de instrumentos de monitoramento e de controle global eficientes, abre-se campo para aliar, nesse processo, *a capacidade organizadora existente na imensa comunidade de entidades extraestatais,* dotadas de parcelas de poder setorializado, não estatal, como um reforço de proveito geral.

Neste cenário, conjugando-se os instrumentos desenvolvidos no *Direito Administrativo* interno dos Estados com o incipiente *Direito Administrativo* externo globalizado, estão dadas as oportunidades para adaptar e aplicar as *soluções técnicas imparciais e equidistantes* desenvolvidas pelo novo ramo, aos confrontos entre interesses políticos dos Estados nacionais e os interesses econômicos de atores globais, como ocorre, comumente, no campo financeiro.

Para tanto, é preciso desenvolver-se, paralelamente e à semelhança dos avanços já registrados no direito das relações internacionais, um arsenal de técnicas apropriadas a este emergente Direito Administrativo Transnacional, dotando-o de uma, até hoje pouco trabalhada, *dimensão prospectiva,* precipuamente *voltada à previsão, prevenção e solução de crises.*

8.2 Um estudo de caso exemplificativo: as da autorregulação regulada para possibilidades de controle das crises financeiras globais

Aceito o alvitre de empregar-se a via *regulatória* possibilitada pelo Direito Administrativo transnacional para a prevenção e o controle de crises financeiras mundiais, põe-se o problema de definir o modelo mais aceitável, tanto pelos países (governos), quanto pelas mega-instituições de crédito mundial envolvidas (mercados).

Desde logo, no campo estatal internacional, ante a necessidade de dar-se um tratamento integrado ao problema, uma percepção política já renovada levou à recente transformação do G-7 em G-20 – ampliando o número e a qualidade dos *players* internacionais – tornando-o, de um grupo socioeconômico homogêneo, a um grupo socioeconômico heterogêneo.

Neste novo cenário, observa o professor Dani Rodrik, da Universidade de Harvard, "a clarinada por um sistema global de regulação financeira pode ser escutada" e sem discrepâncias [...],[305] mas as diferenças logo se evidenciam quanto à forma de conduzir a ideia de uma *regulação financeira global,* destacando-se, então, duas posições radicais: a que prefere a *regulação* estatal e a que prefere a *autorregulação* extraestatal.

Ora, se a solução preferida for a regulação pela via estatal, surge como uma primeira opção levar adiante o *reforço das instituições internacionais já existentes* (tais como o Fundo Monetário Internacional, a Organização Mundial do Comércio e o Banco Mundial), para que assumam encargos reguladores, com supervisão, fiscalização e aplicação de sanções financeiras sobre países e entidades nacionais.

Como uma segunda opção, ainda na linha de preferência de uma via regulatória estatal, existe a alternativa de acentuadas características de direito público e refletindo uma visão mundialista dos direitos humanos, que seria a *instituição de uma nova organização internacional específica para o setor financeiro,* atuando em escala global por força de tratados; por certo, uma solução muito ao gosto dos que propõem uma progressiva constitucionalização da vida internacional, na linha kantiana, de um federalismo político universal.

Fora, porém, da solução estatal, para os que dão preferência à *autorregulação,* a opção pura seria manter a autonomia dos mercados e confiar às próprias instituições financeiras privadas, no caso, associadas em um órgão mundial e baixo sua exclusiva responsabilidade, o encargo de se autorregularem.

Resumindo: a aceitação da conclusão de que os países *isoladamente* não têm como superar crises financeiras globais e ante a impossibilidade

---

[305] RODRICK, Dani. A Plan B for global finance. *The Economist.* New York, edição de 14 de março de 2009, página 80. Para a discussão sobre o excelente artigo: consulte-se <*economist. com/freeexchange*>.

de resolvê-las com soluções parciais, é quase unânime a aceitação da tese da necessidade de existir uma *regulação transnacional dos mercados financeiros globalizados;* esta, apresentando duas básicas opções opostas: ou a regulação por uma agência internacional pública (*heterorregulação*) ou a regulação por uma agência internacional privada (*autorregulação*) instituída pelas próprias entidades financeiras do mercado global.

É evidente que não se pode ignorar as dificuldades políticas para definir caminhos de consenso inerentes ao atual estado das relações internacionais, com suas comoções e desconfianças agravadas pela crise, fato que ficou patente em diversas consultas realizadas em reuniões do G-20.[306]

Mas é relativamente neste ponto que aflora uma oportunidade particularmente importante para a contribuição dos administrativistas à solução do dilema, que se põe entre um modelo de regulação puramente impositivo – a heterorregulação – e um modelo de regulação puramente consensual – a autorregulação.

Efetivamente, voltando ao momento político, tudo indica que essas duas opções opostas, aparentemente, não lograriam progresso nas negociações, como já se pode deduzir pelo acompanhamento de noticiários e de comentários especializados pela imprensa internacional ao discutir essas alternativas. Os agentes financeiros não estão dispostos a aceitar a pura tutela governamental, nem, tampouco, os agentes governamentais estão dispostos a confiar numa ação reguladora exclusiva dos agentes financeiros.

Os motivos alegados por ambas as partes são evidentes e bem conhecidos. Há, pois, que se buscar um meio termo, através de concessões recíprocas e é este, justamente, o ponto em que os sistemas de Direito Administrativo internos oferecem uma solução técnica, bastante conhecida e estudada, de um conceito híbrido – o da *autorregulação regulada* – um instituto bem analisado e trabalhado, com bases bem assentadas em doutrina.[307]

---

[306] O mesmo autor, Dani Roderick, observa, com pessimismo, que "um problema com a estratégia global é que presume que se possa levar os países líderes a abdicar significante parcela de soberania a agências internacionais. É difícil imaginar que o Congresso Americano aceite este tipo de supervisão internacional interventiva nas práticas prestamistas que poderia ter prevenido a liquefação dos mútuos hipotecários" (*op.cit.* supra n. 9, *A Plan B for global finance*).

[307] Sobre o tema da regulação se dispensa mencionar a abundante bibliografia internacional sobre o tema, exemplificando-se, por todas as obras disponíveis, a de Santiago Muñoz Machado, por sua riqueza e atualidade. Especificamente, sobre a autorregulação regulada, a monografia, já referida, de Maria Mercé Darmaculleta I Gardella, (*Autorregulación y*

A autorregulação regulada escapa do velho dilema entre livre mercado e intervencionismo estatal.[308] Afirma-se isso, porquanto persiste uma antiquada, mas ideológica visão do problema, que invariavelmente sugere um regresso à intervenção do Estado, como resposta ao que se aponta como fracasso neoliberal do livre mercado.

Apresenta-se, assim, um "confuso melodrama, onde o *Ogro Filantrópico* de Octavio Paz renasce de suas cinzas",[309] quando, na verdade, o controle regulatório imposto por uma agência extraestatal, independente da política de cada um dos países – ainda que atue sob a supervisão de órgãos políticos internacionais – separa adequadamente o que é essencial do que não o é; o que é permanente do que é ocasional e, sobretudo, o que é técnico do que é político.

Portanto, não há que se render à perspectiva de um regresso ao intervencionismo substitutivo da iniciativa e do labor das sociedades financeiras, ainda porque, os muitos e retumbantes fracassos históricos das experiências dirigistas não podem ser esquecidos, para servir de pretexto de amparar uma extemporânea ressurreição de mitos ideológicos de inclinações estatolatras.

Existem, por outro lado, elementos doutrinais que sustentam a possibilidade de confiar em que as excepcionais características híbridas da *autorregulação regulada*, que vem a ser nada mais que a regulação pública da autorregulação, permitam que se discrimine uma tríplice classificação de matérias: as que necessitem de se submeter a uma *heterorregulação* – legislada, impositiva e rígida; as que estariam mais bem disciplinadas pelos próprios setores, a *autorregulação* – pactuada, consensualmente adotada e com a máxima flexibilidade e, combinando-as em soluções híbridas, aquelas matérias que se beneficiariam da conjugação de *princípios* estáveis, portanto, impostos, com *regras* flexíveis, que seriam permanentemente pactuadas entre os interessados diretos, características distintivas da *autorregulação regulada*.[310]

Derecho Público: la Autorregulación Regulada, Madri-Barcelona: Marcial Pons, 2005) é obra que enfrenta um grande número de questões e de problemas conexos.

[308] Ignés D'Argenio. Artigo *Intensidad de la Regulación Económica es Ajena a la Concentración de Poder. In: Blog* Farlei Martins Riccio de Oliveira: *Direito Administrativo em Debate*, <http://direitoadministrativoemdebate>, edição de 7 de abril de 2009.

[309] Carlos Botassi. Autorregulación o intervencionismo. *In: Blog* Farlei Martins Riccio de Oliveira: *Direito Administrativo em Debate*, <http://direitoadministrativoemdebate>, edição de 4 de fevereiro de 2009.

[310] Na lição de Maria Mercè Darmaculleta I Gardella, cuidadosa monografista da matéria, com excelente contribuição sua ao estudo do instituto: "A consideração pública da autorregulação se manifesta por uma atividade reguladora do Estado tendente a instrumentalizar as normas e os controles privados, pondo-os a serviço de fins públicos. É

Resumindo, é possível enumerar as possíveis distinções teóricas que pesam em favor da autorregulação regulada, como um excelente exemplo da prestabilidade de um Direito Administrativo Transnacional conjugada com as oportunidades de aperfeiçoamento abertas pelo policentrismo de fontes:

a) a distinção entre o *essencial* e o *não essencial* da regulação, tanto sob critérios políticos, quanto sob critérios técnicos;

b) a distinção entre o que seria *permanente* e o que seria *mutável;*

c) a distinção entre a *fiscalização vertical,* própria da regulação impositiva, por isso mesmo aplicável sobre a agência de autorregulação e a *fiscalização horizontal,* da regulação negociada, que é a aplicável sobre as entidades privadas que negociam a autorregulação;

d) a distinção entre os dois tipos de sanção possíveis: de um lado, as *sanções públicas,* impostas sobre a agência independente de autorregulação, no caso de transgressão das normas de heterorregulação impostas por um órgão político internacional, e, de outro lado, as *sanções privadas,* impostas pela agência transnacional independente sobre os agentes econômicos instituidores, quando sejam transgressores das normas de sua própria autorregulação.

Neste caso e em tantos outros, os administrativistas de todos os países, afeitos a instituições centenariamente experimentadas e abertos a novos conceitos, podem dar um imenso contributo a este novo campo, rico de possibilidades, de um Direito Administrativo de caráter policêntrico.

8.3 Em conclusão

Ainda que o Direito Administrativo tenha tido seu nascimento no seio do Estado moderno, como um Direito Público interno, o certo é que sua rica doutrina, suas instituições e sua imensa experiência na disciplina do *atendimento aos interesses públicos* se têm projetado externamente em numerosos setores da vida internacional, *tanto entre entidades estatais, quanto entre entidades* não estatais, no curso de seus duzentos anos de existência. Assim, não se estranhe que dele se

---

por isso que a autorregulação é sempre, em maior ou menor medida, uma autorregulação regulada, *uma autorregulação fomentada, dirigida e instrumentalizada através de imaginativas fórmulas de regulação estatal".* (*Op. cit.,* p. 83) (n/tradução e destaque em itálico).

esgalhem tantos novos ramos, em um mundo em que o fenômeno da globalização torna complexos e públicos os interesses, em multiplicadas relações transnacionais.

Aí estão, como eloquentes exemplos, o *Direito Administrativo Internacional*, o *Direito Internacional Administrativo*, o *Direito Administrativo Comunitário*, o *Direito Administrativo da Integração*, o *Direito Administrativo Transnacional* e, mesmo, um *Direito Administrativo sem Estado*, como proposto na tese de Colaço Antunes.[311]

Para finalizar este ensaio, em que alguma ousadia pode haver surpreendido, portanto, nem tanto como desculpa, mas como explicação, cabe a lembrança do conhecido *motto* hegeliano – de que "a filosofia consiste na captação do tempo pelo pensamento" – para que dele se possa retirar, à guisa de conclusão, *uma orientação que se pode almejar para o Direito Administrativo*, de modo a superar os imensos desafios que lhe propõe o nosso tempo, com a permanente valorização de seus instrumentos científicos para aplicá-los homogeneamente, tanto em seus tradicionais ramos nacionais, quanto no ramo globalizado.

Para tanto e nesta linha, que se vislumbra a *necessidade de dotá-lo de uma dimensão prospectiva*, para que seja possível, nestes tempos de policentrismo de fontes, pelo bom exercício do *planejamento racional e crítico da ação política*, bem como pela articulação, também racionalmente planejada, entre os *múltiplos instrumentos de controle que existem*, travejar com segurança, no curso deste século XXI, *a construção de uma rede mundial imbricada de ordenamentos nacionais, internacionais e transnacionais*, com o necessário denominador comum de serem, todos, essencialmente democráticos.

Referências

BARROSO, Luís Roberto. Neoconstitucionalismo e Constitucionalização do Direito. (O triunfo tardio do Direito Constitucional no Brasil). *In: Revista Eletrônica sobre a Reforma do Estado*, nº 9, março/abril/maio, 2007. Salvador: Instituto Brasileiro de Direito Público. Disponível em: *http://www.direitodoestado.com.br/rere.asp*. Acesso em 27 de setembro de 2010.

BECK, Ulrich. *Penser la Societé du Risque Global.* Le Monde, 23 de outubro de 2008.

BECK, Martha; OSWALD, Vivian. Câmbio como arma protecionista. Rio de Janeiro: *O Globo*, 10 de outubro de 2010.

---

[311] COLAÇO ANTUNES, Luís Filipe. *O Direito Administrativo Sem Estado – Crise ou fim de um paradigma?* Coimbra: Coimbra Editora, 2008.

BOBBIO, Norberto. *Dicionario di Política*. Turim: Ed. UTET, 1993.

BOBBIO, Norberto. *O futuro da democracia:* uma defesa das regras do jogo. 5. ed. Rio de Janeiro: Paz e Terra, 1992.

BOBBIO, Norberto. *Teoria do ordenamento jurídico.* Maria Celeste Cordeiro Leite dos Santos (Trad.) 10. ed. Brasília: UnB, 1999.

BOBBIO, Norberto. *Teoria da Norma Jurídica.* Fernando Pavan Baptista; Arion Bueno Sodani (Trad.) São Paulo: Edições Profissionais Ltda., 2001.

BOTASSI, Carlos. Autorregulación o intervencionismo. *In: Blog* Farlei Martins Riccio de Oliveira: *Direito Administrativo em Debate.* Disponível em: *http://direitoadministrativoemdebate,* edição de 4 de fevereiro de 2009.

CASSESE, Sabino. *La crisi dello Stato.* Roma-Bari: Ed. Laterza, 2002.

CASSESE, Sabino. Global Administrative Law: an introduction. *In: Journal of International Law and Politics,* vol. 37, n. 4, p. 663-694, 2005.

CASSESE, Sabino. *Oltre lo Stato.* Roma-Bari: Editori Laterza, 2006.

CASTELLS, Manuel. *A Era da Informação – Sociedade, Economia e Cultura.* São Paulo: Paz e Terra, 1999.

CASTELL, Manuel. *A Era da Informação – O poder da identidade.* 3. ed. São Paulo: Paz e Terra, 2002.

COLAÇO ANTUNES, Luís Filipe. *O Direito Administrativo Sem Estado – Crise ou fim de um paradigma?* Coimbra: Coimbra Editora, 2008.

CUNHA, Paulo Ferreira da. *Pensar o Estado.* Lisboa: Quid Juris – Sociedade Editora, 2009.

D'ARGENIO, Ignés. Intensidad de la Regulación Económica es Ajena a la Concentración de Poder. *In: Blog* Farlei Martins Riccio de Oliveira: *Direito Administrativo em Debate.* Disponível em: *http://direitoadministrativoemdebate,* edição de 7 de abril de 2009.

DARMACULLETA I GARDELLA, Mª Mercê. *Autorregulación y Derecho Público: la Autorregulación Regulada,* Madri-Barcelona: Marcial Pons, 2005.

GAUDIN, Jean-Pierre. *Gouverner par Contrat:* l'action publique en question. Paris: Presses de Sciences Po, 1999.

HÄBERLE, Peter. *Pluralismo y Constitución, Estudios de Teoría Constitucional de la sociedad abierta.* Madrid: Tecnos, 2002.

JUSTINO DE OLIVEIRA, Gustavo. *Direito Administrativo Democrático.* Belo Horizonte: Fórum, 2010.

MOREIRA NETO, Diogo de Figueiredo. *Sociedade, Estado e Administração Pública.* Rio de Janeiro: Topbooks, 1996.

NETO, Eurico Bittencourt. Direito Administrativo Transnacional. *In: Revista Brasileira de Direito Público,* Ano 7, n. 24, jan./mar., Belo Horizonte: Fórum, 2009.

PÉREZ LUÑO, Antonio-Enrique. *Nuevos retos del Estado Constitucional:* valores, derechos, garantías. Alcalá de Henares (Madri): Universidade de Alcalá, 2010.

PÉREZ LUÑO, Antonio-Enrique. *Los Derechos Fundamentales.* 9. ed. Madri: Tecnos, 2005.

POPPER, Karl. *A sociedade aberta e seus inimigos.* São Paulo: Editora USP, 1974.

POPPER, Karl. *Conjecturas e refutações – O progresso do conhecimento científico*. Brasília: Editora UNB, 1994.

RIZZI, Andrea. A impotência do Estado do Século XXI. Rio de Janeiro: *O Globo*, 1º caderno, p. 6, 28 de junho de 2010.

RODRICK, Dani. A Plan B for global finance. *The Economist*. New York: 14 de março de 2009.

13º ENSAIO

DISCRICIONARIEDADE E SANÇÕES REGULATÓRIAS

Explicações introdutórias

Esta exposição se propõe a examinar o estado da arte quanto aos limites discricionários admissíveis na atividade sancionadora praticada pelas agências reguladoras. A preocupação se mostra oportuna, porquanto a regulação é um tipo jurídico de atuação administrativa ainda não satisfatoriamente amadurecida no direito brasileiro, apresentando, por isso, problemas por resolver, tanto decorrentes de equívocos e de omissões, quanto, o que é mais grave, de frequentes abusos, fatos que não apenas atrasam o processo de aperfeiçoamento institucional, como contribuem para a insegurança jurídica dos administrados e, particularmente, a decepção e a desconfiança dos setores regulados, notadamente os empresariais.

Como se observa, é um tema fortemente inserido no Direito Administrativo da Economia, pois a garantia jurídica dos empreendedores é fator *sine qua non* das inversões no País.

Este ensaio se desenvolverá em três partes:

1ª) a discricionariedade administrativa estudada no contexto da teoria da escolha administrativa;

2ª) a regulação como função administrativa complexa que se legitima pelos resultados;

3ª) os limites à aplicação de normas punitivas no exercício da função regulatória.

PARTE I

A DISCRICIONARIEDADE ADMINISTRATIVA COMO TÉCNICA DE JURIDICIZAÇÃO DA ESCOLHA ADMINISTRATIVA

1 As escolhas administrativas como espécie do gênero das escolhas públicas

Em termos de direção das sociedades organizadas, as Ciências Sociais se repartem, de um lado, entre a preocupação com as *soluções*, ou seja, com a *sistematização* das escolhas públicas, e, de outro lado, a preocupação com as *indagações*, ou seja, com a *especulação* sobre as possibilidades teóricas de aperfeiçoamento dessas escolhas.[312]

Passo importante na teoria das escolhas públicas ocorreu a partir da observação da paulatina *politização das decisões econômicas*, desenvolvida por James Buchanan,[313] possibilitando, a partir dessa abertura, a ampliação e o aprofundamento do estudo deste fenômeno sob os demais enfoques das Ciências Sociais, inclusive o jurídico.

Ainda que no Direito Público, em geral, essas especulações sobre tais escolhas tenham amplo uso e se tenham tornado cada vez mais frequentes, mais recentemente em contextos multidisciplares,[314] concentram-se no Direito Constitucional e no Direito Administrativo a sua mais intensa e fértil aplicação, como, em relação a este último, se propõe examinar esta exposição.

---

[312] Para aprofundamento dos conceitos de dogmática (soluções) e de zetética (indagações), consulte-se, de Tércio Sampaio Ferraz Júnior, *Introdução ao Estudo do Direito*: técnica, decisão e denominação, 4ª edição. São Paulo: Atlas, 2003, os 39 e 40.

[313] James Mcgill Buchanan Jr. recebeu o prêmio Nobel de economia de 1986 pelos estudos desenvolvidos sobre a *escolha pública*, notadamente em suas duas obras seminais: *O cálculo do consenso*: o fundamento lógico da democracia constitucional, 1962 (*The Calculus of consent: logical foundations of constitutional democracy*), em parceria com Gordon Tullock, e *Os limites da liberdade*: entre a anarquia e o Leviatã, 1975 (*The limits of liberty: between anarchy and leviathan*).

[314] Como, em recente exemplo, a pesquisa pós-doutoral multidisciplinar empreendida por Vanice Lírio Do Valle sobre *políticas públicas*, levada a efeito este ano no ambiente acadêmico da Fundação Getúlio Vargas.

2 Uma breve resenha dos fundamentos da teoria da escolha administrativa

A origem da juridicização de escolhas administrativas pode ser rastreada no Direito Administrativo desde a primitiva concepção francesa, origem da Disciplina, adstrita ainda às premissas positivas do *primado da lei* e da *exclusividade da lei*, até chegar à atual concepção, com suas duas distintas premissas pós-positivistas, do *primado do Direito* e da *pluralidade de fontes normativas*, afirmando que a *lei* não é mais que um ponto de partida na aplicação do *Direito*.

Outra variação histórica a considerar-se, esta ainda mais recente, referencia a *atividade administrativa* e, consequentemente, todo o *Direito Administrativo*, ao efetivo alcance de *resultados*, notadamente quando apreciados sob o critério de *legitimidade*, uma vez que a *segurança jurídica* não resulta exclusivamente do emprego da *técnica estática* da *positivação*, mas de sua combinação com a *técnica dinâmica* que vem introduzida pelo binômio *argumentação – motivação*.

Assim sendo, a *segurança jurídica*, enquanto *valor constitucional* a ser alcançado,[315] não mais resta limitada à *certeza formal* quanto à *norma legal aplicável*, mas também exige a *certeza material* quanto à *adequação aplicativa da norma* aos fatos.

3 A evolução das escolhas administrativas e suas três aberturas: um percurso da exclusiva vinculação à lei à plena vinculação ao Direito

A *estrita vinculação à lei* da ação administrativa pública, como um ideal para um Direito Administrativo ainda em sua origem revolucionária e napoleônica, cedeu a sucessivas *flexibilizações das escolhas administrativas* ocorridas nos dois séculos subsequentes.

---

[315] Almiro do Couto e Silva demonstrou, pioneiramente no Brasil, tratar-se de um princípio constitucional implícito, em artigo publicado em 1988, sob o título *Segurança Jurídica no Estado de Direito Contemporâneo* (RDP, nº 843 e RPGE, v. 18), ele próprio esclarecendo posteriormente que "a aplicação do princípio da segurança jurídica [...] ali tratada, nesse contexto, pela primeira vez entre nós, como princípio constitucional" (*O princípio da segurança jurídica (proteção à confiança) no Direito Público brasileiro e o direito da Administração Pública de anular seus próprios atos administrativos: o prazo decadencial do art.54 da Lei do Processo Administrativo a União (Lei nº 9784/99). In* REDE – *Revista Eletrônica de Direito do Estado*, nº 2, abril/maio/junho de 2005, Salvador BA. Disponível em: <*http://www.direitodoestado. com/revista/REDE-2-ABRIL-2005*>. Acesso em: 19 jun. 2010.

A razão dessas ampliações de alternativas de opção executiva na atividade gerencial dos interesses públicos tem sido a sempre crescente "impossibilidade de a lei alcançar todos os aspectos a serem ordenados pela Administração Pública.[316]

Esquematicamente, foram três as principais aberturas ocorridas no campo do Direito Administrativo: 1ª – a proporcionada pela aplicação dos *conceitos jurídicos indeterminados;* 2ª – a proporcionada pela *discricionariedade administrativa* e 3ª – a proporcionada pela *regulação.*

A primeira abertura adveio da constante reiteração do recurso do *legislador* ao emprego de *conceitos jurídicos indeterminados* na legislação administrativa, tal já como se praticava de longa data no Direito Civil para conferir ao *administrador público* o encargo da verificação casuística da existência de pressupostos para a sua ação, em razão da impossibilidade de se prever a extensa gama de circunstâncias necessária para que se os caracterizassem com o desejado grau de *certeza jurídica.*

Pela extensão do emprego dos conceitos jurídicos indeterminados, comuns no Direito Civil, ao Direito Administrativo, abriam-se *duas alternativas* antípodas de escolha: uma negativa e outra, positiva, embora só possa existir, em razão de mútua excludência lógica, *uma opção essencialmente válida.*

Todavia, como quase sempre permeia uma *zona limítrofe* entre o juízo positivo e o negativo, tornou-se necessário um adminículo doutrinário para incrementar a precisão aplicativa da norma, um avanço técnico que viria com a doutrina de Bernatzik, ainda em 1886, em que se ressalta a importância de sua clássica contribuição à *processualização das decisões administrativas,* como ressalta Sérgio Guerra na seguinte passagem: "[...] certos conceitos constantes das leis só podem ser afirmados ou negados depois de um 'complexo processo interpretativo em cadeia".[317]

---

[316] É de Sérgio Guerra, que tem sobre a teoria das escolhas administrativas obra recente e completa, a expressão acima recolhida, em sua obra *Discricionariedade e Reflexividade* (Belo Horizonte: Editora Fórum, 2008, p. 49), em que examina mais detidamente "a impossibilidade do esgotamento de todas as hipóteses a serem objeto de ordenação executiva pela lei" nas páginas seguintes, de 51 a 54.

[317] A obra de Edmund Bernatzik, em que se pretendia unificar uma decisão puramente voluntarista com uma vinculação ao interesse público a ser atendido – e, para tanto, declinado pelo administrador (*Die juristische Persönlichkeiter Behörden, Zugleichein Beirtrag zur Theorie der juristischen Personen.* Friburgo, 1890, editora n/a, p. 25 e ss), vem destacada por Sérgio Guerra (*op. cit.,* p. 54) aludindo à monografia de Antonio Francisco de Souza, *Conceitos indeterminados no Direito Administrativo* (Coimbra: Almedina, 1994, p. 34).

Como se observa, a exigência da *processualização da decisão administrativa* – em que se destaca a necessidade de sua *motivação legitimatória referida ao resultado pretendido* – já era considerada essencial no final do século XIX, ante a necessidade de afastar o *arbítrio* das decisões administrativas a partir de conceitos jurídicos indeterminados.[318]

Portanto, pode-se sumarizar o progresso alcançado com esta abertura:

1º) a *legitimidade* da aplicação das leis não se esgota em uma automática aplicação da legalidade, positivada, mas se integra com a *elaboração argumentativa* que a justifique; e

2º) com o *caveat* introduzido por Bernatzik, abre-se o caminho adiante para a proposta de Häberle, de *democratização da aplicação Direito por uma sociedade aberta de intérpretes*.[319]

A segunda abertura seguiu-se a um longo trabalho doutrinário de construção do instituto da *discricionariedade administrativa*. Voltado à multiplicação das opções administrativas legalmente válidas para uma escolha pública executiva.

A justificação disso, que à época poderia aparecer como uma *exceção ao princípio da legalidade*, partiu da ideia concebida por Otto Mayer, de que a *discricionariedade administrativa* não seria uma *implícita delegação* do Legislativo ao Executivo para tomar decisões consideradas como reservas de lei, mas a criação de uma *vinculação negativa* à lei, ou seja: a abertura, pelo Legislativo, de um espaço de atuação gerencial *com isenção do vínculo legal*,[320] *deslegalizando* a escolha administrativa.[321]

Assim é que, para o clássico Mestre alemão, o emprego da *discricionariedade* pela Administração haveria de ser considerado como o *exercício de um poder do Estado*, ou seja, com todas as características

---

[318] Assim comenta Sérgio Guerra a concepção de Bernatzik, na obra publicada em 1886 sob o título *Rechtsprechung um materielle Rechtskraft*, que rompe a doutrina tradicional germânica, constatando que esses conceitos indeterminados contidos na lei, como, *exempli gratia*: "utilidade", "perigo", "adequação", etc., deveriam passar por um "complexo processo interpretativo em cadeia", portanto, repudiando a aplicação do direito por um puro silogismo jurídico subsuntivo (*op. cit.* p. 54).

[319] *Cf.* HÄBERLE, Peter. *Hermenêutica Constitucional – a sociedade aberta dos intérpretes da constituição*: contribuição para a interpretação pluralista e procedimental da constituição. Tradução de Gilmar Ferreira Mendes. Porto Alegre: Sérgio Antônio Fabris Editor, 1997, p. 13 e ss.

[320] ENTERRÍA, Eduardo García de; FERNÁNDEZ, Tomás-Ramón. *Curso de Derecho Administrativo*,10 ed. Madri: Civitas, 2001, T. I, p. 436 e ss.

[321] A *deslegalização* viria a ser pioneiramente estudada por Eduardo García de Enterría em sua extraordinária obra clássica, *Legislación delegada, potestad reglamentaria y control judicial* (Madri: Tecnos, 1970, p. 168 e ss.)

um *ato de império*, e, nesta condição, *imune a qualquer apreciação judicial de sua legalidade.*

Eis porque se explica, desde então, ter sido a discricionariedade considerada não como uma *faculdade*, mas como um *poder*, conceito este que só foi cedendo aos poucos, no trânsito do século dezenove a meados do século vinte, pela admissão doutrinária de dois condicionantes jurídicos de seu emprego sob os critérios de *conveniência* e de *oportunidade*, para que, então, se passasse entendê-la como uma *atividade sujeita ao Direito*, de resto, como qualquer outra *função constitucional.*

Assim é que, *conveniência* e *oportunidade* tornaram-se *parâmetros não positivos*, tanto para orientar, quanto para limitar o seu emprego,[322] com a implícita aceitação da tese da *integração da vontade da lei pelo administrador público*, com a adequada escolha desses *elementos complementares para a sua legitimidade aplicativa.*

Em suma, a *legitimidade da aplicação* dessas normas, que transferem ao administrador a realização de múltiplas escolhas de oportunidade e de conveniência de seu emprego, só seria alcançada pelo *correto emprego da discricionariedade.*[323]

A importância da formulação desses *parâmetros não positivos* com força legitimatória para validar a tomada de decisões administrativas, foi ter introduzido uma importante cunha de juridicidade na tradição positivista, de inclinação absolutista, que predominava no Direito Administrativo, preparando-o para a transição, que logo se seguiria, a partir da segunda metade do século passado, para a sua expressão pós-moderna.

A terceira abertura, a da *regulação*, adveio com a ampliação das possibilidades de escolha pela Administração da modalidade de *função* mais adequada para atuar conforme as circunstâncias o requeressem e, em reforço democrático, sufragada pela ampliação das formas de *participação* dos administrados na atuação gerencial pública.

Assim, a adoção da via da *multifuncionalidade participativa* no trato da coisa pública, trazida com essa possibilidade de *integração de funções normativas, executivas e para-judiciais no mesmo órgão administrativo*, além de dar extraordinária flexibilidade às opções operativas postas à disposição da Administração, expandiu os canais de diálogo construtivo entre o Poder Público e os setores interessados, reduzindo o tempo de tomada de decisões, bem como o de suas retificações.

---

[322] GUERRA, Sérgio. *Op. cit.*, p. 66.

[323] Como sustentado pelo Autor na obra referida, *Legitimidade e Discricionariedade* (Rio de Janeiro: Editora Forense, 1989, com 4ª edição em 2001).

Todavia, essas funções, para serem válidas, distintamente do que tradicionalmente ocorria com relação às funções clássicas cometidas ao Legislativo e ao Executivo, deveriam se manifestar através de *escolhas tecnicamente justificadas*, portanto *neutrais* em relação aos interesses e injunções político-partidários para problemas cuja *complexidade, tecnicidade, mutabilidade e necessidade de participação dos administrados* já não seriam superados por meio de uma opção política, nem, tampouco, com emprego dos instrumentos disponíveis de escolha administrativa.

Com efeito, a busca da *eficiência*, elevada ao novo paradigma jurídico da ação administrativa pública, exigia outras respostas funcionais que não aquelas possibilitadas apenas pelo emprego da *discricionariedade administrativa*, uma vez que esta ficaria sempre adstrita a uma *previsão de leis específicas*, cuja elaboração a cargo dos corpos legislativos se vai tornando cada vez mais lenta e problemática, como constatado desde o início do século XX.

Assim é que a *regulação*, como inovadora técnica jurídica de administração, sem retirar nem reduzir a *função legislativa*, afeta aos parlamentares, senão que a *reservando para as grandes diretrizes políticas*, apenas delegou ao administrador o ônus de uma necessária e constante adaptação das normas às circunstâncias cambiantes dos setores *sensíveis* da vida econômica e social. Portanto, na linha do previsto por Georges Langrod,[324] no início de século passado, os parlamentos perdiam cada vez mais a *exclusividade das leis* para ficarem com a *exclusividade da política legislativa*.

Desse modo, a técnica jusadministrativa da *regulação* veio introduzir não mais que uma espécie de *extensão multifuncional da discricionariedade*, ao ampliar o espectro de escolhas administrativas de modo a possibilitar a constante manutenção do "estado de equilíbrio e regularidade de um subsistema (o regulatório), mediante regras, em sua maioria, elaboradas com alto grau de tecnicidade e complexidade"[325] e – aditando-se aqui com a devida vênia do autor da citação – considerando sua crescente importância juspolítica no Estado contemporâneo em razão das aberturas de *participação democrática* assim possibilitadas.

---

[324] LANGROD, Georges. *O Processo Legislativo na Europa Ocidental.* Rio de Janeiro: Ed. Fundação Getúlio Vargas, Instituto de Direito Público e Ciência Política, 1954.

[325] GUERRA, Sérgio, *Op. cit.*, p. 114.

PARTE II

A REGULAÇÃO COMO FUNÇÃO COMPLEXA QUE SE LEGITIMA PELOS RESULTADOS

1 A regulação: função complexa e legítima

Com a *regulação*, a discricionariedade, antes praticada no âmbito operativo da prática de *atos*, logo se expandiria para se tornar uma discricionariedade no âmbito operativo do manejo de *processos*, como exitosa resposta multifuncional aos cada vez mais graves desafios postos pela crescente *complexidade, tecnicidade, mutabilidade* e pela necessidade de *aceitabilidade social* da vida contemporânea, com vistas a possibilitar a tomada de decisão mais adequada para os complicados problemas gerenciais enfrentados pela administração pública, estatal ou extraestatal, o que vale dizer: para implementar soluções que incrementem a *eficiência das escolhas públicas* com vistas à realização da *boa administração*.

Assim, a *legitimidade* da aplicação da lei a ser obtida pelo emprego da *regulação* deve ser alcançada através de *processos decisórios abertos*, de modo a *integrar da maneira mais eficiente possível, a vontade seminal do legislador* graças à flexibilidade operativa multifuncional, que compreende tanto decisões com conteúdo de *normatividade secundária*, quanto decisões com conteúdo de *execução* e decisões com conteúdo parajudicial, *dirimentes de conflitos*.

Assim se justifica essa *tríplice valência jurídica funcional* inovada com o instituto da *regulação*, que veio complementar o quadro atual das aberturas administrativas de escolhas públicas juridicamente disponíveis.

2 Uma aplicação da técnica regulatória apreciada na sucessão das aberturas históricas de escolha administrativa

Como se pode observar, as três técnicas interpretativas e aplicativas de ampliação de escolhas administrativas apresentadas *não se excluem*, senão que permanecem todas válidas e coexistentes, embora o desenvolvimento de cada uma delas tenha obedecido a *distintas valorações ético-jurídicas históricas da ação do Estado*.

Nessa sucessividade de aberturas, a *atividade regulatória* sem dúvida é a que se apresenta como *a mais rica integração funcional de alternativas de escolhas gerenciais*, pois que se beneficia de todas as possibilidades teóricas anteriormente aportadas nas diferentes épocas da evolução do Direito Administrativo. Vale particularmente observar, que as três fases esquematicamente examinadas de abertura decisional da Administração Pública corresponderam a três distintas visões históricas do Estado e do Direito, como a seguir se expõe.

Com efeito, enquanto a *primeira abertura* espelhava o conceito do *primado da lei* – o *diktat* unilateral do Estado; a *segunda abertura* já refletia o *primado do interesse público* – a ampliação do grande debate sobre os fins do Estado, e a *terceira abertura*, o *primado dos direitos humanos* – entronizados como síntese contemporânea do que seriam os fins do Estado.

Com efeito, como o papel dos *direitos humanos* no constitucionalismo contemporâneo evoluiu de *limite à ação do Estado* para se constituir como *finalidade da ação do Estado*,[326] tornaram-se hoje, indisputadamente, *o norte da ação político-administrativa dos Estados constitucionais democráticos de direito,* impondo-lhes, em consequência, as missões de, sucessivamente, *declará-los, garanti-los* e *realizá-los,* pelo quê há de necessariamente se concluir que o *critério último de legitimação de sua atuação* não é outro que o próprio *resultado* das ações públicas que *efetivamente* atendam a essa suprema orientação.[327]

PARTE III

DOS LIMITES À APLICAÇÃO DE NORMAS PUNITIVAS NA FUNÇÃO REGULATÓRIA

1 Aplicação de normas punitivas na regulação

Examinem-se algumas generalidades quanto à aplicação de *normas punitivas* sob o ponto de vista do Direito Administrativo

---

[326] PEREZ LUÑO, Antonio-Enrique. *Los Derechos Fundamentales*. Madri: Tecnos, 8ª impressão, reimpressão, 2005, p. 21.

[327] Como sustentado em obra do Autor: *Quatro Paradigmas do Direito Administrativo Pós-Moderno – Legitimidade. Finalidade. Eficiência. Resultados.* Belo Horizonte: Editora Fórum, 2008, p. 123 e ss.

Sancionador, agora no contexto da teoria exposta da ampliação das escolhas públicas administrativas. Genericamente considerada, esta apreciação se estende às três fases estudadas, embora com distintos alcances em cada uma delas.

Na *primeira fase,* que se apresentou como restrita a uma *opção dual,* tal como a caracterizava a abertura proporcionada pelos *conceitos jurídicos indeterminados,* haveria uma mera *limitação lógica para a aplicação punitiva,* de vez que esta somente seria *válida* uma vez configurada, processual e justificadamente, a *hipótese positiva do conceito jurídico indeterminado* clausulado pelo legislador.

Na *segunda fase,* a das opções *múltiplas* que foram abertas pela *discricionariedade administrativa,* o seu emprego se apresentaria válido em duas hipóteses de aplicação punitiva:

1ª) se o legislador abriu *na norma legal* um espaço discricionário para a *dosagem da pena entre parâmetros legais,* portanto, jamais permitindo ao administrador estipulá-la arbitrariamente; e

2ª) se o legislador abriu *na norma legal* um espaço discricionário para a *aplicação de penas cautelares ou acessórias por ele próprio pré-definidas*; portanto, jamais se permitindo ao administrador tanto criá-las, quanto alterar as que viessem definidas em lei.

Na *terceira fase,* já quanto às opções sancionadoras *regulatórias,* justamente porque nesta hipótese abre-se o *exercício de uma normatividade secundária* para a Administração destinada à produção administrativa da *norma reguladora,* impõe-se, com maior razão, que a aplicação punitiva de qualquer natureza ou alcance só seja válida quando *em estrita conformidade com a reserva de previsão legal.*

Como se observa, desenha-se uma *razão inversa* entre, de um lado, as sucessivas *aberturas* estudadas para as escolhas administrativas e, de outro, as *interpretações punitivas*: quanto mais abertas para o administrador as decisões de escolha administrativa, mais limitados os espaços das decisões que inflijam punição administrativa.

Com efeito, o *princípio fundamental da proteção do ser humano,* que inclui a custódia de sua *liberdade, integridade, dignidade e a proteção de seus bens,* quando se trata de uma *atividade sancionadora,* se estende e se expande protetoramente de modo a proscrever todas as possibilidades de exercício de *arbítrio* que possa atingi-lo.

2 As definições principiológicas de limites à aplicação de normas punitivas na regulação

O *repúdio ao arbítrio* se torna mais exigente, como se expôs, na medida em que proporcionalmente se ampliam as aberturas da escolha pública administrativa, daí, na *regulação*, a aplicação de normas punitivas se apresentar *severamente limitada sob uma estrita principiologia*, que, no direito pós-moderno, já vem *constitucionalmente sufragada*, como, agora no caso brasileiro, pela *aplicação limitativa e condicionante dos seguintes princípios*, em lista não taxativa.

1º *Princípio da legalidade* – que exige a obrigatória *previsão legal*, tanto do ilícito, quanto da pena.

2º *Principio da processualidade* – que exige o *devido processo legal*,[328] considerado, ao mesmo tempo, uma garantia formal e uma garantia material, como espécie de *interdição geral à arbitrariedade*, na expressão de Fabio Medina Osório.[329]

3º *Princípio da tipicidade* – embora respeitadas as distinções entre o Direito Penal e o Direito Administrativo Sancionador, também neste ramo é mandatória a observância deste princípio, porque a possibilidade de uma outorga tão amplamente aberta pelo legislador para o administrador criar um tipo punível a seu talante, estaria não apenas esvaziando o próprio princípio fundamental da *legalidade*, com isso validando o arbítrio, como desprezando o princípio político da *separação de poderes*, pois, no caso, ter-se-ia que a mesma autoridade estatal tipificaria o delito e lhe aplicaria a punição.[330]

4º *Princípio do non bis in idem* – encontra-se já sumulado com referência à *infração funcional*, mas, com mais razão, é compreensivo de quaisquer das demais modalidades de *infrações administrativas*, pois como reza a ementa: "É inadmissível segunda punição de servidor público, baseada no mesmo processo em que se fundou a primeira".[331]

---

[328] "Art.5º, LIV – ninguém será privado da liberdade ou de seus bens sem o devido processo legal". CRFB.

[329] *Cf.* a consagrada obra de Fábio Medina Osório, *Direito Administrativo Sancionador* (3ª ed. São Paulo: Revistas dos Tribunis, 2009, p.161-163, como o mais completo expositor do tema no Brasil).

[330] OSÓRIO, Fábio Medina. *Direito Administrativo Sancionador*. 3 ed. São Paulo: Revista dos Tribunais, 2009, p. 208-209.

[331] Súmula 19/STF.

5º Princípio da pessoalidade – a regra constitucional é bem clara a respeito, ao dispor que nenhuma pena passará do condenado, subetendendo-se, assim, *em qualquer tipo de processo em que se atinja a dignidade da pessoa humana*, protegida pelo Art. 1º, III da Constituição.[332]

6º Princípio da individualização da sanção – também, com meridiana clareza na Carta e pelo mesmo motivo, que é a *proteção à dignidade humana*, se expressa o dever indeclinável de ser apenas *o legislador a regular a individualização da pena*, como uma reserva legal explícita, não cabendo, portanto, à Administração fazê-lo, sob nenhuma hipótese, por mero exercício de arbítrio.[333] Observe-se, ainda, com Fábio Medina Osório, que "essa individualização se aplica às pessoas jurídicas por serem igualmente dotadas de peculiaridades relevantes, na perspectiva de assegurar sanções proporcionais".[334]

7º Princípio da culpabilidade – se a *responsabilização civil objetiva* pode ser legalizada como uma explícita exceção, diferentemente, a *responsabilização punitiva objetiva* não tem cabimento nos sistemas jurídicos que se pautem pelos princípios constitucionais da pessoalidade e da individuação das penas.[335]

8º Princípio da presunção de inocência – mais adequadamente, a referência humanística do princípio é ao *status libertatis*, inerente às pessoas, daí a menção que se inova, a um *estado jurídico de inocência*, que, não obstante, como presunção que é, poderá ceder diante de qualquer prova, ainda que indiciária, capaz de invertê-la.[336]

9º Princípio do contraditório e da ampla defesa – igualmente, na Constituição, com uma explícita referência aos *processos*

---

[332] "Art. 5º, XLV – nenhuma pena passará da pessoa do condenado" CRFB.

[333] "Art. 5º, XLVI – a lei regulará a individualização da pena...". CRFB.

[334] OSÓRIO, Fábio Medina. *Direito Administrativo Sancionador*. 3. ed. São Paulo: Revistas dos Tribunais, 2009, p. 373-374.

[335] "Percebe-se, na Carta Constitucional de 1988, os princípios de pessoalidade e da individualização da pena, ambos inscritos como direitos fundamentais da pessoa humana, disso derivando, por evidente, vedação absoluta a qualquer pretensão estatal de responsabilidade penal objetiva e também responsabilidade que atinge direitos fundamentais da pessoa humana, ou seja, outras modalidades de atividades sancionadoras" [...] "Nesse sentido, culpabilidade é um princípio amplamente limitador do poder punitivo estatal, aparecendo como exigência de responsabilidade subjetiva". (OSÓRIO, Fábio Medina. *Direito Administrativo Sancionador*. 3. ed. São Paulo: Revista dos Tribunais, 2009, p. 355-356).

[336] OSÓRIO, Fábio Medina. *Direito Administrativo Sancionador*. 3. ed. São Paulo: Revista dos Tribunais, 2009, p. 392.

administrativos de qualquer natureza, ainda que sejam processos privados, estes princípios gêmeos abrangem, em qualquer hipótese e sem exceção, a abertura do contraditório e o franqueamento da ampla defesa processual.[337]

10º *Princípio da motivação* – desde logo, implícito no próprio conceito de cidadania, há um *direito geral de acesso à informação*,[338] que se torna mandamentalmente específico se estiver em causa alguma *informação que seja juridicamente devida pelo Poder Público*,[339] como será sempre a hipótese de aplicação de penas pelo Estado.

Além disso, se todo e qualquer ato do Poder Público deve estar justificado perante a ordem jurídica, resta claro que ato que imponha *punição*, não importa de que espécie, *a fortiori*, o deverá, para que se torne possível, a quem for "acusado em geral", valer-se do *contraditório* e da *ampla defesa*.

Em suma, para Fábio Medina Osório:

> No Direito Administrativo Sancionador, a motivação assume especial e transcendental relevância, visto que, aqui, o ato administrativo priva alguém de seus direitos, restringe liberdades, limita movimentos. É fundamental que esses atos sejam devidamente *motivados*, sob pena de configurar-se a intolerável arbitrariedade.[340]

Uma breve conclusão

Nada mais constrangedor para o administrado que sofrer a afronta da arbitrariedade, justamente de quem, como agente do poder Público, deveria ter como sagrada missão o seu serviço. Nada mais reconfortante, por outro lado, saber que o Direito pós-moderno o repôs, como pessoa e cidadão, como a referência suprema do Direito.

A temática da "interconexão orgânica e finalística dos *direitos fundamentais*", que hoje se encontra em destaque nos debates do Direito,

---

[337] "Art. 5º, LV – aos litigantes, em processo judicial ou administrativo, e aos acusados em geral são assegurados o contraditório e a ampla defesa, com os meios e recursos a ela inerentes" CRFB.

[338] "Art. 5º, XVI – é assegurado a todos o acesso à informação e resguardado o sigilo da fonte, quando necessário ao exercício profissional" CRFB.

[339] "Art. 5º – todos têm direito a receber dos órgãos públicos informações de seu interesse particular, ou de interesse coletivo ou geral, [...]" CRFB.

[340] OSÓRIO, Fábio Medina. *Direito Administrativo Sancionador*. 3. ed. São Paulo: Revistas dos Tribunais, 2009, p. 419-420 (n/ destaque).

já não mais contida ou condicionada pelo Direito Constitucional dos Estados, por se encontrarem, na expressão dos juristas franceses, mundializados – suscita um debate revisitado e aprofundado do papel da *sistematicidade*, pois que esta "permite um conhecimento, uma interpretação e uma consequente aplicação do direito, fundada em critérios precisos e rigorosos, antes que no arbítrio ou na sorte".[341]

Esta breve exposição, que aqui se conclui, procurou se ater a essa moderna orientação, ao referenciar o enfoque sobre o tema da *discricionariedade administrativa das autoridades reguladoras e aplicação das normas punitivas* às múltiplas interconexões dos *direitos fundamentais*, que vastamente a informam sob todos os seus aspectos. Por isso, paira sempre presente, a poderosa inspiração que, como síntese dos progressos aqui consignados, foi milenarmente assinalada por Cicero em sua máxima: *"salus populi suprema Lex esto"*.[342]

Referências

BERNATZIK, Edmund.. *Die juristische Persönlichkeiter Behörden, Zugleichein Beirtrag zur Theorie der juristischen Personen.* Friburgo: editora n/a, 1890.

CICERO. M. T. *De Legibus.* Livro III, parte III, subitem VII.

COUTO E SILVA, Almiro do. *Segurança Jurídica no Estado de Direito Contemporâneo* RDP, nº 843 e RPGE, v. 18, 1988.

COUTO E SILVA, Almiro do. O princípio da segurança jurídica (proteção à confiança) no Direito Público brasileiro e o direito da Administração Pública de anular seus próprios atos administrativos: o prazo decadencial do Art. 54 da Lei do Processo Administrativo a União (Lei nº 9784/99). *In*: REDE – *Revista Eletrônica de Direito do Estado*, nº 2, abril/maio/junho de 2005, Salvador BA. Disponível em: <http://www.direitodoestado.com/revista/REDE-2-ABRIL-2005>. Acesso em: 19 jun. 2010.

ENTERRÍA, Eduardo García de; FERNÁNDEZ, Tomás-Ramón. *Curso de Derecho Administrativo.* 10 ed. Madri: Civitas, 2001.

ENTERRÍA, Eduardo García de. *Legislación delegada, potestad reglamentaria y control judicial.* Madri: Tecnos, 1970.

FERRAZ JÚNIOR, Tércio Sampaio. *Introdução ao Estudo do Direito*: técnica, decisão e denominação. 4. ed. São Paulo: Atlas, 2003.

GUERRA, Sérgio. *Discricionariedade e Reflexividade.* Belo Horizonte: Fórum, 2008.

---

[341] PEREZ LUÑO, Antonio-Enrique. *Nuevos retos del Estado Constitucional:* valores, derechos, garantías. Cuadernos de la Cátedra de Democracia y Derechos Humanos. Nº 2. Alcalá de Henares (Madri): Universidade de Alcalá, 2010, p. 18.

[342] Cicero. M. T. *De Legibus.* Livro III, parte III, subitem VII.

HÄBERLE, Peter. *Hermenêutica Constitucional – a sociedade aberta dos intérpretes da constituição:* contribuição para a interpretação pluralista e procedimental da constituição. Gilmar Ferreira Mendes (Trad.). Porto Alegre: Sérgio Antônio Fabris Editor, 1997.

LANGROD, Georges. *O Processo Legislativo na Europa Ocidental.* Rio de Janeiro: Ed. Fundação Getúlio Vargas, Instituto de Direito Público e Ciência Política, 1954.

MOREIRA NETO, Diogo de Figueiredo. *Legitimidade e Discricionariedade.* Rio de Janeiro: Forense, 1989.

MOREIRA NETO, Diogo de Figueiredo. *Quatro Paradigmas do Direito Administrativo Pós-Moderno – Legitimidade. Finalidade. Eficiência. Resultados.* Belo Horizonte: Fórum, 2008.

OSÓRIO, Fábio Medina. *Direito Administrativo Sancionador.* 3. ed. São Paulo: Revistas dos Tribunais, 2009.

PEREZ LUÑO, Antonio-Enrique. *Los Derechos Fundamentales.* Madri: Tecnos, 8ª impressão, reimpressão, 2005.

PEREZ LUÑO, Antonio-Enrique. *Nuevos retos del Estado Constitucional:* valores, derechos, garantías. Cuadernos de la Cátedra de Democracia y Derechos Humanos. Nº 2. Alcalá de Henares (Madri): Universidade de Alcalá, 2010.

SOUZA, Antônio Francisco de. *Conceitos indeterminados no Direito Administrativo.* Coimbra: Almedina, 1994.

14º ENSAIO

INTRODUÇÃO AO TRANSADMINISTRATIVISMO

"Segundo Otto Mayer, 'a Administração é a atividade do Estado destinada ao cumprimento de seus fins'. Portanto, o Direito Administrativo se originou como produto do Estado; porém agora se tornou dependente de outros poderes transnacionais, globais e locais. Atualmente se sucedem muitos fenômenos complexos".

Sabino Cassese[343]

PARTE I

DEFININDO A NOMENCLATURA: DIREITO ADMINISTRATIVO GLOBAL, DIREITO ADMINISTRATIVO MUNDIAL OU DIREITO ADMINISTRATIVO TRANSNACIONAL?

Duas denominações para o mesmo fenômeno, que é o fato de existir um Direito Administrativo desengajado do Estado. Ambas as propostas de nomenclatura têm tido aceitação, mas é de toda conveniência que se as unifique, em se adotando motivadamente uma delas.

---

[343] *Il diritto amministrativo:* storia e prospettive. Milão: Giuffrè Editore, 2010. Capítulo XXV, III – Mais Além do Estado (N/tradução).

As propostas mais antigas sugerem o emprego da expressão *Direito Administrativo Global*, como é preferida pelos autores de língua inglesa (*Global Administrative Law*), ou *Direito Administrativo Mundial*, conotando-as diretamente ao fenômeno mais abrangente da *globalização* ou da *mundialização* em curso.

Mais recentemente, tem recebido crescente aceitação a expressão *Direito Administrativo Transnacional*, na qual a ênfase se desloca da globalização para o desligamento desta nova Disciplina Administrativa em relação ao Estado e, por esta razão, mais sucintamente denominada de *Transadministrativismo*, uma expressão cunhada em paralelo à mesma linha doutrinal heteroreflexiva do *Transconstitucionalismo*, entendida como a Disciplina Constitucional além do Estado.[344]

Cumpre, pois, examiná-las com referência aos seus respectivos fundamentos, com o propósito de sustentar a designação que se opta neste ensaio. Para este fim, foram colhidos alguns interessantes subsídios na entrevista dirigida pela Professora Clémentine Bories, *Maître de Conférences* da *Université de Paris Ouest Nanterre La Défense*, com dois ilustres monografistas do tema: Allain Pellet, desta mesma Universidade, e Benedict Kingsbury, da *New York University School of Law*, em Colóquio bilíngue desenvolvido sobre o tema.[345]

Iniciando com designação mais antiga – *Direito Administrativo Global* – desde logo sobre ela desponta a dúvida sobre a adjetivação: *global* ou *mundial*? Qual seria a mais própria? A preferência seria a de *global* – considerando-se o uso corrente, tanto da expressão *globalização*, como a que utilizam os autores norte-americanos, como da, quase sinônima, *mundialização*, mais empregada por autores europeus continentais.

Embora vulgarmente aceitas como equivalentes, existem diferenças sutis no que se refere ao histórico dos dois termos – globalização

---

[344] ACKERMAN, Bruce. *The Rise of World Constitutionalism. Virginia Law Review.* Vol. 83, 1997/1999; CANOTILHO, J. J. Gomes. *'Brancosos' e Interconstitucionalidade. Itinerários dos Discursos sobre a Historicidade Constitucional.* 2ª ed. Coimbra: Almedina, 2008; NEVES, Marcelo. *Transconstitucionalismo.* São Paulo: Livraria Martins Fontes Ed., 2009; SOLIANO, Vitor. Transconstitucionalismo, interconstitucionalidade e heterorreflexividade: alternativas possíveis para a proteção dos direitos humanos na relação entre ordens jurídico-constitucionais distintas – primeiras incursões. Revista do Curso de Direito UNIFACS, n. 144, 2012; TEUBNER, Günther. *Regime-Kollisionen: Zur Fragmentierung des globalen Rechts.* Frankfurt sobre o Meno: Suhrkamp Verlag, 2006; *Self-Constitutionalization of Transnational Corporations? On linkage of "Private" and "Public" Corporate Codes of Conduct.* Indiana Journal of Global Legal Studies, Vol. 17, 2010.

[345] Publicada sob o título *Views on the Development of a Global Administrative Law*, inserto na coletânea bilíngue *Un Droit Administratif Global- A Global Administrative Law*, dirigida por Clémentine Bories, Paris: Editions A. Pedone, 2012, p. 11-23.

14º ENSAIO
INTRODUÇÃO AO TRANSADMINISTRATIVISMO | 331

e mundialização. *Mundialização* é a expressão mais antiga, tendo surgido conotada à aspiração kantiana de um Estado Mundial e, consequentemente, à emergência de uma cidadania mundial, refletindo uma tendência perfilhada em diferentes escritos e movimentos que se sucederam, tais como, no campo do Direito Internacional Público, na obra de G. Clark e L. B. Sohn,[346] conexa aos dos seguidores do cosmopolitismo filosófico de Immanuel Kant;[347] aos do monismo internacional sociológico de Georges Scelle[348] e aos do conceito político de democracia internacional de Norberto Bobbio,[349] movimentos que se sustentam na ideia da paulatina aproximação entre as sociedades humanas, que evidenciaria essa tendência à formação de um Estado Mundial.

Por outro lado, distintamente, a expressão *globalização* não reflete uma aspiração juspolítica monista, senão que, simplesmente reconhece as tendências à multiplicação e à diminuição de poder dos Estados-nação, com o consequente esbatimento das fronteiras políticas e o encolhimento do planeta, como efeito da revolução das comunicações, visualizando a progressiva intensificação de toda sorte de relações entre os povos – notadamente as econômicas e as sociais – que passam, assim, a serem interconectados por *novos vínculos jurídicos*, de distinta natureza, além dos tradicionais vínculos jurídicos com suas características *estatais*.

As novas formas de integração surgem como resultado do aparecimento do fenômeno observado por H. M. Mc Luhan,[350] que o batizou de *aldeia global*, surgido com a notável expansão da tecnologia da comunicação, com difusão quase ilimitada, redesenhando um mundo sem fronteiras.

Assim, em síntese, passando ao plano estritamente jurídico, enquanto na ideia central de *mundialização* existe uma aspiração ideal à *unificação da ordem jurídica*, na de *globalização*, ao revés, descreve-se

---

[346] CLARK, G e Sohn, L. B. *World peace through world law*. Cambridge, Massachuissets: Cambridge University Press, 1958.

[347] KANT, Immanuel. *A paz perpétua e outros opúsculos*. Tradução de Artur Morão. Lisboa-Portugal: Edições 70, 2004 (*Textos Filosóficos*). A tese central desta obra, escrita em 1795, repousa na ideia de que a grande missão jurídica da humanidade consiste em institucionalizar um governo *mundial*, tendo servido de base para o projeto de uma República Mundial, elaborado pelo filósofo alemão contemporâneo Otfried Höffe.

[348] SCELLE, Georges. *Manuel de droit international public*. Paris: Ed. Domat-Montchréstien, 1948.

[349] BOBBIO, Norberto. *O futuro da democracia – Uma defesa das regras do jogo*. São Paulo, Rio de Janeiro: Editora Paz e Terra, 1986.

[350] McLUHAN, Herbert Marshall. *Os meios de comunicação como extensão do homem*. 9. ed. Tradução de Décio Pignatari. São Paulo: Cultrix, 1998.

uma situação real, que é a *proliferação planetária de ordens jurídicas* de toda natureza: estatais, infraestatais, interestatais, sobreestatais e, mais recentemente, a que aqui se estuda, as *transestatais*.

Como se observa, no conceito de *Direito Administrativo Global* há a pretensão de se abarcar a totalidade dessas expressões, envolvendo, portanto, o conjunto das ordens jurídicas em vigor, não importa como se articulam, que refletem o resultado do exercício normativo de todos e quaisquer *centros de poder capazes de administrar interesses de natureza coletiva* em atividade, o que não implica no abandono do conceito *central do poder estatal*, ainda como a primordial referência normativa.

É, pois, desse gênero amplíssimo, o do *Direito Administrativo Global*, que o *Direito Administrativo Transestatal* – o *Transadministrativismo* – é espécie, pois que se apresenta exclusivamente referida ao produto normativo desses múltiplos *centros de poder transestatais*, como tal entendidos aqueles que se originam de necessidades ordinatórias das diversas sociedades não providas pelos Estados, nem em âmbito nacional, nem em âmbito internacional.

Surgiu e se desenvolveu, assim, preocupantemente, no mundo contemporâneo, um *déficit da soberania estatal*, como precisamente a identificou J. Bartelson em sua *Crítica do Estado*,[351] pois que, como ficção jurídica que na realidade o é a *soberania*, ela apenas reflete historicamente o poder real das diferentes nações, que aparecem cada vez menos aptas para regrar eficientemente uma cópia de importantes relações econômicas e sociais, que passam a exigir a indispensável *segurança jurídica* para que floresçam em normalidade.

Como, não obstante, esse déficit é real, exigindo o seu preenchimento nas relações que se travam em povos cada vez mais conscientes e interagentes e, por isso, a reclamar ordenamentos capazes de prover segurança jurídica às suas crescentes relações, as sociedades, independentemente dos Estados e de suas respectivas soberanias, elas próprias, para atender diretamente a essas demandas, passam a criar *novos centros de poder* além dos tradicionais, afetos aos Estados-nação: portanto, não mais centros de poder *nacionais*, nem *internacionais*, nem *supranacionais*, mas, inovadoramente, *transnacionais*.

Chega-se, assim, a um ponto deste ensaio em que cabe intentar o estabelecimento de algumas bases teóricas seguras para, a partir dela, desenvolver-se um conceito do *transnacionalismo* aplicado ao Direito Administrativo.

---

[351] BARTELSON, J. *The Critique of the State*. Cambridge: Cambridge University, 2001, p. 154 e ss.

PARTE II

ASSIMETRIAS CRATOLÓGICAS COMO CRITÉRIO PARA CONCEITUAR O TRANSADMINISTRATIVISMO

1 A transestatalidade

O Renascimento, ao retornar a concentração do poder de criação da norma legal nos governos dos Estados independentes, então em surgimento, elevou a *estatalidade* à principal referência dos sistemas jurídicos e, para muitos, à sua condição de existência.

Assim é que o correlativo conceito de *validade*, como elemento essencial à norma jurídica, se veio a considerar como um consectário da pré-existência de um *Estado legislador*, atuando internamente em quase todos os campos das relações humanas e, adiante, estendendo a estatalidade ao plano externo através de consensos negociados, conferindo, assim, por sua vez, validade derivada a essas *normas internacionais*.

A característica comum aos dois tipos de normas estatais, tanto as nacionais, quanto as internacionais, é, pois, a sua *validade territorial*, uma vez que ambos só produzem efeitos em territórios determinados. Todavia, esta limitação hoje não se cinge apenas a este aspecto territorial, passando a abranger também o material, pois, inexoravelmente, o ritmo expansivo da civilização vai impondo a necessidade de ordenação de um cada vez maior número de relações que se travam entre as pessoas.

Assim, o que agora se observa é um deslocamento contingencial dessa histórica referência estatal, pois que vai deixando de atender a contento a realidade da incessante multiplicação das demandas de juridicidade. Em outros termos: trata-se de um significativo câmbio no antigo enfoque quanto à justificação da *validade* das normas jurídicas.

Desse modo, não mais são válidas, apenas, as normas jurídicas produzidas por *centros de poder estatal*, como o serão, igualmente, as que dimanem de quaisquer outros *centros de poder* que independem do Estado para sua instituição e para sua operação, de modo que elas possam produzir efeitos independentemente dos lindes territoriais sob domínio dos Estados existentes.

Uma relevante característica desses novos *centros de poder* está na sua formação *espontânea*, o que vale dizer, que a *impositividade* de suas normas não resulta da existência de uma ou de várias entidades dotadas de soberania que as garantam, mas depende apenas da existência de *consenso* instituidor das partes interessadas, visando a dar existência a um novo ordenamento independente, dotado das específicas regras de que necessitem os que recorram àqueles centros de poder autônomo em busca de justiça.

Essa *normatividade, que se institui além do Estado-nação,* torna-se, por isso, o grande tema em desenvolvimento que se apresenta neste século para o *Direito Administrativo,* uma vez que, distintamente dos mais de duzentos ordenamentos existentes no mundo, de Direito Constitucional, de Direito Civil, de Direito Penal, de Direito Processual e demais ramos e sub-ramos puramente estatais, que são limitados geopoliticamente, e mesmo em seus ramos internacionais, ela apresenta a peculiaridade de ser, no conjunto de todas as suas manifestações atualmente existentes e naquelas em curso de existência, a novidade de constituir-se uma nova espécie de ordenamento – dúctil, flexível e desburocratizado – que é o que nos reserva o futuro, tal como já se antecipa no próprio título da obra seminal de Sabino Cassese: "Além do Estado".[352]

Para se bem entender o processo de validação dessa normatividade transnacional, impende desdobrar uma digressão sobre o fenômeno antropológico fundamental do surgimento e do desenvolvimento histórico das *assimetrias cratológicas,* pois que estas constituem as autênticas *fontes de poder* nas sociedades humanas.

2 O tema central das assimetrias cratológicas como instrumento das civilizações

O *poder* é o fenômeno humano relacional por excelência. Como já se expôs em monografia publicada há mais de duas décadas,[353] ele tem a antiguidade do homem e sempre exerceu fascínio, quando não assombro e medo, por isso considerado, junto com o amor, "um dos mais antigos fenômenos das emoções humanas".[354]

Não obstante essa antiguidade, somente ao final do século XIX o poder começou a ser estudado sistematicamente, a partir da obra de Ludwig Von Gumplowicz,[355] muito embora sejam encontradas observações esparsas em Maquiavel, Hobbes e Locke, isso porque,

---

[352] CASSESE, Sabino. *Oltre lo Stato.* Roma-Bari: Editori Laterza, 2006.

[353] MOREIRA NETO, Diogo de Figueiredo. *Teoria do poder.* São Paulo: Editora Revista dos Tribunais, 1992.

[354] BERLE, Adolf A. *Power.* New York: Harcourt, Brace & World Inc., 1969.

[355] GUMPLOWICZ, Ludwig Von. *Die Sociologische Staatsidee.* Innsbruck: Wagner, 1882.

durante a Antiguidade e o Medievo, o poder permaneceu como um tema tabu, conotado a mitos, a religiões ou a artes mágicas.

Mesmo assim, a Cratologia, como Ciência do Poder, só se veio a desenvolver nos dois últimos séculos, para então defini-lo como uma *vontade* dotada de *capacidade* de produzir os *resultados* desejados, constituindo-se, assim, como uma *constante natural nas relações humanas*, que deve o seu surgimento a uma cópia de *diferenciais* de toda natureza existentes entre indivíduos ou entre grupos: sejam diferenciais de força de *vontade* e determinação ou da *capacidade* disponível, caracterizando as *assimetrias cratológicas*, que se constituem, assim, na gênese do poder.

A rica bibliografia produzida a partir de então tem enfocado esse fenômeno, das assimetrias cratológicas, sob as mais diversas abordagens disciplinares: na Filosofia, na Antropologia, na Sociologia, na Economia e na Psicologia e, mais particularmente concentrada nas três Disciplinas que o tratam destacadamente – na Política, na Estratégia e no Direito – que, por isso, podem ser classificadas como as Ciências do Poder, pois que o têm como seu núcleo fenomenológico.

Na *abordagem filosófica* releva a fundamentação ética do emprego do poder, desenvolvida a partir de premissas axiológicas tais como, em destaque, o primado da pessoa humana e, como corolários, o respeito à sua dignidade, liberdade e igualdade.

Na *abordagem antropológica* estudam-se as assimetrias naturais do homem, seja individualmente, seja em grupo.

Na *abordagem sociológica* importam as assimetrias cratológicas nos diferentes contextos sociais: portanto, como nelas surgem, se desenvolvem e interagem.

Na *abordagem econômica* destacam-se as assimetrias que se produzem no campo das riquezas: como são geradas e as suas consequências.

Na *abordagem psicológica* o objeto são as assimetrias volitivas e seu papel propulsor na gênese e no desenvolvimento do poder.

Já, quanto às *Ciências do Poder,* portanto, em abordagem política, examinam-se a origem e o desenvolvimento histórico das assimetrias nas sociedades politicamente organizadas, cuja imensa diversidade histórica responde por toda sorte de regimes de mando já praticados, desde os patriarcais e místicos da Antiguidade aos de hoje, em sua maioria constitucionalizados.

Na *abordagem estratégica*, o que importa é o manejo das assimetrias nos confrontos de poder, notadamente em sua expressão coletiva.

Por fim, na *abordagem jurídica*, a que mais proximamente interessa a ser elucidada nesta exposição, apura-se o tratamento institucional das assimetrias, de modo a que, como finalidade, as ordens jurídicas adotadas possam estabelecer limites ao crescimento e ao exercício do poder nas respectivas sociedades – sem, contudo, estorvar o livre desenvolvimento de seus aspectos construtivos – de modo a garantir uma convivência pacífica, produtiva e segura.

São, portanto, essas caleidoscópicas assimetrias cratológicas os elementos dinâmicos da convivência humana, que devem ser, simultânea e equilibradamente, limitados e protegidos em razão dos benefícios que produzem, embora sempre cuidadosamente observados e controlados, para que não gerem distorções que levem ao abuso, ao arbítrio e à injustiça, seja entre pessoas, seja nas relações destas com quaisquer centros de poder instituídos ou informais.

Só assim, com o emprego dos instrumentos jurídicos que se tem desenvolvido através dos tempos, no paralelo acompanhamento da história natural do poder durante a evolução das diferentes culturas e civilizações, os seus benefícios serão plenamente construtivos: se contidos e limitados por normas de conduta justas, consensualmente assumidas, institucionalmente adotadas e a todos impostas, ou seja, em suma, o Direito é a condição cratológica do surgimento e do desenvolvimento das civilizações.

3 O universo do poder e suas respectivas leis

O poder, portanto, como gerador das condutas humanas, sempre respondendo a impulsos da vontade, com intenções e consequências que tanto podem ser benéficas como maléficas, e tanto construtivas quanto destrutivas, pois esta ambiguidade decorre da própria condição humana; daí a importância de definir as *leis* que ajudem a compreendê-lo e norteiam o seu emprego quanto a seus meios e fins, de modo a contê-lo em seus excessos, na composição possível dos incontáveis tipos de conflitos que possam advir.[356]

Este esforço será sempre válido, ainda que, por vezes, demande abnegação e heroísmo, sempre que informado do alto propósito civilizatório de salvaguardar os *valores* consensualmente tidos, nas diversas culturas, como de sua necessária preservação.

---

[356] "O conflito deve ser entendido em sua plenitude conceitual sociológica, envolvendo todas as formas de enfrentamento de interesses: espirituais e materiais, racionais ou afetivos, sociais ou econômicos; bem como na sua diversidade dimensional: individuais ou coletivos, grupais ou nacionais, etc. É nesse sentido amplo que se pode deduzir a função social do conflito assim como sua patologia, quando não for corretamente administrado" (COSER, Lewis. A. *The functions of social conflict*. Londres: Routledge & Kegan Paul, 1956).

14º ENSAIO
INTRODUÇÃO AO TRANSADMINISTRATIVISMO | 337

Assim, e porque está sujeito a intrínsecos condicionamentos, essa necessária imposição de limites e contenções de toda ordem à ação do poder não pode dispensar um satisfatório conhecimento das contingências naturais que o regem e o explicam – as *leis do poder*.

O entendimento de como atuam essas leis naturais de seu nascimento, crescimento e transformação, se faz indispensável para que as assimetrias cratológicas, em todas as protéicas formas possíveis de expressão da prístina *energia social*[357] que as anima, sejam compensadas por uma imposição corretiva de postuladas *simetrias de direito*, o que vem a ser uma resposta que nos remonta ao permanente fenômeno histórico da doma do poder através da *normatização jurídica das relações humanas*.

Nessa linha, há quase um século, desde 1918, com a obra pioneira de Benjamin Kidd,[358] monografistas da Cratologia têm formulado interessantes propostas de *leis do poder* cada vez mais aperfeiçoadas, tendo cabido a Adolf A. Berle,[359] ao cabo de cinquenta anos, em Prefácio a seu próprio livro, arrolar pioneiramente uma lista de cinco, denominando-as adequadamente de "leis naturais do poder".

Com o tempo, essa relação se dilatou de tal forma que, em 1992, em monografia intitulada *Teoria do Poder*,[360] o autor deste ensaio teve ocasião de propor e justificar um elenco de dez leis, assim classificadas: cinco, como *leis da orgânica do poder* – lei da universalidade, da pluralidade, da interdependência, da integração e da neutralidade – e cinco, como *leis da atuação do poder* – lei da conservação, da expansão, da relatividade, da eficácia e da defrontação.

Uma conclusão que, desde logo, se retira desse conjunto é ser da natureza do poder o enfrentamento[361] – em quaisquer âmbitos ou situações em que tenha aplicação – assim se definindo a gênese das *relações de antagonismo*.

Mas, do mesmo modo, observa-se, também, que é da natureza do poder o acrescer-se, o que ocorre sempre que se apresente oportunidade de absorver mais vontades e mais meios, também assim se definindo as *relações de cooperação*.

Desta dupla forma de relacionamento – de antagonismo e de cooperação – todas as assimetrias possíveis tanto poderão produzir

---

[357] Ao caracterizar o poder como a *energia social*, Bertrand Russell abriu o caminho para a investigação das leis que o regem (*Power – A new social analysis*. N. York: Routledge, 1938, *passim*).

[358] KIDD, Benjamin. *The Science of Power*. N. York & Londres: G. P. Putnam's Sons, 1918.

[359] BERLE, Adolf A. *Op. cit.*

[360] MOREIRA NETO, Diogo de Figueiredo. *Op cit.*, os 173 a 182.

[361] *Op. cit.*, p. 182.

enfrentamentos, quanto poderão gerar associações de toda sorte, o que revela as extraordinárias possibilidades do poder, entre as quais, as de, paralelamente, tanto originar a instituição de regras de *composição de conflitos*, quanto originar a instituição de regras de *associação cooperativa*, ou, em síntese, a *instituição de normas de composição atinentes às distintas modalidades de assimetrias cratológicas.*

PARTE III

O CONCEITO DE TRANSADMINISTRATIVISMO

Historicamente, essas normas de composição de assimetrias tiveram surgimento, inicialmente, na forma de leis religiosas ou leigas originadas de *consensos*, mas, na medida em que despontavam indivíduos revestidos de alguma expressão de poder sobre o grupo e ganhavam a necessária autonomia decisória, as normas passaram a ser por eles ditadas, a partir de hipotéticos consensos que presumidamente seriam captados pelo exercente da *autoridade*, portanto, validando-se por uma suposta *ficção de legitimidade*, mas que, com o tempo, passou apenas a refletir uma expressão personalizada das assimetrias religiosas ou políticas dominantes.

Com o aparecimento do Estado moderno, e de seu protagonismo institucional na produção de normas que, por seu turno, geram *novas assimetrias de natureza política* – aquelas que se processaram entre as sociedades e seus respectivos governos – aos poucos as normas estatais se tornaram imperativas e incontrastáveis, o que marcou profundamente toda a Era dos absolutismos.

A necessidade de impor limites e condicionamentos juridicamente definidos a essas crescentes assimetrias entre governos, de um lado, e sociedades, de outro, definindo-os juridicamente, deu surgimento a um sistema de normas diferenciado durante a Modernidade, até então praticamente inexistente, que não regesse apenas as relações entre os governados, mas entre estes e o Estado, assim marcando o aparecimento de um *Direito Público.*

Por outro lado, as assimetrias desenvolvidas entre grupos e, depois, entre nações, todas elas produtoras de conflitos e de alianças, do mesmo modo evoluíram com o desenvolvimento das relações cada vez mais intensas entre os cada vez mais numerosos Estados modernos, ganhando um regramento diferenciado a partir de pactos associativos, gerados presumidamente por consensos entre governos, surgindo, portanto, um novo sistema de normas diferenciado a vigorar entre Estados, por isso, um *Direito Internacional Público*.

O processo inevitavelmente prosseguiria para expandir novas e diversificadas assimetrias fora do contexto hegemônico dos Estados nacionais, dando origem ao surgimento de uma nova categoria de complexas *assimetrias extraestatais*, que, assim, passaram a coexistir com as tradicionais *assimetrias intra* e *interestatais*, que haviam aparecido no curso da Modernidade.

Com este recente e último desenvolvimento das assimetrias cratológicas no plano extraestatal, despontava, ao lado das centenas de *Direitos Nacionais*, internos, e do *Direito Internacional*, externo, uma nova modalidade de natureza extraestatal, por isso, um *Direito Transnacional* – destinado a compor conflitos e a gerar consensos normativos em resposta ao desafio proposto por essas recentes e diversificadíssimas assimetrias, constantemente produzidas por *novos centros de poder não estatais*, instituídos consensualmente pela vontade das próprias partes interessadas em regrar seus conflitos existentes ou potenciais, que, suscitados em inúmeros campos específicos das atividades humanas, não têm tutela além das fronteiras políticas.

Como esses *centros de poder não estatais* regulam, em sua quase totalidade, *relações de natureza administrativa*, a sua atuação está voltada a assegurar a preponderância de um definido *interesse geral,* que deva ser satisfeito preferentemente a *interesses individuais* com ele incompatíveis. Assim, este novo campo do jurismo nada mais é do que um ramo transnacional do Direito Administrativo, ou seja, é um *Direito Administrativo Transnacional*, o que vale dizer tratar-se de um novo aspecto da Ciência voltada ao controle do poder posto em outro nível de conflitualidade, caracterizadamente extraestatal: o *Transadministrativismo*.

Portanto, em síntese, *o Transadministrativismo é a disciplina jurídica das relações assimétricas de poder, que se institucionaliza consensualmente fora e além do Estado.*

PARTE IV

EM CONCLUSÃO

Este novo ramo do jurismo, como expõe lucidamente Clémentine Bories,[362] foi inevitável, pois como cada sociedade tem o seu direito (lembrando Ulpiano: *ubi homo, ibi societas; ubi societas, ibi jus*), ele aí está para refletir as percepções e as aspirações de cada uma e, afinal, de todas as manifestações possíveis em sociedade, de modo que, como expõe a autora: "em face de uma realidade jurídica compósita e por vezes, dificilmente perceptível, o direito dos fenômenos administrativos que se produzem além da esfera estatal não cessa de ser apresentado e analisado sob prismas diferentes".

Parece incontroverso que a bem lançada observação de Marcelo Neves[363] a propósito do vizinho campo jurídico do *transconstitucionalismo* – de que a pós-modernidade está diluindo o constitucionalismo na sua estrutura submetida a um Estado soberano – igualmente se aplica ao fenômeno afim e paralelo do *transadministrativismo*.

Com efeito, como pioneiramente Sabino Cassese[364] já declarara, "o constitucionalismo nacional sofre limitações ou desvios quando mudam algumas de suas ditas condições", desde logo alinhando três exemplos: (1) os tratados internacionais que afirmam um direito mais elevado; (2) quando contenham normas de aceitação automática de normas internacionais; e (3) a que deriva da difusão de instrumentos de garantia estabelecidos no *espaço,* ou, como o denomina, "área ultraestatal".

Ora, se tais limitações são reconhecidas, no Direito Constitucional, como ramo jurídico por definição atinente ao ordenamento jurídico aplicável a todas as relações juridicizadas no território onde tem vigência, com muito mais razão e amplitude, não apenas essas, como muitas outras limitações o serão nas específicas relações jurídicas administrativas globalizadas, que se travam nesse novo *espaço público*

---

[362] BORIES, Clémentine. *Um droit administrative global – A Global Administrative Law*. Paris: A. Pedone, 2012, p.25.

[363] Cf., *passim*, na erudita monografia de NEVES, Marcelo. *Transconstitucionalismo*. São Paulo: WMF Martins Fontes, 2009, um importante estudo sobre os efeitos jurídicos transnacionais do fenômeno da globalização.

[364] CASSESE, Sabino. *Oltre lo Stato*. Roma e Bari: Editori Laterza, 2006, p. 183 e ss.

ultraestatal, em que vige um ordenamento *transadministrativo* que aplica princípios e regras próprios de um *Direito Administrativo Transnacional*.

Em suma: onde exista uma relação, em que certo *interesse de natureza pública* esteja em jogo e posta *fora da órbita jurídica dos Estados*, tal relação poderá ser objeto de uma normatização consensual, ultraestatal e multipolarizada, por isso, posta a cargo de *centros de poder* politicamente independentes.

Esses *centros de poder*, com as suas respectivas *ordens normativas*, se multiplicam a cada ano, de muito ultrapassando os números, já impressionantes, de 7.306[365] organizações ultraestatais em atividade, em 2005, tal como mencionadas por Sabino Cassese[366] em sua obra pioneira; uma cifra incomparavelmente maior do que a do número de Estados independentes, com seus respectivos ordenamentos jurídicos, à época, em número de 191, correspondente aos de Estados então filiados à ONU.

Quase ao mesmo tempo, o tema suscitava o interesse, também pioneiro, de juristas norte-americanos – Benedict Kingsbury, Nico Krisch e Richard Stewart – que desenvolveram um Projeto de Pesquisa sobre *Direito Administrativo Global* na Universidade de Nova Iorque, do qual resultou um trabalho inicial, publicado no ano de 2004, sob o título "A emergência de um Direito Administrativo Global".[367]

Esse estudo examina os sistemas que regem os corpos administrativos privados, que atuam em um "espaço administrativo multifacetado distinto dos domínios do Direito Internacional Público e do Direito Administrativo Nacional".[368]

A essas obras pioneiras, na Itália e nos Estados Unidos da América, seguiram-se inúmeros trabalhos, de diversos autores e de

---

[365] Os dados foram colhidos no *Yearbook of International Organizations* de 2005. A edição 2011-1012, com seis volumes, eleva esta cifra a aproximadamente *64.000 organizações transnacionais, quase decuplicando aquele número em sete anos (uma publicação da Union of International Associations (UIA)*, um instituto de pesquisas e centro de documentação baseado em Bruxelas, Bélgica, fundado há mais de cem anos Henri La Fontaine (Prêmio Nobel da Paz de 1913) e Paul Otlet, o fundador do que hoje se denomina *Ciência da Informação*. É uma organização apolítica, independente, não governamental e sem fins lucrativos, pioneira na pesquisa e na informação organizada a respeito de organizações interrnacionais e extranacionais desde 1907. Maiores informações no sítio: <*http://www.uia.org*>).

[366] Os estudos sobre o fenômeno do transconstitucionalismo e do transadministrativismo foram iniciados por Sabino Cassese com a publicação da primeira obra de uma trilogia sobre o tema: *La crisi dello Stato*, em 2002; *Lo spazio giuridico globale*, em 2003 e *Oltre lo Stato*, e 2006, todos lançados pela Editora Laterza (Roma-Bari).

[367] KINGSBURY, Benedict; KRISCH, Nico e STEWART, Richard. *The Emergence of Global Administrative Law*. IILJ Working Paper, 2014/1 (Global Administrative Series) <www.lj.org>).

[368] *The Emergence of Global Administrative Law, Op. cit.*, p. 48.

diversas fontes acadêmicas, tudo a indicar a abertura de um *novo ramo disciplinar* voltado para um futuro que se inicia e, na expressão dos referidos pioneiros norte-americanos acima mencionados, "provavelmente tanto aprofundarão uma teoria democrática transnacional e global, quanto levantarão desafiadoras questões sobre sua aplicação em estruturas administrativas específicas e para todo o projeto do Direito Administrativo Global".[369]

Argutamente, o Mestre Sabino Cassese[370] observou o célere desenvolvimento (*Un sviluppo rápido*) que se registraria para este nascente ramo disciplinar, formulando a proposta de seguir-se analisando os novos ordenamentos e dar resposta à questão que se segue: *em que medida os Estados são ainda protagonistas da ordem jurídica global?*

Como se pode concluir, o *Transadministrativismo* realmente merece ser estudado atentamente desde hoje, para que a sua construção doutrinária do amanhã possa valer-se ao máximo dos avanços científicos experimentados pelo Direito, em geral, e do Direito Administrativo tradicional, em particular, nas últimas décadas, prosseguindo na democrática e autêntica via do progresso ético da humanidade e na histórica doma do poder, não importa onde e como ele se encontre.

Referências

ACKERMAN, Bruce. *The Rise of World Constitutionalism. Virginia Law Review*. Vol. 83, 1997/1999.

BARTELSON, J. *The Critique of the State*. Cambridge: Cambridge University, 2001.

BERLE, Adolf A. *Power*. New York: Harcourt, Brace & World Inc., 1969.

BOBBIO, Norberto. *O futuro da democracia – Uma defesa das regras do jogo*. São Paulo, Rio de Janeiro: Editora Paz e Terra, 1986.

BORIES, Clémentine. *Um droit administrative global – A Global Administrative Law*. Paris: A. Pedone, 2012.

CANOTILHO, J. J. Gomes. *'Brancosos' e Interconstitucionalidade. Itinerários dos Discursos sobre a Historicidade Constitucional*. 2. ed. Coimbra: Almedina, 2008.

CASSESE, Sabino. *Oltre lo Stato*. Roma-Bari: Editori Laterza, 2006.

---

[369] Todo o parágrafo no original: "Work on the normative issues is likely both to deepen transnational and global democratic theory and to raise challenging questions about its application to specific administrative structures and to the whole project of global administrative Law" *The Emergence of Global Administrative Law, Op. cit.*, p. 48.

[370] CASSESE, Sabino. *Oltre lo Stato. Op. cit.*, p. 7.

CASSESSE, Sabino. *Il diritto amministrativo:* storia e prospettive. Milão: Giuffrè Editore, 2010.

CLARK, G e Sohn, L. B. *World peace through world law.* Cambridge, Massachuissets: Cambridge University Press, 1958.

COSER, Lewis. A. *The functions of social conflict.* Londres: Routledge & Kegan Paul, 1956.

GUMPLOWICZ, Ludwig Von. *Die Sociologische Staatsidee.* Innsbruck: Wagner, 1882.

KANT, Immanuel. *A paz perpétua e outros opúsculos.* Artur Morão (Trad.). Lisboa-Portugal: Edições 70, 2004 (*Textos Filosóficos*).

KIDD, Benjamin. *The Science of Power.* N. York & Londres: G. P. Putnam's Sons, 1918.

KINGSBURY, Benedict; KRISCH, Nico e STEWART, Richard. *The Emergence of Global Administrative Law.* Universidade de Nova Iorque: IILJ Working Paper, 2014/1.

KINGSBURY, Benedict. Views on the Development of a Global Administrative Law. *In: Un Droit Administratif Global- A Global Administrative Law.* Clémentine Bories (Org.) Paris: Editions A. Pedone, 2012.

McLUHAN, Herbert Marshall: *Os meios de comunicação como extensão do homem.* 9. ed. Décio Pignatari (Trad.). São Paulo: Cultrix, 1998.

MOREIRA NETO, Diogo de Figueiredo. *Teoria do poder.* São Paulo: Editora Revista dos Tribunais, 1992.

NEVES, Marcelo. *Transconstitucionalismo.* São Paulo: Livraria Martins Fontes Ed., 2009.

RUSSEL, Bertrand. *Power – A new social analysis.* N. York: Routledge, 1938.

SCELLE, Georges. *Manuel de droit international public.* Paris: Ed. Domat-Montchréstien, 1948.

SOLIANO, Vitor, Transconstitucionalismo, interconstitucionalidade e heterorreflexividade: alternativas possíveis para a proteção dos direitos humanos na relação entre ordens jurídico-constitucionais distintas – primeiras incursões. *Revista do Curso de Direito UNIFACS,* .

TEUBNER, Günther. *Regime-Kollisionen: Zur Fragmentierung des globalen Rechts.* Frankfurt sobre o Meno: Suhrkamp Verlag, 2006.

TEUBNER, Günther. *Self-Constitutionalization of Transnational Corporations? On linkage of "Private" and "Public" Corporate Codes of Conduct.* Indiana Journal of Global Legal Studies, Vol. 17, 2010.

CAPÍTULO 3

ADVOCACIA PÚBLICA DE ESTADO
A ASCENSÃO DA PARTICIPAÇÃO SEMIDIRETA DA SOCIEDADE

15º ENSAIO

A RESPONSABILIDADE DO ADVOGADO PÚBLICO[371]

1 Introdução

De início, cabe um esclarecimento sobre nomenclatura. Este estudo emprega a expressão *advogado público* para designar aquele que desempenha suas funções a serviço institucional de entidades de direito público, embora, tecnicamente mais adequado fosse *advogado público de Estado*, uma vez que apenas a designação de advogado público[372] é equívoca, pois também o é o defensor público, até mesmo etimologicamente (e até, consigne-se, duplamente público, porque não só a sua função é pública, como também o é o seu atendimento, pois que dirigido ao público).

Por outro lado, a alternativa que se tem alvitrado para superar a ambiguidade, qual seja a de *procurador público*,[373] também suscita confusão, no caso, com o cargo de *procurador de justiça*, cujas funções, exercidas junto ao Poder Judiciário, se dirigem à defesa da ordem jurídica, do regime democrático e dos interesses sociais e individuais indisponíveis.

---

[371] Exposição originalmente apresentada em 18 de maio de 2008, no 12º Congresso Brasileiro de Advocacia Pública, em Campos do Jordão, São Paulo.

[372] Retirada, com perda de rigor, da designação da Seção II, do Capítulo IV, do Título IV, tal como alterada pela Emenda Constitucional nº 19, de 4 de junho de 1998, substituindo a denominação original – *Advocacia Geral da União* – que era correta, não obstante parcial, daí a intenção do legislador constitucional de ampliar-lhe o sentido.

[373] Como empregado por Dárcio Augusto Chaves Faria, em *A Ética Profissional dos Procuradores Públicos* (*Revista Forense*, Vol 321, 1993 p. 22-39), em primoroso trabalho pioneiro, no qual justifica seu uso pela preeminência do procuratório judicial: por ser o "encarregado de representar o ente estatal em juízo e promover sua defesa" (p. 22).

Parece, assim, preferível manter-se a referência central ao *Advogado Público de Estado*, para individuar o profissional do direito que exerce as especialíssimas funções previstas nos artigos 131 e 132, insertas na seção II, do capítulo IV, do título IV da Constituição.

Com efeito, consoante já se vem expondo desde 1989,[374] todas as *funções essenciais à justiça* são essencialmente *ministérios advocatícios lato sensu*, constitucionalmente instituídos não apenas dirigidos à tradicional defesa de pessoas, de bens, de interesses e de direitos, que milenarmente tem caracterizado a *advocacia*, como também, em acréscimo, em sua evolução histórica, para a sustentação de valores fundantes da civilização e, por isso, a dos próprios ordenamentos jurídicos que os agasalham.

A *especialização de funções advocatícias*, que se vem processando desde há muito tempo no Direito Público brasileiro, alcança sua culminação positiva na Constituição de 1988, com a introdução do capítulo dedicado às *funções essenciais à justiça*, não apenas alçando a *advocacia lato sensu* ao patamar constitucional, como definindo os seus ramos – o privado e os públicos – em função dos interesses cuja cura lhes são respectivamente cometidos.

Assim é que se distingue:

1) a *advocacia privada*, como sua *manifestação genérica*, à qual cabe a defesa de todos os tipos de interesses, salvos os reservados privativamente às suas *manifestações estatais*; e

2) a *advocacia pública*, aqui empregada em sentido amplo, subdividida em três *manifestações específicas*, não se instituindo, na Constituição, qualquer diferença entre as respectivas carreiras, concernente a responsabilidades ou a precedências de qualquer dessas funções.

Quanto à *advocacia pública*, as espécies funcionais criadas pela Carta Política do País, caracterizam três diferentes e independentes *ministérios exclusivos da atividade de advocacia*, distinguidas, bem como as suas respectivas carreiras, consoante a *especial tutela de interesses* a que se dirigem: *primo*, a *advocacia da sociedade*, cujas funções se voltam à defesa da ordem jurídica, do regime democrático e dos interesses sociais e individuais indisponíveis, conformando o *Ministério Público*,

---

[374] São dois trabalhos produzidos, nesse ano, sobre o tema: a tese – *O Procurador do Estado na Constituição de 1988* – apresentada ao XV Congresso Nacional de Procuradores do Estado, Natal, RN, 1989, e o artigo – *As Funções Essenciais à Justiça na Constituição de 1988* – publicado na *Revista de Direito da Procuradoria Geral do Estado do Rio de Janeiro*, Vol. 43, 1991, p. 30-40.

expressão empregada agora em seu sentido estrito;[375] *secundo*, a *advocacia dos entes públicos estatais*, cujas funções se especializam na defesa dos interesses públicos primários e secundários cometidos aos entes estatais, políticos ou administrativos, constituindo, por isso, os diversos ramos da *advocacia pública de estado*,[376] e, *tertio*, a *advocacia pública dos hipossuficientes*, cujas funções se dirigem à defesa dos interesses dos necessitados, constituindo a instituição da *Defensoria Pública*.[377]

O autor deste estudo tem sustentado, desde a criação constitucional dessas funções e de suas respectivas carreiras públicas, em mais de vinte sucessivos artigos e conferências, produzidos durante esses últimos dezoito anos, os seguintes *princípios constitucionais informativos da advocacia de estado*: essencialidade, institucionalidade, igualdade, unidade, organicidade unipessoal, independência funcional, inviolabilidade, autonomia administrativa e autonomia de impulso, expostos como modesto adminículo ao desenvolvimento de uma doutrina consistente sobre as específicas funções da *advocacia pública de Estado*, na medida em que o Direito Público e, em especial o Direito Administrativo, vão ganhando importância, nesta dinâmica era pós-moderna, como o direito comum das cada vez mais intensas e complexas relações jurídicas entre os cidadãos e o Estado.[378]

---

[375] Art. 127 e ss., CF. As funções do Ministério Público, embora necessariamente pressupondo a *plena condição subjetiva de advogado* devidamente inscrito no órgão colegiado corporativo próprio para concorrer ao ingresso em suas carreiras, porque são *incompatíveis com o exercício da advocacia* (art. 128, II, *b*, CF), ficam, por isso, os seus membros, excluídos do quadro regular da Ordem dos Advogados do Brasil.

[376] Art. 131 e 132 CF. As funções de Advocacia de Estado estão explicitamente disciplinadas na Constituição Federal apenas as referidas ao serviço da União, dos Estados membros e do Distrito Federal, remanescendo para as Constituições Estaduais e para a Lei Orgânica do Distrito Federal disporem sobre suas respectivas carreiras. Quanto aos Municípios, as suas respectivas Leis Orgânicas Municipais são competentes para instituir regimes próprios de prestação da advocacia a serviço desses entes e de suas autarquias e fundações públicas, tanto se valendo de advogados ou procuradores municipais institucionais, investidos com ou sem exclusividade de funções, quanto de advogados privados, neste caso, sob contratação civil ou trabalhista.

[377] Art. 134, CF.

[378] Esses *princípios* foram assim descritos e caracterizados no artigo mencionado na Nota 365, acima: A *essencialidade* está afirmada na própria designação constitucional das funções. Estas não podem deixar de existir com as características e roupagem orgânica que lhes são próprias, e nem tolhidas ou prejudicadas no seu exercício. Sua essencialidade, em última análise, diz respeito à manutenção do próprio Estado Democrático de Direito e à construção do Estado de Justiça. A *institucionalidade* também resulta evidente da própria criação constitucional; explícita, no caso do Ministério Público (art. 127), da Advocacia Geral da União (art. 131) e da Defensoria Pública, e implícita, quanto aos Procuradores de Estado e do Distrito Federal (art. 132). A *igualdade* decorre da inexistência de hierarquia entre os interesses cometidos a cada uma das funções essenciais à Justiça; a igual importância das funções determina a igualdade constitucional das procuraturas que as desempenham.

A *unidade*, que consiste na inadmissibilidade de existirem instituições concorrentes, com a mesma base política e com chefias distintas, para o exercício das funções cometidas a cada procuratura, está explícita no art. 127, §1º, ao tratar do Ministério Público, e no art. 127, §1º, quando faz menção à Advocacia Geral da União; implícita, para os Procuradores de Estado e do Distrito Federal e para a Defensoria Pública, conforme revelação dos arts. 132 a 134. A *organicidade unipessoal* decorre da fundamental e genérica condição de advogado, tal como explicitada no artigo 133 da Constituição. Cada agente das procuraturas constitucionais é um órgão individual, para empregar nomenclatura de Marcelo Caetano, com sua natureza institucional. Isso está explícito para os Procuradores dos Estados e Distrito Federal (art. 132), embora implícito para os membros das demais procuraturas constitucionais. A independência funcional *diz respeito à insujeição das procuraturas constitucionais a qualquer outro Poder do Estado (ou a outra função constitucionalmente autônoma) em tudo o que tange ao exercício das funções essenciais à justiça*. A *inviolabilidade* é um consectário da independência funcional no que respeita às pessoas dos agentes públicos das procuraturas constitucionais. Assim como nenhum dos Poderes pode interferir no desempenho das funções essenciais à justiça, nenhum deles pode constranger, por qualquer modo, até mesmo pela manipulação de remuneração ou de qualquer outro modo, o agente nelas investido. O princípio ficou explícito genericamente, no artigo 135 da CF, para todas as funções essenciais à justiça, mas há garantias específicas de vitaliciedade e de inamovibilidade que privilegiam os membros do Ministério Público e da Defensoria Pública. Ainda assim, a mobilidade dos membros da Advocacia Geral da União e das Procuradorias dos Estados e do Distrito Federal não poderá ser arbitrária, mas, ao contrário, sempre com motivação transparente, para que não encubra e mascare atentados à independência funcional e à inviolabilidade de seus agentes. A *autonomia administrativa* consiste na outorga às procuraturas constitucionais, da gestão daqueles meios administrativos necessários para se lhes garantir a independência para atuar, mesmo contra os interesses de qualquer dos Poderes, notadamente do Poder Executivo, de cuja estrutura administrativa se vale. Trata-se, portanto, de uma condição constitucional para que prevaleçam, na prática, todos os demais princípios, tal como a Carta Política de 1988 veio a reconhecer também como imprescindível a expandir a autoadministração do Poder Judiciário (art. 96, I, II e III, e 99). Da mesma forma, para o Ministério Público, o alcance dessa autonomia está definido explicitamente no artigo 127, §2º, deixando-se implícito, o princípio, no tocante às demais procuraturas, para ser considerado nas respectivas Constituições e leis orgânicas, conforme o caso. A *autonomia de impulso*, por fim, é o principio fundamental da atuação de todas as procuraturas constitucionais. Ele preside e orienta o poder-dever desses órgãos de tomar todas as iniciativas que lhes são abertas pela Constituição Federal, pelas Constituições Estaduais e pelas leis, para o velamento e a defesa dos interesses que lhes fora, respectivamente confiados. Em termos gerais, cabe-lhes zelar pela juridicidade, desenvolvendo seu controle institucional de provedoria através de atividades consultivas, de *fiscalização (de* ofício), e de atividades postulatórias, tudo conforme os âmbitos de competência funcional e territorial próprios a cada uma delas.

Nos subsequentes trabalhos do Autor, desenvolvidos desde então, se tem mantido e reforçado essas convicções, como nos seguintes escritos e pronunciamentos: tese: *O Procurador do Estado na Constituição de 1988*, apresentada ao XV Congresso Nacional de Procuradores do Estado, Natal, RN, 1989; artigo: *As Funções Essenciais à Justiça na Constituição de 1988*, publicado na Revista de Direito da Procuradoria Geral do Estado do Rio de Janeiro, Vol. 43, 1991, p. 30-40; conferência no Encontro Nacional de Valorização da Advocacia Pública, sobre o tema *Advocacia Pública e Advocacia do Estado – Perfil Constitucional*, promovido pela Procuradoria Geral do Estado de São Paulo, em 1º de setembro de 1992; conferência no Simpósio sobre Defensoria Pública do Estado do Mato Grosso do Sul, sobre o tema *Defensoria Pública como Função Essencial à Justiça*, em Corumbá, em 18 de setembro de 1992; conferência no IV Congresso Nacional de Defensoria Pública e IV Encontro de Defensores Públicos do Estado do Mato Grosso do Sul, sobre o tema: *Defensoria Pública como Função Essencial à Justiça*, outubro de 1992; conferência no Encontro Regional de Procuradores do Estado de São Paulo, sobre o tema *Funções Essenciais à Justiça*, em Ubatuba, SP, outubro de 1992; conferência sobre o tema *Funções Essenciais à Justiça e a Advocacia Pública*, Manaus, AM,

Não é de se estranhar, portanto, que amiúde seja necessário enfrentar problemas práticos referentes às próprias definições ônticas dessas funções e respectivas carreiras, que surgem em razão mesmo daquelas mencionadas e novas características: a sua, relativamente recente, concepção constitucional, a progressiva extensão dos interesses envolvidos e, inegavelmente, a crescente complexidade de que se revestem suas funções.

É o caso do problema aqui enfrentado, que diz respeito à definição da *responsabilidade do Advogado Público de Estado* no exercício dessas funções constitucionais: especificamente, como surge e como se apresenta a sua responsabilização pela prolação de pareceres jurídicos, como seus atos próprios que devem ser necessariamente apreciados sob

---

dezembro de 1992; conferência sobre o tema *As Funções Essenciais à Justiça na Constituição*, Porto Velho, RO, dezembro de 1992; artigo: *Funções Essenciais à Justiça e as Procuraturas Constitucionais*, publicado em separata da Revista de Informação Legislativa do Senado Federal, a. 29, número 116, outubro/dezembro de 1992; conferência sobre o tema *Aspectos Constitucionais da Defensoria Pública*, na Procuradoria de Defensoria Pública do Estado do Rio Grande do Sul, março de 1993; conferência no VII Encontro dos Defensores Públicos do Estado do Rio de Janeiro, sobre o tema *Defensoria Pública e Revisão Constitucional*, 13 de maio de 1993; tese: *As Provedorias de Justiça no Estado Contemporâneo – Guardiãs da Ética e da Cidadania*, apresentada ao XIX Congresso Nacional de Procuradores de Estado, Manaus, AM, maio de 1993; tese: *Defensoria Pública e a Revisão Constitucional*. Publicada nos Anais do VII Encontro dos Defensores Públicos do Estado do Rio de Janeiro, e em *Suelto*, maio de 1993; artigo: *Defensoria Pública e a Revisão Constitucional*, publicado nos Anais do VII Encontro dos Defensores Públicos do Estado do Rio de Janeiro, e em *suelto*, maio de 1993; artigo: *Ética e Funções Essenciais à Justiça no Presidencialismo Moderno*, in Advocacia de Estado, órgão da Associação dos Procuradores do Estado do Rio Grande do Sul, a. II, nº 5, julho de 1993, e na Revista de Informação Legislativa, Senado Federal, Brasília, DF. a. 30, nº 120, out./dez. 1993, p. 67; tese: *A Cidadania e a Advocacia no Estado Democrático de Direito*, aprovada no XXII Congresso Nacional de Procuradores de Estado, em Belo Horizonte, MG, novembro de 1996; artigo: *Advocacia de Estado e as novas competências federativas*, publicado na Revista de Informação, Senado Federal, ano 33, nº 129, 1996, p.275. Artigo: *Cidadania e Advocacia no Estado Democrático de Direito*, in Revista de Direito da Procuradoria Geral do Estado do Rio de Janeiro, Vol. 50, 1997, p. 11 e ss.; conferência: *A Advocacia de Estado e seu Aperfeiçoamento*, apresentada no X Encontro Estadual dos Procuradores de Estado do Rio Grande do Sul, em Canela, no dia 29 de setembro de 2001; conferência de abertura do V Congresso Nacional de Procuradores Federais, sob o título *A Advocacia Pública como Função Constitucional Essencial à Existência do Estado Democrático de Direito*, realizada em Fortaleza, Ceará, em 18 de outubro de 2004. Artigo *A Advocacia de Estado Revisitada – essencialidade ao Estado Democrático de Direito*, texto consolidado a partir de duas conferências pronunciadas em Seminários realizados no País versando sobre Advocacia de Estado, provocadas pelos debates suscitados pela Emenda Constitucional da Reforma do Judiciário: *A Independência Técnico-funcional da Advocacia de Estado* – proferida no Seminário *A Procuradoria do Estado na Reforma do Judiciário*, promovido pela Associação dos Procuradores do Novo Estado do Rio de Janeiro – APERJ, em 19 de novembro de 2004, no auditório da Procuradoria Geral do Estado do Rio de Janeiro, e conferência *A Advocacia Pública e a Reforma do Judiciário*, proferida no Seminário *Advocacia Pública em Debate*, promovido pela Procuradoria Regional da União na 4ª Região, em Porto Alegre, em 10 de dezembro de 2004.

a óptica dos princípios constitucionais enunciados, notadamente de dois dos acima destacados: a *independência funcional* e a *inviolabilidade*.

Não se trata, porém, de um tema absolutamente novo, pois que mesmo antes da carta política de 1988 examinava-se a responsabilidade dos advogados desde o prisma civilista, como o fizeram os já clássicos Aguiar Dias,[379] em 1950, e Garcez Neto,[380] em 1975, trabalhando sobre instituições de então.

Promulgada a Constituição de 1988, as suas grandes mudanças institucionais provocaram estudos já enfocados na nova concepção de advocacia do setor público, de seus limites éticos e, destacadamente, de sua responsabilidade funcional, como, entre outros, os empreendidos por Darcio Augusto Chaves Faria,[381] Gustavo Henrique Justino de Oliveira,[382] Marcio Cammarosano,[383] Sérgio Cavalieri Filho,[384] Jorge Ulisses Jacoby Fernandes,[385] Cláudio Renato do Canto Farág,[386] Rodolfo de Camargo Mancuso,[387] Carlos Pinto Coelho da Motta[388] e Marcos Juruena Villela Souto.[389]

Além desses monografistas, contribuíram para a bibliografia da advocacia de estado, entre tantos, toda uma geração de jovens e

---

[379] DIAS, José de Aguar. *Da responsabilidade civil*. Rio de Janeiro: Forense, 1950, ver p. 317-327.

[380] NETO, Martinho Garcez. *Prática da responsabilidade civil*. São Paulo: Saraiva, 1975, ver p. 3-15 e 126-132.

[381] FARIA, Darcio Augusto Chaves. A ética profissional dos procuradores públicos. *Revista Forense*. Ed. Forense, Vol. 321, 1993, p. 23-39.

[382] OLIVEIRA, Gustavo Henrique Justino de. *O Procurador do Estado e a plenitude do exercício da advocacia*. Boletim de Direito Administrativo, Ed. NDJ, Ano XIII, nº 11, 1997, p. 760-764.

[383] CAMMAROSANO, Márcio. Da responsabilidade de autoridades governamentais por atos que expedem tendo por suporte pareceres jurídicos, e dos autores destes. *ILC Informativo licitações e contratos*, Ano IV, Nº 37, março de 1997, p. 228-230.

[384] FILHO, Sérgio Cavalieri. *Programa de responsabilidade civil*. São Paulo: Malheiros, 3. ed., 2002, p. 333-336.

[385] FERNANDES, Jorge Ulisses Jacoby. Responsabilidade do órgão jurídico. Fórum Administrativo. Belo Horizonte: Editora Fórum, Vol 2, nº 13, 2002, p. 468 e 469.

[386] FARÁG, Cláudio Renato do Canto. Responsabilização dos advogados públicos nas licitações e contratos administrativos. *Fórum de Contratação e Gestão Pública*. Belo Horizonte: Editora Fórum, Vol. 1, nº 4, 2002, p. 403-404.

[387] MANCUSO, Rodolfo de Camargo. *Advocacia do setor público*: riscos e obstáculos no limiar do novo milênio. *Revista dos Tribunais*, Ano 92, Vol. 807, 2003, p. 27-55. E também, A advocacia no setor público e os limites da responsabilidade funcional. In: *Estudos de Direito Constitucional, em homenagem a José Afonso da Silva*, São Paulo: Editora RT, 2007, com o artigo datado de 2002.

[388] MOTTA, Carlos Pinto Coelho da. Responsabilidade e independência do parecer jurídico e de seu subscritor. Fórum administrativo – Direito Público. Belo Horizonte, ano 3, nº 28, 2003, p. 2369-2375.

[389] SOUTO, Marcos Juruena Villela. Responsabilização de advogado ou procurador por pareceres em contratação direta de empresa. In: *Revista de Direito da Procuradoria Geral*. Rio de Janeiro, Procuradoria Geral do Estado, 2006, n. 61, p. 260-272.

cultos pensadores, como Marcos Ribeiro de Barros, Lia Raquel Prado e Silva Craveiro, Guilherme José Purvin Figueiredo, César do Vale Kirsch, Waldemar de Oliveira Leite, Pedro Lenza, Luziânia Carla Pinheiro, Carlos Augusto Alcântara Machado, Marcos Allan Carlos Moreira Magalhães, Costa Vianna Moog, Derly Barreto e Silva Filho, João Carlos Souto, Nestor Alcebíades Mendes Ximenes e Rommel Madeiro de Macedo Carneiro, que, entre outros nomes em ascensão, são os que, auspiciosamente, vieram a se somar aos que, pioneiramente, delinearam os fundamentos da advocacia de estado, como o fizeram Sérgio D'andrea Ferreira, Hugo Nigro Mazzili, Gilmar Ferreira Mendes, Maria Sylvia Zanella Di Pietro, Cármen Lúcia Antunes Rocha, Mario Bernardes Sesta, José Afonso da Silva, Marcos Juruena Villela Souto e Leon Frejda Szklarowsky; nomes que serão sempre lembrados entre os que contribuíram para a formação de uma doutrina brasileira das *funções essenciais à justiça* e, mais particularmente, nas listas acima (infelizmente, sempre incompletas), os que trataram especificamente da função de *advocacia pública de Estado*.

No presente trabalho, voltado especificamente ao tema epigrafado, a metodologia expositiva empregada será a dedutiva, partindo do geral para o particular, o que orienta o desenvolvimento do presente ensaio, a seguir exposto, em três partes:

1ª parte: os fundamentos teóricos;

2ª parte: os fundamentos positivos; e

3ª parte: os pareceres jurídicos, como atos próprios de consultoria de estado e a competência para o controle sobre seus prolatores.

1ª parte: Os fundamentos teóricos

Não se faz necessário repisar que, como produto da vontade nacional recolhida por via das instituições democráticas, o *poder do Estado* é hoje pacificamente entendido como uno e indivisível, repartindo-se apenas o *exercício* das várias *funções que lhe são cometidas pela sociedade* e, por isso, atribuídas a diversos órgãos, para este efeito são criados.

Sob rigorosa exatidão científica, portanto, não há sentido, nos dias de hoje, quanto à própria denominação clássica de "poderes" do Estado,[390] pois que, não importando como sejam eles designados, todos

---

[390] Montesquieu, refletindo sobre a constituição inglesa, descreveu o que via em seu sistema de governo como uma *separação de poderes*, conceito dos que mais influenciaram os

são nada mais que diferenciadas *expressões funcionais autônomas* de uma única fonte de vontade soberana. Tem-se, portanto, que a metonímica expressão "separação de poderes" há de ser entendida como histórica figura de linguagem e não como fórmula de estrito conteúdo técnico e, muito menos, como um *dogma político*, que fosse acaso sugestivo de uma cisão na unidade do poder estatal em divisões estanques. Tal equívoco, disseminado a nível predominantemente linguístico que jurídico, tem levado a consequências radicais e deformadoras esse imprescindível conceito juspolítico, que tem, não apenas na característica de *independência do exercício de funções*, mas, com igual ênfase, na *interdependência colaboradora e fiscalizadora de todas as funções públicas*, a sua utilíssima razão de ser.

Não obstante, a sequência das revoluções liberais, quanto a seus respectivos enfoques – o inglês, às *funções legislativas* do parlamento; o americano, às *funções jurisdicionais* da suprema corte; e o francês, às *funções executivas* da administração pública – enraizaram no pensamento ocidental a ideia de um trífido poder estatal, que, acentuando o viés autonômico, acabou induzindo um conceito exacerbado de independência orgânico-funcional que atravessou todo o Modernismo.

Nesse período, porém, desenvolveu-se uma prolongada saga evolutiva da *doutrina de contenção do poder*, que se foi manifestando em pequenas, mas sucessivas mudanças estruturais do constitucionalismo. Não obstante, indubitavelmente, a capital modificação doutrinária só viria a advir no final do século passado, pressionada pela eclosão das *sociedades pluralistas*, que se refletiram nas *estruturas poliárquicas* do Estado pós-moderno, trazendo fortes demandas por uma *democracia* pós-censitária, passando, no percurso, o vetusto dogma da "tripartição de poderes", a ser entendido, adequadamente, como um *princípio de organização do poder estatal*, prestigiando, assim, a *especialização de novas funções estatais* que passavam a ser dotadas de *independência constitucional*.

---

constituintes norte-americanos, juntamente com as ideias de Bolingbroke, de Locke, de Rousseau e de outros próceres liberais da época. Sua preocupação, todavia, era a *redução do poder da monarquia absoluta*, vendo, por isso, nas assembleias, a possibilidade de *controlar os abusos reais*, daí a conhecida expressão "só o *poder* restringe o poder". Para tanto, era necessário que cada ramo do "poder" fosse *independente*. Interpreta-se hoje que seu objetivo não era o de defender uma absoluta estanqueidade entre esses três conjuntos orgânicos, propondo um esquema rígido de *separação*, mas, ao contrário, o que se extrai do seu célebre Livro Sexto do *Espírito das Leis* (*L'esprit de lois*. Genève: Bassillot et Fils., 1748 (Livros I a VII)) está mais para uma defesa pioneira do *pluralismo*, tal como poderia ser entendido em sua época, ou seja, como um *sistema de equilíbrio* em que a independência seria, sem dúvida importante, mas temperada com harmonia e interdependência entre os ramos que exercitam o poder.

Assim sendo, em razão da observada dispersão policrática das funções estatais no contexto pós-moderno, os três tradicionais *complexos orgânicos* – o legislativo, o judiciário e o executivo – não obstante mantendo, por tradição, a designação de "poderes" do Estado, como ocorreu mesmo nas Constituições mais recentes, passaram progressivamente a coexistir e a se inter-relacionar com outros órgãos e complexos orgânicos que foram instituídos ou reinstituídos especialmente para desempenharem as novas *funções constitucionalmente indpendentes*.[391]

Ora, dessa auspiciosa evolução está resultando que tanto órgãos tradicionais, que permaneceram inseridos na estrutura dos três clássicos "poderes do Estado", quanto aqueles outros, que também passaram a gozar de independência constitucional para o desempenho de suas funções, *todos praticam os respectivos atos próprios ao desempenho de cada específica função estatal que seja a eles cometida.*

Todavia, quanto a esses *atos próprios, específicos das novas instituições autônomas* – isso, porque se lhes reconhece o exercício de correlatas e específicas manifestações do poder estatal – observa-se a carência de *nomenclatura* que os identifique, como de uma *análise doutrinária* que os caracterize, pois a antiga classificação tradicional tripartite de seus atos – em legislativos, judiciais e administrativos – se tornou insuficiente, ante essa diversificação de elementos funcionais e estruturais introduzida nas sociedades pós-modernas, desde logo, em razão da elevação ao *status* constitucional dessas funções.

Acresce que toda essa trama, assim adensada, de inter-relações constitucionais, não mais se compatibiliza com o tradicional debuxo predominantemente *hierárquico* do que se comprendia como o aparelho de Estado, demandando, em razão da intensa complexidade dessas decorrentes interações interfuncionais, um dinâmico desenho *reticular* de relacionamentos entrecruzados, caracterizador das organizações contemporâneas.

Em consequência, a técnica de *controle por meio de freios e contrapesos*, brilhantemente inovada pela Constituição norte-americana para harmonizar um governo com três grandes centros funcionais, teve que, necessariamente, se ampliar, para abranger as novas configurações assumidas pelo poder do Estado, pois que necessitariam ser, também,

---

[391] São exemplos desses órgãos constitucionalmente autônomos, no constitucionalismo comparado pós-moderno, entre outros, com maior frequência, os Bancos Centrais, o Ministério Público ou as entidades de fiscalização assemelhadas, os *Ombudsmen* ou ouvidores populares, as Advocacias de Estado, as Cortes de Contas e até os Tribunais Constitucionais.

controladas, umas às outras, dentro de marcos próprios, instituindo-se, assim, novas funções de fiscalização e de correção, a compor uma ampla e complexa técnica Pós-Moderna de *controles funcionais recíprocos*, por certo, com sua necessária previsão e delimitação sempre constitucionalmente definidas.

Nessas condições, *harmonia e independência* hão de ser doravante entendidas como qualidades necessárias ao desempenho não apenas de *três*, como de *todas* as manifestações funcionais independentes previstas nas cartas políticas; não apenas as antigas como as novas.

2ª parte: Fundamentos positivos

A *poliarquia*, tão impressionantemente prenunciada nos escritos de Massimo Severo Giannini, chegou-nos plenamente manifesta na Constituição de 1988, notadamente, para o que aqui é relevante, com a instituição de *funções* e de órgãos *constitucionalmente iimdependentes*[392] de que acima se tratou, sendo certo que a tendência é indicativa de sua *progressiva expansão*, o que faz sentido, tratando-se de atender a uma *sociedade pluralista*, tendência esta constantemente focada nos debates sobre a outorga de independência ao Banco Central no que concerne à gestão da moeda, do crédito e do câmbio, o mesmo ocorrendo com outras funções de Estado, que passaram a compor a trama de instituições constitucionais.

Nessas condições, deverá ser também de natureza *funcional* a interpretação a ser dada ao art. 2º da Constituição, quanto à aplicabilidade dos princípios geminados da independência e da harmonia nele contidos. Vale dizer, que essa *independência* outorgada pela Carta Política deve ser entendida como relativa, pois que necessariamente temperada pela *interdependência*, que se infere como tacitamente contida em tese no *princípio da harmonia* e expressamente manifestada nas hipóteses constitucionais de *interferências funcionais* expressamente previstas. Nunca é demais ressaltar que, dada a excepcionalidade dessas interferências entre órgãos constitucionalmente independentes, elas devem estar sempre expressamente previstas na Carta, não podendo ser ampliadas ou estendidas por via interpretativa.

---

[392] Destacam-se, no Brasil, como funções constitucionalmente independentes, as exercidas pelos Tribunais de Contas, pelo Ministério Público, pela Advocacia Pública de Estado, pela Defensoria Pública e, mais recentemente, pelos Conselhos Nacionais superiores da Magistratura e do Ministério Público, e a Ordem dos Advogados do Brasil.

Expostas essas generalidades, à guisa de fundamentos, cabe, a seguir, pela ordem, examinar os *princípios* e as *regras* constitucionalmente *positivadas*, especificamente as atinentes à "função constitucional da advocacia Pública de Estado".[393]

Desde logo, tal como a todos os advogados, assegura-se ao Advogado de Estado, a *inviolabilidade dos atos e das manifestações no exercício da profissão*,[394] um princípio autonômico que faz de cada advogado um órgão unipessoal, no exercício de uma parcela do poder estatal e, como tal, responsável único por seus atos e por suas manifestações jurídicas perante o seu órgão coletivo corporativo, para esse fim, também elevado à previsão constitucional com independência – a Ordem dos Advogados do Brasil.[395]

Não obstante, os Advogados Públicos de Estado têm, acrescidamente, outra *investidura especial* em cargos para tanto constitucionalmente diferenciados, que não se tratam, por isso, de *cargos administrativos*, mas de *cargos constitucionais* próprios, especificamente voltados ao desempenho de *funções advocatícias públicas de* promoção e de controle de legalidade (aqui entendida em sua acepção mais ampla, de *juridicidade*).

São, inequivocamente, funções de status político, inconfundíveis, portanto, por mais esse relevante diferencial constitucional *ratione materiae*, com as de servidores públicos que exercem funções administrativas, pois essa especial investidura, além de induzir uma responsabilidade corporativa geral, perante os órgãos colegiados de classe, implica também em uma responsabilidade corporativa especial, perante os órgãos colegiados institucionais que lhes são próprios.[396]

---

[393] Arts. 131 e 132, a que se acresce o enunciado genérico do art. 133, que abrange todas as manifestações da advocacia: as privadas e as públicas.

[394] Eis a íntegra do dispositivo: *Art. 133. O advogado é indispensável à administração da justiça, sendo inviolável por seus atos e manifestações no exercício da profissão nos limites da lei.* Sérgio Cavalieri Filho, em comentário, aclara essa inviolabilidade nos seguintes termos: "Para proporcionar ao advogado as condições necessárias ao pleno exercício de sua profissão, com liberdade, independência e sem receio de desagradar a quem quer que seja, a Constituição (art. 133) lhe assegura inviolabilidade por seus atos e manifestações nos limites da lei. Mas, em contrapartida, deve responder pelos seus atos *quando violadores de deveres profissionais*". Como se pode observar, o reputado doutrinador sublinha (no texto aqui posto em itálico) a responsabilização do advogado à lei que regula a sua profissão, pois *apenas esta* (Lei nº 8.906, de 4 de julho de 1994) *define violações de deveres profissionais.*

[395] Arts. 93,I, 103, VII, 129, §3º e 132, *caput.*

[396] Os únicos órgãos institucionais colegiados mencionados na Constituição, além do da Ordem dos Advogados do Brasil, são os da advocacia da União: a Advocacia Geral da União; os demais órgãos institucionais das carreiras de advocacia de Estado são de criação e definição infraconstitucionais nas Constituições Estaduais, nas Leis Orgânicas distrital-federal e municipais e nas Leis Orgânicas dessas mesmas entidades.

De resto, inexiste dispositivo constitucional do qual se possa inferir qualquer subordinação da atuação profissional do advogado de Estado a qualquer outro órgão de previsão constitucional, salvo, evidentemente, a onímoda subordinação ao controle jurisdicional de qualquer ato que *importe em lesão ou ameaça a direito.*[397]

Assim, em nível *infraconstitucional*, em legislação federal expressa e genericamente dirigida à advocacia de Estado, ordenam, cumulativamente, o exercício desta peculiar função essencial do Estado, os dispositivos específicos do Estatuto da Ordem dos Advogados do Brasil[398] e do Código de Processo Civil.[399]

No Estatuto da Ordem dos Advogados do Brasil destacam-se os seguintes dispositivos pertinentes à questão sob exame, abrangendo, em sua generalidade, *todos os ramos profissionais da advocacia:*

Art. 2º.

[...]

§3º No exercício da profissão, o advogado é inviolável por seus atos e manifestações, nos limites desta lei.[400]

Art. 3º. O exercício da atividade de advocacia no território brasileiro e a denominação de advogado são privativos dos inscritos na Ordem Dos Advogados do Brasil (OAB).

§1º Exercem *atividade de advocacia,* sujeitando-se ao *regime desta lei,* além do *regime próprio a que se subordinem,* os integrantes da Advocacia-Geral da União, da Procuradoria da Fazenda Nacional, da Defensoria Pública e das Procuradorias e Consultorias Jurídicas dos Estados, do Distrito Federal, dos Municípios e das respectivas entidades de administração indireta e fundacional.

[...]

Art. 31. O advogado deve proceder de forma que o torne merecedor de respeito e que contribua para o prestígio da classe e da advocacia.

---

[397] Art. 5º, XXXV, C.F (*verbis*).

[398] Lei nº 8.906, de 4 de julho de 1994 (na citação do texto legal recolhida adiante, destacados em itálico os pontos relevantes).

[399] Então, contidos na Lei nº 5.869, de 11 de janeiro de 1973 (do mesmo modo, na citação do texto legal recolhida adiante, destacados em itálico os pontos relevantes).

[400] Sérgio Cavalieri Filho, em comentário, aclara essa inviolabilidade nos seguintes termos: "Para proporcionar ao advogado as condições necessárias ao pleno exercício de sua profissão, com liberdade, independência e sem receio de desagradar a quem quer que seja, a Constituição (art. 133) lhe assegura inviolabilidade por seus atos e manifestações nos limites da lei". (*In: Programa de Responsabilidade Civil,* São Paulo, Malheiros, 3ª edição, revista, aumentada e atualizada. 2002, p. 334).

§1º O advogado, no exercício da profissão, deve manter *independência* em qualquer circunstância.

[...]

Art. 32. *O advogado é responsável pelos atos que, no exercício profissional, praticar com dolo ou culpa.*

Parágrafo Único. Em caso de lide temerária, o advogado será *solidariamente* responsável com seu cliente, desde que coligado com este para lesar a parte contrária, o que será apurado em ação própria.

Outrossim, no Código de Processo Civil há disposições especificamente referidas à atividade de representação judicial:

Art. 14. São deveres das partes e de todos aqueles que de qualquer forma participam do processo: (redação dada pela Lei nº 10.358, de 27.12.2001).

I – expor os fatos em juízo conforme a verdade;

II – proceder com lealdade e boa-fé;

III – não formular pretensões, nem alegar defesa, cientes de que são destituídas de fundamento;

IV – não produzir provas, nem praticar atos inúteis ou desnecessários à declaração ou defesa do direito.

V – cumprir com exatidão os provimentos mandamentais e não criar embaraços à efetivação de provimentos judiciais, de natureza antecipatória ou final (incluído pela Lei nº 10.358, de 27.12.2001).

Parágrafo Único. Ressalvados os advogados que se sujeitam exclusivamente aos Estatutos da OAB, a violação do disposto no inciso V deste artigo constitui *ato atentatório ao exercício da jurisdição*, podendo o juiz, sem prejuízo das sanções criminais, civis e processuais cabíveis, aplicar ao responsável *multa* em montante a ser fixado de acordo com a gravidade da conduta e não superior a vinte por cento do valor da causa; não sendo paga no prazo estabelecido, contado do trânsito em julgado da decisão final da causa, a multa será inscrita sempre como dívida ativa da União ou do Estado" (incluído pela Lei nº 10.358, de 27.12.2001).

Cumpre, portanto, identificar as espécies de atos próprios tipificados para o exercício das funções constitucionais do Advogado Público de Estado. Ora, essa tipificação também está constitucionalizada, embora apresentando uma pequena diferença entre as funções atribuídas aos advogados de Estado da União (Art. 131) e aos dos Estados membros e do Distrito Federal (Art. 132).

Assim, para os Advogados Públicos de Estado incorporados à Advocacia Geral da União, ficaram definidas quatro funções próprias e, em consequência, *quatro espécies de atos próprios*, a saber:

1º) a *representação judicial da União* – exercida por atos processuais de representação das pessoas jurídicas de direito público federais;

2º) a *representação extrajudicial da União* – exercida por atos negociais de natureza pública e privada;

3º) a *consultoria do Poder Executivo federal* – exercida por atos opinativos; e

4º) o *assessoramento jurídico do Poder Executivo* – exercido por atos de assistência técnica em matéria jurídica.

Todavia, para os Advogados Públicos de Estado incorporados às Procuradorias Gerais dos Estados membros e à Procuradoria do Distrito Federal, estão constitucionalmente definidas apenas *duas funções próprias* e, em consequência, delas deduzidas *duas* espécies de atos próprios, referidas ambas às respectivas unidades da federação:

1º – a *representação judicial* – exercida por atos processuais forenses, e

2º – a *consultoria jurídica* – exercida por atos opinativos.

Não se afasta, nas hipóteses acima especificadas, a possibilidade de as fontes infraconstitucionais lhes cometerem outras funções, obviamente desde que compatíveis com as constitucionalmente características da advocacia pública de Estado, ou seja: que essas funções não lhes retirem, a nenhum de seus exercentes, a necessária independência de atuação. É, tipicamente, o caso do cometimento de certas funções de autoadministração interna, referidas a pessoal, bens e serviços afetos às mencionadas Procuradorias, enquanto órgãos corporativos, que lhes são implicitamente asseguradas em razão de sua autonomia constitucional. Nesta hipótese, tais funções infraconstitucionais ser-lhes-ão, portanto, *impróprias*, pois *não correspondem à atividade-fim da procuratura em questão*, sendo, ao contrário, atividades meramente ancilares, ditadas pela peculiar conveniência das estruturas orgânicas, de modo que os Advogados Públicos de Estado, enquanto agentes públicos, possam exercer essas atividades administrativas de escopo limitado, sem que lhe prejudique a atuação principal – vale dizer: tão somente para a prática de *atos administrativos introversos*, com manifestações de eficácia meramente interna sobre pessoal, bens e serviços dos órgãos corporativos que os congregam.

3ª parte: Os pareceres jurídicos como *atos próprios de consultoria de Estado* e a competência para exercer o controle sobre seus prolatores

Por caber constitucionalmente aos Advogados Públicos de Estado a função constitucional de consultoria jurídica pública, os atos de natureza opinativa por eles praticados – denominados *pareceres jurídicos* – constituem, em consequência, um tipo constitucional de *atos próprios* e deles exclusivos.

O exercício *in genere* dessa função opinativa – de dizer o direito nas hipóteses concretas que lhes são apresentadas – é um múnus público que recai sobre qualquer advogado, apenas em razão de estar submetido a estatuto funcional próprio, ao qual adere, voluntariamente, não respondendo, no seu exercício, senão à sua consciência e perante os órgãos de tutela profissional para tanto instituídos.

No caso específico dos *Advogados Públicos de Estado*, a sujeição torna-se mais complexa, pois se remete a um *duplo sistema estatutário* – ambos de adesão voluntária – em que são previstos controles sobre seus atos profissionais, incluídos os de consultoria jurídica: (1) por um sistema geral a cargo de seus pares, através dos órgãos corporativos competentes da Ordem dos Advogados do Brasil, e (2) por um sistema especial, também a cargo de seus pares, através de órgãos corporativos competentes da Procuradoria ou Advocacia de Estado do respectivo ente estatal a que sirvam.

Assim é que, em benefício do exercício da *função de consultoria jurídica* por Advogados Públicos de Estado, exatamente em razão dessa referida dupla submissão a esses exclusivos sistemas de controle corporativo, únicos que podem legitimamente limitar o desempenho profissional da advocacia dos entes públicos, institui-se, paralelamente, uma *dupla presunção*: a de *juridicidade do comportamento profissional* e a de *juridicidade dos atos de ofício*.

A *presunção de juridicidade do comportamento profissional do advogado* decorre, já como ensinava o clássico Aguiar Dias, do referido caráter *de múnus público da advocacia*, obedecendo a regulamentação especial "compendiada no código de ética profissional" e, sobre isso, "a infração de seus dispositivos não estabelece, de si só, a responsabilidade civil do advogado, salvo quando as recomendações aí contidas coincidam com os deveres profissionais estritos".[401]

---

[401] AGUIAR DIAS, José de. *Da responsabilidade civil*. 2. ed. Rio de Janeiro: Forense, 1950, p. 318.

Quanto à *presunção de juridicidade dos atos de ofício do advogado,* que é inerente aos atos de consultoria de Estado, esta coexiste *si et in quantum,* com sua precariedade, uma vez que *atos opinativos,* mesmo revestidos da roupagem institucional, são sempre juridicamente *reapreciáveis.*

Ora, a *natureza do juízo* expresso pelos Advogados Públicos de Estado em *atos próprios da função de consultoria de Estado* – como é o caso da prolação de *pareceres* para os órgãos da Administração Pública – é de cunho exclusivo e estritamente jurídico, ou seja: a opinião expendida atine apenas a *juridicidade* das questões examinadas, e nada mais do que esse aspecto, ainda porque, *apenas as suas conclusões de direito ganham eficácia jurídica,* vale dizer que, quaisquer opiniões de outra natureza, ainda que neles registradas, *não são eficazes*: pelo simples fato de que desbordariam da competência profissional do agente jurídico.

Assim é que os dados *técnicos* ou *fáticos* apresentados pela Administração consulente, bem como todos os demais aspectos caracterizados nas questões examinadas em parecer jurídico, deverão ser, necessariamente, submetidas a *decisões administrativas,* em atos próprios de *gestores administrativos,* que detenham competência, sob a linha hierárquica aplicável, para o exercício da *função administrativa de Estado.* Assim, uma vez definida a matéria jurídica, a esses agentes gestores caberá então considerar, conclusivamente, os *aspectos técnico-administrativos,* cuja apreciação e decisão *são atos próprios e exclusivos dos órgãos da Administração Pública* competente.

Assoma, em consequência, com nitidez, que a imputação de uma esdrúxula *co-responsabilidade* ao advogado público de Estado convocado a exame, pelo mero fato de ter o agente administrativo seguido a orientação contida em seu opinamento jurídico, se explica nada mais que por um desarrazoado *post hoc ergo propter hoc,* raciocínio simplista que conduz a *um equívoco quanto ao real conteúdo da vinculação* entre atos, não importando se seja facultativa ou necessária: *do ato próprio decisório e final do órgão gestor da Administração, ao ato próprio opinativo e ancilar do órgão jurídico da Advocacia Pública de Estado.*

Em outros termos: o *conteúdo da vinculação* será diferente nas *duas distintas hipóteses de obrigatoriedade do pronunciamnto:* (1) na hipótese em que o agente gestor administrativo *esteja obrigado por lei* à *audiência obrigatória* do órgão jurídico, como condição de *validade* do ato decisório, muito embora ele possa discordar *motivadamente* de suas conclusões de direito; e (2) na hipótese em que o agente administrativo *esteja obrigado por lei* não apenas à *audiência,* como à *observância obrigatória* das estritas conclusões de direito do ditame jurídico, caso em que delas não poderá discordar, nem mesmo motivadamente, cabendo-lhe, como alternativa da decisão que lhe toca prolatar, determinar novas providências aperfeiçoadoras.

Esta segunda hipótese, que é a de *vinculação jurídica absoluta* do agente administrativo – tanto à *audiência* do órgão jurídico, quanto ao *conteúdo jurídico* do opinamento – **é** *a condição de validade de seu próprio ato decisório administrativo*, mas nada mais do que isso.

Portanto, mesmo que o agente administrativo, laconicamente, *deixe de apreciar os aspectos administrativos a seu cargo*, como o são, desde logo, os de conveniência e de oportunidade, que lhe são exclusivos, limitando-se a apor a fórmula sintética "com o parecer", ainda assim persiste intocado o entendimento de que *a vinculação estritamente se restringe à conclusão jurídica nele contida.*

Ora, decisão administrativa, mesmo laconicamente expressada pelo agente competente nessa tão reproduzida fórmula, em princípio não haverá como dela automaticamente se inferir que o agente administrativo *se haja eximido de examinar as questões administrativas* pendentes sobre as quais deva decidir, e tenha preferido tomar o *opinamento* do agente jurídico, positivo ou negativo, *como se fora, este próprio, não apenas um opinamento, mas a própria manifestação decisória.*

Desse modo, a *presunção* a ser considerada, é de que, afinal e apenas, esse agente parcimonioso de palavras *não teria visto necessidade de explicitar suas próprias e necessárias conclusões sobre os resíduos técnicos e fáticos administrativamente que são apreciáveis apenas por ele.* Todavia, essa preferência pela brevidade por parte do agente administrativo nem faz do órgão jurídico um órgão decisório, quer total quer parcialmente, nem, muito menos, transforma uma satisfação da *condição de decidir* na própria *decisão condicionada.*

Observe-se ainda que, mesmo assim, o *ato opinativo próprio do agente jurídico* – limitado a declarar a existência ou a inexistência de uma determinada *condição de validade de direito* – não se convolará automaticamente em *ato administrativo decisório, pois que este é próprio do agente gestor,* sob a simples razão fato de ter sido acatado, quanto a seu *conteúdo jurídico,* pelo agente público *que detém a competência da decisão administrativa.*

Vale que se repita, portanto, que, embora o parecer possa ser *vinculatório quanto aos aspectos de direito* envolvidos, qualquer decisão *administrativa* que nele se respalde permanecerá sob a *exclusiva competência do agente legalmente intitulado a praticá-lo,* na linha hierárquica administrativa própria, à qual, esclareça-se, não estará subordinado *funcionalmente o advogado público.*

Em suma: (1) nenhuma *lei* poderá transformar a natureza da *investidura* de um agente jurídico – com função advocatícia *constitucional essencial à justiça* – para cometer-lhe *funções administrativas extroversas incompatíveis com sua investidura e com seus inafastáveis requisitos de independência funcional,* como, tampouco, (2) nenhuma *lei* poderia desnaturar-lhe o *ato próprio de controle de legalidade,* característico de seu ministério, que é o *parecer jurídico* – para transmutá-lo em *ato de gestão* administrativa.

Identifica-se, na origem do equívoco em comento, além do inefável *post hoc ergo propter hoc* apontado, uma interpretação esquemática e simplista de assentadas *distinções tipológicas doutrinárias,* que merecem, por isso, ser aqui sublinhadas, como as três seguintes: (1) entre o *ato principal* e o *ato acessório;* (2) entre as subcategorias de *ato facultativo* e a de ato *indispensável;* e (3), nesta última categoria, entre o *ato auxiliar* e o *ato vinculante.*

Pois bem, aplicando-se a elementar classificação, tem-se que a *decisão administrativa,* em relação ao *parecer jurídico* que a instrui, é sempre tida como o ato *principal,* ou seja: é a manifestação de vontade que contém a definição competente sobre *uma questão administrativa;* assim, cabendo à peça opinativa, portanto na qualidade de *ato acessório,* ministrar um *aporte técnico específico que recai sobre as relações de direito* envolvidas e, como se expôs, tornando-se juridicamente *eficaz* apenas quanto a este adminículo.

Por outro lado, ainda com emprego da classificação acima, o *parecer jurídico* tanto poderá ser *facultativo,* ou seja, na dependência de o órgão decisório solicitá-lo ou não, quanto ser considerado *indispensável,* caso em que se faz *obrigatório* que o órgão jurídico seja *ouvido.*

Finalmente, obrigatório ou não, o *parecer jurídico* tanto será mero *apoio* fundamentar *juridicamente* a decisão administrativa – sendo, neste caso, tipicamente um ato *auxiliar* – como será, uma vez emitido, de *observância obrigatória* por parte do órgão decisório consulente, sendo este o tipo de parecer denominado de *vinculante.*

Ora, se a *lei* prescreve o *obrigatório acatamento da opinião do órgão jurídico,* implicitamente se entende que o legislador decidiu que *a matéria jurídica* contida e decidida no *parecer vinculante,* não mais poderá ser *contestada em sede administrativa;* mas – e aqui incide o equívoco interpretativo que extrapola o alcance da vinvulação – nem por isso se haverá de concluir *que o agente gestor ficará eximido de apreciar e de decidir motivadamente as premissas técnicas e factuais de sua competência. E por uma única e simples razão:* um *parecer jurídico* limita-se a satisfazer a *uma única e específica condição de validade* do ato decisório e não a todas.

Pois bem, se a natureza *opinativa* das manifestações jurídicas – *mesmo se vinculante quanto à matéria de direito para o agente administrativo* – há de resultar de um *ato próprio de advocacia consultiva*, no legítimo exercício da interpretação do Direito por parte do advogado público, decorre que a consequente *presunção de juridicidade*, tanto de seu *comportamento* funcional, quanto do *ato próprio*, que contém a manifestação prolatada, *só poderá ser afastada pelos órgãos constitucionalmente competentes para estabelecerem a culpa ou o dolo na atuação profissional do prolator e de, em consequência, aplicar-lhe sanções em razão de um eventual vício em seu exercício profissional.* Em síntese: essa presunção *juris tantum* será afastada *apenas* ou pelos órgãos corporativos de controle *interno por seus pares*, a que está sujeito o advogado público de Estado ou, por cláusula geral, *os órgãos comptentes do Judiciário*.

Resulta, portanto, claro que *o abuso na prática da atividade de advocacia não se presume*; haverá sempre necessidade da *prova do dolo ou da culpa* na prática de um *ato de consultoria próprio de qualquer das funções essenciais à justiça*, ou seja, será imprescindível para afastar a presunção de juridicidade, que haja uma *decisão privativa dos* órgãos constitucionalmente competentes para declarar a existência de tal abuso e para aplicar a competente sanção prevista na legislação, que rege o exercício da advocacia pública de Estado.

Assim, confirmando, o *parecer jurídico*, mesmo o que venha clausulado de *vinculante*, apenas torna obrigatória, para o órgão administrativo decisório consulente, *a observância de seu conteúdo interpretativo do direito*, e nada mais que isto, pois jamais poderia obrigar o agente administrativo a editar o seu ato próprio decisório, para o qual é ele o agente competente, não se incluindo, portanto, *na obrigatoriedade legal de respeitar os limites jurídicos postos pelo parecer*, o dever de automática aceitação quanto aos dados técnicos ou fáticos que tenham sido *levados pela Administração* à consideração especializada do parecerista.

Mas há ainda mais um aspecto relevante a ser considerado: ainda que possa haver, em tese, *uma eventual falha na apreciação da matéria de direito por parte do advogado público de Estado*, tal equívoco não se confundirá com possíveis falhas de *qualquer outra natureza*, como as que se referissem a uma apreciação voltada à matéria técnica e fática sob a competência do agente administrativo.

Outrossim, *se vier a ser provado – em foros próprios – o corporativo e o judicial –* que o advogado público haja *procedido com culpa ou dolo*, ainda assim, não se poderia dessumir, automaticamente, qualquer *responsabilidade solidária* em razão das faltas distintas, que poderiam ser até coincidentes, que são *heterogêneas em seu conteúdo*: a possível falha de *direito*, se existente, seria a do *ato opinativo*, e a possível falha de *fato*, se existente, que seria a do *ato decisório*.

Ainda que pudesse existir, *ad argumentandum*, tal esdrúxula *solidariedade* – que, desde logo, *não se presume*, pois só haveria de resultar de lei expressa – mesmo assim o controle constitucional quanto a uma suposta solidariedade, desse modo inferível de um ato próprio de consultoria de Estado é, *por reserva constitucional, uma atribuição administrativa exclusiva dos referidos órgãos corporativos competentes de controle por pares* e, por óbvio, uma *atribuição jurisdicional, exclusiva do juiz natural do advogado de Estado*, uma vez que quaisquer *interferências entre órgãos dos três poderes* e, por compreensão, *entre todos os demais órgãos constitucionalmente independentes entre si*, tal como se expôs exordialmente, *só podem ser instituídos por expressa previsão constitucional – competência esta, que, no caso, não foi deferida na Carta nem a órgãos da administração pública, nem, tampouco, a órgãos de controle de contas*.

Com efeito, no caso específico das *cortes de contas*, operando rigorosamente no exercício de suas funções constitucionais, há uma nítida diferença na *natureza* dos distintos *controles a seu cargo*: (1) de um lado, o que se deve entender como *controle de legalidade da atividade de órgãos da administração pública*, que está estritamente dirigido à "fiscalização contábil, financeira, orçamentária, operacional e patrimonial..." (Art. 70, *caput*); e (2) o que se deve entender por *controle referido a legalidade de atos de gestão* praticados por "qualquer pessoa física ou jurídica, pública ou privada, que utilize, arrecade, guarde, gerencie ou administre dinheiros, bens e valores públicos ou pelos quais a união responda ou que, em nome desta, assuma obrigações de natureza pecuniária" (Art. 70, parágrafo único, CF). Vale dizer, que este segundo tipo de controle se exerce *estritamente* sobre *os atos próprios praticados por gestores públicos* e sempre que estes atuem *nesta condição*, de gentes administrativos, e nunca sobre *os atos de agentes que praticam atos próprios de outra natureza*, como são os próprios das carreiras constitucionais essenciais à justiça.

Distinto é, portanto, o que se entende como *controle de juridicidade pleno da atividade dos órgãos de consultoria jurídica de Estado*, na hipótese, o *referido a atos próprios de consultoria*, de previsão constitucional, que são os praticados por advogados públicos de Estado, *atuando nesta condição e estritamente no privativo desempenho de sua função opinativa de direito* e não de função administrativa extroversa.

Equivocado, portanto, com todas as vênias, o acórdão nº 675/2006 do plenário do Tribunal de Contas da União, prolatado em 10 de maio de 2006, que se tem referenciado como o *leading case* daquela colenda corte, que a justificaria da imposição de sanções pecuniárias *por má gestão administrativa* a advogados públicos de Estado, que haviam atuado no estrito cumprimento de suas funções constitucionais de opinamento jurídico; e o fez, adotando a linha de argumentação que abaixo se transcreve para ser a seguir comentada:

> Na esfera da responsabilidade pela regularidade da gestão, é fundamental aquilatar a existência do liame ou nexo de causalidade existente entre os fundamentos de um *parecer desarrazoado, omisso ou tendencioso*, com implicações no controle das ações dos gestores da despesa pública que tenha concorrido para a possibilidade ou a concretização do dano ao erário. (n/grifo).

Ora, é certo que os tribunais de contas, mesmo não sendo órgãos judiciais, *estão livres para reexaminar a matéria de direito* veiculada nos pareceres jurídicos emitidos pelos órgãos jurídicos competentes do Estado para a administração pública, *para considerá-los, se entenderem, como insatisfatórios e até para motivadamente repudiá-los* – ainda porque existirá sempre a possibilidade de *reexame* de qualquer ato opinativo *em instância jurisdicional*, só cessando a possibilidade dessa reapreciação sucessiva depois de recobertas pelo *trânsito em julgado*.

Portanto, até este ponto – ou seja, *contrariamente* às motivações jurídicas de pareceres – aqueles órgãos de contas estarão *corretamente* exercitando sua *competência interpretativa*. Todavia, não o estarão, e *dela extravasarão*, ao extrapolar, como consequência de sua reinterpretação fática, *uma conclusão apenativa com natureza nitidamente subjetiva*, judicativa do *comportamento do agente jurídico*, exatamente como a que a seguir se transcreve, da mencionada decisão:

> [...] sempre que o parecer jurídico *pugnar* para o cometimento de ato danoso ao erário ou com *grave ofensa à ordem jurídica*, figurando com *relevância causal* para a prática do ato, estará o autor do parecer alcançado pela jurisdição do TCU, não para fins de *fiscalização do exercício profissional*, mas para fins de *fiscalização da atividade da administração pública*. (n/grifo)

Como se lê nessa conclusão sibilina, porque nela se introduz *uma distinção que nem a Constituição nem a lei autorizam*, sem atentar para a necessária distinção entre os diferentes escopos da fiscalização que lhe compete e as de outros órgãos do Estado, *o acórdão labora em nítida confusão entre o ato próprio do exercício da advocacia de Estado – enquanto tal, fora do controle funcional e sancionatório do TCU – com o ato próprio de administração pública, este sim, sob seu total controle.*

Ademais, no texto acima, por "relevância causal" não fica claro o que o acórdão pretendia expressar, pois, afinal, qualquer *ato condição, como, no caso, o é o parecer juridicamente vinculatório da decisão administrativa*, há de sempre apresentar esta legalmente definida *relevância causal*, uma vez que não poderá ser afastado do *iter* decisório e, se o for, por omissão do advogado público de Estado, este incorrerá em sanção (como o do Art. 42, §1º da Lei de processo administrativo federal). Assim, por consequência, *todos os pareceres jurídicos hão de necessariamente apresentar tal* "relevância causal", mesmo porque, desse modo o pretende a Lei (na hipótese examinada no acórdão, este a definiu como o Art. 38, parágrafo único da Lei nº 8.666/93).

Resta, em consequência, *completamente destorcida* e fora de contexto, a conclusão na hipótese, que dessa fundamentação o Acórdão em comento retirou:

> A mera inscrição do servidor ou empregado público, na Ordem dos Advogados do Brasil, não serve de *passaporte para a impunidade por condutas que tenham papel determinante na ocorrência de danos ao erário ou de atos praticados com grave violação à ordem jurídica*, como intermitentemente tem ocorrido no âmbito do serviço público. (n/grifo)

Mais uma vez, e com a devida vênia, a surrada retórica da *reductio ad absurdum* nele empregada mal disfarça o *erro lógico* sutilmente perpetrado: é certo que a inscrição na Ordem dos Advogados do Brasil não induz qualquer sorte de impunidade no exercício da advocacia. Ninguém sustentaria o contrário, só que, *a formação de um juízo técnico sobre a conduta e o ato do advogado*, enquanto laborando em sua atuação profissional, é exclusiva dos órgãos *constitucionalmente competentes para que estes nela avaliem a existência de culpa ou de dolo puníveis*. Não cabe a órgãos de contas julgar condutas profissionais de advogados, usurpando competências constitucionalmente asseguradas *apenas* a seus órgãos de pares e ao Judiciário.

Não há, portanto, porque falar-se em "impunidade", como o fez o comentado acórdão do TCU, pois, no âmbito da fiscalização que lhe é própria, como o Tribunal de Contas, sempre que for o caso, sempre poderá e até deverá *oficiar aos órgãos competentes para que, seguindo os devidos processos, venham a impor as sanções próprias aos advogados que, no seu entendimento exclusivo, possam ter atuado infringindo seus deveres profissionais.*[402]

---

[402] Neste exato sentido, a seguinte Ementa (com nosso grifo): "Mandado de Segurança. I – Considera-se eivado de ilegalidade o ato emanado do tribunal de contas, praticado em

Conforme a natureza da alegada infração profissional, essas sanções poderão até depassar de muito a mera aflição pecuniária e levar até à exclusão da profissão ou do cargo público, uma vez que venha a ser julgado culpado segundo o devido processo, mas sempre em *devido processo* legal e no *foro próprio.*

O que não lhes cabe, aos órgãos de contas, mesmo com sadias intenções, é a *usurpação dessas funções sancionatórias exclusivas dos órgãos constitucionalmente competentes para processar o exame técnico dos atos próprios da advocacia* – que são, tanto os conselhos de pares – os da OAB e os das Procuradorias – e, por óbvio, sempre, o Judiciário – *para aplicar a seu incompetente talante – e, como agravante, atropelando o devido processo legal adequado a que têm direito os advogados, para a formação de uma culpa e dolo no específico exercício profissional (e não no exercício de gestão administrativa – sanções pecuniárias, por conta do que haja tido como* "atos praticados com grave violação à ordem jurídica", *ignorando a distinção entre agentes administrativos, postos sob sua jurisdição, enquanto gestores públicos, e agentes jurídicos, enquanto advogados públicos de Estado, no exercício de uma atividade de natureza totalmente distinta, qual seja a de dizer o direito aplicável.*

Segue, portanto, absolutamente pertinente e irretocável, em contrapartida, a jurisprudência unânime do Supremo Tribunal Federal, como se expressa na ADIN nº 2.652-6 DF, publicada no DJ de 14 de novembro de 2003, cujo extrato de ata assim se lê:

Ação direta de inconstitucionalidade 2.652-6 DF
Relator: Min. Maurício Corrêa
Requerente: Associação Nacional dos Procuradores de Estado – ANAPE, advogados: Marcos Bernardes de Mello e outros. Requerido: Presidente da República. Requerido: Congresso Nacional
Decisão: o Tribunal, por unanimidade, julgou procedente o pedido formulado na inicial da ação para, sem redução de texto, emprestar à expressão "ressalvados os advogados que se sujeitam exclusivamente aos

---

processo administrativo, que determinou à impetrante que pagasse valor certo a título de pena proporcional ao dano causado ao erário, ou se defenda. II – Compete exclusivamente ao conselho da secção da Ordem dos Advogados do Brasil o processo disciplinar dos advogados, relativo ao exercício da profissão. III – *Ao Tribunal de Contas resguarda-se o poder de representar ao órgão competente as irregularidades e abusos no trabalho profissional da impetrante".* (Classe do processo: mandado de segurança MSG362693 DF; registro do acórdão número: 71635; data de julgamento: 12/04/1994; órgão julgador: conselho especial; relator: Nívio Geraldo Gonçalves; publicação no DJU: 31/08/1994 pág.: 10; decisão: por maioria, em conceder a ordem).

estatutos da OAB", contida no parágrafo único do artigo 14 do Código de Processo Civil, com a redação imprimida pela Lei federal nº 10.358, de 27 de dezembro de 2001, interpretação conforme a Carta, a abranger advogados do setor privado e do setor público. Votou o Presidente, o Senhor Ministro Marco Aurélio. Plenário, 08.5.2003.

Presidência do Senhor Ministro Marco Aurélio. Presentes à sessão os senhores Ministros Sepúlveda Pertence, Celso de Mello, Carlos Velloso, Maurício Corrêa, Nelson Jobim, Ellen Gracie e Gilmar Mendes. Procurador-Geral da República, Dr. Geraldo Brindeiro.

O âmago da questão decidida, *que vem a ser a subsistência das prerrogativas de advogados, mesmo quando atuando investidos como agentes públicos,* assim está exposto no voto da Relatoria:

2. Com efeito, seria mesmo um absurdo concluir que o legislador tenha pretendido excluir da ressalva os advogados sujeitos a outros regimes jurídicos, além daquele instituído pelo Estatuto da OAB, como ocorre, por exemplo, com os profissionais da advocacia, que a exercem na condição de servidores públicos. Embora submetidos à legislação específica que regula tal exercício, também devem observância ao regime próprio do ente público contratante. Nem por isso, entretanto, deixam de gozar das *prerrogativas,* direitos e deveres dos advogados, estando sujeitos à disciplina própria da profissão (Estatuto da OAB , artigos 3º, §1º; e 18). (n/grifo)

E, adiante, em conclusão:

5. Por outro lado, entendimento em sentido contrário implicaria, aí sim, inconstitucionalidade do preceito em exame, *por manifesta violação à isonomia e à garantia da inviolabilidade que também detêm os advogados como um todo.* No exercício das *funções próprias* da advocacia, inexiste diferenciação entre uns e outros, ao menos suficiente para justificar o discrímen. Neste contexto, para dissipar eventual dúvida a respeito, creio que devam ser explicitados os limites do alcance da norma, para que se afaste qualquer interpretação equivocada no que tange ao seu real significado. (n/grifo)

No mesmo sentido, colha-se, ainda do STF, no Mandado de Segurança 24.073 -3, DF, com a seguinte ementa (nosso destaque) o seguinte escólio:

Mandado de Segurança nº 24.073-3 Distrito Federal
Relator : Min. Carlos Velloso
Impetrantes : Rui Berford Dias e outros. Advogado: Luís Roberto Barroso

Impetrado : Tribunal de Contas da União ementa constitucional. Administrativo.
Tribunal de Contas. Tomada de contas: Advogado. Procurador: parecer. C.F., art. 70, parág. único, art. 71, II, art. 133. Lei nº 2 8.906, de 1994, art. 22, §32, art. 72, art. 32, art. 34, IX.

I. – Advogado de empresa estatal que, chamado a opinar, oferece parecer sugerindo contratação direta, sem licitação, mediante interpretação da lei das licitações. Pretensão do Tribunal de Contas da União em responsabilizar o advogado solidariamente com o administrador que decidiu pela contratação direta: impossibilidade, *dado que o parecer não é ato administrativo*, sendo, quando muito, ato de administração consultiva, que visa a informar, elucidar, sugerir providências administrativas a serem estabelecidas nos atos de administração ativa. Celso Antônio Bandeira de Mello, "Curso de Direito Administrativo", Malheiros, ed. 134, p. 377.

II. – O advogado somente será civilmente responsável pelos danos causados a seus clientes ou a terceiros, *se decorrentes de erro grave, inescusável, ou de ato ou omissão praticado com culpa em sentido largo:* Cód. Civil, art. 159; Lei nº 8.906/94, art. 32. III. – Mandado de Segurança deferido".(n/grifo)

No voto do Ministro Relator Carlos Velloso, à fl. 387, encontra-se o *fundamento adequado*, posto com absoluta clareza, peculiar a seus arestos:

Examinemos a questão. O parecer emitido por procurador ou advogado de órgão da administração pública *não é ato administrativo*. Nada mais é do que a *opinião emitida pelo operador do direito*, opinião técnico-jurídica, que orientará o administrador na tomada da decisão, na prática do ato administrativo, na execução ex officio da lei. Hely Lopes Meirelles cuidou do tema e lecionou: "Pareceres – pareceres administrativos *são manifestações de órgãos técnicos sobre assuntos submetidos* à sua consideração. O parecer tem caráter meramente opinativo, não vinculando a Administração ou os particulares à sua motivação ou conclusões, salvo se aprovado por ato subsequente. já então, o que subsiste como ato administrativo, não é o parecer, mas sim, o ato de sua aprovação, que poderá revestir a modalidade normativa, ordinária, negocial ou punitiva. (Hely Lopes Meirelles. Direito Administrativo Brasileiro. 26. ed. Malheiros, pág. 185). (n/grifo)

E prossegue o voto (ainda com nosso destaque em itálico): "É dizer, *o parecer não se constitui no ato decisório, na decisão administrativa,* dado que ele nada mais faz senão informar, elucidar, sugerir providências administrativas a serem estabelecidas nos atos de administração ativa". (n/grifo)

Posta assim a questão, é forçoso concluir que *o autor do parecer, que emitiu opinião não vinculante, opinião a qual não está o administrador vinculado, não pode ser responsabilizado solidariamente com o administrador,* ressalvado, entretanto, o parecer emitido *com evidente má-fé,* oferecido, por exemplo, perante administrador inapto.

Esse é o primeiro fundamento que me leva a deferir a segurança.

Fundamento de maior relevância, entretanto, conducente à concessão do writ, é este: *o advogado, segundo a Constituição Federal,* "é indispensável à administração da justiça, sendo inviolável por seus atos e manifestações; no exercício da profissão, nos limites da lei".

E, a esta altura, o ínclito julgador indica o Estatuto da Ordem dos Advogados do Brasil, como sendo a *lei competente em termos de apenação.* No mesmo processado, com absoluta pertinência e até com um indisfarçado toque de ironia, ainda votou no mesmo diapasão o Ministro Nelson Jobim à fl. 394:

O Sr. Ministro Nelson Jobim – Sr. Presidente, pelas informações contidas no voto do Relator, só faltava o Tribunal de Contas também envolver os eventuais doutrinadores que embasaram o parecer dos advogados. E isso está perto. No momento em que se fala de doutrina pertinente, a impertinente pratica o ato de improbidade.

Tenho posição conhecida: empresas dessa natureza não estão sujeitas à verificação do Tribunal de Contas, mas essa não é a tese defendida, não é o caso sustentado. Só lembraria, na linha das observações do Ministro Gilmar Mendes, que, no Rio de Janeiro, um determinado juiz de direito está respondendo a uma investigação no Ministério Público em relação à improbidade administrativa. Por questões de direito, em algum momento do tempo, havia sido membro de um dos conselhos do Botafogo e, em certas ações envolvendo o time, ele não se deu por impedido. Por isso, membros do Ministério Público entenderam que ele havia praticado improbidade administrativa. *O caso específico mostra claramente o exagero da visão, quase de pensamento único, pretendida pelo tribunal de contas quanto às questões jurídicas. Divergir dessa corte é ter a responsabilidades em termos, inclusive, de análise de questões jurídicas, aplicadas em questões técnicas, podendo atingir até contadores, técnicos de contabilidade, economistas, etc.* (n/grifo).

Não obstante todos esses precedentes, com seus arrazoados harmônicos e reiterados, ocorre que duas recentes e surpreendentes decisões da Suprema Corte, em Mandados de Segurança, nº 24.631 e nº 24.584, ambos de agosto de 2007, têm preocupado os advogados de estado no exercício de suas funções, pois *esses arestos inauguram discrepância quanto à tradicional e sadia orientação daquele excelso pretório.*

Na verdade, *neles se inova o tratamento do tema* ao considerar que o art. 38, parágrafo único da Lei nº 8.666/93, ao tratar do procedimento licitatório, imporia *responsabilidade solidária* aos advogados de estado, ao dispor que "as minutas de editais de licitação, bem como as dos contratos, acordos, convênios ou ajustes "devem ser previamente examinadas e *aprovadas* por assessoria jurídica da administração".[403]

Examinavam-se, na hipótese, decisões do Tribunal de Contas da União a respeito de pareceres jurídicos emitidos por Procuradores Federais, em que aquela Corte os responsabilizava pelo que tinha como "manifestações jurídicas errôneas", que redundaram na aprovação de aditivo de convênios administrativos. O Supremo Tribunal Federal levou em consideração certo argumento doutrinário, levantado pelo Tribunal de Contas, em que se distinguiriam três hipóteses de pareceres, *segundo a natureza da consulta.* Seriam, portanto, essas consultas:

1ª) a *facultativa,* na qual a autoridade administrativa não se vincularia à consulta emitida; 2ª) a *obrigatória,* na qual a autoridade administrativa ficaria obrigada a realizar o ato tal como submetido à consultoria, com parecer favorável ou não, podendo agir de forma diversa após emissão de novo parecer; e 3º) a *vinculante,* na qual a lei estabeleceria a obrigação de 'decidir à luz de parecer vinculante', não podendo o administrador decidir senão nos termos da conclusão do parecer ou, então, não decidir.[404]

Vale dizer que, nessa hipótese de *consulta vinculante,* a que a *lei obriga* o agente administrativo a seguir a *orientação jurídica do parecer, interpretar-se-ia que essa Lei estaria cometendo ao advogado de Estado uma função administrativa,* ou seja: o tornaria, *vis legis,* um *co-administrador público,* mesmo *sem regular investidura,* e, por esta razão, seria *solidariamente responsável* com o agente competente para a decisão administrativa.

Novamente, com a devida vênia do Excelso Pretório, *essas decisões repetem os mesmos equívocos em que havia incidido o Tribunal de Contas da União, ao ressuscitar a perigosa tese da corresponsabilidade dos advogados públicos* – e, ainda, com a máxima vênia, qualifica-se como extremamente perigosa para a sobrevivência de uma advocacia de Estado realmente

---

[403] Art. 38, parágrafo único, da Lei nº 8.666, de 21 de junho de 1.993 (com a redação dada pela Lei 8.883/94). (n/grifo).

[404] MS 24.631, Relator o Ministro Joaquim Barbosa (nossos grifos para caracterizar a tipologia inovada nessas decisões).

independente – como a que se vem progredindo e aperfeiçoando desde o novo *status* que lhe foi conferido pela carta política de 1988.

O equívoco subjacente está no fato de que quaisquer decisões que não façam o necessário discrímen entre funções, a de *gestão pública* e a de *advocacia pública*, concorrem para debilitar a conquista do Estado Democrático de Direito, tal como auspiciosmente veio, em 1988, em pleno desenvolvimento das potencialidades das *funções essenciais à justiça em defesa da cidadania.*

São sempre, ainda com permissão dos seus respeitáveis prolatores, sérios equívocos, a demandar nova reflexão e reconsideração, que deles se espera, ainda porque, infelizmente, sua manutenção, *ao revés de concorrer para o aperfeiçoamento da juridicidade na Administração Pública,* virá desestimular toda uma geração de jovens advogados públicos de Estado que estão sendo a cada ano concursados, pois que, temerosos das consequências que possam decorrer de um exercício independente e intimorato de sua profissão, *ante a possibilidade de serem acoimados de faltosos e de receberem sanções pecuniárias, ao serem tratados como se fossem agentes gestores solidários* e, sobre tudo isso, *privados da garantia do devido processo da lei perante seus órgãos próprios de tutela,* e tão somente porque *os seus opinamentos jurídicos não teriam coincidido com o das cortes de contas,* ao considerá-los, consideram "errôneos", mesmo sem serem cortes judiciárias, preferirão, esses jovens que ingressam nas Procuradorias, talvez a comodidade da via de menor risco, ou seja, a falsa segurança de se inclinarem por uma negativa habitual de juridicidade que os desonere, ou, o que será igualmente catastrófico para todos os níveis da federação, se afastarão da advocacia de Estado, privando-a dos agentes de personalidade e de coragem, que são os que mais podem contribuir para a boa administração.

Podem ser, em suma, alinhados os seguintes seis equívocos, que evidenciam o agravamento dessa generalizada angústia por parte dos agentes jurídicos da advocacia de Estado, de sorte que, quanto mais breve curso tenha, mais rapidamente se dissipará o temor de punições pecuniárias à conta de *atos de terceiros* e privados do devido processo próprio de suas prerrogativas, e ainda mais importante: *para a afirmação, que se espera, da advocacia, em todas as suas manifestações, como uma função constitucionalmente independente.*

1º Equívoco

Leis ordinárias não podem alterar a natureza de competências constitucionais.

Com efeito, como a *lei ordinária* não se pode sobrepor à Constituição, tampouco se pode inferir que o artigo 38, parágrafo único, da Lei nº 8.666, de 21 de junho de 1993, *haja criado uma exceção à autonomia constitucional dos advogados*, como operadores aos quais se incumbe a *dicção do direito*, para confundi-los com a própria Administração, enquanto *parte* consulente.

2º Equívoco

A Lei de licitações, no artigo 38, parágrafo único, não comete ao advogado de Estado qualquer tipo de competência administrativa.

O advogado de Estado nada decide, nem o poderia, *quanto à conveniência ou à oportunidade dos atos que lhe são submetidos*, mas, exclusivamente, sobre o que seja de sua competência – que vem a ser *a sua intrínseca juridicidade* – opinando em tudo segundo sua *ciência* e sua *consciência, pois que são esses os únicos referenciais de sua atuação profissional*, e, por isso, sempre *sub censura*. Logo, à toda evidência, no desempenho desta função de dizer o Direito aplicável, *o advogado de Estado, nesta condição de parecerista* (tanto quanto na condição de representante *ad judicia* de pessoa jurídica de Direito Público) *não pratica ato administrativo*. E, efetivamente nem o poderia, por lhe falar a necessária *investidura geral para a prática de atos administrativos extroversos*, nem, tampouco, da *investidura específica, formação e das informações burocráticas necessárias para praticá-los*.

3º Equívoco

O agente administrativo detém, em razão de sua competência própria, a plena decisão sobre a prática do ato sob questão – quer em sentido positivo como em sentido negativo – bem como para determinar os acertamentos que lhe pareçam oportunos e convenientes ou, de qualquer modo, necessários à higidez administrativa do ato. O que se lhe veda, existindo vinculação ao Parecer, é apenas divergir da orientação jurídica nele contida.

Conforme já se deixou esclarecido, por se tratarem de decisões de *natureza distinta* – a jurídica e a administrativa – cabe ao *agente gestor competente*, quando da emissão de sua *decisão, com a plenitude e a exclusividade administrativa decisória próprias*, tanto concluir afirmativamente pela prática do ato sob exame, neste caso, obediente ao ditame jurídico da advocacia de Estado, quanto concluir negativamente, para não o praticar ou, ainda, fazê-lo sob as condições fáticas e técnicas que julgar cabíveis, *mas, em todos os casos, sempre com vistas ao atendimento do interesse público específico, que está funcionalmente a seu cargo* (e não, por óbvio, jamais a cargo do advogado de Estado).

4º Equívoco

A solidariedade, por decorrer expressamente *da lei, não poderia ser* implicitamente *admitida pela prática de mero ato-condição, como o é o parecer vinculatório, no qual a manifestação de vontade opinativa, além de ancilar, está limitada a um juízo exclusivamente jurídico, que se torna vinculante apenas sob este exclusivo aspecto.*

O parecer vinculante integrará, por certo, a *decisão* adveniente do agente administrativo, *mas apenas no que diz respeito à eficácia própria de sua natureza,* ou seja: se trata de uma opinião jurídica apenas *autorizativa, si et in quantum,* e sob este exclusivo aspecto, a prática do ato de gestão em questão. O parecer jurídico não vai a ponto de *recomendar,* nem, muito menos, de *obrigar a prática do ato administrativo decisório,* porque a *vinculação,* tal como na letra da lei se encontra, refere-se (*ipsis litteris*) a uma "aprovação". Ora, *aprovar* é admitir ou não a juridicidade de algum ato – mas, frise-se, sempre e exclusivamente *em termos de Direito,* vale dizer, trata-se de *uma aprovação limitada à matéria jurídica opinada.*

Assim, é erro ampliar essa vinculação a ponto de se considerar que o caráter vinculatório desbordaria do campo jurídico, de ciência presumida e competência constitucional do advogado, *a ponto de obrigar a quem quer que esteja na situação de manifestar-se como órgão gestor, ao qual caibam tanto a prerrogativa, quanto o ônus de decidir administrativamente, a renunciar a motivar factualmente sua decisão final, pelo simples fato de ter havido a satisfação opinada das condições de Direito.* Portanto, por ter exatamente essa natureza, de *ato condição, apenas a desaprovação jurídica será vinculante de uma decisão administrativa, seja negativa, seja sanatória da ilegalidade lato sensu,* já que, nesta hipótese, lhe faltaria, ao agente gestor, ao decidir, um elemento legal essencial.

5º Equívoco

Apenas *ad argumentandum:* ainda que se considerasse que a emissão de um parecer jurídico tido pelas cortes de contas como errôneo, omisso, com deficiente ou falso embasamento doutrinário ou jurisprudencial, tendencioso ou eivado de vícios técnicos ou de vontade, ainda assim, a responsabilização do advogado de Estado, que, por hitópese legitimasse a esses órgãos a aplicar-lhe sanção *pelo presumido exercício faltoso de sua profissão*, tal condenação dependeria sempre da prévia prova de culpa ou de dolo, que constitucionalmente só seria possível observado o *devido processo*, perante seus órgãos próprios de controle – sejam os corporativos, seja o judiciário – e por eles decidida no exercício de suas próprias e indelegáveis competências e, como tal, inafastáveis.

Realmente, a aplicação de *sanção* pecuniária ao advogado do Estado, em razão da constatação de alegado *vício* em sua atuação profissional, *configura uma intervenção de uma função constitucionalmente autônoma (a dos órgãos de contas) sobre outra (a dos* órgãos corporativos da profissão de advogado); intervenção essa que seria *de tipo não previsto na Carta política*, pois, na verdade, seria o único texto que poderia autorizar tal sorte de controle. Ao contrário do afirmado, o *abuso advocatício*, se perpetrado, *não restaria em absoluto incontrolável* em tais hipóteses, pois, obviamente, *os controle próprios existem e estão devidamente previstos: primo*, o *controle administrativo corporativo* – o exercido pelos órgãos colegiados a que está sujeito o presumido advogado infrator, e em duplicidade, no caso do advogado público de Estado (portanto, as Procuradorias Gerais próprias e a Ordem dos Advogados do Brasil), e, *secundo*, o controle *jurisdicional*, para tanto bastando que o órgão de contas que identificar uma infração, acione qualquer deles, por um simples ofício, para que ponha em marcha qualquer dos devidos processos legais aptos para impor sanções administrativas a advogados, privados ou públicos.

6º Equívoco

O texto do artigo 38, parágrafo único, invocado, não se refere exatamente a uma atividade de consultoria jurídica, mas a uma atividade de assessoria jurídica, atuação esta técnica e legalmente distinta daquela.

Reza a Lei nº 8.906, de 4 de julho de 1994, que dispõe sobre o Estatuto da Advocacia e a Ordem dos Advogados do Brasil – OAB:

> *Art.1º. são atividades privativas de advocacia: I – a* postulação *a qualquer órgão do poder judiciário e aos juizados especiais. II – as atividades de* consultoria, assessoria *e direção jurídicas. (n/grifo).*

Em razão dessa diferença introduzida na Lei, é possível deduzir-se que uma interpretação conforme a Constituição desse dispositivo, para que a legislação infraconstitucional não conflite com a Lei Magna, é excludente da atividade parecerista. Com efeito, a *atividade de consultoria jurídica* reservada ao advogado público de Estado é atividade em que este *emite uma opinião própria e sempre vinculante,* porque, pelo menos, *exigirá que a autoridade decisória motive cabal e explicitamente porque não segue o opinamento nele contido.* Distintamente, porém, na atividade de *assessoramento jurídico,* embora seja também de reserva legal do advogado de Estado, o assessor apenas *coadjuva* e *supre* o assessorado com justificativas e com motivações que podem, até mesmo, não serem de sua própria convicção, mas sugeridas com vistas a colaborar e a suprir, com argumentos jurídicos, o ponto de vista próprio do assessorado, como órgão decisório.

Nestas condições, a emissão de *Parecer jurídico,* como *ato próprio,* não é uma função de *assessoria,* mas de *consultoria,* se desempenhada por advogado de Estado competente, *pois que só esta vincula,* já que na função de assessoria, o agente gestor assessorado colhe apenas subsídios de seu assessor, para chegar à sua integral e própria conclusão sobre o ato de gestão que dele se espera.

Assim, *em razão mesmo da independência funcional do advogado de Estado, que age em atividade de consultoria – e não de assessoria – seria tecnicamente impossível,* como se tem equivocadamente sustentado, *cogitar-se de solidariedade* e, até mesmo, no caso em que se pudesse lidimamente suspeitar que o agente jurídico, nesta qualidade, agiu com *dolo* ou *culpa,* é curial que a sua apuração deveria seguir o *devido processo da lei,* como garantia geral de todo e qualquer cidadão, e, portanto, perante os órgãos competentes para processar e impor sanções a advogados faltosos.

Conclusões

1ª Conclusão - À guisa de resumo, é possível deixar alinhadas as seguintes conclusões:

A *atividade advocatícia pública* não se confunde com atividade de *administração pública.*

O *ato próprio de advogado de Estado* não é *ato de gestão* administrativa de dinheiros, bens e valores públicos.

O *advogado de Estado é agente público sui generis,* de natureza política e com *status* constitucional, pois exerce unipessoalmente uma parcela do poder do Estado que lhe é conferida em seu ministério, seja de impulso ou de dicção do Direito, e não um *agente administrativo,* que pratique atos de gestão sob ordens hierárquicas.

O *parecer jurídico é ato próprio da atividade advocatícia,* privada ou pública, e não um *ato próprio de administração extroversa.*[405] *A solidariedade decorre exclusivamente de lei,* não podendo ser inferida de uma *autorização,* máxime quando se trate de uma apreciação parcial de atos – apenas de *legalidade* – em questão complexa que deva ser decidida administrativamente, ou seja, à luz de outras premissas incidentes além da legalidade, tais como conveniência, oportunidade, legitimidade e economicidade – essas, portanto, postas sob a competência executiva dos gestores e sob controle das cortes de contas.

2ª Conclusão - Por óbvio, *não se questiona a competência das diversas cortes de contas do País de adotarem suas próprias interpretações do Direito,* pois o critério de juridicidade contido nos pareceres jurídicos dos advogados de Estado não se lhes obriga, uma vez que são apenas atos opinativos *sub censura,* como, de resto, todos os atos interpretativos do Direito, incluindo os judiciais até que transitem em julgado.

3ª Conclusão - Assim é que as cortes de contas, como órgãos constitucionalmente *autônomos em suas respectivas funções,* tanto quanto o são os órgãos exercentes das funções *essenciais à justiça em suas funções próprias,* estão livres para adotar as *interpretações* que lhes pareçam mais adequadas, divergindo, criticando e repudiando as conclusões de direito contidas em pareceres jurídicos. Todavia, mesmo que os entendam como ineptos ou viciados, não podem impor aos advogados de Estado, cobertos por prerrogativas constitucionais próprias, as *sanções administrativas* reservadas aos gestores públicos, por entenderem que teriam *errado, culposa ou dolosamente, mormente sem condições de decidir sobre elementos subjetivos da culpa lato sensu.*

4ª Conclusão - Com efeito, o *poder sancionatório* desses órgãos de fiscalização de contas do País, previsto no art. 71, VIII, da constituição,[406] é *exclusivamente dirigido aos gestores administrativos* referidos no supracitado art. 70, parágrafo único, pois são esses que exercem *competência decisória* (administrativa) na prática de atos eivados de ilegalidade de despesa ou com irregularidade contábil.

5ª Conclusão - Por outro lado, é evidente que, *pela aplicação de sanções* aos advogados de Estado, *por considerá-los* "coautores" *de*

---

[405] A este respeito, até a promulgação da Carta Política de 1988 era perfeitamente plausível a inclusão do Parecer jurídico na categoria geral dos pareceres administrativos, porque não se havia tratado constitucionalmente as *Funções Essenciais à Justiça* e, entre elas, a função de advocacia pública de Estado.

[406] "Art. 71. [...] VIII – aplicar aos responsáveis, em caso de ilegalidade de despesa ou irregularidade de contas, as sanções previstas em lei [...]".

ilegalidades ou de irregularidades de gestão administrativa pública em razão de sua atuação funcional, os órgãos de contas *estariam se substituindo*, sem o devido fundamento constitucional e sem o devido processo legal, aos órgãos colegiados de controle e, ainda com maior gravidade, aos próprios órgãos judiciais, *em suas respectivas funções constitucionalmente privativas de controle*.

6ª Conclusão - Todavia, *essa usurpação de funções sancionatórias sobre advogados de Estado*, a que se arrogam as cortes de contas, inconstitucional, por se dar em violação da *autonomia funcional* de que gozam os órgãos exercentes das *funções essenciais à justiça*, ainda mais se agrava quando vem aplicada sob o fundamento da existência de uma pretendida "solidariedade", porque: 1º – tanto no *juízo corporativo* interno do ato advocatício *tout court*, como atividade privativa dos órgãos colegiados, conformados por seus pares advogados; 2º – quanto no *juízo corporativo* interno do ato advocatício de Estado, atividade privativa dos órgãos colegiados, da OAB ou das Procuradorias de Estado, conformados por seus pares, advogados públicos de Estado; 3º – quanto, por fim, no *juízo jurisdicional* externo do ato advocatício, não importando se tenha sido ato privado ou público, como competência dos órgãos do judiciário – *se tem que quaisquer sanções, como a imposição pecuniária, que decorram de imputação de falta profissional de advogado, dependem inafastavelmente da prova de culpa ou de dolo, sempre formada em processo próprio, perante órgãos competentes, em que seja franqueada ampla defesa*, pois, afinal, o advogado de Estado, como qualquer cidadão, não pode ser privado de seus bens sem o *devido processo legal* (art. 5º liv, cf.).

7ª Conclusão - A *advocacia de Estado* – por derradeiro, como de resto qualquer dos ramos deste antigo e respeitável ministério, necessita de *segurança* e de *serenidade* para uma atuação profícua, em benefício dos sagrados valores que deve sustentar que, no estado democrático de direito, desde logo o são *dignidade humana* e *cidadania* – tem no medo o seu pior inimigo.

Referências

AGUIAR DIAS, José de. *Da responsabilidade civil*. 2. ed. Rio de Janeiro: Forense, 1950.

CAMMAROSANO, Márcio. Da responsabilidade de autoridades governamentais por atos que expedem tendo por suporte pareceres jurídicos, e dos autores destes. *ILC Informativo licitações e contratos*, Ano IV, Nº 37, março de 1997.

CAVALIERI FILHO, Sérgio. *Programa de Responsabilidade Civil*. São Paulo, Malheiros, 3.ed., revista, aumentada e atualizada. 2002

DIAS, José de Aguar. *Da responsabilidade civil*. Rio de Janeiro: Forense, 1950.

FARÁG, Cláudio Renato do Canto. Responsabilização dos advogados públicos nas licitações e contratos administrativos. *Fórum de Contratação e Gestão Pública*. Belo Horizonte: Editora Fórum, Vol. 1, nº 4, 2002.

FARIA, Dárcio Augusto Chaves. A Ética Profissional dos Procuradores Públicos. *Revista Forense*, Vol. 321, p. 22-39, 1993.

FERNANDES, Jorge Ulisses Jacoby. Responsabilidade do órgão jurídico. Fórum Administrativo. Belo Horizonte: Fórum, Vol. 2, nº 13, 2002.

FILHO, Sérgio Cavalieri. *Programa de responsabilidade civil*. São Paulo: Malheiros, 3. ed., 2002.

MANCUSO, Rodolfo de Camargo. Advocacia do setor público: riscos e obstáculos no limiar do novo milênio. *Revista dos Tribunais*, Ano 92, Vol. 807, 2003.

MANCUSO, Rodolfo de Camargo. A advocacia no setor público e os limites da responsabilidade funcional. *In: Estudos de Direito Constitucional, em homenagem a José Afonso da Silva*, São Paulo: Editora RT, 2007, com o artigo datado de 2002.

MONTESQUIEU. *L'esprit de lois*. Genève: Bassillot et Fils., 1748 (Livros I a VII)).

MOREIRA NETO, Diogo de Figueiredo. O Procurador do Estado na Constituição de 1988. XV Congresso Nacional de Procuradores do Estado. Natal, RN, 1989.

MOREIRA NETO, Diogo de Figueiredo. As Funções Essenciais à Justiça na Constituição de 1988. *Revista de Direito da Procuradoria Geral do Estado do Rio de Janeiro*, Vol. 43, p. 30-40, 1991.

MOTTA, Carlos Pinto Coelho da. Responsabilidade e independência do parecer jurídico e de seu subscritor. Fórum administrativo – Direito Público. Belo Horizonte, ano 3, nº 28, 2003.

NETO, Martinho Garcez. *Prática da responsabilidade civil*. São Paulo: Saraiva, 1975.

OLIVEIRA, Gustavo Henrique Justino de. *O Procurador do Estado e a plenitude do exercício da advocacia*. Boletim de Direito Administrativo, Ed. NDJ, Ano XIII, nº 11, 1997.

SOUTO, Marcos Juruena Villela. Responsabilização de advogado ou procurador por pareceres em contratação direta de empresa. *In: Revista de Direito da Procuradoria Geral*. Rio de Janeiro, Procuradoria Geral do Estado, n. 61, 2006.

ADVOCACIA PÚBLICA DE ESTADO
A CONSCIÊNCIA JURÍDICA DA SOCIEDADE NA GOVERNANÇA PÓS-MODERNA

1 Apresentação

Os rumos da Pós-Modernidade têm seus valores capitais: os *direitos fundamentais* e a *democracia*. Impende aqui apreciar certos aspectos de como esses valores passaram a atuar de modo *vinculante* em todas as funções de Estado previstas na Constituição e por ela cometidas aos distintos órgãos, nela ou a partir dela, instituídos.

Tais órgãos se classificam, basicamente, conforme as suas atividades-fim, constitucionalmente previstas, em duas categorias: órgãos de governança e órgãos de controle; em ambos os casos, com o seu desempenho definido e independente.

Aos órgãos de governança incumbe desempenhar, entre outras funções que lhes são próprias, as de seu próprio *controle interno de juridicidade*, sem prejuízo de se sujeitarem à supervisão e ao controle dos órgãos de controle externo, constitucionalmente instituídos, sendo a estes cometidos distintos elencos de *atribuições*, muitas delas semelhantes ou afins, embora exercidas todas sob os limites constitucionalmente fixados para o desempenho de cada uma delas.

2 As funções de governança e as de seus controles públicos

Parta-se, portanto, desses dois conceitos básicos, que se apresentam com destacada relevância sobre o tema: o da *governança pública*, apresentada como função híbrida cometida aos órgãos constitucionais *político-partidariamente comprometidos,* e os do *controle externo,* também constitucionalmente instituídos, apresentando diversificadas funções, por isso cometidas a diferentes órgãos *politicamente neutrais, porém axiologicamente comprometidos* com valores também constitucionalizados.

O comprometimento irredutível desses órgãos – tanto os de governança, como os de controle externo – está estritamente referido a valores fundantes fixados pelo ordenamento jurídico, que seguem duas linhas mestras, complementares entre si, fixadas pelas revolucionárias orientações jurídicas trazidas pelos ventos da Pós-Modernidade: a dos *direitos fundamentais* e a da *democracia.*

Ambas as orientações dirigem-se a um conjunto de específicos *valores deles derivados,* que se voltam, por seu turno, tanto à sua *preservação,* quanto à sua *implementação,* ou seja: ou estarão voltadas negativamente a *coibir a sua violação,* ou, positivamente, a *incentivar a sua realização.*

Assim, são essas duas orientações básicas, que definem, em tese, o perfil da *missão constitucional,* específica, que tocará a cada um dos órgãos constitucionais independentes apartidários – portanto os politicamente *neutrais.* Eis o que justifica o emprego da versátil utilidade que apresentam os *sistemas policêntricos de funções de controle,* como o por nós adotado, que têm em seu ápice, a *função jurisdicional,* à qual compete exercer o *controle final de juridicidade.*

A tarefa de idealizar e de executar ações *políticas* foi sempre uma atribuição de *dirigentes* das sociedades humanas organizadas – e, pelo menos presumidamente, com vistas à satisfação de suas respectivas *necessidades coletivas* – por isso, tanto tendo prevalecido imemorialmente uma *unidade de concepção e de ação,* concentrada em indivíduos detentores de poder sobre um grupo.

Essa antiga tradição – a da *unidade funcional* na concepção e realização de políticas para sociedades organizadas – foi, assim, com raríssimas exceções históricas, a marca constante de todos os regimes, da Antiguidade até a Modernidade, só vindo a alterar-se o quadro quando o longevo absolutismo monárquico cedeu espaço decisório às *assembleias de representantes,* partindo daí a instituição da *divisão das funções de governo* entre a coroa e os parlamentos, com a consequente instituição da *duplicidade funcional:* a da *concepção política* e a da ação política.

Essa bífida repartição de funções estatais, que então se experimentava, logo viria a se cristalizar nas primeiras Constituições modernas, que passaram a distinguir, de um lado, a atribuição de estabelecer os *balizamentos abstratos* destinados a *definir* o que fazer e o como fazer, como prerrogativa dos *legisladores*, e, de outro, a atribuição de tomar as necessárias *decisões concretas* para *executar* o que deveria ser feito, a prerrogativa que incumbia aos *administradores*.

A essa altura, o *Governo* se repartia em *legislação* – disposições gerais e abstratas – e *administração* – disposições específicas e concretas sobre algum unitário e definido *interesse público*.

Esse brevíssimo resumo do histórico conformador do *sistema de governança do Estado moderno teve o seu* momento estrutural culminante na clássica definição da *tripartição de poderes*, que poria em claro destaque – visto agora sob a óptica do Direito Administrativo – esse lento processo que havia conduzido à *fragmentação constitucional* da função de satisfazer interesses públicos, que, de longa data fora entendida nas monarquias como uma indivisa *atribuição de seus reais dirigentes*, e não, como, a partir da Modernidade, passaria a sê-lo: de um lado, um produto de políticos e, de outro, o de burocratas e técnicos, separando-se, portanto, com estanqueidade, a partir de então, essas fases da *legislação* e da *execução* governamentais.[407]

Não é mais essa, todavia, a tradicional, porém hoje obsoleta *interpretação constitucional desagregadora da governança pública*, que à época a entendia ínsita na distinção de *poderes funcionais* do Estado – o de *legislar* e o de *administrar* – como uma separação que somente poderia admitir um *mínimo absolutamente necessário de coordenação institucional*, ditada pela preocupação de se evitar o que então se tinha como uma indesejável interferência de um ramo funcional sobre o outro.

Muito ao revés, atualmente, como bem havia observado Sabino Cassese, já em 2001, quando se passava a observar que o Direito Administrativo – e não o Direito Constitucional – se havia tornado o verdadeiro "campo de batalha" das mudanças em curso, há que se reinterpretar os fenômenos sociais e políticos de nosso tempo, adotando-se "um método particular, que assinale a tendência, sem se perder na repetição", sob pena, como advertiu o Mestre de *La Sapienza*, de os manuais que viessem a ser escritos ficassem destinados a uma veloz obsolescência".[408]

---

[407] Para desenvolvimento do tema, *v.* Capítulo I – *La funzione amministrativa. Dalla frammentazione allo statuto unico dell'amministrazione*, da obra de Mario S. Spasiano, *Funzione amministrativa e legalità di resultato* (Torino: G. Giappichelli Editore, 2003).

[408] CASSESE, Sabino, *in Presentazione* da obra de D. Osborne – T. Gaebler *Dirigire e governare. Una proposta per reinventar la pubblica amministrazione*. Milão: Garzanti, 1995, p. 8, *apud* Mario R. Spasiano, *op. cit.*, p. 4, nota 5.

Assim é que se desenvolveu uma *concepção integrada da função pública*, destinada a superar a antiga compreensão subjetiva e parcial da atividade de governo, ainda fruto de uma primeira e disseminada interpretação, *literal* e *radical*, da doutrina de Montesquieu, para se tornar hoje aceito, na Ciência do Direito Público, o esforço sistemático desenvolvido por juristas contemporâneos, notadamente os peninsulares Sabino Cassese e Umberto Allegretti, tudo no sentido de que os *princípios democráticos informam também a função administrativa.*

Tem-se uma afirmação hoje amplamente aceita, tal como se constata na seguinte passagem em que esse último autor mencionado afirma que a visão democrática "se traduz no conceber a administração como atividade de realização de tarefas, ou como atividade voltada a um fim, o que transmite a ideia de função" ("si traduce nel concepire l'amministrazione come" di realizazione di compiti, o come attività per un fine, che dà l'idea di funzione").[409]

Abandonava-se, então, a *subjetivação histórica da função administrativa*, graças ao esforço sistemático notadamente por parte desses juristas italianos, ao alertarem que *já estava ocorrendo a objetivação da função administrativa*, observação que se corrobora, entre nós, em obra publicada em 2008,[410] com a especial referência ao *paradigma pós-moderno do resultado*, do qual resultou a edição da Lei italiana nº 241, de 1990, em que se contém a afirmação de que: "a atividade administrativa persegue os fins determinados pela lei", ou seja: visa à realização de um *fim público*, que, posto em outros termos, seria o *resultado objetivado no ordenamento.*

Dava-se, assim, a passagem de uma administração pública *subjetiva*, então focada na pessoa real do soberano de plantão ou, mais tarde, na de uma pesssoa virtual do Estado Executor, para uma administração pública *objetiva*, graças à inclusão funcional do conceito do Estado Legislador, pondo, desse modo, em evidência, que *a atividade administrativa se estende a ambas*; não sendo exclusiva nem do Estado Executivo, ao qual compete prover *ações de realização de resultados* previstos, nem, tampouco, do Estado Legislativo, ao qual cabe *prever e balizar em abstrato as condições e os limites dessas ações.*

---

[409] ALLEGRETTI, Umberto. *Pubblica amministrazione e ordinamento democratico. In: Foro it.*, 1984, V. 207, p. 205 e ss. (n/ tradução).

[410] MOREIRA NETO, Diogo de Figueiredo. *Quatro Paradigmas do Direito Administrativo Pós-Moderno – Legitimidade – Finalidade – Eficiência – Resultados.* Belo Horizonte: Editora Fórum, 2008, p. 123 e ss.

Mas, ainda, em acréscimo, tampouco hoje nem mesmo se poderá concebê-la como uma atividade *exclusiva* do Estado, pois cabe reconhecidamente à *sociedade* pós-moderna, tanto acompanhar, quanto fiscalizar ambas as funções: ou atuando *indiretamente* através de órgãos neutrais de opinamento (cogestão) e de controle (supervisão) constitucionalmente instituídos, ou atuando *diretamente*, neste caso, seja em face do Estado – por um distinto complexo de vias participativas democraticamente franqueadas aos cidadãos, seja além do Estado – por entidades privadas transnacionais.

Todas essas ações, com exceção das eventuais participações populares informais, obedecem a distintas configurações de *procedimentalização*, que se destinam a assegurar, sobretudo, a sua *publicidade*, com vistas a conferir, afinal, a desejada *juridicidade* ao resultado.

3 Os percursos da pós-modernidade

Esse desenho constitucional não se articulou senão sob o concurso de extraordinárias *mutações juspolíticas* suscitadas pela introdução desses dois vetores axiológicos referidos: o dos *direitos fundamentais* e o da *democracia*.

A geometria racionalista, de longa data vigente, já não mais tinha condições de atender satisfatoriamente à complexidade das demandas, por um mundo em que o *Estado* deixara de ser o centro da Política e do Direito, cedendo o primado ao *cidadão*.

Assim é que, na *Política*, em lugar de simples decisões imperiais à feição moderna, que se validavam tão somente por sua tradicional chancela estatal – elemento então considerado como suficientemente caracterizador do conceito vigente de *função de governo* – passaram a ser exigidas complexas decisões, cuja validade passaria a depender de constantes interações entre a sociedade e o Estado que, a partir de então, caracterizariam o conceito pós-moderno de *funções de governança*, o que demandava uma inovadora *concepção policêntrica e reticulada* de órgãos, que, distintamente do modelo piramidal, prestigiariam a coordenação, a solidariedade e a coparticipação entre si e internamente, adaptados para o desempenho de inúmeras funções com características híbridas; um novo modelo que já emergeria exitosamente com a rápida difusão da *regulação*.

Por outro lado, no *Direito*, em lugar do crivo autorreferenciado de validação, até então o empregado, típico da estrita *legalidade*, que exigia não mais que uma suficiente *conformidade à lei*, surgiriam mais duas complexas referências de convalidação jurídica: à *legitimidade* – a conformidade à vontade da sociedade e a *licitude* – a conformidade a padrões morais da sociedade, estruturando-se, desse modo, o tríplice conceito de *juridicidade* da Pós-modernidde.

Assim, ao cabo desse percurso, acrescentar-se-iam às meras exigências da *legalidade*, até então meramente concernentes à *emissão da vontade pública*, as recentes exigências da *juridicidade*, voltadas ao *resultado da ação pública*, um passo que levaria o Direito Administrativo a se expandir além de seu originário quadro napoleônico, para se conformar com a disciplina jurídica expandida da *governança pública*, confirmando a clarividente assertiva de García de Enterría, que o anteviu, assim integrado, com o *Direito Público interno por excelência*.

Com efeito, a partir dessa sequência e diversidade de mutações, a policêntrica estrutura estatal resultante, exigida para uma governança orientada pela juridicidade, viria a cristalizar-se nas Constituições pós-modernas, distinguindo-se claramente: de um lado, os órgãos por ela *partidariamente conformados para pronunciarem decisões políticas*, para tanto, dotados de *funções legislativas e administrativas de governança*, responsivas à efêmera *vontade política de maiorias conjunturais*, e, de outro lado, os órgãos por ela *neutralmente conformados para pronunciarem decisões jurídicas de controle*, responsivas à permanente *vontade política de maiorias constitucionais* assentadas como os valores fundantes da própria nacionalidade.

4 A consequente especificidade funcional da advocacia pública neste novo quadro

É nessa segunda categoria de órgãos constitucionais, os de natureza *neutral* e *permanente*, dedicados à manutenção da juridicidade, que se insere a instituição da *Advocacia Pública de Estado*, como um ramo do complexo instituído órgãos neutrais ao qual compete atuar especificamente *no apoio e no controle externo de juridicidade da governança pública do Estado*.

Em geral, esses órgãos constitucionais neutrais são investidos em uma ou mais modalidades de funções de controle, sejam elas *preventivas, concomitantes ou posteriores*, conforme tenha sido o momento adequado previsto para que cada um deva operar, sempre de modo a não virem a tolher ou a embaraçar desnecessariamente o complexo funcionamento da governança pública.

Na cúpula de todo este *sistema constitucional de controle* situam-se os órgãos exercentes das *funções jurisdicionais*, que, em princípio, estão aptos a atuar em qualquer dessas modalidades temporais para exercer o seu amplo *controle de juridicidade*, que se caracteriza pela definitividade, que nos sistemas anglo-saxônicos se descreve como o *poder final de decisão* (*the last enforcing enforcing power*).

Assim é que, notadamente por essa relevante razão – a da *eficiência* da função de *Governança Pública* – é que o específico controle de juridicidade exercido pela *Advocacia Pública de Estado* deverá atuar imbricada e articuladamente com o sistema de *Governança Pública*, para o adequado desempenho das definidas funções constitucionais de *apoio jurídico* e de *controle de juridicidade*, que lhe competem.

Portanto, os seus específicos instrumentos constitucionais de *controle de juridicidade*, tanto os de natureza *preventiva*, quanto os *concomitantes* ou *posteriores* aos atos de governança praticados, independentemente e sem prejuízo da atuação de qualquer dos demais órgãos de controle – ressalvada a onímoda vinculação às decisões judiciais – só poderão ser contestadas segundo as formas recursais constantes do ordenamento jurídico.

Essa imbricação funcional da Governança contemporânea com a Advocacia Pública de Estado atua do mesmo modo que a imbricação funcional do Judiciário com o Ministério Público, pois, em ambos os casos, há funções *essenciais e complementares* à realização da juridicidade, embora independentes.

Não obstante, em razão mesmo da necessidade de se salvaguardar a exigida eficiência do complexo *sistema político-administrativo de Governança Pública*, o *elemento diferencial* da ação de controle de juridicidade exercida pela instituição da *Advocacia Pública de Estado* encontrar-se-á em sua *exclusiva função de prevenção da antijuridicidade das ações, hoje híbridas, da governança pública*.

Esse é, pois, o *diferencial*, em relação às demais modalidades constitucionais de controle, pois a esse específico ramo caberá *normalmente* atuar, preventiva ou concomitantemente com as funções de governança, de modo a ter *condições de evitar que se produzam ou se mantenham atos inquinados de injuridicidade*, impedindo possíveis e, tantas vezes, gravosas consequências adversas para o interesse público, que deles venham a decorrer, tais como, apenas exemplificando, as paralisações, os danos injustos a terceiros, a corrupção, os favorecimentos e tantos outros vícios.

A esta singularíssima *especificidade* constitucional de funções, agregou-se na Carta, a *exclusividade constitucional de seu controle*, para evitar uma eventual ou dispersão ou superposição desse controle de juridicidade cometido à Advocacia Pública de Estado, tanto em suas atuações de *consultoria* e de zeladoria na esfera administrativa da governança pública, quanto em suas atuações de *representação* e defesa na esfera judicial do contencioso público (*cf.* os artigos 131, 132 e 129, IX, da Constituição).

Disso resulta que, para um *desempenho neutral de suas funções*, tal como rigorosamente previsto na Constituição, desde logo evidente por se tratar de uma das *funções essenciais à justiça* – e não de um órgão da estrutura administrativa do Poder Executivo, como o foi em regimes passados – a *Advocacia Pública de Estado* necessita ser absolutamente *independente* de ingerências, que possam partir de quaisquer dos órgãos da governança pública, político-partidariamente comprometidos, só admitindo ser externamente controlada pelo Judiciário, sob provocação de entes ou órgãos para tanto legitimados.

5 Uma notável ascensão qualitativa do sistema de controle de juridicidade

Na complexa organização constitucional de *controle da governança pública,* tal como desenhada pela Constituição brasileira de 1988, cabe sobressair a constante preocupação de abranger todos os seus possíveis aspectos, sem deixar lacunas, ou seja, não apenas os propriamente *jurídicos*, até aqui tratados, como os *políticos*, que possuem a sua própria estruturação orgânico-funcional, mas nem por isso livres de Direito.

Como resultado dessa saudável preocupação universalizante do legislador constitucional originário, auspiciosamente mantida e detalhada pelos sucessivos legisladores constitucionais derivados, tem-se que uma *polimórfica e policêntrica estrutura de controle* recobre todos os aspectos que possam ser assumidos pela *antijuridicidade* das condutas públicas, sem vazios, embora seja possível deparar-se com eventuais recobrimentos no sistema, mas que poderão sempre ser facilmente resolvidos pela invocação da *dicção final de juridicidade*, a cargo da função jurisdicional.

Ainda como resultado desse complexo e abrangente quadro constitucional pós-moderno de *controle*, que tem sido a *vexata quaestio* de gerações de publicistas e de legisladores, cada vez mais demandante quanto às próprias opções políticas, para que se mantenham rigorosamente conformadas a parâmetros constitucionais – se tem deslocado paulatinamente do fórum político para o fórum jurídico, embora subsistam críticos dessa migração.

Essa crítica se centra no que se tem considerado como o contemporâneo fenômeno da *juridicização da política*, com o qual se estaria substituindo a decisão, que estaria reservada aos órgãos político-partidários, pela decisão que estaria sendo assumida pelos órgãos neutrais, notadamente pelos do sistema jurisdicional.

Não obstante a inquietação de alguns, que possam estar acostumados a uma antiga, mas desmesurada latitude de decisões a cargo da política, por tantas vezes eclipsando o Direito, a reversão da tendência tem sido a tônica da civilização, de modo que a força do Direito sempre supere o direito da força, ou seja: para que se prossiga o caminho histórico da doma do Minotauro, o da submissão do Leviatã.

Essa desejável concretização ética só se torna possível nas sociedades em que *seus valores permanentes prevaleçam sobre valores contingentes* e, para tanto, *se organizem constitucionalmente*, para que os investidos em funções políticas – portanto, atuando no amplo espectro decisório *discricionário* que lhes cabe – o sejam em caráter temporário e controlados pelos investidos em funções jurídicas – rigorosamente atuando no restrito espectro decisório *vinculado* que lhes cabe – e que o façam com as necessárias garantias que os protejam do arbítrio da *vis absoluta*, infelizmente, vez por outra recorrente.

Esta é, em apertado resumo, a auspiciosa ascensão que justifica que – em se considerando os possíveis e frequentes erros dos órgãos políticos, tantas vezes inebriados pelo poder, tendem, estruturalmente incontidos e expandidos, à hegemonia – seja preferível arrostar os possíveis e eventuais erros partidos dos órgãos de controle jurídico, ainda porque, os efeitos estarão sempre estruturalmente muito mais contidos e limitados.

Aos abusos e excessos históricos dos governantes, a *Advocacia* tem sido sempre um baluarte de resistência, atuando no amplo espectro que se estende desde a cura do interesse individual e privado, à do interesse geral e público, notadamente depois de vir a ser *democrática e independentemente estruturada*, bem como dotada de seus próprios órgãos democraticamente eleitos de disciplina e controle e regida por seus estatutos, organizacional e ético.

Nem por outra razão, essa evolução institucional tornou absolutamente essencial que não se rompa essa unidade democraticamente forjada no conceito de que a Advocacia não constitui um órgão do governo, mas é um órgão da sociedade; ou seja, é imprescindível que os *advogados públicos* se tenham, acima de tudo, como *advogados*, pois sem esta vinculação, se perverteria a sua excelsa *função democrática*, deslocados que estariam, reduzidos a um *status* de meros *agentes estatais*, quiçá, por isso mesmo, proclives a se tornarem mais lassos, menos zelosos e, lamentavelmente, mais sujeitos à atração perversa da imensa gravitação própria do poder estatal.

Por isso, é imprescindível que a Advocacia Pública mantenha e, até, sempre mais aprimore os avanços da Constituição de 1988, que sabiamente atribuiu a *qualificação essencial de advogados* aos exercentes das funções instituídas nos seus artigos 131 e 132.

É, pois, neste quadro, que cabe à *Advocacia Pública de Estado* esse importante papel de *consciência jurídica da governança pós-moderna*: seja atuando diretamente junto aos órgãos governativos, para evitar ou corrigir injuridicidades, seja atuando indiretamente, junto aos órgãos judiciários, no sempre possível contencioso de juridicidade que se promova.

Referências

ALLEGRETTI, Umberto. *Pubblica amministrazione e ordinamento democratico. In: Foro it.*, 1984, V. 207.

SPASIANO, Mario S. *Funzione amministrativa e legalità di resultato.* Torino: G. Giappichelli Editore, 2003.

CASSESE, Sabino. Presentazione. *In:* OSBORNE, D.; GAEBLER, T. *Dirigire e governare. Una proposta per reinventar la pubblica amministrazione.* Milão: Garzanti, 1995.

MOREIRA NETO, Diogo de Figueiredo. *Quatro Paradigmas do Direito Administrativo Pós-Moderno – Legitimidade – Finalidade – Eficiência – Resultados.* Belo Horizonte: Editora Fórum, 2008.

EPÍLOGO

MENSAGEM AOS ADVOGADOS DA UNIÃO[411]

Prezados Advogados Públicos do Estado Federal,

Em sua festa de congraçamento de fim de ano, em que se exalta a excelência da instituição e põe em destaque a dedicação da carreira à elevada missão essencial de realização da Justiça, que todos Advogados Públicos de Estado abraçamos, infelizmente impossibilitado de confraternizar pessoalmente, como tanto desejaria, com os colegas e inúmeros amigos que a este evento em Brasília acorrerão, valho-me destas singelas meditações, que me pareceram apropriadas a essa solene ocasião, em que se outorga o prêmio jurídico, que essa Instituição tanto me distingue com o meu nome, para levar-lhes, com esta mensagem, minha solidariedade, amizade, admiração e presença em espírito.

Creio que, nesta quadra turbulenta da História, em que movimentos populares, como os manifestados pela primavera islâmica ou pelas demonstrações de descontentamento eclodidas em vários países europeus e, de modo geral, pela cada vez mais influente expressão de conceitos e de valores veiculados através das mega-redes eletrônicas de envergadura mundial, têm em comum concorrerem todos fortemente para reviver ecumenicamente os *ideais democráticos*, é extremamente recomendável que nós mesmos, Advogados Públicos de Estado – *por sermos essenciais à justiça e ao conceito de Estado Democrático de Direito* – também repensemos nossa indispensável e cada vez mais itensa inserção na *democracia* contemporânea.

---

[411] Enviada, por ocasião da cerimônia de premiação da 3ª edição do Prêmio "Diogo de Figueiredo Moreira Neto" de Advocacia Federal de Estado, à Exma. Procuradora Regional da União, Dra. Ana Luísa Figueiredo de Carvalho, em Brasília, dia 15 de dezembro de 2012.

A noção geral de *democracia* é, fundamentalmente, a de um *regime político* em que se pratica o *governo do povo*, o que é certo, mas conceptualmente insuficiente, pois, até por sua própria etimologia grega, em que *demos* é povo e *kratein* poder, já se tinha, de longa data, que o conceito de *poder* é muito mais extenso que o de *governo*.

Com efeito, a *função de governar* é apenas uma das muitas expressões do *poder soberano*, que é deferido pelas sociedades ao respetivos Estados Democráticos de Direito, entre tantas outras, que também lhe são próprias, tais como, exemplificativamente, as *de legislar, de julgar conflitos, de prover a segurança pública, de fiscalizar seus órgãos* e *de provocar* e *de manter controles recíprocos* – todas exercidas nas hipóteses e sob os limites constitucionais.

Esta real extensão da *democracia* desborda, portanto, muito mais além da expressão *governativa*, pois o *poder soberano*, por ser *uno* e *indivisível*, não se fraciona, senão que é no seu *exercício* que se distribui em múltiplas *funções* – algumas exercidas diretamente pelo povo.

Deve, assim, essa expressão plural de longa usança histórica – "poderes do Estado" – ser repensada democraticamente em seu estrito sentido *funcional* e não mais no *orgânico*, ainda fortemente reminiscente dos poderes pessoalmente detidos pelos soberanos monárquicos.

Portanto, impende entendê-la, nas democracias, como um tropo de linguagem, pois que, sendo o *poder da nação* conceitualmente unitário e incindível, por emanar do povo como um todo, ele é apenas *distribuído funcionalmente* pela Contituição. Assim é que, por um lado, está expressado nas *funções reservadas às ações da soberania popular*, a serem exercidas de modo direto ou semidireto pelos cidadãos, e, por outro, expressado nas *funções reservadas às ações da soberania estatal*, nesta hipótese, a serem exercidas de modo indireto, por representantes eleitos.

Por isso, nos Estados contemporâneos, competirá a uma complexa multiplicidade de órgãos independentes, tanto, de um lado, *prover a regência das atividades governativas do País*, quanto, de outro, *prover ao controle da juridicidade no País*.

Em detalhe, a *competência para governar* atribui-se exclusivamente a cidadãos, *escolhidos democraticamente pelo sistema de eleição popular*, periodicamente, protagonizada com exclusividade pelos *partidos políticos*, enquanto, distintamente, a *competência para controlar a juridicidade*, se atribui a cidadãos, *escolhidos democraticamente pelo sistema do mérito, com independência e estabilidade funcional*, atuando como contrapoderes institucionalizados, sob o signo de total *neutralidade político-partidária*. Destaco que, em ambos os casos, as investiduras são ungidas *democraticamente*, não obstante os diferentes requisitos de acesso.

Os dois blocos se dispõem em constante e salutar interação, assim concebida para *distribuir funcionalmente* o poder investido ao Estado pela nação, ou seja: de um lado, exercido extensa, periodica e indiretamente, por órgãos governativos da soberania estatal, com funções legislativas e funções administrativas partidariamente exercidas, e, de outro lado, exercido extensa e permanentemente, por órgãos da soberania popular, tanto *diretamente*, pelos cidadãos individualmente, em funções eleitorais, como *semidiretamente*, em funções de *controle de juridicidade*, seja das relações entre cidadãos, entre estes e o Estado e entre os próprios entes e órgãos do Estado, que se dividem em dois distintos ramos de *funções neutrais.*

Ambos esses ramos neutrais são constitucionalmente independentes: tanto o que compreende as funções de *fiscalização*, de *provocação* e de *defesa*, atribuídas aos órgãos individuais e coletivos das *funções essenciais à justiça*, incluindo os do Ministério Público, da Advocacia Pública, da Defensoria Pública e da Advocacia Privada, como o que compreende as funções *decisórias* administrativas ou judiciais, estas, excusivamente atribuídas aos órgãos jurisdicionais, individuais ou coletivos, abrangendo juízes e tribunais de todos os graus e instâncias.

A *Advocacia Geral da União* sobressai, neste contexto, destacadamente, como um dos mais importantes órgãos neutrais constitucionalmente independentes de *fiscalização*, de *provocação*, de *defesa* da União Federal, que ostenta, como égide e síntese de suas atribuições, o *servir essencialmente à Justiça*, entendido este *valor* com todas as qualidades a ele inerentes: a *legalidade*, a *legitimidade* e a *licitude*, sublinhando que a independência funcional é que nos possibilita defender, nesta ordem; o *Direito*, ao qual juramos como advogados sustentar intransigentemente, o *Estado*, face ao qual assumimos o compromisso funcional e, subsidiariamente, aos sucessivos Governos democraticamente eleitos, em todas as ações e pretensões que não se choquem com os valores e interesses constitucionais do Direito e do Estado.

Dedico-lhes essas reflexões, de longe, mas com todas as forças do coração octogenário de um colega e modesto pensador do Direito, como expressão de admiração e carinho que devoto a todos os nobres colegas Advogados da União, que me deram a inefável honra da escolha de meu nome para a importante premiação anual que promove esta Casa.

Almejo que estas desataviadas observações lhes sejam proveitosas, que mais não seja – o que já me traria imensa e compensatória satisfação – para provocar uma saudável meditação dos colegas sobre o importante papel que desempenham em nosso ainda jovem Estado

Democrático de Direito, que, com seu destacado e essencial concurso, almejamos ver vicejar cada vez mais vigoroso.

Cerro esta mensagem, coroando-a com a síntese apropriada e admirável, que peço emprestada a Fábio Konder Comparato, que não poderia igualar na tersa expressão e elegante estilo, que, aqui, invoca a pureza da origem e da *missão democrática* do Advogado Público de Estado: "A democracia pressupõe a atribuição efetiva (e não apenas simbólica) da soberania ao povo, devendo os órgãos estatais atuar como meros executores da vontade popular".

Teresópolis, verão de 2012

Esta obra foi composta em fonte Palatino Linotype, corpo 10
e impressa em papel Offset 75g (miolo) e Supremo 250g (capa)
pela Gráfica e Editora O Lutador, em Belo Horizonte/MG.